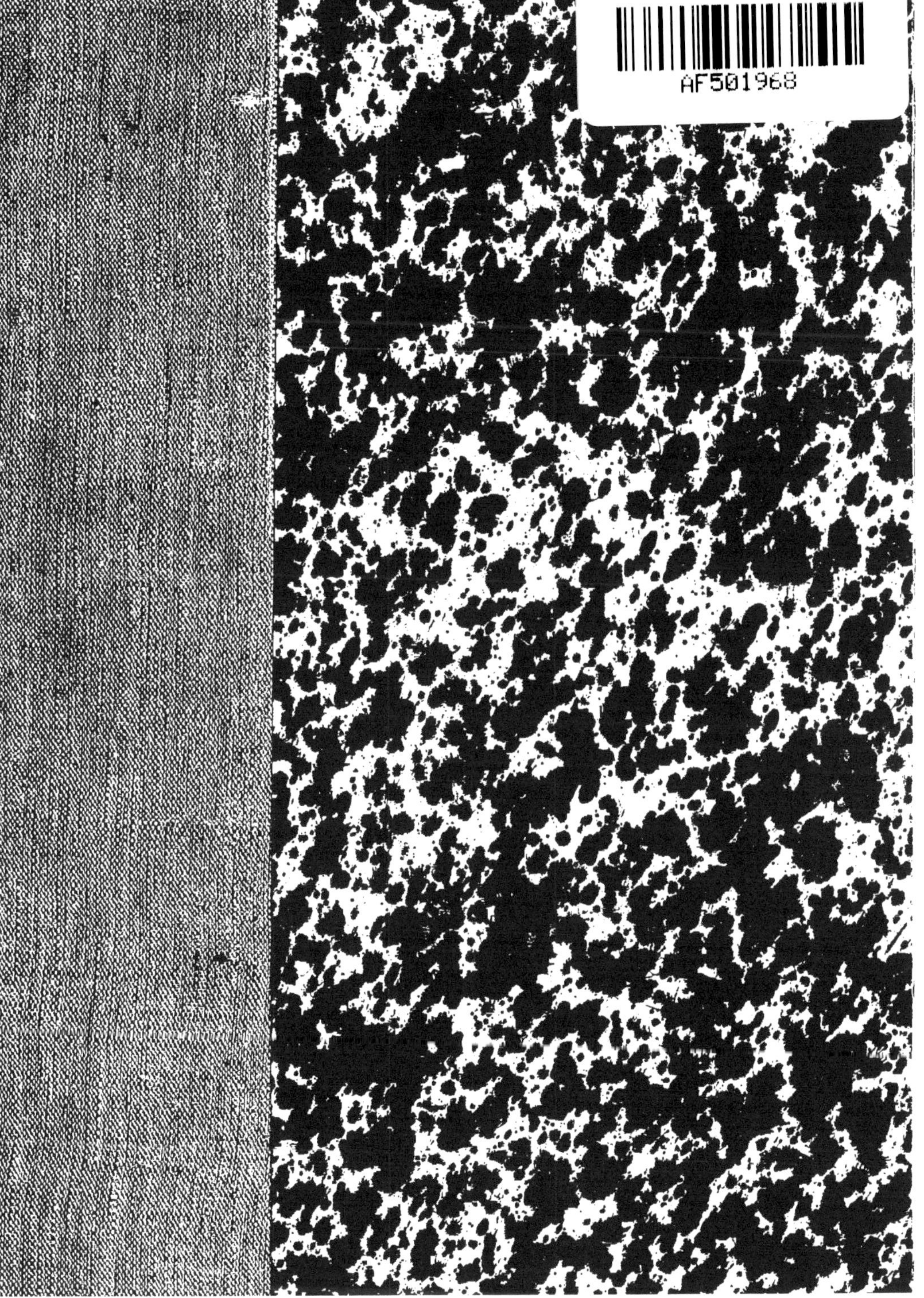

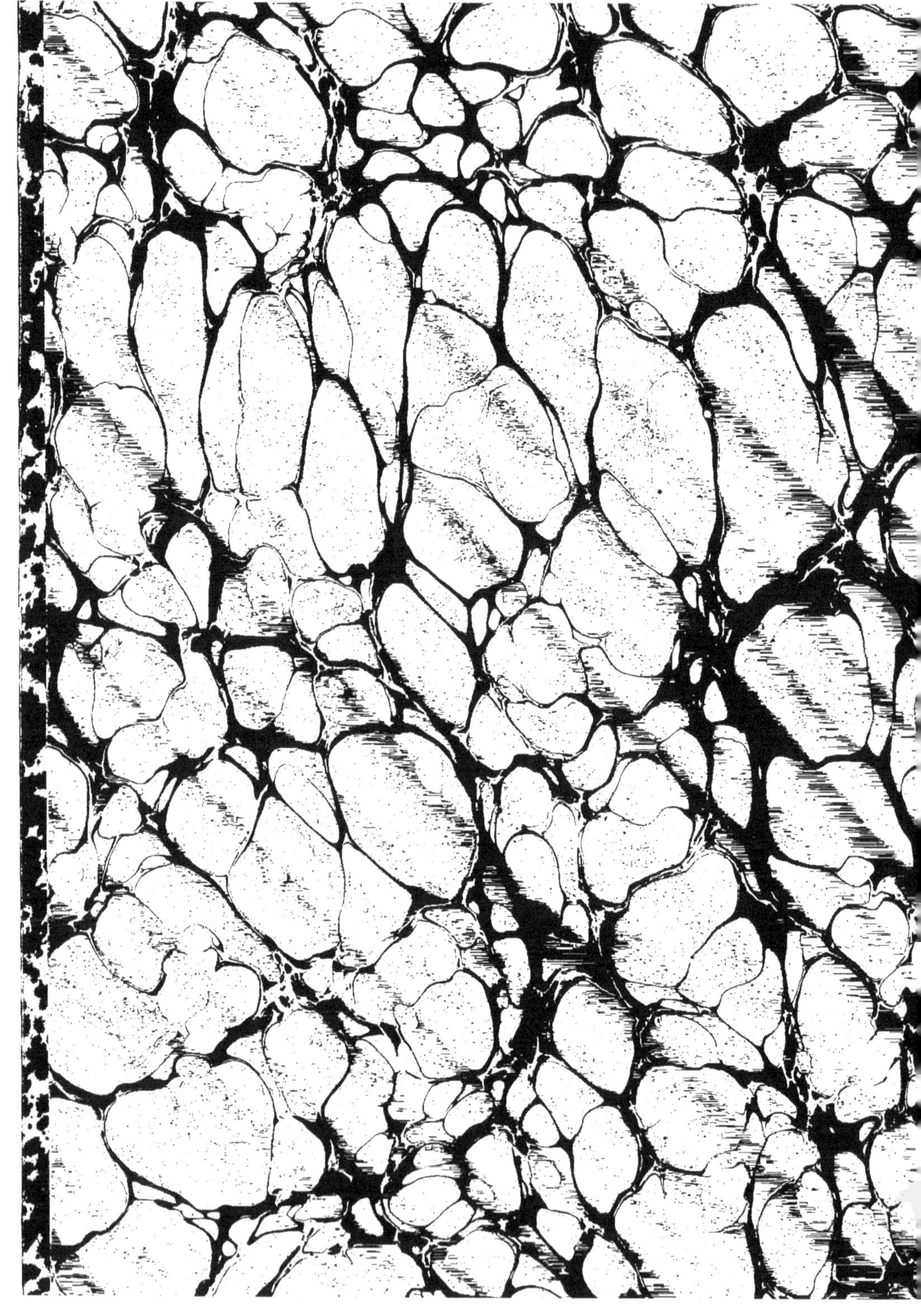

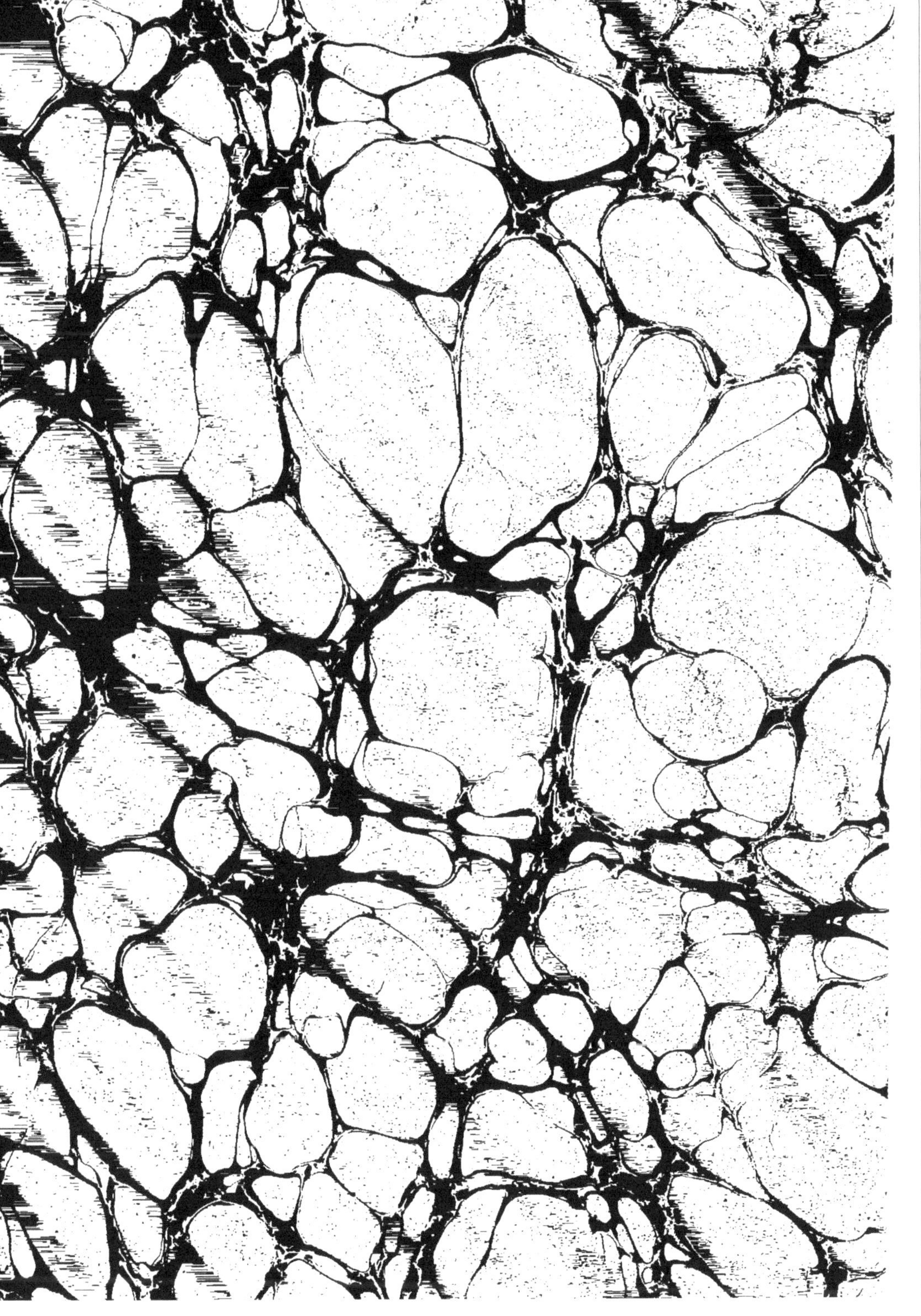

# LES COQUILLES MARINES DES CÔTES DE FRANCE

DESCRIPTION DES FAMILLES, GENRES ET ESPÈCES

PAR

ARNOULD LOCARD
VICE-PRÉSIDENT DE LA SOCIÉTÉ MALACOLOGIQUE DE FRANCE

---

**Avec 348 figures dessinées d'après nature**
ET INTERCALÉES DANS LE TEXTE

---

Extrait des *Annales de la Société Linnéenne de Lyon*, t. XXXVII.

PARIS
LIBRAIRIE J.-B. BAILLIÈRE ET FILS
Rue Hautefeuille, 19, près du boulevard Saint-Germain

1892

LES

# COQUILLES MARINES

DES

## COTES DE FRANCE

## OUVRAGES DU MÊME AUTEUR

EN VENTE A LA LIBRAIRIE J.-B. BAILLIÈRE ET FILS

**Malacologie lyonnaise ou description des Mollusques terrestres et aquatiques des environs de Lyon**, d'après la collection A.-P. Terver, 1 vol. gr in-8. Lyon, 1877. 6 fr.

**Description de la faune des terrains tertiaires moyens de la Corse (Description des Echinides** par G. Cotteau), 1 vol. gr. in-8 avec 17 planches sur chine. Lyon, 1877. 25 fr.

**Note sur les migrations malacologiques aux environs de Lyon.** 1 br. gr. in-8. Lyon, 1878. . . . . . . . . . 1 fr. 50.

**Description de la faune de la Mollasse marine et d'eau douce du Lyonnais et du Dauphiné**, 1 vol. gr. in-4 avec planches. Lyon, 1878. . . . . . . . . . 40 fr.

**Description de la faune malacologique des terrains quaternaires des environs de Lyon**, 1 vol. gr. in-8 avec planche. Lyon, 1879. . . . . . . . . . 12 fr.

**Nouvelles recherches sur les argiles lacustres des terrains quaternaires des environs de Lyon**, 1 br. gr. in-8. Lyon, 1880. . . . . . . . . . 2 fr. 50

**Études sur les variations malacologiques d'après la faune vivante et fossile de la partie centrale du bassin du Rhône**, 2 vol. gr. in-8 avec planches. Lyon, 1880-81. 35 fr.

**Catalogue des Mollusques vivants, terrestres et fluviatiles du département de l'Ain**, 1 vol gr. in-8. Lyon, 1881. . . . . . . . . . 10 fr.

**Description de la faune malacologique des terrains préhistoriques de la vallée de la Saône**, 1 br. in-8, Mâcon. 1882. . . . . . . . . . 2 fr.

**Prodrome de malacologie française, catalogue général des Mollusques vivants de France, Mollusques terrestres, des eaux douces et des eaux saumâtres**, 1 vol. gr. in-8. Lyon, 1883. . . . . . . . . . 20 fr.

**Malacologie des lacs de Tibériade, d'Antioche et d'Homs en Syrie**, 1 vol. gr. in-8 avec 5 planches. Lyon, 1883. . . . . . . . . . 25 fr.

**Description d'une nouvelle espèce de Mollusques appartenant au genre Paulia**, 1 br. gr. in-8. Lyon, 1883. . . . . . . . . . 0 fr. 50

**Recherches paléontologiques sur les dépôts tertiaires à Milne-Edwardsia et à Vivipara du pliocène inférieur du département de l'Ain**, 1 vol. in-8 avec planches. Mâcon, 1883. . . . . . . . . . 5 fr.

**Considérations sur l'albinisme et le mélanisme chez les Mollusques de la faune française**, 1 br. gr. in-8. Lyon, 1883. . . . . . . . . . 3 fr.

**De la valeur des caractères spécifiques en malacologie**, 1 br. gr. in-8. Lyon, 1883. 3 fr.

**Histoire des Mollusques dans l'antiquité**. 1 vol. gr. in-8 avec planches. Lyon 1884. 12 fr.

**Prodrome de malacologie française, catalogue général des Mollusques vivants de France, Mollusques marins**, 1 vol. in-8. Lyon, 1886. . . . . . . . . . 25 fr.

**Etude critique des Tapes des côtes de France**, 1 vol. in-8 avec planches. Paris, 1887. . . . . . . . . . 4 fr.

**Revision des espèces françaises appartenant au genre Modiola**, 1 br. in-8, avec planche. Paris, 1888. . . . . . . . . . 3 fr.

**Recherches historiques sur la coquille des Pèlerins**, 1 br. gr. in-8. Lyon, 1888. 3 fr. 50

**Description des Mollusques fossiles des terrains tertiaires inférieurs de la Tunisie**, 1 br. in-8, avec atlas in-fol. Paris, 1889. . . . . . . . . . 10 fr.

**Revision des espèces françaises appartenant au genre Mytilus**, 1 br. in-8 avec planches. Paris, 1890. . . . . . . . . . 3 fr 50

**Les coquilles marines vivantes de la faune française décrites par G. Michaud**, études critiques d'après les types de ses collections, 1 br. gr. in-8. Lyon, 1890. . . 3 fr.

**Les Huitres et les Mollusques comestibles**, 1 vol. in-16, avec 97 figures intercalées dans le texte. Paris, 1890. . . . . . . . . . 3 fr. 50

**Description des espèces françaises appartenant au genre Mactra**, 1 br. in-8, avec 2 planches. Paris, 1891. . . . . . . . . . 3 fr. 50

**Sur les espèces françaises du genre Euthria**, 1 br. in-8. Paris, 1891. . . . . 2 fr.

**Contributions à la faune malacologique française**, 3 vol. gr. in-8, avec tableaux et planches. Paris, 1880-91. . . . . . . . . . 72 fr.

---

Lyon. — Imprimerie Pitrat aîné, **A. Rey** successeur, 4, rue Gentil. — 3064

LES

# COQUILLES MARINES

DES

## COTES DE FRANCE

DESCRIPTION DES FAMILLES, GENRES ET ESPÈCES



PAR

ARNOULD LOCARD

VICE-PRÉSIDENT DE LA SOCIÉTÉ MALACOLOGIQUE DE FRANCE

**Avec 348 figures dessinées d'après nature**

ET INTERCALÉES DANS LE TEXTE

Extrait des *Annales de la Société Linnéenne de Lyon*, t. XXXVII.

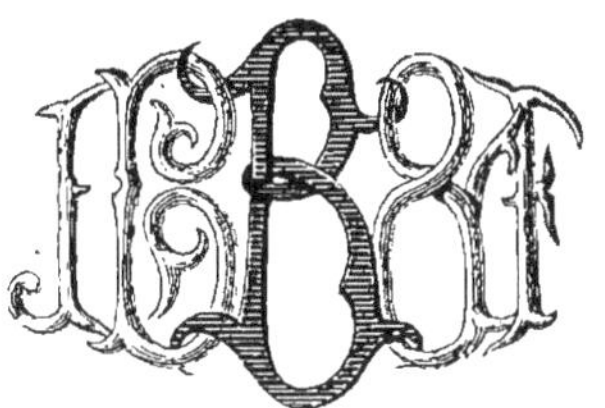

PARIS

LIBRAIRIE J.-B. BAILLIÈRE ET FILS

Rue Hautefeuille, 19, près du boulevard Saint-Germain

1892

# INTRODUCTION

**But de l'ouvrage.** — Jusqu'à ce jour il n'a été publié, sur la faune malacologique marine française, que des catalogues généraux ou locaux et des monographies partielles ; mais il n'existe aucun ouvrage dans lequel on puisse trouver la description de toutes les espèces de coquilles, telles qu'on les rencontre sur nos côtes. Nous nous sommes proposé de combler cette lacune. Déjà, dans un premier travail [1], nous avons présenté la liste complète de toute cette faune. Mais ce catalogue renfermait seulement, avec les noms des espèces, leur synonymie et l'indication des différents habitats qui leur avaient été assignés ; il n'était donc nullement descriptif. Aujourd'hui, nous appuyant sur cette première donnée, nous présenterons chaque espèce, classée dans son ordre zoologique et suivie de ses caractères descriptifs, de façon à permettre d'en faire rapidement et avec certitude la détermination, sans avoir besoin de recourir à d'autres ouvrages, parfois très rares, souvent fort dispendieux.

1 A. Locard, *Prodrome de Malacologie française, Catalogue général des Mollusques vivants de France, Mollusques marins.* Lyon Paris, 1884. 1 vol. gr. in-8.

A cet effet, sans revenir sur les questions synonymiques, puisque nous les avons déjà traitées, sans nous attarder aux études critiques, fort intéressantes sans doute, mais qui nous entraîneraient trop loin, nous nous bornerons à donner, à la suite de chaque dénomination spécifique, les indications nécessaires pour en retrouver au besoin la synonymie dans notre *Prodrome;* puis nous établirons ses caractères distinctifs de la manière la plus brève, mais aussi la plus précise. Étant admis que toutes les espèces, dans un genre donné, peuvent se grouper suivant leurs affinités réciproques autour d'un certain nombre de types principaux, nous donnerons une exacte figuration et une description un peu plus détaillée de tous ces types ou têtes de groupes, de façon à n'avoir plus à différencier les formes voisines que par leurs caractères les plus essentiels. Cette méthode simple et pratique facilitera, croyons-nous, beaucoup les recherches. Nous espérons ainsi pouvoir arriver à ce résultat : étant donnée une coquille quelconque appartenant à notre faune marine actuelle, et sans autres études préalables, pouvoir la déterminer et la classer facilement avec toute la certitude possible.

Terminologie conchyliologique. — Pour faire de la conchyliologie, il n'est, en effet, nullement besoin de s'être livré à de bien grandes études d'histoire naturelle. Quelques notions générales, quelques mots de terminologie que nous allons exposer suffiront amplement pour mettre le lecteur au courant des expressions dont nous aurons à faire usage.

Les Mollusques sont des animaux à corps mou, le plus souvent protégé par une coquille solide; cette coquille est *univalve*, *bivalve*, ou *plurivalve*. Nous laisserons de côté les Mollusques nus, ou ceux qui n'ont qu'une coquille interne plus ou moins rudimentaire, pour nous occuper seulement des Mollusques univalves, *Gastropodes* et *Scaphopodes*, et des Mollusques bivalves *Lamellibranches* et *Brachiopodes*.

Les Gastropodes ont une tête distincte et rampent sur leur pied charnu; le vulgaire escargot en est le prototype; ils ont une coquille univalve. Les Lamellibranches, comme l'huître,

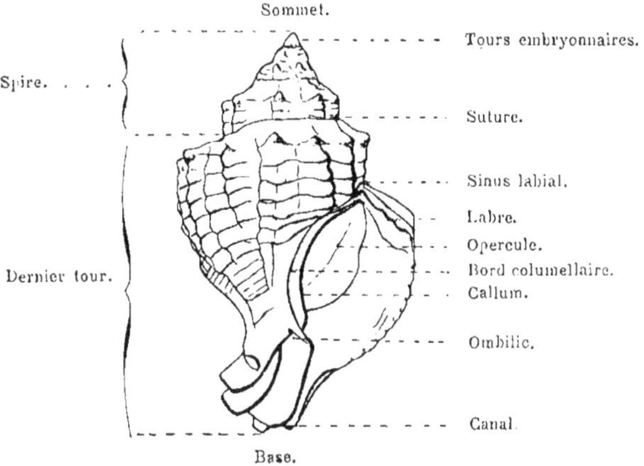


Fig. 1. — *Murex trunculus*, L.

n'ont pas une tête distincte; quelques-uns sont fixés; la plupart ont une coquille bivalve; mais à tire de chaînon, dans cette grande succession des êtres, il existe des Gastropodes plurivalves tels que les *Chitonidæ*, de même qu'en tête des Lamellibranches prennent également place d'autres plurivalves comme les *Pholadidæ*. Quant aux Scaphopodes, ils sont univalves à l'état parfait, et bivalves dans leur vie embryonnaire. Enfin, les Brachiopodes ont une organisation anatomique toute particulière, logée entre deux valves, avec un squelette interne.

La *coquille* est l'enveloppe testacée dont sont recouverts les Mollusques. C'est surtout à l'aide de cette coquille, qui joue en somme le rôle du squelette chez d'autres animaux, que l'on peut arriver à les déterminer et à les classer avec certitude; elle seule survit après la mort et parfois se conserve avec une merveilleuse délicatesse après sa fossilisation. Chez les univalves, la coquille est tantôt simplement tectiforme *(Umbrellidæ, Patellidæ, etc.)*, tantôt enroulée suivant un certain nombre de tours. L'axe sur lequel se fait cet enroulement a nom *columelle* (fig 1) ; s'il est creux, son entrée se nomme *ombilic*. Les tours supérieurs constituent la *spire;* l'extrémité supérieure de la spire représente le *sommet* de la coquille; nécessairement ce sommet doit toujours être placé en haut. Les premiers tours, au voisinage du sommet, sont qualifiés de *tours embryonnaires;* tous les tours, quelle que soit leur forme, sont séparés par une *suture*. Le *dernier tour*, ordinairement de beaucoup le plus grand, se termine par l'*ouverture;* celle-ci s'ouvre *en avant*, tandis que, par opposition , on nomme *dos* de la coquille le côté du dernier tour qui lui est opposé. La périphérie aperturale est appelée *péristome;* ce péristome peut être continu ou discontinu; le *labre* représente son bord externe; le *bord columellaire* est, au contraire, le bord interne ou opposé au labre; parfois ce bord columellaire est accompagné d'un développement calleux ou *callum* qui s'étend sur une partie du dernier tour. Chez quelques espèces il existe, dans le haut du labre, une fente ou sinus plus ou moins profond, c'est le *sinus labial*. La base du dernier tour se prolonge suivant une région plus ou moins allongée, ouverte ou fermée, désignée sous le nom de *canal*. Enfin, l'ouverture peut être close ou non par une pièce accessoire mobile, que l'on désigne sous le nom d'*opercule*.

Chez les coquilles bivalves (fig. 2), le *sommet* ou *crochet* est situé en haut et le plus ordinairement infléchi sur la gauche, c'est-à-dire dirigé vers la *région antérieure* ou *région buccale*, par opposition à la *région postérieure* ou *région anale* placée à droite; le côté opposé au sommet se nomme *région inférieure* ou *ventrale*. La coquille étant placée à plat, son sommet droit ou dirigé vers la région antérieure, nous qualifierons de *valve supérieure* celle qui est en dessus, et de *valve*

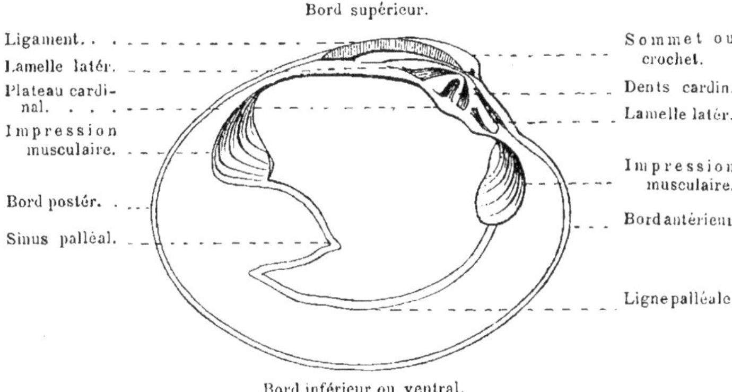


Fig. 2. — *Cytherea chione*, L. — Vue intérieure de la valve supérieure ou valve gauche.

*inférieure* celle qui est en dessous[1]. Les valves sont reliées entre elles à l'aide d'un *ligament* logé au voisinage des sommets, soit à l'intérieur, soit à l'extérieur et à droite du sommet; à l'intérieur on observe, en outre, des saillies et des creux formant *charnière;* sous les sommets sont logées les *dents cardinales*, tandis que sur les côtés s'allongent les *lamelles latérales*. En dehors, et au voisinage du sommet, on distingue parfois un *écusson* que l'on qualifie de *lunule*.

[1] Quelques auteurs, supposant le Mollusque en marche, qualifient de valve droite la valve inférieure, et de valve gauche, la valve supérieure.

Les coquilles des Lamellibranches peuvent être *équivalves* ou *inéquivalves*, *équilatérales* ou *inéquilatérales*; souvent elles sont complètement libres, d'autres fois, à l'âge adulte, elles sont fixées par une partie de la valve inférieure ou par une touffe de poils soyeux appelés *byssus*.

Telles sont les seules données fondamentales que nous aurons besoin de formuler pour déterminer les coquilles. De la variété, soit dans le galbe, soit dans la position relative, soit dans le mode d'ornementation de ces différentes parties de la coquille, dépendent les *caractères spécifiques*. La coloration n'est évidemment que chose accessoire, puisqu'elle s'atténue ou disparaît avec la mort de l'animal, et lors de sa fossilisation. Mais, en outre, chaque espèce est susceptible de présenter un plus ou moins grand nombre de variations générales ou individuelles, basées sur sa forme et sur son mode d'ornementation. Pour ne pas compliquer inutilement notre étude, nous n'avons pas cru devoir tenir compte de ces *variétés*. Il est admis en principe, et une fois pour toutes, que chaque espèce, telle que nous la comprenons, est susceptible de présenter, outre une série de variétés *ex colore*, des variétés *ex forma* telles que : *major*, *minor*, *elongata*, *curta*, *ventricosa*, *attenuata*, *etc.*

De la recherche des coquilles. — Il n'est pas un promeneur qui, sur nos côtes, n'ait foulé à ses pieds quantité de coquillages. C'est surtout après les tempêtes, les gros temps ou les grandes marées, que l'on rencontre, au milieu des sables et des débris de plantes marines arrachées aux fonds voisins, des coquilles de toutes sortes, les unes, il est vrai, roulées et brisées, d'autres ayant, au contraire, conservé toute leur fraîcheur première. C'est surtout dans les criques et les baies que ces fragiles épaves vont se déposer. Là, le collectionneur peut faire en peu de temps une ample et utile récolte. Il trouvera dans ces sables de la plage une foule d'intéressantes espèces que le flot rejette avant de les broyer. Après avoir recueilli à la main ou au râteau les plus grosses coquilles, il devra faire provision de ces sables coquilliers en les tamisant sur place, pour les trier ensuite dans son cabinet.

En général, la plupart des Mollusques ont un habitat de prédilection; les uns se plaisent à de faibles profondeurs, au niveau du balancement des marées; d'autres recherchent des milieux de plus en plus profonds, mais que le filet de nos pêcheurs peut encore atteindre; d'autres enfin sont perdus dans les grands fonds et ne peuvent en être retirés qu'à l'aide de dragages spéciaux. Si quelques animaux préfèrent errer sur les rochers moussus ou grimper le long des plantes marines, certains autres passent leur vie enfouis dans le sable ou cachés dans les fentes étroites de la grève. De là, autant de modes de chasse, ou mieux de pêche, que tout naturaliste devra savoir pratiquer.

Les Solens, les Lutraires, les Venus, les Cardiums, etc., aiment à s'enfoncer dans le sable; avec un peu d'habitude on apprendra bien vite à suivre leurs traces pour arriver jusqu'à leur demeure; un étroit et tortueux sillon, une petite cavité creusée à fleur du sol, un léger monticule, sont, après le passage du flot, autant d'indices qui tiendront le chercheur en éveil. A l'aide d'une pelle ou d'une cuiller à crochet, il ira cueillir au fond de sa retraite le Mollusque solitaire. D'autres, comme les Lithodomes, les Pétricoles, les Pholades, etc., percent les roches, même les plus dures, pour s'y créer un abri. Un marteau et un ciseau sont alors nécessaires pour se les procurer.

Un grand nombre de coquillages vivent dans les eaux à de

très faibles profondeurs ; il est facile de les surprendre dans leur retraite. La mer vient-elle à se retirer, ils attendent patiemment son retour, fixés sur les rochers ou baignés dans la moindre flaque d'eau. Dans la Manche et dans l'Océan, c'est là un mode de pêche aussi facile que fructueux. Le promeneur n'hésitera pas à s'aventurer le plus loin possible des milieux par trop fréquentés, et là, soulevant les pierres, sondant les petites mares, fouillant les anfractuosités, il sera bientôt récompensé de ses peines par une abondante récolte.

Bon nombre de petites espèces passent leur vie sur les algues, les fucus, les varechs, tandis que d'autres, pour se soustraire aux rayons de la lumière, se contentent de ramper à leur pied. Si vous vous trouvez au bord de la mer à l'époque de la coupe du goëmon, c'est-à-dire vers la fin d'avril, ne manquez pas d'en faire provision; en secouant les branches sèches, ou en les plongeant dans l'eau douce, Rissoia, Alvania, Trochus, Skeneia, Tectura, etc., tomberont aussitôt au fond du vase.

Si l'on opère des curages, ou mieux encore des dragages dans les ports, et surtout à l'entrée des passes, là où se produisent les envahissements des fonds par le sable, suivez avec soin les déblais que rejette la drague, vous y recueillerez certainement de nombreux échantillons. Les tas de goëmon ou de mëarl dragués dans l'Océan pour l'amendement des terres, sont riches en coquillages souvent bien conservés, longtemps même après qu'ils ont été retirés des eaux.

Dans la Méditerranée, les pêcheurs de coraux sont de bien précieux auxiliaires pour les naturalistes; ils sondent les fonds que n'atteignent pas ordinairement les filets des pêcheurs, et tout en ramenant leur corail, ils rapportent au jour de belles espèces des grands fonds. Malheureusement ce sont là de trop rares occasions; aussi devrons-nous le plus souvent nous contenter de suivre les pêcheurs ordinaires. Quel que soit leur mode de pêche, à la senne, au chalut, ou même à la ligne, les pêcheurs peuvent nous procurer d'excellents et nombreux matériaux. Il faut toujours visiter avec soin leurs filets, et surtout les débris de toutes sortes qu'ils ne manquent pas de jeter lorsqu'ils rentrent au port; dans ces débris dont ils ne font pas le moindre cas, on trouve souvent de très beaux échantillons. Enfin, dans l'estomac des poissons, et même dans l'intérieur des astéries, on rencontre fréquemment des coquillages que ces animaux ont pris à d'assez grandes profondeurs.

Le mieux encore serait de draguer soi-même; mais pareille opération nécessite tout un matériel spécial assez onéreux, du moment qu'on veut atteindre certaines profondeurs. Nous n'insisterons donc pas sur ce mode particulier de la pêche des Mollusques, qui est bien loin d'être à la portée de tout le monde, et nous renverrons ceux qui veulent en faire usage, aux ouvrages spéciaux qui traitent d'un pareil sujet.

Les espèces comestibles, celles qui viennent parfois en grande quantité sur les marchés, sont intéressantes à plus d'un titre. Mais il importe essentiellement de bien s'assurer de leur véritable provenance, ce qui n'est pas toujours chose facile. Nous avons vu vendre à Marseille et à Cette, comme produits locaux, des coquillages provenant des côtes de l'Océan. En outre, il ne faut pas oublier que les coquilles domestiques perdent leurs véritables caractères primitifs; ne sait-on pas que certaines huitres, avant d'arriver sur nos marchés, ont leurs bords taillés au ciseau? Mais souvent aussi, au milieu de coquilles comestibles mal triées ou mal lavées, on peut rencontrer d'autres formes intéressantes.

Enfin, les épaves de toutes sortes, bouées, radeaux, cassiers à homards, ancres et chaînes, du moment qu'elles ont séjourné quelque temps à la mer, sont bonnes à visiter. Sur la carapace des crustacés, des oursins, des astéries, et même sur le test brisé des vieux coquillages, on peut rencontrer une foule de petites espèces qui vivent ainsi en commençaux ou parasites.

Répartition des mollusques sur nos côtes. — Trois grandes mers baignent les côtes de la France sur plus de la moitié de sa périphérie totale : la Manche, l'Océan, la Méditerranée. D'après l'allure des côtes, comme d'après leur faune propre, on peut les diviser en un certain nombre de régions naturelles affectant chacune des caractères particuliers au point de vue de la répartition des Mollusques.

En allant du nord au sud, figure en premier lieu la *région septentrionale* baignée par les eaux du Pas-de-Calais et de la Manche, depuis la Belgique jusqu'au cap de la Hague situé à l'extrémité de la pointe du Cotentin ; dans cette région, les eaux sont peu profondes et ne dépassent pas 50 à 60 mètres de profondeur ; sa faune est relativement la moins riche et la moins variée. A la suite vient la *région armoricaine*, dans laquelle le littoral, constitué par les confins du massif breton, commence au cap de la Hague pour finir à l'embouchure de la Loire ; là, le fond et la plage, beaucoup plus mouvementés, parsemés d'îles et d'îlots nombreux, atteignent une centaine de mètres de profondeur. La faune, déjà plus riche, participe, comme la précédente, de la faune septentrionale du système européen. Au sud, figure la *région aquitanique* qui va depuis la Loire jusqu'en Espagne, en y comprenant le golfe de Gascogne. Dans cette région, en dehors du plateau sous-marin de Rochebrune, on atteint rapidement des profondeurs de 200 mètres, pour arriver bientôt vers le large aux abîmes de 4500 mètres.

Avec la Méditerranée nous retrouvons presque la même progression. Dans une quatrième région dite *du golfe du Lion*, s'étendant depuis l'Espagne jusqu'aux Bouches-du-Rhône, nous rencontrons, parallèlement à la faune côtière, la faune des étangs saumâtres du Roussillon et du Languedoc, tandis que dans la *région provençale*, qui se prolonge jusqu'aux côtes de l'Italie, figurent des bords plus escarpés, parsemés d'îlots et de caps, précédant les grands fonds méditerranéens creusés entre le continent et la Corse. La faune de la Méditerranée est incontestablement plus riche en espèces et en variétés que la faune océanique. Plusieurs genres y vivent exclusivement. Sans revenir sur le détail des différents habitats assignés à chaque espèce, détail qui figure dans notre *Prodrome*, nous aurons toujours soin d'indiquer dans quelles eaux on peut les rencontrer.

Répartition des mollusques en profondeur. — Comme on vient de le voir, l'allure bathymétrique de nos côtes varie autant que leur facies géographique apparent. Puisque chaque espèce a son habitat préféré, il importera donc, pour en faire exactement ressortir les conditions, d'indiquer autant que possible à quelle profondeur elle se plaît à vivre. N'ayant pas à nous occuper ici de la faune des grands fonds ou abîmes qui échappent aux investigations ordinaires, nous diviserons la série des fonds accessibles en trois zones : la *zone littorale* est celle qui correspond au niveau plus ou moins superficiel du balancement des marées, niveau qui varie dans d'assez larges limites du nord au midi. Sous le nom de *zone herbacée*, nous comprendrons ces vastes prairies sous-marines allant jusqu'à 27 ou 28 mètres de profondeur où croissent, suivant les milieux, les Laminaires, les Zostères, les Posidonies. De 28 à 72 ou 75 mètres, s'étend la *zone corallienne*, caractérisée par la présence d'algues incrustantes, Corallines et Nullipores, plus particulièrement abondantes à ces niveaux. Au delà, viennent les grands fonds et les abîmes.

CONSERVATION DES COQUILLES. — Puisque nous ne nous occupons que des Coquilles, il conviendra, pour les garder dans les collections, de les débarrasser de l'animal qu'elles renfermaient et dont la conservation n'est pas toujours chose facile. Sont-elles de très petite taille? après les avoir soigneusement lavées à l'eau douce pour leur enlever toutes traces de sel, il suffira de les exposer au soleil pour obtenir la dessiccation complète de l'animal et enlever ainsi toute mauvaise odeur. Mais si les Coquilles sont plus grosses, on les plongera dans de l'eau bouillante. Les Coquilles bivalves s'entr'ouvriront d'elles-mêmes et, à l'aide d'un couteau, on en détachera facilement les chairs adhérentes. Pour les Coquilles enroulées, à l'aide d'un petit crochet, on ira embrocher aussi profondément que possible l'animal, pour l'extirper ensuite en suivant le mouvement de la spire. Si l'extérieur est encroûté, un grattage adroitement pratiqué, suivi d'un bon coup de brosse, suffiront pour le débarrasser des parasites de toutes sortes qui ont pu l'envahir. Enfin, si cela est nécessaire, un peu d'eau gommée passée à la surface rendra à la Coquille toute sa fraîcheur primitive.

Lyon, mai 1891.

# GASTROPODA

## OPISTHOBRANCHIATA

## TECTIBRANCHIATA

### UMBRELLIDÆ

Coquille externe, discoïde, mince, à sommet subcentral peu saillant.

#### Genre UMBRELLA, de Lamarck

Coquille tectiforme, très déprimée ; face interne à peine concave, calleuse au centre, lisse sur les bords ; face externe striée concentriquement.

**Umbrella Mediterranea,** de Lamarck.

*U. Mediterranea*, L., 1816. *An. s. vert.*, VI, I, p. 343. — Loc., *Prodr.*, p. 67.

Coquille très aplatie, à sommet peu saillant ; bord tranchant ; face supérieure recouverte d'un épiphragme membraneux, très mince, jaunâtre, zoné ou radié de brun ; face inférieure brillante, nacrée, d'un roux clair, avec des zones concentriques blanc-fauve ou violacé. — H. 10 à 15 ; D. 60 à 80 millimètres.

Fig. 3. — 1/2 grandeur.

Rare ; la Méditerranée, zone herbacée.

### Genre TYLODINA, Rafinesque

Coquille tectiforme, légèrement conique, un peu épaisse, calcaire en son milieu, membraneuse-calcaire sur les bords; sommet légèrement arqué en arrière et à gauche; face externe faiblement striée.

**Tylodina citrina**, DE JOANNIS.

*T. citrina*, Joan., 1833. *Mag. zool.*, p. 36. — *T. Rafinesquei*, Loc., *Prodr.*, p. 67.

Coquille ovalaire, un peu rétrécie antérieurement; sommet assez élevé,

FIG. 4.

presque central, très obtusément enroulé, un peu arqué; face supérieure recouverte d'un épiderme mince, jaune pâle, plus foncé vers le sommet, avec des rayons bruns; face inférieure d'un roux très clair, avec des zones concentriques. — H. 8 à 10; D. 12 à 14 millimètres.

Très rare; la Méditerranée, zones herbacée et corallienne.

**Tylodina excentrica**, TIBERI.

*Gadinia excentrica*, Tib., 1857. *Journ. conch.*, p. 37, pl. 2, fig. 6. — *T. excentrica*, Monterosato, 1878. *En. Sin.*, p. 53. — Loc., *Prodr.*, p. 67.

Galbe ovalaire, plus rétréci antérieurement; sommet peu élevé, presque central, obtusément enroulé, plus arqué; épiderme blanc grisâtre; face inférieure blanc brillant et nacré. — H. 11; D. 17 millimètres.

Très rare; la Méditerranée, zone corallienne.

## PHILINIDÆ

Coquille interne, ne recouvrant qu'une partie des viscères, partiellement enroulée, mince, pellucide, hyaline, à ouverture très ample.

### Genre PHILINE, Ascanias

Coquille de taille moyenne ou de petite taille; spire ordinairement distincte, mais très courte; ouverture occupant toute la hauteur; labre simple; columelle mince, incurvée; pas d'opercule.

A. — Groupe du *Ph. aperta.*

Coquille de taille moyenne, à test lisse.

**Philine aperta**, Linné.

*Bulla aperta*, L., 1767. *Syst. nat.*, p. 1183. — *Ph. aperta*, Forbes et Hanley, 1853. *Brit. moll.*, III, p. 539, pl. 114, fig. 1. — Loc., *Prodr.*, p. 81.

Coquille subcirculaire, aplatie, plus étroite en haut qu'en bas; spire cachée; deux tours, le dernier constituant à lui seul presque toute la coquille, à profil bien arrondi; ouverture très ample, arrondie, un peu rétrécie dans le haut; columelle fortement arquée. — H. 16 à 18; D. 14 à 15 millimètres.

Fig. 5.

Commun; sur toutes les côtes, zones herbacée et corall.

B. — Groupe du *Ph. scabra.*

Coquille de petite taille, à test ornementé.

**Philine scabra**, Müller.

*Bulla scabra*, Mül., 1776. *Zool. Dan.*, II, pl. 71, fig. 11-12. — *Ph. scabra*, Lov., 1846. *Moll. Scand.*, p. 9. — Loc., *Prodr.*, p. 82.

Coquille conoïde, allongée, déprimée, tronquée dans le haut, bien arrondie dans le bas; test orné de stries décurrentes fines, largement ponctuées; spire distincte, deux à trois tours; suture profonde; dernier tour très ample, droit dans le haut, bien arrondi dans le bas; ouverture piriforme-oblongue; columelle arquée. — H. 5 à 7; D. 3 1/2 à 4 millim.

Fig. 6.

Peu commun, la Manche et l'Océan; plus rare dans la Méditerranée; zones herbacée et corallienne.

**Philine catenata**, Montagu.

*Bulla catena*, Mtg., 1803. *Test. Brit.*, p. 215, pl. 7, fig. 7. — *Ph. catena*, F. et H., 1853. *Brit. moll.*, III, p. 545, pl. 114, E, fig. 6, 7. — Loc., *Prodr.*, p. 82.

Galbe ovoïde-déprimé, atténué en haut, arrondi en bas; stries décurrentes constituées par des anneaux allongés, soudés en forme de chaîne; spire distincte; dernier tour très grand, bien arrondi; ouverture très ample, arrondie-piriforme. — H. 2 à 2 1/2; D. 2 à 2 1/4 millimètres.

Assez rare; l'Océan et la Méditerranée; zones herbacée et corallienne.

**Philine punctata**, Clarck.

*Bullæa punctata*, Cl., 1837. *Zool. Journ.*, III, p. 339. — *Ph. punctata*, F. et H., 1853. *Brit. moll.*, III, p. 547, pl. 114, E, fig. 8-9. — Loc., *Pr.*, p. 83.

Galbe conoïde-déprimé, tronqué en haut, arrondi en bas; test finement quadrillé; spire distincte; dernier tour très ample, à profil largement arqué, pas plus haut à son extrémité qu'à sa naissance; ouverture grande, exactement piriforme. — H. 1 1/2 à 2; D. 1 à 1 3/4 millimètre.

Rare; la Manche et l'Océan, zones herbacée et corallienne.

**Philine quadrata**, S. Wood.

*Bullæa quadr.*, S. Wood, 1839. *Ann. nat. hist.*, III, p. 461, pl. 7, fig. 1. — *Ph. quadr.*, F. et H., 1853. *Br. m.*, III, p. 541, pl. 114, E, fig. 2,3. — Loc., *Pr.*, p. 83.

Galbe subovoïde-déprimé, tronqué en haut et en bas; stries décurrentes constituées par des points transversaux allongés; spire peu distincte; dernier tour très ample, arrondi; ouverture subrectangulaire, étroite en haut, subbiangulaire en bas. — H. 5 à 6; D. 3 1/2 à 4 1/2 millimètres.

Très rare; région aquitanique, zones herbacée et corallienne.

**Philine pruinosa**, Clark.

*Bullæa pruinosa*, Cl., 1837. *Zool. Journ.*, III, p. 339. — *Ph. pruinosa*, F. et H., 1853. *Brit. moll.*, III, p. 549, pl. 114, F, fig. 1, 2.

Galbe subglobuleux-déprimé; test orné d'un quadrillage à mailles fines, un peu allongées dans le sens de la hauteur; spire distincte; dernier tour bien arrondi; ouverture très ample, subarrondie. — H. 4 à 5; D. 3 à 4 millimètres.

Très rare; région aquitanique, zone corallienne.

**Philine angulata**, Jeffreys.

*Ph. angulata*, Jeffr., 1867. *Brit. conch.*, IV, p. 451, pl. 96, fig. 3.

Galbe globuleux-déprimé; stries décurrentes très fines, un peu ondulées; spire distincte; dernier tour très largement arrondi, bien anguleux à son extrémité supérieure; ouverture extrêmement large, vaguement subrectangulaire. — H. 3 à 3 1/2; D. 3 à 3 1/4 millimètres.

Rare; région armoricaine, zones herbacée et corallienne.

**Philine Monterosatoi**, Jeffreys.

*Ph. Monterosatoi*, J., *in* Mtr., 1878. *Nuov. rev.*, p. 47. — Loc., *Prodr.*, p. 83.

Galbe subquadrangulaire assez déprimé; test orné ou stries décurrentes très fines, un peu ondulées; spire distincte; dernier tour très ample, rétréci et non anguleux dans le haut; ouverture extrêmement large, comme tronquée dans le bas. — H. 6 à 8; D. 5 à 7 millimètres.

Très rare; région aquitanique et méditerranéenne, zone corallienne.

## SCAPHANDRIDÆ

Coquille externe ne pouvant pas contenir entièrement l'animal, partiellement enroulée, à spire non visible.

### Genre SCAPHANDER, de Montfort

Coquille d'un galbe ovoïde, tronquée au sommet; ouverture très grande, occupant toute la hauteur; labre simple; columelle non plissée; pas d'opercule.

**Scaphander lignarius, Linné.**

*Bulla lignaria*, L., 1767. *Syst. nat.*, p. 1184. — *S. lignarius*, Mont., 1810. *Conch. Syst.*, II, p. 334. — Loc., *Prodr.*, p. 69.

Coquille ovoïde-piriforme, bien rétrécie dans le haut; test solide, orné de stries décurrentes et de stries d'accroissement fines et rapprochées; ouverture rétrécie dans le haut, largement arrondie dans le bas; columelle enroulée; coloration d'un roux pâle, plus clair sur le labre, vaguement flammulé longitudinalement, avec le callum blanc-rosé et nacré. — H. 30 à 60; D. 24 à 38 millim.,

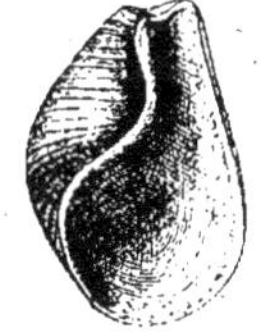

Fig. 7. — 1/2 gr.

Commun; sur toutes les côtes, zones herbacée et corall.

**Scaphander giganteus, Risso.**

*Sc. giganteus*, Ris., 1826. *Eur. mer.*, IV, p. 51, fig. 12. — Loc., *Pr.*, p. 70.

Galbe ovoïde-subpiriforme, moins rétréci dans le haut, aussi élargi dans le bas; test un peu épais, avec des stries peu marquées; columelle enroulée de façon à laisser voir par la base tous les tours; coloration brun foncé. — H. 60 à 70; D. 40 à 45 millimètres.

Assez rare; la Méditerranée, zones herbacée et corallienne.

**Scaphander puncto-striatus, Michels.**

*Bulla puncto-striata*, Migh., 1842. *Bost. J. nat.*, p. 43. — *Sc. puncto-striatus*, G. O. Sars., 1878. *Moll. Norv.*, p. 292, pl. 18, fig. 6. — Loc., *Prodr.*, p. 70.

Taille plus petite ; galbe ovoïde-allongé, un peu rétréci dans le bas ; test mince, orné de stries décurrentes fines, ponctuées ; ouverture rétrécie en haut, arrondie en bas ; coloration jaune pâle très clair, callum et columelle nacré. — H. 20 à 25 ; D. 15 à 18 millimètres.

Très rare ; golfe de Gascogne, rejeté des zones profondes sur les plages.

## BULLIDÆ

Coquille externe, de taille moyenne, enroulée, imperforée, globuleuse, à spire déprimée ou ombiliquée ; ouverture aussi haute que la coquille ; labre simple ; columelle non plissée ; pas d'opercule.

### Genre BULLA, Linné.

Coquille pouvant renfermer l'animal ; spire concave ; étroitement ombiliquée, non distincte ; dernier tour non disjoint dans le haut ; columelle épaissie.

A. — Groupe du *B. navicula*.

Coquille globuleuse ; test mince, subpellucide, presque lisse.

**Bulla navicula, da Costa.**

*B. navicula*, da C., 1778. *Brit. conch.*, p. 28, pl. 1, fig. 10. — *B. cornea* et *B. elegans*, Loc., *Prodr.*, p. 76 et 534.

Fig. 8.

Coquille globuleuse, un peu allongée ; spire non apparente, obtusément ombiliquée ; dernier tour largement arrondi, un peu plus rétréci dans le haut que dans le bas ; ouverture elliptique ; columelle bien arquée ; coloration jaune pâle un peu verdâtre, callum et columelle blanc opaque. — H. 20 à 30 ; D. 16 à 22 millimètres.

Assez commun ; partout, zones littorale et herbacée.

**Bulla hydatis, Linné.**

*B. hydatis*, L., 1767. *Syst. nat.*, p. 1183. — Loc., *Prodr.*, p. 76.

De taille plus petite ; galbe plus court et plus globuleux ; test plus lisse ;

dernier tour plus arrondi; ouverture plus largement elliptique; columelle presque rectiligne; coloration jaune verdâtre clair, callum et columelle blanc opaque. — H. 8 à 10; D. 7 à 8 millimètres.

Assez commun dans la Médit.; plus rare dans l'Océan; mêmes zones.

**Bulla subrotundata,** Jeffreys.

*B. subrotundata*, Jeff., 1873. *Rep. Brit. assoc.*, p. 113.

De petite taille; galbe très globuleux, presque rond; test lisse; dernier tour bien arrondi; ouverture moins étranglée, plus circulaire dans le bas; coloration jaune pâle, callum et columelle blanc opaque. — H. 4 à 5; D. 3 à 3 1/2 millimètres.

Très rare; région aquitanique, zones herbacée et corallienne.

B. — Groupe du *B. utriculata.*

Coquille de petite taille, subglobuleuse; test strié.

**Bulla utriculata,** Brocchi.

*B. utriculus*, Broc., 1814. *Conch. sub.*, p. 633, pl. 1, fig. 6. — *B. utriculata*, Loc., *Prodr.*, p. 77.

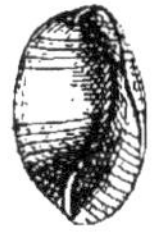

Fig. 9.

Coquille ovoïde, tronquée en haut, à peine rétrécie en bas; stries décurrentes fines, ponctuées et accusées en haut et en bas; spire étroitement ombiliquée; dernier tour bien arrondi; ouverture étroitement ovalaire; columelle courte, plissée à la base; coloration jaune-roux clair, avec des linéoles décurrentes plus foncées. — H. 10 à 12; D. 7 à 8 millim.

Assez rare; sur toutes les côtes, zone herbacée.

**Bulla diaphana,** Aradas et Maggiore.

*B. diaphana*, Ar., Mag., 1840. *Cat. Sic.*, p. 40. — Loc., *Prodr.*, p. 78.

Galbe ovoïde-allongé; test fragile, avec quelques stries décurrentes obsolètes en haut et en bas; spire subombiliquée; dernier tour largement arrondi, plus haut à son extrémité qu'à sa naissance; ouverture étroite en haut; columelle courte, arquée, plissée à la base; coloration blanc hyalin, brillant. — H. 2 à 2 1/2; D. 1 à 1 3/4 millimètre.

Rare; la Méditerranée, zones herbacée et corallienne.

C. — Groupe du *B. striata.*

Coquille cylindrique; test épais et opaque.

**Bulla striata**, Bruguière.

*B. striata*, Brug., 1789. *Dict.*, p. 372. — Loc., *Prodr.*, p. 77.

Fig. 10.

Coquille cylindrique-allongée, à peine plus étroite en haut qu'en bas; spire enfoncée, formant un ombilic étroit et très profond; dernier tour bien convexe, arrondi en haut; ouverture étroite; columelle épaisse, un peu arquée; coloration gris-jaunâtre, avec de petites mouchetures brunes irrégulièrement disséminées; callum et columelle blanc nacré. — H. 20 à 25; D. 12 à 14 millimètres.

Assez rare; la Méditerranée, zone corallienne.

## Genre ACERAS, Müller.

Coquille ne pouvant pas contenir entièrement l'animal; spire tronquée; tours canaliculés; dernier tour disjoint à la suture où il forme un profond sinus; test mince, fragile, pellucide.

**Aceras bullatum**, Müller.

*Akera bullata*, Mül., 1776. *Zool. Dan.*, II, pl. 71, fig. 1 à 5. — *A. bullatum*, Loc., *Prodr.*, p. 78.

Fig. 11.

Coquille ovoïde-ventrue, tronquée en haut, bien arrondie en bas; spire complètement déprimée; 3 à 4 tours; suture large et profonde; dernier tour tombant à son extrémité supérieure, sur la moitié de sa longueur, à profil bien arrondi; ouverture plus petite que la hauteur totale de la coquille, arrondie-piriforme; coloration jaune-foncé. — H. 20 à 28; D. 19 à 21 millimètres.

Peu commun; sur toutes les côtes, zone herbacée.

**Aceras elegans**, Locard.

*A. elegans*, Loc., *Prodr.*, p. 79 et 535.

Galbe cylindroïde un peu allongé, un peu plus rétréci dans le haut; spire légèrement concave; dernier tour à peine descendant à son extrémité et sur une faible longueur, à profil largement arrondi; ouverture presque aussi haute que la coquille; coloration jaune-roux. — H. 20 à 24; D. 14 à 16 millimètres.

Rare; l'Océan et la Méditerranée, zone herbacée.

# CYLICHNIDÆ

Coquille externe, petite, pouvant contenir tout l'animal, enroulée, à spire à peine saillante ou enfoncée ; ouverture aussi haute que la coquille.

## Genre CYLICHNA Lovén.

Coquille subcylindrique, à test mince, diaphane, hyalin, plus ou moins tronqué en haut; ouverture étroite, arrondie en bas ; labre aigu ; columelle formant un pli plus ou moins évasé ; pas d'opercule.

A. — Groupe du *C. cylindracea.*

Coquille assez grande, galbe cylindrique, sommet ombiliqué.

**Cylichna cylindracea,** Pennant.

*Bulla cylindracea*, Pen., 1777. *Brit. zool.*, IV, p. 117, pl. 70, fig. 85. — *C. cylindracea*, Lov., 1846. *Moll. Scand.*, p. 142. — Loc., *Prodr.*, p. 70.

Coquille cylindrique, étroitement allongée, subtronquée en haut, bien arrondie en bas ; stries décurrentes obsolètes ; spire profondément ombiliquée ; dernier tour droit ; columelle légèrement plissée. — H. 8 à 12 ; D. 2 1/2 à 3 1/2 millimètres.

Fig. 12.

Assez commun ; sur toutes les côtes, zones herba. et corall.

**Cylichna elongata,** Locard.

*C. elongata*, Loc., *Prodr.*, p. 71 et 533.

Galbe un peu plus court et plus ventru ; quelques stries décurrentes en haut et en bas ; spire très peu profondément ombiliquée ; dernier tour cylindroïde, un peu plus élevé à son extrémité supérieure, que l'avant-dernier tour. — H. 9 à 10 ; D. 4 millimètres.

Rare ; la Manche, zone corallienne, avec les sables de la plage.

B. — Groupe du *C. umbilicata.*

Coquille petite, galbe subovoïde, sommet ombiliqué.

**Cylichna umbilicata, Montagu.**

*Bulla umbilicata*, Mtg., 1803. *Test. Brit.*, p. 222, pl. 7, fig. 4. — *C. umbilicata*, Cantr., 1840. *Mal. medit.*, p. 79. — Loc., *Prodr.*, p. 73.

Fig. 13.

Coquille ovoïde, un peu allongée, à peine un peu rétrécie en haut; sommet tronqué; spire étroitement ombiliquée; dernier tour largement arrondi; ouverture peu large en haut, étroite au milieu, arrondie en bas; columelle avec un pli bien marqué. — H. 2 à 3 1/2; D. 1 1/2 à 3 millimètres.

Assez commun; partout, plus rare dans la Méditer., zone herbacée.

**Cylichna nitidula, Lovén.**

*C. nitidula*, Lov., 1846. *Moll. Scand.*, p. 142. — Loc., *Prodr.*, p. 74.

Galbe cylindroïde, un peu allongé, un peu rétréci en haut; sommet obtus, tronqué; spire très étroitement ombiliquée; dernier tour largement arrondi, presque méplan dans le milieu; ouverture aussi large au milieu qu'en haut; columelle à peine plissée. — H. 3 à 3 1/2; D. 1 1/2 à 1 3/4 millimètre.

Rare; la Manche et l'Océan, zone herbacée.

**Cylichna Crossei, Bucquoy, Dautzenberg et Dollfus.**

*C. Crossei*, Bucq., Dautz., Dollf., 1886. *Moll. Rouss.*, I, p. 526, pl. 64, fig. 9 à 11.

Galbe régulièrement ovoïde, non rétréci en haut; sommet tronqué; spire très étroitement et très profondément ombiliquée; dernier tour bien arrondi; ouverture étroite, presque linéaire en haut et au milieu, arrondie en bas; columelle avec un pli bien marqué. — H. 2; D. 1 millimètre.

Rare; golfe du Lion, zone herbacée.

**Cylichna strigella, Lovén.**

*C. strigella*, Lov., 1846. *Moll. Scand.*, p. 142. — Loc., *Prodr.*, p. 74.

Galbe ovoïde-allongé, à peine rétréci en haut; test très finement strié en travers; sommet tronqué; spire étroitement et très profondément ombiliquée; dernier tour largement arrondi; ouverture élargie en haut et surtout en bas, étroite au milieu; columelle un peu allongée, bien plissée. — H. 2 à 3; D. 1 1/2 à 1 3/4 millimètre.

Rare; l'Océan, zone herbacée.

**Cylichna læevisculpta**, GRANATA.

*C. læevisculpta*, Gran., 1877. *Descr. Nap.*, p. 11. — Loc., *Prodr.*, p. 74.

Galbe subcylindroïde assez allongé, rétréci en haut; stries décurrentes très fines; sommet tronqué; spire profondément et très étroitement ombiliquée; dernier tour méplan dans le haut, arrondi dans le bas; ouverture étroite au milieu; columelle avec un pli assez fort. — H. 2 à 2 1/2; D. 1 1/4 à 1 1/2 millimètre.

Rare; la Méditerranée, zone herbacée.

**Cylichna Blainvilleana**, RÉCLUZ.

*Bulla Blainvilleana*, Récl., 1843. *Soc. Cuv.*, p. 10. — *C. Jeffreysi*, Loc., *Prodr.*, p. 75.

Galbe ovoïde-allongé, plus étroit en haut qu'en bas; test finement strié en bas; dernier tour largement ovalaire; ouverture très étroite; columelle bien tordue à la base. — H. 10; D. 5 millimètres.

Très rare; côtes de Provence, zone corallienne.

**Cylichna Robagliana**, FISCHER.

*Bulla Robagliana*, Fisch., 1867. *In Fonds mer*, I, p. 150, pl. 23, fig. 2. — *C. Robagliana*, Loc., *Prodr.*, p. 75.

Galbe cylindroïde-court, étroit en haut; test finement strié en long; sommet tronqué; spire étroitement et profondément ombiliquée; dernier tour largement arrondi; ouverture étranglée et linéaire dans le milieu, arrondie en haut et en bas; columelle plissée. — H. 3; D. 1 1/2 millimètre.

Très rare; région aquitanique, zone corallienne et sables de la plage.

C. — Groupe du *C. obtusa*.

Coquille petite, galbe subcylindrique, spire visible.

**Cylichna obtusa**, MONTAGU.

*Bulla obtusa*, Mtg., 1803. *Test. Br.*, p. 223, pl. 7, fig. 3. — *C. obtusa*, F. et H., 1853. *Br. moll.*, III, p. 512, pl. 114, C, fig. 1-3. — Loc., *Prodr.*, p. 71.

Coquille subcylindrique-courte, atténuée en haut, un peu renflée en bas; spire très peu haute; 4 tours rectangulaires; suture bien marquée; dernier tour descendant à son extrémité, méplan en haut, arrondi en bas; ouverture plus petite que la hauteur totale, très étroite surtout au milieu; columelle obtusément plissée. — H. 3 à 5; D. 2 1/2 à 3 1/2 millimètres.

FIG. 14.

Commun; la Manche et l'Océan, zones littorale et herbacée.

**Cylichna candidula, Locard.**

*C. Lajonkaireana (non* Bast.), Loc., *Prodr.*, p. 72.

De taille plus petite, galbe plus cylindrique ; spire plus haute; dernier tour bien descendant à son extrémité, à profil plus rectiligne; ouverture plus petite et plus régulièrement étroite. — H. 2 à 3; D. 1 3/4 à 2 millimètres.

Rare ; l'Océan, zones littorale et herbacée.

**Cylichna mamillata, Philippi.**

*Bulla mamillata*, Phil., 1836. *Moll. Sic.*, I, p. 122, pl. 7, fig. 20. — *C. mam.*, F. et H., 1853. *Br. moll.*, III, p. 514, pl. 114, C, fig. 4, 5. — Loc., *Prodr.*, p. 72.

Galbe cylindroïde-allongé, à peine plus renflé en haut qu'en bas; spire tronquée, figurée extérieurement par un simple mamelon, les autres tours rentrant dans la coquille; dernier tour non descendant, à profil droit; ouverture très étroite en haut et au milieu ; columelle obtusément plissée. — H. 2 à 2 1/2; D. 1 1/2 à 1 3/4 millimètre.

Assez rare ; partout, plus rare dans la Médit.; zones litt. et herbacée.

**Cylichna truncatula, Bruguière.**

*Bulla truncatula*, Brug., 1792. *Encycl. meth.*, p. 377. — *C. truncatula*, Petit, 1869. *Cat. test. mar.*, p. 103. — Loc., *Prodr.*, p. 72.

Galbe cylindroïde un peu plus court, rétréci en haut; plis longitudinaux en haut; spire légèrement concave, le sommet au niveau du dernier tour; dernier tour légèrement arrondi; ouverture à peine dilatée en haut; plis bien marqués sur la columelle. — H. 2 1/2 à 3 ; D. 1 1/4 à 1 1/2 millimètre.

Assez commun ; toutes les côtes, zones littorale et herbacée.

**Cylichna truncatella, Locard.**

*C. truncatella*, Loc., *Prodr.*, p. 73 et 533.

Galbe subconique-allongé, bien rétréci en haut; plis longitudinaux en haut; deux bandes décurrentes opaques, au milieu et en bas du dernier tour; spire bien concave; dernier tour plus haut à son extrémité supérieure qu'à sa naissance, à profil droit; columelle faiblement plissée. — H. 3 à 4; D. 1 1/2 à 2 millimètres.

Assez rare ; la Méditerranée, zones littorale et herbacée.

### Cylichna semisulcata, PHILIPPI.

*Bulla semisulcata*, Phil., 1836. *Moll. Sic.*, I, p. 123, pl. 7, fig. 19. — *C. semisulcata*, Loc., *Prodr.*, p. 73.

Galbe plus cylindrique et plus régulier, allongé ; plis longitudinaux en haut, une bande décurrente opaque en bas ; spire un peu concave ; sommet mamelonné au niveau du dernier tour ; dernier tour à profil un peu concave ; ouverture très étroite en haut ; columelle bien plissée. — H. 2 1/2 à 3 1/2 ; D. 1 1/4 à 1 3/4 millimètre.

Peu commun ; la Méditerranée, zones littorale et herbacée.

### Cylichna minutissima, H. MARTIN.

*Utriculus minutissimus*, Mart., *in* Mtr., 1878. *Journ. conch.*, p. 159.

Galbe très petit, court, ventru ; stries d'accroissement assez fortes ; spire plane ; dernier tour plus haut à son extrémité supérieure qu'à sa naissance, à profil légèrement concave ; ouverture étranglée en haut ; columelle légèrement plissée. — H. 1 à 1 1/4 ; D. 1/2 à 3/4 millimètre.

Rare ; la Méditerranée, zone herbacée.

## Genre AMPHISPHYRA, Lovén.

Coquille subombiliquée, courte, ventrue, à test mince, diaphane et ambrée ; ouverture dilatée, arrondie en avant, piriforme ; labre aigu ; columelle mince, réfléchie ; pas d'opercule.

### Amphisphyra hyalina, TURTON.

*Bulla hyalina*, Turt., 1841. *Ann. nat. hist.*, p. 353. — *A. hyalina*, F. et H., 1853. *Brit. moll.*, III, p. 521, pl. 114, D, fig. 1-2. — Loc., *Prodr.*, p. 75.

Coquille piriforme, un peu allongée, tronquée en haut ; spire plane ; 3 à 4 tours un peu arrondis ; suture profonde ; dernier tour bien arrondi ; ombilic très étroit ; ouverture exactement piriforme ; columelle courte. — H. 4 à 5 ; D. 3 1/2 à 4 millimètres.

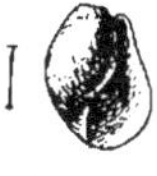
FIG. 15.

Peu commun ; la Manche et l'Océan, zone herbacée.

### Amphisphyra expansa, JEFFREYS.

*A. expansa*, Jeff., 1864. *Rep. Br. assoc.*, p. 330. — Loc., *Prodr.*, p. 75.

Galbe piriforme-globuleux, bien ventru en bas ; dernier tour gros, rétréci en haut, légèrement descendant à son extrémité ; ouverture largement piriforme; columelle un peu allongée et presque droite. — H. 4 à 6; D. 3 3/4 à 4 3/4 millimètres.

Très rare ; région aquitanique, rejeté sur le sable des plages.

**Amphisphyra ventrosa**, Jeffreys.

*Utriculus ventrosus*, Jeffr., 1867. *Brit. conch.*, IV, p. 425, pl. 94, fig. 5.

Galbe très globuleux, très ventru en bas; 4 tours à profil anguleux; dernier tour très bombé, non descendant à son extrémité; ouverture ronde en bas; columelle courte, très arquée. — H. 2 à 2 1/2 ; D. 2 à 2 1/4 millimètres.

Très rare; l'Océan, rejeté avec les sables coquilliers.

## VOLVULIDÆ

Coquille externe pouvant contenir tout l'animal, complètement enroulée, à spire non visible, ouverture régnant sur toute la hauteur.

### Genre VOLVULA, A. Adams.

Coquille très petite, cylindroïde, mince, faiblement acuminée à ses extrémités; columelle épaisse, simplement arquée; labre mince, tranchant, pas d'opercule.

**Volvula acuminata**, Bruguière.

*Bulla acuminata*, Brug., 1792. *Enc. meth.*, I, p. 376. — *V. acuminata*, Ad., 1850. *In* Sow., *Th. conch.*, II, p. 596, pl. 125, fig. 152. — Loc., *Prodr.*, p. 69.

1

Fig. 16.

Coquille fusoïde, un peu allongée, arrondie en bas, pointue en haut; test translucide, lisse, brillant; ouverture très étroite en haut et au milieu, faiblement élargie en bas; labre simple, un peu infléchi sur l'ouverture; columelle légèrement arquée, épaissie dans le bas; coloration blanc hyalin. — H. 2 à 3; D. 1 1/2 à 1 3/4 millimètre.

Assez rare ; partout, zones herbacée et corallienne.

## ACTÆONIDÆ

Coquille externe pouvant contenir l'animal, enroulée ; spire conique ; ouverture étroite, non plissée, de la hauteur du dernier tour à son extrémité.

### Genre ACTÆON, D. de Montfort.

Coquille de taille moyenne ; test épais, crétacé ; spire peu haute, tours nombreux ; labre mince, tranchant ; columelle plissée à la base ; opercule corné.

**Actæon tornatilis,** Linné.

*Voluta tornatilis*, L., 1767. *Syst. nat.*, p. 1187. — *A. tornatilis*, Alder, 1830. *Moll. North.*, p. 29. — Loc., *Prodr.*, p. 68.

Coquille ovoïde-allongée ; stries décurrentes très fines ; spire peu haute ; 6 à 7 tours peu étagés ; suture accusée ; dernier tour très haut, largement convexe ; ouverture étroite ; columelle avec un fort pli tortueux ; coloration gris-rose avec 3 bandes blanches au dernier tour, souvent bordées d'une linéole brune. — H. 20 à 25 ; D. 12 à 14 millimètres.

Fig. 17.

Assez comm. ; sur toutes les côtes, zones herba. et corall.

**Actæon globulinus,** Forbes.

*A. globulinus*, Forbes, 1843. *Rep. Æg. inv.*, p. 191.

Taille plus petite ; galbe plus globuleux, moins allongé ; test plus solide ; spire assez saillante ; 5 à 6 tours ; stries décurrentes plus fortes ; columelle moins plissée ; coloration rose-pâle uniforme, sans bandes. — H. 18 à 20 ; D. 12 à 14 millimètres.

Très rare ; golfe de Marseille, par 100 mètres de profondeur.

## RINGICULIDÆ

Coquille externe, petite, pouvant contenir tout l'animal, enroulée, à spire conique ; ouverture étroite, plissée, canaliculée ; péristome épais ; pas d'opercule.

## Genre RINGICULA, Deshayes.

Coquille globuleuse, solide, à spire courte; ouverture échancrée et sinueuse en avant; columelle arquée et plissée; bord columellaire calleux et tuberculeux; labre externe épais, réfléchi; canal court.

### Ringicula auriculata, Ménard de la Groye.

*Marginella auriculata*, Mén., 1811. *An. Mus.*, XVII, p. 331. — *R. auriculata*, Phil., 1844. *Moll. Sic.*, II, p. 198, pl. 27, fig. 13. — Loc., *Prodr.*, p. 79.

Coquille très globuleuse; test épais; stries décurrentes fines, très rapprochées; suture bien marquée; dernier tour bien arrondi; ouverture égale aux 2/3 de la hauteur totale, étroite en haut, arrondie en bas; labre épais, réfléchi, renflé au milieu; bord columellaire calleux avec saillie médiane; columelle courte, arrondie, avec 2 plis à la base; canal étroit et très court. — H. 3 à 5; D. 2 1/2 à 4 millimètres.

Fig. 18.

Peu commun; rég. aquitanique et Méditer., zones littorale et herbacée.

### Ringicula conformis, de Monterosato.

*R. conformis*, Mtr., 1877. *J. conch.*, p. 44, pl. 2, fig. 4. — Loc., *Prodr.*, p. 80.

Galbe un peu plus allongé; spire légèrement plus haute et plus effilée; test lisse, sans stries décurrentes; ouverture plus ronde et plus grimaçante, avec les saillies internes plus accusées. — H. 4; D. 3 à 4 millim.

Rare; région aquitanique et Méditer., zones herbacée et corallienne.

### Ringicula buccinea, Brocchi.

*Voluta buccinea*, Broc., 1814. *Conch. foss.*, II, p. 645, pl. 4, fig. 9. — *R. buccinea*, Deshayes, 1838. *An. s. vert.*, VIII, p. 344. — Loc., *Prodr.*, p. 80.

Galbe plus court; dernier tour plus gros et plus ventru; spire moins haute, à profil plus obtus; test lisse et brillant; ouverture arrondie; columelle très développée; labre moins épais. — H. 4 à 4 3/4; D. 3 3/4 à 4 1/4 millimètres.

Assez rare; région aquitanique et Méditerranée, zones herbacée et corallienne.

### Ringicula leptochila, Brugnone.

*R. leptochila*, Br., 1873. *Misc. mal.*, p. 11, pl. 1, fig. 17. — Loc., *Pr.*, p. 80.

Galbe plus court, plus ventru; spire peu haute; dernier tour très arrondi; test orné de stries décurrentes et longitudinales formant un fin treillissage; columelle peu développée; péristome peu épais. — H. 5; D. 4 millimètres.

Rare; région aquitanique et Méditerranée, zones herbacée et corallienne.

# PULMONIFERA

## OTINIDÆ

Coquille auriculiforme ne pouvant pas contenir tout l'animal, externe, à peine enroulée; ouverture entière; pas d'opercule.

### Genre OTINA, Gray.

Coquille très petite, déprimée; spire extrêmement courte, latérale; test mince, mais solide; péristome continu; labre tranchant; bord columellaire épaissi.

**Otina Turtoni**, Locard.

*Helix otis*, Turt., 1819. *Dict.*, p. 70. — *O. Turtoni*, Loc., *Prodr.*, p. 83.

Coquille ovalaire, oblique, allongée dans le sens de la hauteur; spire extrêmement obtuse; 1 1/2 à 2 tours convexes; suture bien marquée; dernier tour constituant presque toute la coquille; ouverture très ample, aplatie, ovale-oblique, un peu allongée, plus étroite en haut qu'en bas; coloration fauve foncé. — H. 1 1/2 à 2; D. 1 à 1 1/2 millimètre.

Fig. 19.

Assez rare; la Manche et l'Océan, zone littorale.

# PROSOBRANCHIATA

# SIPHONOSTOMATA

## OVULIDÆ

Coquille ovoïde, plus ou moins fusiforme; dernier tour constituant à lui seul toute la partie apparente de la coquille; spire cachée; ouverture de toute la hauteur; pas d'opercule.

### Genre PEDICULARIA, Swainson.

Coquille de petite taille, déprimée en avant, à contour un peu irrégulier; test épais; spire très petite, en partie cachée; ouverture grande, semi-lunaire.

**Pedicularia Sicula**, Swainson.

*P. Sicula*, Swains., 1840. *Malac.*, p. 240. — Loc., *Prodr.*, p. 89.

Fig. 20.

Coquille ovoïde, un peu allongée; test orné de rides granuleuses décurrentes; 2 tours peu distincts; dernier tour très ample, arrondi; ouverture un peu plus rétrécie en bas qu'en haut; labre tranchant, ondulé, formant un large bourrelet en dehors; columelle fortement calleuse; coloration blanc-gris, bourrelet et callum blanc-nacré. — H. 6 à 8; D. 2 1/2 à 3 1/2 millimètres.

Rare; la Méditerranée, zones herbacée et corallienne.

### Genre OVULA, Bruguière.

Coquille ovoïde, légèrement déprimée en avant; test lisse, un peu mince; spire interne; ouverture étroite, à bords subparallèles; columelle droite, canaliculée.

A. — Groupe de l'*O. Adriatica.*

Coquille d'un galbe piriforme.

**Ovula Adriatica**, Sowerby.

*Ovulum Adriaticum*, Sow., 1828. *Zool. journ.*, IV, p. 150. — *O. Adriatica*, Phil., 1836. *Moll. Sic.*, I, p. 233, pl. 12, fig. 12. — Loc., *Prodr.*, p. 89.

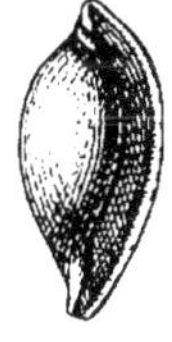
Fig. 21.

Coquille piriforme allongée, plus renflée en haut qu'en bas; test mince; dernier tour largement arrondi, atténué dans le bas; labre épaissi et marginé à l'extérieur, infléchi et finement plissé en dedans; bord columellaire avec un pli calleux oblique vers le sommet, réuni au labre par un sinus; à la base un pli calleux un peu tordu; coloration blanc-hyalin. — H. 20 à 25; D. 12 à 14 millimètres.

Assez rare; la Méditerranée, zone corallienne.

**Ovula carnea**, Poiret.

*Bulla carnea*, Poir., 1789. *Voy. Barb.*, II, p. 21. — *O. carnea*, Lamck., 1822. *An. s. vert.*, VII, p. 368. — Loc., *Prodr.*, p. 90.

Galbe piriforme-court, bien renflé en haut; test un peu épais; dernier tour bien arrondi en haut, très atténué en bas; labre épais, marginé, plissé en dedans; bord columellaire muni d'un fort pli calleux en haut, se rejoignant avec le labre par un sinus étroit; léger pli à la base de la columelle; coloration rose-chair. — H. 14 à 16; D. 8 à 9 1/2 millimètres.

Peu commun; la Méditerranée, zone corallienne.

B — Groupe de l'*O. spelta.*

Coquille d'un galbe ovoïde-fusiforme.

**Ovula spelta**, Linné.

*Bulla spelta*, L., 1767. *Syst. nat.*, p. 1182. — *O. spelta*, Lamck., 1822. *An s. vert.*, VII, p. 370. — Loc., *Prodr.*, p. 90 (*Simnia*).

Fig. 22.

Coquille fusiforme-allongée, bien atténuée aux deux extrémités; dernier tour très effilé en haut et en bas, gibbeux au milieu; ouverture étroite, légèrement marginée extérieurement, bien épaissie à l'intérieur; bord columellaire épais dans le haut, formant un canal obtus à la partie supérieure; columelle arquée à la base; coloration gris-hyalin; péristome blanc-nacré. — H. 16 à 20; D. 4 1/2 à 6 millimètres.

Assez rare; la Méditerranée, zones herbacée et corallienne.

**Ovula obsoleta,** Locard.

*Simnia obtusa*, Loc., *Prodr.*, p. 91 (*non* Sowerby).

Galbe fusiforme assez allongé, plus atténué en haut qu'en bas; dernier tour effilé en haut, renflé au milieu, élargi en bas; ouverture plus large en bas qu'en haut; labre épaissi en dedans comme en dehors, renflé au milieu; canal supérieur obtus; columelle presque droite, arquée à la base; coloration rose-violacé, péristome plus clair. — H. 12 à 14; D. 4 à 5 millimètres.

Rare; la Méditerranée, zones herbacée et corallienne.

**Ovula Nicæensis,** Risso.

*Simnia Nicæensis*, Ris., 1826. *Eur. mer.*, IV, p. 235, fig. 150. — Loc.. *Pr.*, p. 91. — *O. Nicæensis*, Weinkauff, 1868. *Journ. conch*, p. 246.

Galbe fusiforme très allongé, bien atténué aux deux extrémités; dernier tour effilé en haut et en bas, convexe au milieu; ouverture très étroite; labre à peine marginé en dehors, un peu épaissi en dedans; bord columellaire épaissi en haut; canal obtus; columelle allongée, faiblement arquée en bas; coloration jaune-clair, péristome blanc. — H. 14 à 16; D. 3 à 4 millimètres.

Rare; côtes de Provence, zones herbacée et corallienne.

**Ovula patula,** Pennant.

*Bulla patula*, Pen., 1777. *Br. zool.*, IV, p. 117, pl. 70, fig. 85. — *O. patula*, F. et H., 1853. *Br. moll.*, III, p. 498, pl. 114, B, fig. 1, 2. — Loc., *Pr.*, p. 91 (*Sim.*).

Galbe fusiforme-ventru, plus atténué en bas qu'en haut; dernier tour effilé aux extrémités, bien arrondi au milieu; ouverture semi-lunaire; labre mince et tranchant; bord columellaire avec pli saillant dans le haut, canal court, mais large; columelle épaisse dans le bas et arquée; coloration blanc-hyalin. — H. 20 à 23; D. 10 à 12 millimètres.

Rare; la Manche et l'Océan, zone corallienne.

**Ovula purpurea,** Risso.

*Simnia purpurea*, Ris., 1826. *Eur. mer.*, IV, p. 235. — *O. purpurea*, Requien, 1848. *Coq. Corse*, p. 84.

Galbe fusiforme un peu allongé, également atténué en haut et en bas; dernier tour très effilé aux extrémités, bien arrondi au milieu; ouverture assez étroite, élargie à la base; labre simple, à peine épaissi à l'intérieur; bord columellaire avec un pli oblique dans le haut; canal court et large;

columelle épaissie, un peu arquée; coloration rouge-clair, péristome plus pâle. — H. 17 à 18; D. 7 à 8 millimètres.

Rare; côtes de Provence, zone corallienne.

# CYPRÆIDÆ

Coquille enroulée, ovoïde, aplatie vers l'ouverture; spire cachée; test solide, épais, brillant; ouverture aussi haute que la coquille, très étroite, à bords subparallèles, canaliculée aux deux extrémités; labre infléchi et crénelé; bord columellaire également crénelé; pas d'opercule.

## Genre TRIVIA, Gray.

Coquille de petite taille, à test orné de cordons décurrents, continus ou discontinus sur le dos.

**Trivia Europæa**, Montagu.

*Cypræa Europæa*, Mtg., 1808. *Test. Brit.*, *Suppl.*, p. 88. — *T. Europæa*, Loc., *Prodr.*, p. 92.

Coquille ovoïde-globuleuse, courte, renflée, légèrement atténuée en bas; cordons décurrents minces, continus sur le dos; dernier tour bien arrondi; coloration gris-rosé, cordons plus clairs, péristome blanc. — H. 8 à 10; D. 6 à 8 millimètres.

Fig. 23.

Commun; sur toutes les côtes, toutes les zones.

**Trivia Jousseaumei**, Locard.

*Tricia Jousseaumei*, Loc., *Prodr.*, p. 93 et 535.

Galbe ovoïde-subglobuleux, un peu allongé; cordons décurrents assez forts, discontinus, s'arrêtant suivant une ligne longitudinale sur le dos; dernier tour bien arrondi; coloration rosée, cordons plus clairs, péristome blanc. — H. 10 à 14; D. 8 1/2 à 10 1/2 millimètres.

Assez commun, partout; plus rare dans la Médiler.; toutes les zones.

**Trivia pullicina**, Solander.

*Cypræa pullex*, Sol., 1818. *In* Gray, *Zool. journ.*, III, p. 368. — *T. pullex*, Weink., 1868. *Conch. mitt.*, II, p. 9. — Loc., *Prodr.*, p. 93.

De taille plus petite ; galbe ovoïde un peu allongé ; test un peu mince, brillant; cordons décurrents venant se rejoindre en s'atténuant sur le milieu du dos; coloration rose livide, cordons plus clairs, péristome blanc. — H. 8 à 10; D. 5 à 7 millimètres.

Commun, surtout dans la Méditerranée; zones littorale et herbacée.

## Genre CYPRÆA, Gray.

Coquille de taille moyenne; test lisse, brillant, sans cordons décurrents.

### Cypræa lurida, Linné.

*C. lurida*, L., 1767. *Syst. nat.*, p. 1175. — Loc., *Prodr.*, p. 94 *(Luria)*.

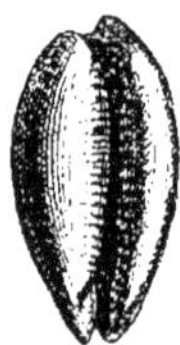

Fig. 24.

Coquille subcylindroïde un peu allongée; dos bien arrondi; dernier tour plus étroit en bas qu'en haut; ouverture à peine sinueuse; labre et bord columellaire fortement plissés en dedans; coloration gris-brun, avec bandes plus claires sur le dos, péristome blanc-rosé, 4 taches noires sur le dos des canaux. — H. 40 à 45; D. 22 à 26 millimètres.

Assez rare ; côtes de Provence, zones herbacée et coral.

### Cypræa piriformis, Gmelin.

*C. pirif.*, Gm., 1789. *Syst. nat.*, p. 3411. — Loc., *Prodr.*, p. 45 *(Zonaria)*.

Galbe piriforme, bien élargi en haut, bien atténué en bas ; dos renflé-gibbeux; ouverture sinueuse; labre et bord columellaire fortement plissés en dedans; coloration fauve-roussâtre, flammulé de brun plus foncé. — H. 25 à 28 ; D. 16 à 18 millimètres.

Rare ; côtes de Provence, zones herbacée et corallienne.

### Cypræa spurca, Linné.

*Cypræa spurca*, Lin., 1767. *Syst. nat.*, p. 1179.

Galbe ovoïde un peu court, faiblement atténué en bas ; dos bien arrondi ; ouverture subsinueuse, avec des plis assez forts; coloration fauve clair, maculé de taches plus foncées, avec une ligne dorsale et le péristome plus pâle, celui-ci bordé en dehors d'une ligne de points très sombres. — H. 25 à 30; D. 16 à 18 millimètres.

Rare; côtes de Provence, zones herbacée et corallienne.

**Cypræa physis**, Brocchi.

*C. physis*, Br., 1818. *C. sub.*, p. 284, pl. 2, fig. 3. — *C. Grayi*, Loc., *Pr.*, p. 95.

Galbe ovoïde-globuleux, à peine atténué en bas ; dos très bombé; ouverture très sinueuse, intérieur à peine plissé ; coloration roux très pâle, avec des maculatures brunes très foncées; péristome roux plus clair, bordé en dehors d'une bande plus sombre. — H. 20 à 25; D. 18 à 20 millimètres.

Rare; côtes de Provence, zones herbacée et corallienne.

## MARGINELLIDÆ

Coquille petite, turriculée, imperforée, conoïde; spire conique, distincte, peu développée; test solide, brillant; ouverture étroite, très allongée, terminée en bas par un canal droit; pas d'opercule.

### Genre ERATO, Risso.

Coquille piriforme; ouverture linéaire; labre plissé en dedans; bord columellaire presque lisse; columelle à peine plissée à la base.

**Erato lævis**, Donovan.

*Voluta lævis*, Don., 1803. *Brit. Shells*, V, pl. 165. — *E. lævis*, Brown, 1841. *Ind. Pal.*, p. 465. — Loc., *Prodr.*, p. 96.

Coquille piriforme, courte, bien renflée en haut; spire peu haute; 4 à 5 tours faiblement convexes ; suture peu distincte; dernier tour très grand, arrondi en haut, déprimé en bas; coloration jaune d'ivoire. — H. 8 à 10; D. 5 à 6 millimètres.

Fig. 25.

Rare; l'Océan et la Méditerranée, zones herb. et corall.

### Genre MARGINELLA, de Lamarck.

Coquille petite, subovoïde; ouverture étroite; labre et bord columellaire lisses ou obtusément denticulés à l'intérieur; columelle plissée à la base.

A. — Groupe du *M. mitrella.*

Galbe ovoïde-allongé, graniforme.

**Marginella mitrella,** Risso.

*Voluta mitrella*, Ris., 1826. *Eur. merid*, IV, p. 250, fig. 143. — *Volvarina secalina*, Loc., *Prodr.*, p. 96.

Coquille allongée, rétrécie en bas; spire courte, obtuse; 5 à 5 1/2 tours presque méplans; suture peu distincte; dernier tour très développé, largement convexe; ouverture très haute et très étroite; 4 plis, dont un basal, sur la columelle; coloration roux-fauve, avec une bande étroite plus sombre. — H. 8 à 10; D. 3 1/2 à 4 millimètres.

Fig. 26.

Très rare; la Méditerranée, zones herbacée et corallienne.

B. — Groupe du *M. miliaria.*

Galbe ovoïde-ventru; coquille de petite taille.

**Marginella miliaria,** Linné.

*Voluta miliaria*, L., 1767. *Syst. nat.*, p. 1189. — *M. miliaria*, Hanley, 1855. *Lin. conch.*, p. 217. — Loc., *Prodr.*, p. 97.

Coquille ovoïde, renflée en haut, atténuée en bas; spire très obtuse; 4 à 4 1/2 tours presque méplans; suture obsolète; dernier tour arrondi en haut, droit en bas ; labre finement denticulé; 2 plis à la base de la columelle, surmontés de 2 à 3 denticulations peu saillantes; coloration blanc d'ivoire, avec une ligne orangée à la suture.— H. 6 à 8; D. 3 1/2 à 4 1/2 millim.

Fig. 27.

Commun; la Méditerranée, zone littorale.

**Marginella recondita,** de Monterosato.

*Gibberula recondita*, Mtr., 1884. *Nom. conch.*, p. 138. — *M. rec.*, Loc. *Pr.*, p. 97.

Galbe piriforme court et ventru, bien renflé en haut; spire extrêmement obtuse; 4 tours; suture à peine sensible; labre obtusément denticulé; 2 plis à la base de la columelle, surmontés de 2 à 3 denticulations peu accusées; coloration corné-roux très clair. — H. 6; D. 4 millimètres.

Assez rare; la Méditerranée, zone littorale.

C. — Groupe du *M. Philippii.*

Galbe ovoïde court; coquille très petite.

**Marginella Philippii,** DE MONTEROSATO.

*M. Philippii*, Mtr., 1878. *En. sin.*, p. 49. — Loc., *Prodr.*, p. 98.

Coquille ovoïde-subpiriforme, renflée en haut; test épais, subtransparent; spire peu saillante; 4 à 4 1/2 tours, très largement convexes; suture un peu confuse; dernier tour bien arrondi en haut, subméplan en bas; labre lisse; 2 plis saillants surmontés de 2 à 3 denticulations peu accusées sur la columelle; coloration blanc uniforme. — H. 2 1/2 à 3; D. 1 3/4 à 2 millimètres.

FIG. 28.

Assez commun; la Méditerranée, zones herbacée et corallienne.

**Marginella occulta,** DE MONTEROSATO.

*M. occulta*, Mtr., 1869. *Test. nuov.*, p. 17, fig. 10. — Loc., *Prodr.*, p. 98.

Galbe subpiriforme un peu allongé; test mince, transparent; spire courte, un peu acuminée; 3 à 3 1/2 tours à peine distincts; suture nulle; dernier tour arrondi en haut, allongé et droit en bas; labre finement plissé; 4 plis columellaires; coloration blanc-hyalin. — H. 2 3/4; D. 1 2/3 millimètre.

Assez rare; côtes de Provence, zones herbacée et corallienne.

**Marginella clandestina,** BROCCHI.

*Voluta clandestina*, Br., 1814. *Conch. sub.*, p. 642, pl. 15, fig. 11. — *M. cland.*, Kien., 1834. *Coq. viv.*, p. 39, pl. 13, fig. 1. — Loc., *Prodr.*, p. 98.

Galbe piriforme-trapu, très ventru en haut; test subdiaphane; spire à peine saillante; 3 1/2 à 4 tours peu distincts; suture obsolète; dernier tour bien arrondi en haut; labre très finement denticulé; 4 plis à la columelle, le dernier très oblique; coloration blanc-hyalin. — H. 2; D. 1 3/4 millimètre.

Assez commun; la Méditerranée, zone herbacée.

## CONIDÆ

Coquille de taille moyenne, turbinée, conique, allongée; spire simple; dernier tour très grand; ouverture étroite, allongée, operculée.

## Genre CONUS, Linné.

Coquille régulière, conique, surmontée d'une spire peu haute; test lisse; dessus des tours strié; ouverture droite, à bords parallèles; labre simple; columelle lisse.

### Conus Mediterraneus, Bruguière.

*C. medit.*, Brug., 1789. *Enc. meth.*, pl. 330, fig. 4. — Loc., *Pr.*, p. 99 et 537.

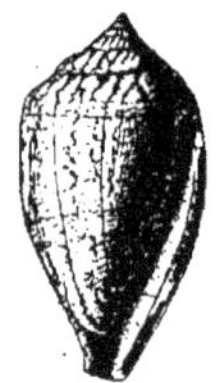

Fig. 29.

Coquille courte et trapue; spire un peu élevée; 7 tours un peu étagés; dernier tour très largement arrondi, faiblement atténué en bas; coloration fond vert-olive, avec flammes blanches et brunes, et de nombreuses linéoles décurrentes articulées de points blancs et roux; 2 zones blanchâtres traversant l'épaisseur du test. — H. 30 à 32; D. 15 à 16 millimètres.

Commun; la Méditerranée, zone littorale.

### Conus submediterraneus, Locard.

*C. submediterraneus*, Loc., *Prodr.*, p. 99 et 538.

Galbe conique-allongé; spire peu élevée; 7 à 9 tours peu étagés; dernier tour faiblement convexe, atténué dans le bas; même coloration. — H. 35 à 40; D. 16 à 18 millimètres.

Assez rare; la Méditerranée, zone littorale.

### Conus Galloprovincialis, Locard.

*C. Galloprovincialis*, Loc., *Prodr.*, p. 99 et 538.

Galbe conique très allongé; spire élevée; 7 à 9 tours assez étagés; dernier tour presque rectiligne, très faiblement atténué dans le bas; même coloration. — H. 20 à 25; D. 8 à 10 millimètres.

Assez commun; la Méditerranée, zone littorale.

## COLUMBELLIDÆ

Coquille assez petite, turbinée, fusiforme, imperforée; spire simple, régulière, plus ou moins élancée; dernier tour assez grand; ouverture simple, étroite, inoperculée.

## Genre COLUMBELLA, de Lamarck.

Coquille fusiforme, plus ou moins allongée; spire à peine plus petite que la moitié de la hauteur totale; labre épaissi, denticulé à l'intérieur; test lisse; columelle crénelée à la base.

A. — Groupe du *C. rustica*.

Galbe court et ventru; labre épaissi au milieu.

### Columbella rustica, Linné.

*Voluta rustica*, L., 1767. *Syst. nat.*, p. 1190. — *C. rustica*, Lamck., 1822. *An. s. vert.*, VII, p. 293. — Loc., *Prodr.*, p. 100.

Coquille d'un ovoïde court, renflé; spire assez élevée, bien conique; 7 à 8 tours convexes; dernier tour à peine plus grand que la moitié de la hauteur totale, très renflé dans le haut, bien atténué dans le bas; coloration fond blanchâtre ou jaunâtre, bien marbré de roux ou de brun. — H. 15 à 18; D. 8 à 11 millimètres.

Fig. 30.

Commun; la Méditerranée, zones littorale et herbacée.

### Columbella procera, Locard.

*C. procera*, Loc., *Prodr.*, p. 101 et 538.

Galbe ovoïde-allongé; spire élancée, très conique; 8 à 9 tours très peu convexes; dernier tour plus grand à son extrémité que la moitié de la hauteur totale, renflé et arrondi en haut, atténué en bas; même coloration. — H. 25 à 28; D. 10 à 12 millimètres.

Assez rare; la Méditerranée, zone herbacée.

### Columbella spongiarum, Duclos.

*C. spong.*, Ducl., 1835-50. *Hist. Col.*, pl. 3, fig. 13-16. — Loc., *Prodr.*, p. 101.

Galbe ovoïde-court, très renflé; spire élevée, bien conique; 7 à 8 tours; dernier tour à peine plus grand à son extrémité que la moitié de la hauteur totale, très bombé dans le haut, bien atténué dans le bas; coloration jaune-orangé, parsemé de maculaturus blanches, sommet violacé. — H. 15 à 18; D. 10 à 12 millimètres.

Rare; la Méditerranée, zone corallienne.

B. — Groupe du *C. scripta*.

Galbe lancéolé; dernier tour peu renflé.

**Columbella scripta**, Linné.

*Murex scriptum*, L., 1767. *Syst. nat.*, p. 1225. — *C. scripta*, Weink., 1866. *Conch. mitt.*, II, p. 36. — Loc., *Prodr.*, p. 102.

Coquille allongée; spire élevée, sommet aigu; test un peu épais; 7 à 8 tours légèrement convexes; dernier tour arrondi au milieu, bien atténué en bas; ouverture petite, un peu allongée; columelle droite, granuleuse en bas; labre simple, fortement denticulé en dedans; coloration fond blanchâtre, maculé de taches brunes ondulées, péristome orangé. — H. 12 à 15; D. 5 à 6 millimètres.

Fig. 31.

Assez commun; la Méditerranée, zone herbacée.

**Columbella lanceolata**, Locard.

*C. lanceolata*, Loc., *Prodr.*, p. 102 et 539.

De taille plus grande; spire plus effilée, plus élancée; test plus mince; 8 à 9 tours presque plans; dernier tour plus haut, moins ventru; ouverture plus haute et plus étroite; même coloration. — H. 16 à 20; D. 4 à 7 millimètres.

Assez rare; la Méditerranée, zone herbacée.

**Columbella Gervillei**, Payraudeau.

*Mitra Gervillii*, Payr., 1826. *Mol. Corse*, p. 165, pl. 8, fig. 21. — *C. Gervil.*, Blainville, 1826. *Faune fr.*, p. 209, pl. 8, A. fig. 6. — Loc., *Prodr.*, p. 102.

De taille plus forte; galbe plus renflé; test assez épais; 7 à 8 tours plus convexes; dernier tour plus renflé dans le milieu, bien atténué en bas; ouverture un peu large; coloration brun-marron, avec des points blanchâtres peu visibles, une ligne de taches blanches sous la suture, péristome violacé. — H. 17 à 20; D. 6 à 8 millimètres.

Assez commun; la Méditerranée, zones herbacée et corallienne.

**Columbella Crosseana**, Récluz.

*C. Crossiana*, Récl., 1851. *Journ. conch.*, II, p. 257, pl. 7, fig. 5. — Loc. *Prodr.*, p. 103.

Voisin de l'espèce précédente, mais d'un galbe plus élancé; spire plus effilée; dernier tour plus convexe dans le haut, plus allongé en bas; ouverture plus haute; columelle moins plissée; coloration rose-carnéolé, avec une ligne de points bruns sous la suture, péristome plus foncé. — H. 16; D. 7 millimètres.

Très rare; la Méditerranée, zones herbacée et corallienne.

**Columbella decollata**, Brusina.

*C. decollata*, Brus., 1865. *Conch. Dalm.*, p. 10. — Loc., *Prodr.*, p. 103.

Voisin du *Columbella Gervillei*, mais d'un galbe très court, très ovalaire; spire souvent tronquée; tours méplans; ouverture un peu large; coloration fond violacé, avec flammes rousses, péristome carnéolé. — H. 15 à 17; D. 6 à 7 millimètres.

Rare; la Méditerranée, zones herbacée et corallienne.

C. — Groupe du *C. minor*.

Coquille de petite taille, très effilée; test lisse.

**Columbella minor**, Scacchi.

*C. minor*, Scac., 1836. *Cat. Neap.*, p. 10, fig. 11. — Loc., *Prodr.*, p. 103.

Coquille très élancée; spire très haute; tours plans; dernier tour arrondi en haut, rapidement atténué; ouverture subquadrangulaire; canal un peu allongé; labre tranchant, épaissi en dehors, denticulé en dedans; columelle plissée à la base; coloration blanc-jaunâtre, avec un réseau de taches et de linéoles rousses. — H. 10; D. 3 1/2 millimètres.

Fig. 32.

Très rare; la Méditerranée, zones herbacée et corallienne.

## MITRÆIDÆ

Coquille fusiforme, de taille variable; test solide, lisse ou orné; ouverture allongée, échancrée en avant; labre simple; columelle plissée dans le bas; pas d'opercule.

### Genre MITRA, de Lamarck.

Coquille à spire assez élevée, aiguë au sommet, non ombiliquée, ouverture allongée; labre épaissi, non plissé; canal court.

A. — Groupe du *M. lutescens*.

Coquille de taille variable; test non costulé.

**Mitra lutescens, de Lamarck.**

*M. lutescens*, Lamck., 1811. *An. Mus.*, XVII, p. 210. — Loc., *Prodr.*, p. 106

Fig. 33.

Coquille de taille assez grande, régulièrement fusiforme, allongée; spire haute; 7 tours faiblement convexes, non étagés; dernier tour plus grand à son extrémité que le reste de la coquille; test lisse; 3 plis columellaires; coloration fauve-roux; callum plus clair. — H. 20 à 24; D. 7 à 7 1/2 millimètres.

Commun; la Méditerranée, zones herbacée et corallienne.

**Mitra Schrœteri, Chemnitz.**

*Voluta Schrœteri*, Chemn., 1795. *Conch. Cab.*, XI; pl. 179, fig. 1733. — *M. Scrhœteri*, Deshayes, 1844. *An. s. vert.*, X, p. 322.

Galbe plus grêle et plus cylindroïde; spire plus haute et plus obtuse; tours plus convexes; dernier tour moins ventru, égal à la moitié de la hauteur totale; coloration blanc-jaunâtre, avec taches rousses très claires en séries décurrentes. — H. 23 à 25; D. 8 à 8 1/2 millimètres.

Très rare; côtes de Provence, zones herbacée et corallienne.

**Mitra cornea, de Lamarck.**

*M. cornea*, Lamck., 1811. *An. Mus.*, XVII, p. 211. — Loc., *Prodr.*, p. 106.

Galbe plus allongé; spire plus haute, acuminée, aiguë; tours convexes; dernier tour ventru au milieu, bien atténué en bas; test finement strié transversalement; coloration fauve-foncé, callum plus clair. — H. 26 à 28; D. 9 1/2 à 10 millimètres.

Rare; la Méditerranée, zones herbacée et corallienne.

**Mitra obtusa, Locard.**

*M. obtusa*, Loc., *Prodr.*, p. 107 et 541.

Galbe court et trapu; spire très courte, un peu obtuse; dernier tour très développé, subovoïde; tours convexes; test lisse; coloration brun foncé, callum plus clair. — H. 24 à 26; D. 9 à 10 millimètres.

Assez rare; la Méditerranée, toutes les zones.

**Mitra Aquitanica, Locard.**

*M. fusca* (*non* Swainson), Loc., *Prodr.*, p. 107. — *M. Aquitanica*, Loc., 1890. *L'Echange*, VI, p. 110.

Coquille de grande taille, galbe ovoïde-fusiforme, assez allongé; spire assez haute; tours à peine convexes, le dernier largement arrondi puis bien atténué en bas; 5 plis columellaires; coloration fauve-roux, avec une zone plus claire vers la suture. — H. 38 à 45; D. 12 1/2 à 15 millimètres.

Rare; région aquitanique, zone corallienne.

**Mitra zonata,** Marryat.

*M. zon.*, Marr., 1817. *Lin. Soc.*, XIII, p. 328, pl. 10, fig. 1-2. — Loc., *Pr.*, p. 107.

Coquille très grande, spire élancée; 9 tours à peine convexes; suture oblique; dernier tour peu renflé; 5 plis columellaires; coloration fauve-clair marbré de roux, avec une large zone noirâtre au bas du dernier tour, se poursuivant en une zone étroite vers la suture. — H. 70; D. 17 millimètres.

Très rare; côtes de Provence, zone corallienne.

**Mitra Philippiana,** Forbes.

*M. Philippiana*, Forbes, 1843. *Moll. Æg.*, p. 191. — Loc., *Prodr.*, p. 107.

De taille assez petite; galbe ovoïde; spire peu haute, acuminée; tours convexes; dernier tour bien ventru en haut, bien atténué en bas; 3 plis columellaires; coloration fauve-roux, callum plus clair. — H. 14 à 18; D. 7 1/2 à 8 millimètres.

Rare; la Méditerranée, zones herbacée et corallienne.

B. — Groupe du *M. ebenina*.

Coquille de taille moyenne; test plus ou moins costulé.

**Mitra ebenina,** de Lamarck.

*M. ebenina*, Lk., 1811. *An. Mus.*, XVII, p. 216. — *M. ebenina*, Loc., *Pr.*, p. 101.

Coquille ovoïde-ventrue; spire assez allongée; 7 tours bien étagés, à profil convexe; suture très marquée; dernier tour gros en haut, ensuite bien atténué; 4 plis columellaires; quelques côtes longitudinales sur les premiers tours, coloration brun-noir avec une ligne décurrente blanc-jaunâtre sur le haut du dernier tour et sur les tours précédents. — H. 16 à 18; D. 7 à 8 millimètres.

Fig. 34.

Commun, la Médiler.; très rare, la région aquitan.; toutes les zones.

**Mitra congesta, Locard.**

*M. congesta*, Loc., *Prodr.*, p. 105 et 450.

Taille un peu plus petite, galbe plus court, plus ovoïde, plus ventru ; spire moins haute, tours moins élevés; dernier tour plus gros et plus arrondi en haut, plus rapidement atténué en bas, plus haut à son extrémité; même coloration. — H. 14 à 17; D. 8 à 9 millimètres.

Rare ; côtes de Provence, zones herbacée et corallienne.

**Mitra Defrancei, Payraudeau.**

*M. Defrancei*, Payr., 1826. *Moll. C.*, p. 166, pl. 8, fig. 22. — Loc., *Pr.*, p. 105.

Galbe court, ramassé, ventru ; spire peu haute ; tours faiblement convexes, bien étagés, ornés de côtes longitudinales atténuées en bas du dernier tour; coloration fauve-foncé, avec une étroite ligne décurrente plus claire en haut du dernier tour, et sur les tours précédents. — H. 17 ; D. 8 1/2 millimètres.

Assez commun ; la Méditerranée, zones herbacée et corallienne.

**Mitra Servaini, Locard.**

*M. Servaini*, Loc., 1890. *L'Echange*, VI, p. 109.

Galbe très court, très ventru; spire courte; dernier tour très gros, très renflé; costulations plus accusées, descendant jusqu'au bas du dernier tour; même coloration, que *M. Defrancei.* — H. 18 à 20 ; D. 9 à 9 1/2 millimètres.

Assez rare; la Méditerranée, zones herbacée et corallienne.

**Mitra Bourguignati, Locard.**

*M. Bourguignati*, Loc., *Nov. sp.*

Taille plus grande, galbe plus élancé; spire haute, allongée ; 9 tours très étagés, peu convexes, les premiers costulés ; dernier tour grand, droit et haut, lentement atténué en bas; même coloration que *M. ebenina.* — H. 30 à 32; D. 10 1/2 à 11 millimètres.

Assez rare; la Méditerranée, zones herbacée et corallienne.

**Mitra subpyramidella, Locard.**

*M. subpyramidella*, Loc., 1891. *Nov. sp.*

Galbe lancéolé; spire haute, acuminée; tours peu convexes, peu étagés; suture peu profonde ; dernier tour bien arrondi en haut, rapidement et longuement atténué en bas ; costulations fines sur les 3 ou

4 premiers tours, obsolètes sur les suivants; même coloration que *M. ebenina*. — H. 17 à 19; D. 6 3/4 à 7 millimètres.

Rare; la Méditerranée, zones herbacée et corallienne.

**Mitra plicatuliformis,** Locard.

*M. plicatuliformis*, Loc., 1891. *Nov. sp.*

Galbe très étroitement effilé; spire haute, très pointue; dernier tour très allongé; test costulé sur tous les tours; coloration fauve-rougeâtre, avec une étroite ligne dans le haut du dernier tour, se prolongeant sur les tours précédents. — H. 19 à 21; D. 5 à 5 1/2 millimètres.

Très rare; la Méditerranée, zone corallienne.

**Mitra gracilis,** Locard.

*M. gracilis*, Loc., 1890. *L'Echange*, VI, p. 109.

De taille plus petite; galbe ovoïde-fusiforme, court; spire courte; 6 tours bien étagés, un peu convexes; dernier tour gros et ventru; test entièrement costulé; coloration roux-foncé, avec une étroite bande claire dans le haut du dernier tour, se prolongeant sur les tours précédents. — H. 10 à 12; D. 4 à 4 1/2 millimètres.

Rare; la Méditerranée, zone corallienne.

C. — Groupe du *M. tricolor*.

Coquille de petite taille; test costulé; labre plissé en dedans.

**Mitra tricolor,** Gmelin.

*Voluta tricolor*, Gmel., 1789. *Syst. nat.*, p. 3456. *M. tricolor*, Mtr., 1877. *Conch. Civ.*, p. 19. — Loc., *Prodr.*, p. 107.

Coquille étroitement fusiforme; spire assez haute; 6 à 7 tours peu convexes, peu étagés; dernier tour légèrement ventru, rapidement atténué; côtes longitudinales peu accusées; coloration jaune ou vert-olive, plus clair en haut des tours, avec une bande blanche sur le milieu du dernier tour, articulée dessus et dessous de tâches sombres et régulières. — H. 7 à 9; D. 3 1/4 à 3 1/2 millimètres.

Fig. 35.

Commun; la Méditerranée, zones littorale et herbacée.

**Mitra exilis,** Locard.

*M. exilis*, Loc., 1890. *L'Echange*, VI, p. 110.

Galbe beaucoup plus allongé; spire très haute, effilée; dernier tour plus étroit et moins atténué dans le bas; test plus lisse; ouverture plus étroite; même coloration. — H. 8 à 10; D. 3 à 3 1/4 millimètres.

Assez rare; la Méditerranée, zones littorale et herbacée.

**Mitra Savignyi,** Payraudeau.

*M. Savignyi*, Payr., 1826. *Moll. Corse*, p. 166, pl. 8, fig. 23 à 25. — Loc., *Prodr.*, p. 108.

Galbe plus court et plus trapu que le *M. tricolor*; spire un peu moins haute, tours plus convexes; dernier tour plus gros et plus ventru; costulations longitudinales plus accusées, plus larges; même coloration. — H. 7 à 9; D. 3 1/2 à 4 millimètres.

Peu commun; la Méditerranée, zones littorale et herbacée.

## Genre MITROLUMNA, Bucq., Dautz., Dollf.

Coquille de petite taille, ovoïde; spire peu élevée, un peu obtuse; test treillissé; labre épaissi, plissé à l'intérieur.

**Mitrolumna oliviformis,** Cantraine.

*Mitra olivoidea*, Cantr., 1835. *Ac. Brux.*, p. 391. — *M. olivoidea*, B., D., D., 1883. *Moll. Rouss.*, I, p. 121, pl. 15, fig. 33 à 35. — Loc., *Pr.*, p. 168 et 542.

Fig. 36.

Coquille ovoïde-courte, aussi développée dessus que dessous; spire conique, peu élancée; tours plans; suture linéaire; test treillissé, mailles serrées; 3 plis columellaires; coloration brun-foncé. — H. 7; D. 3 millimètres.

Peu commun; la Méditerranée, zones herbacée et corall.

**Mitrolumna major,** Locard.

*M. major*, Loc., *Prodr.*, p. 109 et 542.

De taille plus forte; galbe plus étroitement allongé; spire plus élancée; tours plus convexes; suture plus marquée; dernier tour moins ventru; même coloration. — H. 8 à 8 1/2; D. 3 1/2 à 4 millimètres.

Rare; la Méditerranée, zone corallienne.

**Mitrolumna granulosa,** Locard.

*M. granulosa*, Loc., *Prodr.*, p. 109 et 542.

Galbe ovoïde-court; spire peu élevée; tours convexes; suture assez profonde; test orné de côtes longitudinales et de cordons décurrents, formant à leur rencontre des granulations saillantes; même coloration. — H. 7 ; D. 3 1/2 millimètres.

Rare ; la Méditerranée, zone coralliennne.

# PLEUROTOMIDÆ

Coquille assez petite, turriculée, fusiforme, imperforée, canaliculée ; spire assez longue; test ornementé, ouverture étroite, allongée ; labre plus ou moins échancré dans le haut ; avec ou sans opercule.

## Genre PLEUROTOMA, de Lamarck.

Coquille fusiforme-allongée ; spire haute, aiguë; tours arrondis ; test costulé; labre simple, arqué, avec un sinus labial profond ; canal long, droit ; opercule corné.

A. — Groupe du *Pl. anceps.*

Test costulé transversalement.

### Pleurotoma anceps, Eichwald.

*Pl. anceps*, Eichw., 1830. *Nat. Lith.*, p. 225. — Loc., *Prodr.*, p. 109.

Coquille assez élancée ; spire élevée ; 8 tours bien convexes ; suture très profonde; cordons décurrents alternativement minces et forts; canal un peu court; ouverture piriforme; columelle droite, tronquée obliquement en bas; labre finement denticulé; coloration gris-jaune maculé de tâches rousses. — H. 7 à 9 ; D. 3 à 4 millimètres.

Fig. 37.

Très rare ; la Méditerranée, zone corallienne et grands fonds.

### Pleurotoma Loprestianum, Calcara.

*Pl. Loprestiana*, Calc., 1841. *Conch. Sic.*, p. 7. — Loc., *Prodr.*, p. 110.

Galbe plus étroitement élancé; 7 tours presque méplans; suture linéaire; cordons décurrents plus forts, plus égaux ; ouverture plus étroite; canal un peu plus allongé ; coloration gris-jaunâtre. — H. 7 à 9 ; D. 3 à 3 1/2 millimètres.

Très rare; la Méditerranée, zone corallienne et grands fonds.

**Pleurotoma emendatum,** DE MONTEROSATO.

*Taranis emendata*, Mtr., 1872. *Not. Ficaraz.*, p. 17 et 34. — *P. Renieri (non* Scac.), Loc., *Prodr.*, p. 110.

Galbe un peu élancé; tours subanguleux; suture assez accusée; 3 cordons décurrents par tour, avec de fines costulations obliques et ondulées au-dessus des premiers cordons; canal court et large; coloration jaune pâle. — H. 8 à 9; D. 2 3/4 à 3 millimètres.

Très rare; la Méditerranée, zone corallienne et grands fonds.

B. — Groupe du *Pl. Maravignæ.*

Test costulé longitudinalement; côtes très fines et nombreuses.

**Pleurotoma Maravignæ,** BIVONA.

*Pl. Maravignæ*, Biv., 1838. *Op. post.*, p. 13. — *Pl. incrassata (non* Dujard.), Loc., *Prodr.*, p. 111.

FIG. 38.

Coquille ovoïde-fusiforme; spire assez élevée; 8 tours presque méplans; suture linéaire; dernier tour gros, court, ventru, rapidement atténué en bas; côtes longitudinales fines, très nombreuses; ouverture étroitement ovalaire; canal très court; coloration fauve-roux. — H. 9 à 10; D. 4 à 4 1/2 millimètres.

Très rare; la Méditerranée, zone corallienne et grands fonds.

C. — Groupe du *Pl. emarginatum.*

Test orné de grosses côtes longitudinales.

**Pleurotoma emarginatum,** DONOVAN.

*Murex emarginatus*, Don., 1803. *Brit. Shells*, V, pl. 169, fig. 2. — *Pl. emarginatum*, Loc., *Prodr.*, p. 110.

FIG. 39.

Coquille bien effilée; spire élancée; 10 tours bien convexes; suture profonde; côtes longitudinales arrondies, atténuées à la suture, traversées par de fins cordons décurrents; dernier tour bien arrondi dans le haut, très atténué en bas; ouverture oblongue; canal un peu allongé; coloration fauve-clair, avec une bande blanche étroite au milieu du dernier tour. — H. 20 à 22; D. 6 à 7 millimètres.

Assez rare; la Méditerranée et l'Océan, zones herbacée et corallienne.

## Genre HÆDROPLEURA, de Monterosato.

Coquille fusiforme, assez allongée; spire haute, subaiguë; test épais, fortement costulé; labre bordé extérieurement; sinus labial très obtus; columelle simple; canal court, droit, tronqué; opercule corné.

A. — Groupe de l'*H. septangularis*.

Sept côtes longitudinales très fortes.

### Hædropleura septangularis, Montagu.

*Murex septangularis*, Mtg., 1803. *Test. Brit.*, p. 268, pl. 9, fig. 5. — *H. sept.*, B., D., D., 1883. *M. Rouss.*, I, p. 110, pl. 14, fig. 26-27. — Loc., *Pr.*, p. 126.

Coquille assez allongée; spire haute; 8 tours légèrement convexes; suture peu profonde; 7 côtes longitudinales fortes, atténuées au bas du dernier tour; ouverture ovalaire; columelle un peu arquée; coloration fauve-roux, avec les côtes plus claires; péristome blanc. — H. 12 à 14; D. 5 à 6 millimètres.

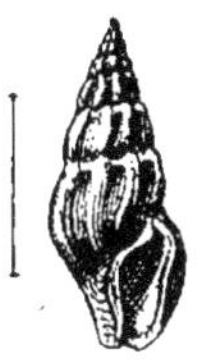
Fig. 40.

Assez commun; toutes les côtes, zones herb. et corall.

### Hædropleura secalina, Philippi.

*Pleurotoma secalinum*, Phil., 1844. *Moll. Sicil.*, II, p. 170, pl. 26, fig. 9. — *H. secalina*, Mtr., 1884. *Nom. conch.*, p. 126.

Taille plus petite; galbe plus étroit; spire plus élancée; côtes longitudinales plus saillantes; ouverture plus étroite; labre moins épais; même coloration. — H. 8 à 10; D. 3 3/4 à 4 millimètres.

Rare; la Méditerranée, zone corallienne.

B. — Groupe de l'*H. rufa*.

Côtes longitudinales nombreuses.

### Hædropleura rufa, Montagu.

*Murex rufus*, Mtg., 1802. *Test. Brit.*, p. 263 — *H. rufa*, Loc., *Pr.*, p 128.

Coquille fusiforme, courte; spire haute, bien acuminée; 7 tours bien convexes; suture profonde; dernier tour ventru en haut, rapidement atténué en bas; côtes longitudinales nombreuses sur tous les tours; stries décurrentes fines et serrées; ouverture ovalaire; canal très court, tronqué; coloration fauve-foncé. — H. 10 à 11; D. 4 à 4 1/2 millimètres.

Fig. 41.

Assez rare; la Manche et l'Océan, zones herbacée et corallienne.

**Hædropleura Forbesi,** Locard.

*H. Forbesi*, Loc., 1891. *Nov. sp.*

Taille plus forte; galbe plus étroitement lancéolé; spire plus haute; tours moins convexes; suture moins profonde; costulations très atténuées sur le dernier tour; ouverture étroite; même coloration. — H. 12 à 14; D. 4 1/4 à 4 3/4 millimètres.

Rare; la Manche et l'Océan, zones herbacée et corallienne.

**Hædropleura Hanleyi,** Locard.

*H. Hanleyi*, Loc. 1891. *Nov. sp.*

Taille moyenne; galbe court et trapu; spire peu élancée; tours presque rectilignes, très étagés, subanguleux en haut; côtes noduleuses vers le haut, atténuées en bas du dernier tour; ouverture assez large; canal très court; même coloration. — H. 9 à 11; D. 4 à 5 millimètres.

Rare; la Manche et l'Océan, zones herbacée et corallienne.

## Genre BELA, Leach.

Coquille fusiforme, turriculée; spire à tours très étagés; test costulé et strié; labre mince, sans sinus; columelle simple; canal extrêmement court, droit, tronqué; opercule corné.

**Bela turriculata,** Montagu.

*Murex turricula*, Mtg., 1803. *Test. Brit.*, I, p. 262, pl. 9, fig. 1. — *B. turric.*, Kobelt, 1887. *Prodr.*, p. 129. — *Hædr. turric.*, Loc., *Prodr.*, p. 127.

Fig. 42.

Coquille assez allongée; spire haute; 7 tours droits, anguleux en haut, très fortement étagés; dernier tour rapidement atténué en bas; côtes longitudinales nombreuses, anguleuses dans le haut; stries décurrentes très fines et très serrées; coloration blanc-grisâtre. — H. 15; D. 5 millimètres.

Rare; la Manche et l'Océan, zone corallienne.

**Bela Treveliana,** Turton.

*Pleurotoma Trevellianum*, Turt., 1841. *Mag. nat. hist.*, VII, p. 351. — *B. Trevelia*, Kobelt, 1887. *Prodr.*, p. 131. — *Hædr. Trevel.*, Loc., *Pr.*, p. 127.

Taille plus petite; galbe plus court, plus trapu; spire bien moins acuminée; 6 tours étagés, mais arrondis en haut; côtes plus nombreuses, atténuées au bas du dernier tour; ouverture plus étroite; même coloration. — H. 8 à 10; D. 4 à 4 1/2 millimètres.

Très rare; région aquitanique, zone corallienne et grands fonds.

## Genre RAPHITOMA, Bellardi.

Coquille fusiforme-allongée; spire haute et aiguë; test costulé longitudinalement; labre sinueux en arrière, sans sinus bien accusé; canal long, droit, étroit; pas d'opercule.

A. — Groupe du *R. attenuatum*.

Galbe effilé; côtes étroites et très élevées.

### Raphitoma attenuatum, Montagu.

*Murex attenuatus*, Mtg., 1803. *Test. Brit.*, p. 266, pl. 9, fig. 6. — *R. atten.*, Weinkauff, 1868. *Conch. mitt.*, II, p. 136. — Loc., *Prodr.*, p. 118.

Coquille très élancée; spire haute, bien acuminée; 9 à 10 tours légèrement convexes; suture assez profonde, ondulée; côtes longitudinales interrompues à chaque tour; stries décurrentes fines, rapprochées; coloration fauve-clair, avec de nombreuses linéoles rouges, très fines, une zone brune en bas du dernier tour. — H. 12 à 14; D. 4 à 5 millimètres.

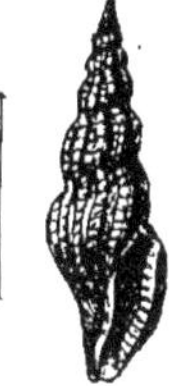

Fig. 43.

Assez rare dans la Manche et l'Océan; plus rare dans la Méditerranée, zone herbacée.

### Raphitoma Villiersi, Michaud.

*Pleurotoma Villiersi*, Mich., 1826. *Soc. Lin. Bord.*, p. 262, pl. 1, fig. 4-5. — *R. Villiersi*, Loc., *Prodr.*, p. 119.

Taille un peu plus forte; spire plus élancée; côtes longitudinales presque continues sur les tours; test non strié transversalement; ouverture plus étroite; même coloration. — H. 13 à 15; D. 4 à 5 millimètres.

Assez rare dans la Méditerranée, plus rare dans l'Océan; zones herbacée et corallienne.

### Raphitoma costatum, Pennant.

*Murex costatus*, Penn., 1777. *Brit. zool.*, IV, p. 125, pl. 79, fig. 1.

Taille plus petite; ouverture presque aussi haute que le reste de la spire; 7 à 8 tours à peine convexes; suture peu accusée; côtes longitudinales presque continues sur les tours; cordons décurrents presque obsolètes, assez espacés; coloration fauve-clair ou brun, avec la base plus colorée. — H. 8 à 10; D. 3 à 4 millimètres.

Rare; l'Océan, zones herbacée et corallienne.

**Raphitoma tenuicostatum,** Brugnone.

*Pleurot. attenuatum, var. tenuicosta*, Brugu., 1862. *Mon. Pleur.*, p. 25, fig. 17.

Taille beaucoup plus petite; spire moins haute; tours plus convexes; côtes longitudinales plus hautes, plus flexueuses; test non strié transversalement; ouverture un peu plus arrondie; même coloration. — H. 5 à 6; D. 1 1/2 à 1 3/4 millimètre.

Rare; la Méditerranée et la région aquitanique, zone corallienne.

**Raphitoma brachystomum,** Philippi.

*Pleurotoma brachystomum*, Phil., 1844. *Moll. Sic.*, II, p. 169, pl. 26, fig. 10.
*R. brachystomum*, Brus., 1856. *Contr. Dalm.*, p. 65. — Loc., *Pr.*, p. 122.

De petite taille; galbe plus ramassé, plus ventru; spire moins haute; tours très convexes; suture profonde; côtes longitudinales fortes, peu nombreuses; stries décurrents très accusées, recouvrant tout le test; coloration fauve-roux. — H. 5 à 6; D. 2 à 2 1/2 millimètres.

Assez rare; toutes nos côtes, zones littorale, herbacée et corallienne.

B. — Groupe du *R. nebulum*.

Galbe élancé; côtes larges et peu hautes; test monochrome.

**Raphitoma nebulum,** Montagu.

*Murex nebula*, Mtg., 1803. *Test. Brit.*, p. 267, pl. 15, fig. 6. — *R. nebula*, Loc., *Prodr.*, p. 119.

Fig. 44.

Coquille élancée; spire haute; 10 à 11 tours un peu convexes; suture assez profonde; dernier tour court et ventru, rapidement atténué en bas; côtes longitudinales fortes, arrondies; stries décurrentes très fines, recouvrant tout le test; canal très court; coloration fauve; côtes plus claires. — H. 8 à 10; D. 3 à 3 1/2 millimètres.

Peu com.; la Manche et l'Océan, zones herbacée et corall.

**Raphitoma affine,** Locard.

*Mangelia nebula*, F. et H., 1863. *Brit. conch.*, pl. 114, fig. 8 (*non auct.*).

Taille plus petite; dernier tour moins rapidement atténué en bas, moins ventru ; tours moins convexes; côtes longitudinales moins fortes, plus flexueuses; stries décurrentes ne passant pas par dessus les côtes; même coloration. — H. 8 à 9 ; D. 2 3/4 à 3 millimètres.

Rare; la Manche et l'Océan, zones herbacée et corallienne.

**Raphitoma Ginnanianum, Risso.**

*Mangelia Ginnaniana*, Ris., 1826. *Eur. mer.*, IV, p. 220, fig. 99. — *R. Gin.*, Mtr., 1878. *En. Sin.*, p. 45. — Loc., *Prodr.*, p. 120.

Taille plus forte que *R. nebulum*, spire plus élancée; tours un peu plus convexes; côtes longitudinales plus larges et plus saillantes; stries décurrentes très fines, ne passant pas par dessus les côtes; dernier tour plus allongé; coloration fauve très foncé. — H. 10 à 12; D. 3 à 3 1/2 millimètres.

Assez rare; la Méditerranée, zones herbacée et corallienne.

**Raphitoma ornata, Locard.**

*R. Rissoi*, Loc., 1886. *Prodr.*, p. 120 et 540 *(non* Bellardi).

De taille plus petite que *R. Ginnanianum;* galbe trapu; dernier tour renflé, rapidement atténué en bas; tours convexes; costulations plus nombreuses, plus étroites et plus saillantes; coloration plus pâle. — H. 8 à 9; D. 3 millimètres.

Rare; côtes de Provence, zones herbacée et corallienne.

**Raphitoma Oceanicum, Locard.**

*Mangelia nebula, var., pars. auct. angl.*

Taille beaucoup plus grande que *R. nebulum;* galbe moins effilé ; spire élancée; tours à peine convexes; suture linéaire; côtes longitudinales peu saillantes; stries décurrentes assez fines; un bourrelet saillant sous la suture; coloration fauve-foncé, avec une bande plus claire sur le dernier tour. — H. 13 à 14; D. 4 à 4 1/2 millimètres.

Rare; la Manche et l'Océan, zones herbacée et corallienne.

**Raphitoma Powisianum, Récluz.**

*R. Powisiana*, Récl., *in* Dautz., 1887. *Mal. St Lunaire.*, p. 22.

Taille encore plus grande; galbe élancé; spire haute; dernier tour peu convexe; suture linéaire; côtes longitudinales très peu saillantes; stries décurrentes extrêmement fines; coloration jaune clair avec flamme brune entre chaque côte. — H. 14 à 16; D. 4 3/4 à 5 millimètres.

Assez rare; l'Océan, zones herbacée et corallienne.

**Raphitoma decussatum,** Locard.

*R. decussatum*, Loc., 1891. *Nov. sp.*

Taille assez grande; galbe très effilé; spire très élancée; tours convexes; suture assez profonde; côtes longitudinales assez fortes, obliques dans le haut; stries décurrentes bien marquées, recouvrant tout le test; coloration gris-jaunâtre. — H. 10 à 12; D. 3 à 3 1/2 millimètres.

Rare; l'Océan, zones herbacée et corallienne.

C. — Groupe du *R. lævigatum.*

Galbe élancé; côtes atténuées; test bicolor.

**Raphitoma lævigatum,** Philippi.

*Pleurotoma lævigatum*, Phil., *Moll. Sic.*, I, p. 199, pl. 11, fig. 17. — *R. lævigatum*, Loc., *Prodr.*, p. 121.

Fig. 45.

Coquille allongée; spire très effilée; tours à peine accusés, très peu convexes; suture linéaire; côtes longitudinales très atténuées; stries décurrentes obsolètes; coloration fauve très claire, avec une bande plus foncée, assez large dans le milieu du dernier tour. — H. 8 à 9; D. 2 1/2 à 3 millimètres.

Peu commun; la Méditerranée; zones herbacée et corall.

**Raphitoma zonatum,** Locard.

*R. zonatum*, Loc., 1891. *Nov. sp.*

Galbe plus court et plus ventru; tours plus convexes; suture mieux accusée; côtes longitudinales bien marquées sur tous les tours; stries décurrentes assez fortes; coloration fauve-clair, avec large bande sombre au milieu du dernier tour. — H. 7 à 8; D. 2 1/2 à 3 millimètres.

Rare; la Méditerranée, zones herbacée et corallienne.

D. — Groupe du *R. striolatum.*

Galbe élancé; côtes étroites, striolées; sinus labial accusé.

**Raphitoma striolatum,** Scacchi.

*Pleur. striolata*, Scac., 1836. *Cat. Neap.*, p. 12. — *R. striolata*, Loc., *Pr.*, p. 121.

Coquille assez petite, lancéolée; spire haute; 8 tours droits, bien étagés;

suture linéaire, ondulée; côtes longitudinales droites, fortes, atténuées à la base du dernier tour, un peu flexueuses dans le haut; stries décurrentes continues, très fines; coloration fauve-clair, une bande brune, étroite au milieu du dernier tour, continue vers la suture. — H. 9 à 10; D. 2 3/4 à 3 millimètres.

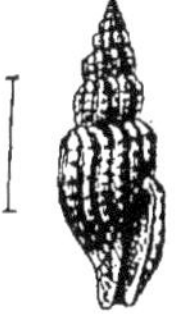
Fig. 46.

Assez rare; la Méditer. et l'Océan, zones herb. et corall.

## Raphitoma strictum, Locard.

*Pleurotoma striolata, pars auct. Angliæ.*

Taille plus grande, galbe moins effilé; spire plus courte; tours un peu convexes, moins étagés; côtes longitudinales moins nombreuses, moins saillantes; stries décurrentes plus accusées; coloration fauve foncé, avec ou sans bande brune sur le dernier tour. — H. 10 à 11; D. 2 3/4 à 3 millimètres.

Assez commun; la Manche et l'Océan, zones herbacée et corallienne.

E. — Groupe du *R. nuperrimum.*

Côtes longitudinales très étroites; cordons décurrents espacés.

## Raphitoma nuperrimum, Tiberi.

*Pleurotoma nuperrima*, Tib., 1878. *Test. nov.*, p. 14, pl. 2, fig. 7 à 9 *R. — nuperrima*, Loc., *Prodr.*, p. 119 (*pars*).

Coquille ovoïde-fusiforme, allongée; spire haute; 8 tours bien convexes; dernier tour un peu allongé, lentement atténué; côtes longitudinales étroites, droites, espacées; cordons décurrents minces, très espacés, continus; ouverture très allongée; coloration fauve très clair. — H. 12 à 14; D. 4 à 4 1/2 millimètres.

Très rare; la Méditerranée, zone corallienne.

Fig. 47.

## Raphitoma reconditum, Locard.

*R. reconditum*, Loc., 1891. *Nov. sp.*

De taille plus petite; galbe plus court, plus ventru; spire moins haute; tours plus anguleux, plus étagés; suture plus accusée; côtes longitudinales un peu flexueuses en haut; ouverture moins étroite, coloration blanc jaunâtre. — H. 7 à 9; D. 3 1/2 à 4 millimètres.

Rare; l'Océan, zones herbacée et corallienne.

## Genre MANGILIA, Risso.

Coquille fusiforme, courte; spire peu haute; tours étagés; test orné de côtes longitudinales; labre variqueux; sinus labial bien marqué; canal court, droit, tronqué en bas; pas d'opercule.

A. — Groupe du *M. Bertrandi.*

Coquille assez grande; galbe allongé; côtes peu nombreuses.

### Mangilia Bertrandi, Payraudeau.

*Pleurotoma Bertrandi*, Payr., 1826. *Moll. Corse.*, p. 144, pl. 7, fig. 12-13. — *M. Bertr.*, Weink., 1868. *Conch. mitt.*, I,, p. 174. — Loc., *Prodr.*, p. 127.

Fig. 48.

Coquille allongée, à spire haute; 6 tours à peine convexes; dernier tour haut et non ventru en haut; côtes longitudinales fortes, larges, rapprochées; stries décurrentes très fines; coloration fauve foncé, péristome et côtes beaucoup plus clairs. — H. 12 à 14; D. 4 1/2 à 4 3/4 millimètres.

Rare; côtes de Provence, zones herbacée et corallienne.

### Mangilia cœrulans, Philippi.

*Pleurotoma cœrulans*, Phil., 1844. *Moll. Sic.*, II, p. 168, pl. 26, fig. 4. — *M. cœrulans*, Loc., *Prodr.*, p. 124.

Taille plus petite; galbe moins élancé; spire moins haute; dernier tour plus ventru en haut; côtes longitudinales moins larges; coloration bleuté, côtes et péristome blancs, une large bande brune sur le fond du dernier tour. — H. 10 à 12; D. 4 1/4 à 4 3/4 millimètres.

Rare; la Méditerranée, zones herbacée et corallienne.

B. — Groupe du *M. Vauquelini.*

Coquille de petite taille; galbe trapu; spire courte.

### Mangilia Vauquelini, Payraudeau.

*Pleurotoma Vauquelini*, Payr., 1826. *Moll. Corse*, p. 145, pl. 7, fig. 14-15. — *M. Vauquelini*, Weink., 1866. *Conch. mitt.*, II, p. 126. — Loc., *Pr.*, p. 123.

Coquille ovoïde, un peu allongée; spire peu haute; 6 tours très étagés; 10 côtes longitudinales épaisses, peu nombreuses, pas de stries décurrentes; ouverture allongée; labre arrondi, bordé en dehors, épaissi en dedans; coloration blanc-jaunâtre, sommet noirâtre, une tache brune sur le bourrelet extérieur du labre. — H. 8 à 10; D. 4 1/4 à 4 3/4 millimètres.

Assez commun; la Méditer., zones littorale et herbacée.

Fig. 49.

**Mangilia rugulosa,** Philippi.

*Pleurotoma rugulosum*, Phil., 1844. *Moll. Sic.*, II, p. 16, pl. 26, fig. 8. — *M. rugulosa*, Weink., 1866. *Conch. mitt.*, II, p. 24. — Loc., *Prodr.*, p. 124.

Taille plus petite; galbe un peu plus allongé; 10 côtes longitudinales un peu minces; cordons décurrents fins, réguliers, assez espacés, passant par dessus les côtes; coloration blanc-jaunâtre uniforme. — H. 7 à 8; D. 3 à 3 1/2 millimètres.

Peu commun; la Méditerranée, zones littorale et herbacée.

**Mangilia Goodalliana,** Gray.

*M. Goodallii*, Gray, *Mss.*, *test.* Reeve, 1846. *Conch. icon.*, fig. 58.

Spire un peu plus allongée; à tours plus convexes; dernier tour plus court et plus ventru; côtes longitudinales moins nombreuses, plus espacées; ouverture plus large; coloration fauve-clair. — H. 7 à 8; D. 3 1/4 à 3 3/4 millimètres.

Rare; région aquitanique, zones herbacée et corallienne.

**Mangilia derelicta,** Reeve.

*M. derelicta*, Reeve, 1846. *Conch. icon.*, fig. 66.

Même galbe que *M. rugulosa*, cordons décurrents un peu plus accusés; coloration brun foncé. — H. 7 à 8; D. 3 à 3 1/2 millimètres.

Peu commun; la Méditerranée, zones littorale et herbacée.

**Mangilia scabrida,** de Monterosato.

*M. scabrida*, Mtr., 1890. *Coq. prof. Palerme*, p. 26.

Galbe du *M. rugulosa*; cordons décurrents très irréguliers, inéquédistants, bien plus saillants; test entièrement couvert de fines stries décurrentes très rapprochées, régulières; coloration blanc-grisâtre ou violacé. — H. 7 à 8; D. 3 à 3 1/2 millimètres.

Rare; côtes de Provence, zones herbacée et corallienne.

**Mangilia Stosiciana**, BRUSINA.

*M. Stosiciana*, Br., 1869. *Journ. conch.*, p. 235. — Loc., *Pr.*, p. 124.

Même galbe, test plus solide; cordons décurrents très développés, formant à leur rencontre avec les côtes de petits tubercules; coloration blanc-jaunâtre, avec les cordons d'un roux clair. — H. 7 à 8; D. 3 à 3 1/2 millimètres.

Peu commun; la Méditerranée, zones littorale et herbacée.

**Mangilia unifasciata**, DESHAYES.

*Pleurotoma unifasciata*, Desh., 1832. *Exp. Morée*, p. 177, pl. 19, fig. 34-36. — *M. unifasciata*, Mtr., 1884. *Nom. conch.*, p. 129.

Même galbe, taille un peu plus forte; côtes longitudinales moins saillantes; cordons décurrents moins accusés; coloration blanc-jaunâtre, avec une large bande fauve au milieu du dernier tour, prolongée vers la suture sur les tours précédents. — H. 8. à 9; D. 3 1/2 à 4 millimètres.

Rare; la Méditerranée, zone herbacée.

**Mangilia albida**, DESHAYES.

*Pleurotoma albida*, Desh., *Exp. Morée*, p. 176, pl. 19, fig. 22-24. — *M. alb.*, *B.*, *D.*, *D.*, 1883. *Moll. Rouss.*, I, p. 106, pl. 15, fig. 10-11. — Loc., *Pr.*, p. 123.

Même galbe; côtes longitudinales lisses, les cordons décurrents ne passant pas par dessus les côtes; coloration blanc, légèrement jaunâtre. — H. 7 à 8; D. 3 à 3 1/2 millimètres.

Peu commun; la Méditerranée, zones littorale et herbacée.

**Mangilia Companyoi**, BUCQ., DAUTZ., DOLLF.

*M. Companyoi*, *B.*, *D.*, *D.*, 1884. *Moll. Rouss.*, I, p. 108, pl. 15, fig. 20-22. — Loc., *Prodr.*, p. 124.

Galbe un peu plus ventru; spire un peu moins haute; côtes longitudinales espacées; cordons décurrents plus fins; coloration blanc-jaunâtre, burelé de lignes fauves régulièrement espacées. — H. 7; D. 3 1/4 millim.

Peu commun; la Méditerranée, zones littorale et herbacée.

**Mangilia tæniata**, DESHAYES.

*Pleurotoma tæniata*, Desh., 1832. *Exp. Morée*, p. 178, pl. 19, fig. 37-39. — *M. tæniata*, Weink., 1866. *Conch. mitt.*, II, p. 127. — Loc., *Prodr.*, p. 123.

Galbe plus ventru; dernier tour plus gros; tours plus convexes; test lisse et luisant; côtes longitudinales élevées; coloration blanc-jaunâtre, deux bandes fauves à la base du dernier tour, nombreuses linéoles rousses décurrentes sur tout le test. — H. 6 à 7; D. 3 à 3 1/2 millimètres.

Assez rare; la Méditerranée, zones littorale et herbacée.

**Mangilia Paciniana,** Calcara.

*Pleurotoma Paciniana*, Calc., 1839. *Ric. mal.*, p. 7, fig. 2. — *M. Pacinii*, *B.*, *D.*, *D.*, 1883. *Moll. Rouss.*, I, p. 105, pl. 15, fig. 7 à 9. — Loc., *Pr.*, p. 123.

Galbe un peu allongé; spire assez haute; tours faiblement convexes; test lisse; côtes longitudinales élevées, un peu obliques, rapprochées; coloration blanchâtre, une bande décurrente rousse vers la suture. — H. 6 à 7; D. 2 1/2 à 2 3/4 millimètres.

Peu commun; la Méditerranée, zones littorale et herbacée.

C. — Groupe du *M. multilineolata.*

Coquille de petite taille; galbe allongé; côtes nombreuses.

**Mangilia multilineolata,** Deshayes.

*Pl. multilineolata*, Desh., 1832. *Exp. Morée*, p. 178, pl. 19, fig. 46. — *M. mult.*, *B.*, *D.*, *D.*, 1883. *Moll. Rouss.*, I, p. 108, pl. 15, fig. 23 à 25 — Loc , *Pr.*, p. 125

Coquille de taille assez petite; galbe effilé; spire haute; tours assez étagés, anguleux dans le haut; test lisse; côtes longitudinales nombreuses, fines, rapprochées; ouverture allongée; labre faiblement épaissi; coloration fauve, avec de nombreuses linéoles décurrentes rousses. — H. 7 à 8; D. 2 1/2 à 3 millimètres.

Assez commun; la Méditer., zones littorale et herbacée.

Fig. 50.

**Mangilia pusilla,** Scacchi.

*Pleur. pusilla*, Sc. 1836. *Cat. Neap.*, p. 13, fig. 22. — *M. pus.*, Loc., *Pr.*, p. 125.

De taille plus petite; galbe plus grêle; côtes longitudinales plus nombreuses et plus rapprochées, plus droites; même coloration. — H. 6 à 7; D. 2 à 2 1/2 millimètres.

Rare; côtes de Provence, zones littorale et herbacée.

**Mangilia costata,** Pennant.

*Murex costatus*, Pen., 1767. *Brit. zool.*, IV, p. 125, pl. 79, fig. 1. — *M. cost.*, F. et H., 1853. *Brit. moll.*, III, p. 485, pl. 114, A, fig. 5. — Loc., *Pr.*, p. 125.

De petite taille; spire un peu moins haute; dernier tour plus allongé; tours plus convexes, moins étagés; côtes longitudinales moins nombreuses, s'étendant jusqu'au bas du dernier tour; coloration fauve-clair, une bande brune au milieu du dernier tour, se poursuivant sur la suture, péristome et côtes plus clairs. — H. 7 à 9 ; D. 3 à 3 1/2 millimètres.

Assez commun; la Manche et l'Océan, zone herbacée.

**Mangilia patula, Locard.**

*M. costata*, F. et H., 1853. *Brit. moll.*, III, pl. 114, A, fig. 3 et 4 (*non* Pen.).

Taille plus petite que *M. costata*; galbe plus court, plus rablé; spire subobtuse; dernier tour bien ventru; tours peu convexes; côtes longitudinales atténuées à la base du dernier tour; coloration fauve-roux, avec le bas du dernier tour, les côtes et le péristome plus pâles. — H. 7 à 8; D. 3 1/2 à 4 millimètres.

Rare; la Manche et l'Océan, zone herbacée.

## Genre CLATHURELLA, Carpenter.

Coquille fusiforme; spire assez haute; tours bien arrondis; test treillissé; ouverture ovale-allongée; sinus labial variqueux; canal court, légèrement courbé; pas d'opercule.

A. — Groupe du *Cl. purpurea*.

Coquille allongée; spire acuminée; réticulation fine.

**Clathurella purpurea, Montagu.**

*Murex purpureus*, Mtg., *Test. Brit.*, p. 260, pl. 9, fig. 3. — *Cl. purpurea*, Loc., *Prodr.*, p. 112.

Fig. 51.

Coquille fusiforme-allongée; spire haute; 12 tours bien convexes; suture profonde; dernier tour arrondi, puis rapidement atténué; côtes longitudinales fines, recoupées par des cordons décurrents irréguliers, continus; coloration roux-fauve, avec une ou plusieurs zones transversales, alternativement plus claires et plus sombres. — H. 20 à 22; D. 8 à 9 millimètres.

Peu commun; la Manche et l'Océan, zones littorale et herbacée.

**Clathurella Bourguignati, Locard.**

*Cl. Bourguignati*, Loc., 1891. *Nov. sp.*

Galbe plus étroitement allongé; spire plus élancée; tours moins convexes; suture plus oblique; cordons décurrents très rapprochés, plus larges et très réguliers, formant, à leur rencontre avec les côtes, de petites saillies mamelonnées; coloration fauve-clair. — H. 22; D. 8 millimètres.

Rare; l'Océan, zones littorale et herbacée.

**Clathurella Servaini, Locard.**

*Cl. Servaini*, Loc., 1891. *Nov. sp.*

De taille plus petite; galbe plus court, plus ramassé; spire acuminée; dernier tour gros et ventru; tours mieux étagés; cordons décurrents plus étroits, plus espacés, très réguliers, formant, à leur rencontre avec les côtes, une saillie transversalement allongée; coloration fauve-roux. — H. 10 à 12; D. 4 1/2 à 5 millimètres.

Peu commun, la Manche et l'Océan, zones littorale et herbacée.

**Clathurella Bucquoyi, Locard.**

*Cl. Bucquoyi*, Loc., 1886. *Prodr.*, p. 113.

De taille un peu plus forte que le *Cl. Servaini;* galbe un peu plus allongé; spire plus haute; dernier tour moins ventru, plus haut et moins rapidement atténué dans le bas; cordons décurrents un peu plus larges, très réguliers, formant, à leur rencontre avec les côtes, de petites saillies mamelonnées; coloration brun-foncé, parfois flammulé de blanc. — H. 12 à 14; D. 5 à 5 1/2 millimètres.

Assez commun; la Méditerranée, zones littorale et herbacée.

**Clathurella corbiformis, Michaud.**

*Pleurotoma corbis*, Mich., 1838. *Moll. Douai*, p. 444, pl. 35, fig. 12. — *Cl. corbis*, Loc., *Prodr.*, p. 114.

Coquille de même taille que le *Cl. Bucquoyi*, mais d'un galbe beaucoup plus etroitement effilé; spire plus élancée; suture plus oblique; dernier tour encore plus allongé; même coloration. — H. 12 à 14; D. 4 1/2 à 5 millimètres.

Peu commun; la Méditerranée, zones littorale et herbacée.

**Clathurella La Viæ, Philippi.**

*Pleurotoma La Viæ*, Phil., 1844. *Moll. Sic.*, II, p. 170, pl. 26, fig. 17. — *Cl. La Viæ*, Loc., *Prodr.*, p. 113.

De petite taille; galbe court, ramassé; spire relativement peu élevée; 6 tours peu convexes, mais bien étagés; même ornementation et même coloration. — H. 8 à 10; D. 3 1/2 à 4 millimètres.

Peu commun; la Méditerranée, zones littorale et herbacée.

B. — Groupe du *Cl. pupoidea.*

Coquille d'un galbe pupoïde; spire obtuse; réticulations fines.

**Clathurella pupoidea,** de Monterosato.

*Cordieria pupoidea*, Mtr., 1884. *Nom. conch.*, p. 137. — *Cl. pupoidea*, Loc., *Prodr.*, p. 114.

Fig. 52.

Coquille assez grande; galbe subcylindroïde; spire haute, obtuse au sommet; 9 tours étagés, légèrement convexes; côtes longitudinales arrondies, nombreuses, peu fortes, arrondies; cordons décurrents assez fins, irrégulièrement espacés; ouverture ovalaire; coloration panaché de brun-roux, gris-violacé et blanc sale. — H. 18 à 20; D. 7 à 8 millimètres.

Peu commun; la Méditerr., zones littorale et herbacée.

**Clathurella bicolor,** Risso.

*Pleurotoma bicolor*, Ris., 1826. *Eur. merid.*, IV, p. 214. — *Cl. Philbert (pars)*, Loc., *Prodr.*, p. 112.

De petite taille; galbe plus court et plus rablé; spire moins haute; suture moins profonde; ornementation plus régulière; cordons décurrents plus saillants, formant de petits mamelons à leur rencontre avec les côtes; coloration brun-foncé ou fauve, maculé de blanc-grisâtre. — H. 11 à 13; D. 6 à 6 1/2 millimètres.

Peu commun; la Méditerranée, zones littorale et herbacée.

C. — Groupe du *Cl. reticulata.*

Coquille d'un galbe élancé; réticulations grossières.

**Clathurella reticulata,** Renieri.

*M. reticulatus*, Ren., 1804. *Tav. alf.* — *Cl. reticul. (pars)*, Loc., *Pr.*, p. 115.

Fig. 53.

Coquille fusiforme-allongée; spire haute, bien acuminée; 9 tours arrondis, très étagés; subanguleux dans le haut; suture profonde; sommet aigu; côtes longitudinales assez espacées; cordons décurrents étroits, formant à leur rencontre avec les côtes, de petites épines saillantes; coloration roux, maculé de taches plus foncées. — H. 19 à 21; D. 8 à 9 millimètres.

Peu commun; la Méditerranée, zones littorale et herbacée.

## Clathurella septentrionalis, Locard.

*Clathurella reticulata, auct. Angliæ, non* Renieri.

Taille plus petite; galbe plus court, plus trapu; tours plus convexes; dernier tour plus renflé ; suture plus accusée; même ornement et coloration. — H. 9 à 11 ; D. 5 à 6 millimètres.

Rare ; la Manche et l'Océan, zone herbacée.

## Clathurella Cordieri, Payraudeau.

*Pleurotoma Cordieri*, Payr., 1826. *Moll. Corse*, p. 144, pl. 7, fig. 11. — *C. Cord.*, B., D., D., 1883. *Moll. Rouss.*, I, p. 92, fig. 10 et 11. — Loc., *Prodr.*, p. 114.

De taille plus grande ; galbe plus élancé; dernier tour plus rapidement atténué; canal plus allongé; sommet recourbé à sa naissance; côtes et cordons plus étroits, plus lamelleux; coloration plus pâle. — H. 22 à 24 ; D. 9 à 9 1/2 millimètres.

Assez rare; la Méditerranée, zones littorale et herbacée.

## Clathurella Dollfusi, Locard.

*Cl. Dollfusi*, Loc., 1886. *Prodr.*, p. 115.

De taille plus petite; galbe plus court et plus ramassé; spire moins haute; tours plus étagés, plus anguleux dans le haut; ornementation plus saillante, plus rude au toucher; coloration blanc-rosé ou jaunâtre. — H. 11 à 12; D. 5 à 5 1/2 millimètres.

Rare; la Manche et l'Océan, zone herbacée.

## Clathurella radula, de Monterosato.

*Cordieria radula*, Mtr., 1884. *Conch. medit.*, p. 132. — *Cl. radula*, Loc., *Prodr.*, p. 117.

De taille assez petite; galbe court; spire haute ; tours moins anguleux; ornementation bien régulière; côtes longitudinales nombreuses; cordons décurrents, à peine un peu moins larges que les côtes, formant à leur rencontre de petits mamelons saillants; coloration fauve très clair. — H. 14 à 16; D. 7 1/2 à 8 millimètres.

Assez rare ; la Méditerranée, zones littorale et herbacée.

## Clathurella decorata, Locard.

*Cl. decorata*, Loc., 1891. *Nov. sp.*

Galbe bien plus étroitement allongé ; spire très élancée ; tours arrondis ; suture profonde et bien oblique; côtes longitudinales très étroites, très nombreuses, recoupées par des cordons décurrents d'égale importance, formant à leur rencontre de petits mamelons très saillants; coloration brun-foncé. — H. 15 à 17; D. 6 à 6 1/4 millimètres.

Rare; la Méditerranée, zone herbacée.

**Clathurella horrida,** de Monterosato.

*Cordieria horrida*, Mtr., 1884. *Conch. medit.*, p. 131. — *Cl. horrida*, Loc., *Prodr.*, p. 116.

De taille assez petite; galbe ramassé, trapu; spire peu haute, mais très acuminée; dernier tour très ventru, mais peu haut; tours très étagés; côtes longitudinales peu nombreuses, très fortes, recoupées par des cordons décurrents étroits et bien saillants, régulièrement espacés; coloration brun maculé de blanc. — H. 12 à 14; D. 6 1/2 à 7 millimètres.

Peu commun; zones littorale et herbacée.

**Clathurella histrix,** Jan.

*Pleurotoma histrix*, Jan, 1832. *Cat. conch.*, p. 10.

De très petite taille; galbe bien élancé; spire acuminée; tours très anguleux; cordons décurrents particulièrement saillants, formant à leur rencontre avec les côtes des épines saillantes et pointues; coloration fauve-clair. — H. 5; D. 2 millimètres.

Très rare; côtes de Provence, zone herbacée.

D. — Groupe du *Cl. Leufroyi.*

Coquille d'un galbe renflé; réticulations atténuées.

**Clathurella Leufroyi,** Michaud.

*Pleurot. Leufroyi*, Mich., *Soc. Lin. Bord.*, II, p. 121, pl. 1, fig. 5-6. — *Cl. Leuf.*, B., D., D., 1883. *M. Rouss*, I, p. 95, pl. 14, fig. 3-4 — Loc., *Pr.*, p. 115.

Fig. 54.

Coquille allongée; spire haute, acuminée; 9 tours renflés, très arrondis; suture profonde; dernier tour bien ventru; côtes longitudinales peu saillantes, rondes, nombreuses, équidistantes; cordons décurrents très nombreux, très rapprochés, passant sur les côtes : coloration gris-jaunâtre, maculé de brun sur les côtes. — H. 20 à 22; D. 8 à 9 millimètres.

Peu commun; la Méditerranée, zone herbacée.

## Clathurella mirabilis, Locard.

*Cl. Leufroyi, pars auct. Angliæ.*

De taille un peu plus petite; galbe plus court, plus rablé; spire aiguë, moins haute; dernier tour un peu plus ventru; tours plus étagés; ornementation plus fine et plus régulière; coloration plus pâle. — H. 15 à 17; D. 8 à 8 1/2 millimètres.

Rare; l'Océan, zone herbacée.

## Clathurella concinna, Scacchi.

*Pleurot. concinna*, Scac., 1833. *Cat. Neap.*, p. 12, fig. 18. — *Cl. conc.*, B., D., D., 1883. *Moll. Rouss.*, p. 98, pl. 14, fig. 5. — Loc., *Prodr.*, p. 116.

De taille encore plus petite; galbe beaucoup plus court; spire obtuse au sommet; dernier tour très haut et très gros; suture moins profonde; côtes longitudinales plus espacées, plus flexueuses; coloration blanc grisâtre ou violacé, avec taches et linéoles brunes interrompues. — H. 11 à 13; D. 5 1/2 à 6 1/2 millimètres.

Assez rare; la Méditerranée, zone herbacée.

E. — Groupe du *Cl. linearis.*

Coquille petite; réticulations bien accusées; labre plissé.

## Clathurella elegans, Donovan.

*Murex elegans*, Don., 1803. *Brit. Shells*, V, pl. 179, fig. 3. — *Cl. elegans*, Loc., *Prodr.*, p. 117.

Coquille subfusiforme; spire assez haute, bien acuminée; 9 tours convexes; suture profonde; côtes longitudinales fortes et nombreuses, bien saillantes, recoupées par de nombreux cordons décurrents minces et très saillants; coloration gris-jaunâtre, avec linéoles décurrentes irrégulièrement interrompues, sommet et intérieur violacé. — H. 7 à 9; D. 3 1/2 à 4 millimètres.

Fig. 55.

Assez commun; partout, surtout dans la Méditerr., toutes les zones.

## Clathurella æqualis, de Monterosato.

*Cirillia æqualis*, Mtr., 1884. *C. med.*, p. 134. — *Cl. æqualis*, Loc., *Pr.*, p. 118.

De même taille ou un peu plus petite; galbe un peu plus court; tours plus arrondis; côtes longitudinales moins fortes, plus régulières; cordons décurrents moins hauts, très régulièrement répartis, plus rapprochés; coloration blanc jaunâtre, avec linéoles brunes plus régulières. — H. 6 à 8; D. 3 1/2 à 4 millimètres.

Assez rare; partout, zones herbacée et corallienne.

## Genre DONOVANIA, Bucq., Dautz., Dollf.

Coquille petite, étroitement fusiforme; sommet mamelonné; columelle lisse; labre non échancré en arrière, plissé en dedans; canal ouvert, très court; opercule à nucléus subapical.

A. — Groupe du *D. minima*.

Spire acuminée; labre simple.

### Donovania minima, Montagu.

*Buccinum minimum*, Mtg., 1803. *Test. Br.*, p. 247, pl. 8, fig. 2. — *D. min.*, B., D., D., 1883. *M. Rouss.*, p. 112, pl. 15, fig. 26-29. — Loc., *Pr.*, p. 129 *(pars)*.

Fig. 56.

Coquille un peu allongée; spire pointue; 5 à 6 tours convexes; suture bien marquée; dernier tour très court; ouverture arrondie; côtes longitudinales peu nombreuses, larges, peu saillantes, recouvertes par des cordons décurrents continus minces et aplatis; coloration fauve-brun. — H. 4 à 5; D. 2 millimètres.

Assez commun; la Manche et l'Océan, zones litt. et herb.

### Donovania turritellata, Deshayes.

*Fusus turrit. (pars)*, Desh., 1832. *Exp. Mor.*, p. 74, pl. 19, fig. 43-46. — *D. tur.*, Mtr., 1884. *Conch. med.*, p. 135 — *D. min. (pars)*, Loc., *Prodr.*, p. 129.

Taille un peu plus forte; galbe plus allongé; spire plus pointue; tours plus convexes, mieux détachés; côtes longitudinales plus saillantes et un peu plus nombreuses; cordons décurrents plus étroits, continus, formant un petit mamelon à leur rencontre avec les côtes; coloration brun plus ou moins foncé. — H. 5 à 6; D. 2 à 2 1/4 millimètres.

Commun; la Méditerranée, zones littorale et herbacée.

### Donovania mamillata, Risso.

*Lachesis mamillata*, Ris., 1826. *Eur. mérid.*, IV, p. 211, fig. 65. — *D. mam.*, Mtr., 1884. *Conch. medit.*, p. 136. — Loc., *Prodr.*, p. 129.

De même taille et de même galbe; cordons atténués dans les espaces intercostaux, bien marqués sur les côtes où ils forment des granulations arrondies très régulières; coloration fauve clair avec les granulations carmin vif. — H. 5 à 6; D. 2 à 2 1/2 millimètres.

Commun ; la Méditerranée, zones littorale et herbacée.

**Donovania procerula,** de Monterosato.

*D. procerula*, Mtr., 1889. *Journ. conch.*, p. 116.

Taille plus grande ; galbe plus élancé ; spire plus acuminée ; côtes longitudinales très fortes; cordons décurrents continus, bien réguliers; coloration fauve-clair uniforme. — H. 8 à 9 ; D. 2 à 3 millimètres.

Très rare; côtes de Provence, zone herbacée.

B. — Groupe du *D. candidissima.*

Spire moins acuminée; labre bordé extérieurement.

**Donovania candidissima,** Philippi.

*Buccinum candidissimum*, Phil., 1836. *Moll. Sic.*, I, p. 222, pl. 11, fig. 18. — *Chauvetia candidissima*, Loc., *Prodr.*, p. 120.

Coquille allongée; spire haute ; dernier tour petit ; 7 tours peu convexes ; suture assez profonde ; côtes longitudinales fortes ; assez espacées, arrondies ; cordons décurrents assez larges, continus formant à leur rencontre avec les côtes de petits mamelons peu saillants ; coloration blanc terne. — H. 7 à 9; D. 3 à 3 1/2 millimètres.

Fig. 57.

Très rare; côtes de Provence, zone herbacée.

**Donovania lineolata,** Tiberi.

*Nesæa lineolata*, Tib., 1868. *Journ. conch.*, p. 76, pl. 5, fig. 5. — *Chauvetia lineolata*, Loc., *Prodr.*, p. 130.

Même taille et même galbe; côtes longitudinales un peu plus nombreuses; cordons décurrents interrompus, formant des granulations mamelonnées à leur rencontre avec les côtes; coloration fauve-clair, cordons plus foncés et interrompus. — H. 7 à 9; D. 3 à 3 1/2 millimètres.

Très rare; côtes de Provence, zones herbacée et corallienne.

**Donovania vulpecula,** de Monterosato.

*Lachesis vulpecula*, Mtr., 1872. *Not. conch.*, p. 49. — *Chauvetia vulpecula*, Loc., *Prodr.*, p. 130.

Taille plus petite, galbe un peu moins allongé ; tours plus convexes ;

test plus finement treillissé ; côtes longitudinales plus nombreuses et plus étroites; cordons décurrents continus, plus saillants et plus arrondis; coloration fauve clair. — H. 6 à 9; D. 2 à 2 1/2 millimètres.

Très rare; côtes de Provence, zones herbacée et corallienne.

C. — Groupe du *D. Lefebvrei.*

Coquille subovoïde; spire obtuse; tours méplans.

**Donovania Lefebvrei,** Maravigna.

*Buccinum Lefebvrii*, Marav., 1840. *Rev. zool.*, p. 325. — *D. granulata*, Loc., *Prodr.*, p. 129.

Fig. 58.

Coquille subovoïde, renflée, un peu courte ; spire peu haute; 5 tours méplans ; suture linéaire ; test couvert de petites granulations arrondies, régulières; ouverture petite, subcirculaire ; coloration fauve clair, avec les granulations roses. — H. 7 à 9 ; D. 3 1/4 à 3 1/2 millimètres.

Peu commun ; zone herbacée, la Méditerranée.

**Donovania Bourguignati,** Locard.

*D. Bourguignati*, Loc., 1891. *Nov. sp.*

De taille un peu plus petite ; galbe plus grêle; spire plus étroitement allongée, plus acuminée ; côtes longitudinales continues; cordons décurrents moins découpés; coloration roux-clair. — H. 7; D. 3 millimètres.

Très rare; zone herbacée, la Méditerranée.

## BUCCINIDÆ

Coquille de taille variable, plus ou moins turriculée, imperforée, canaliculée; ouverture subarrondie; labre simple; canal court, tronqué; columelle tordue ; opercule corné.

### Genre NERITULA, Plancus.

Coquille semi-orbiculaire, oblique, très fortement déprimée ; test lisse ; spire presque nulle; ouverture très oblique, subquadrangulaire; labre lisse; callum très épais et très développé.

**Neritula nana,** CHEMNITZ.

*Fabula nana*, Chemn., 1781. *Conch. cab.*, V, p. 72, pl. 166, fig. 1602. — *N. nana*, Loc., 1887. *Contr.*, X, p. 11.

Coquille de taille moyenne ; spire peu élevée ; 4 à 5 tours méplans ; dernier tour extrêmement développé, arrondi en haut, subanguleux en bas ; coloration blanc-jaunâtre marbré de roux, avec une large bande foncée vers la suture et une bande basale plus claire, callum et péristome blanc-nacré, maculé de fauve. — H. 6 à 8 ; D. 12 à 16 millimètres.

FIG. 59.

Commun ; la Méditerranée, zone littorale un peu saumâtre.

**Neritula Donovani,** RISSO.

*Cyclope Donovania*, Ris., 1826. *Eur. mer.*, IV, p. 271, fig. 56. — *N. Don.*, B., D., D., p. 883. *M. R.*, I, p. 101, pl. 12, fig. 26-67. — Loc., 1887. *Cont.*, X, p. 13.

Taille plus petite ; galbe plus déprimé, plus elliptique ; tours moins développés ; dernier tour moins haut, plus arrondi, plus convexe en dessous ; coloration jaune avec linéoles en zigzag, péristome et callum blanc. — H. 4 1/2 à 5 ; D. 8 à 9 millimètres.

Assez commun ; la Méditerranée, zones littorale et herbacée.

**Neritula pellucida,** RISSO.

*Cyclope pellucidus*, Riss., 1826, *Eur. mer.*, IV, p. 272. — *N. pellucida*, Loc., *Prodr.*, p. 182. — 1887. *Contr.*, X, p. 15.

Taille encore plus petite ; test translucide, dernier tour moins arrondi, plus plat en dessous ; coloration blanc-hyalin avec taches blanc-opaque réparties en deux zones. — H. 4 ; D. 7 à 8 millimètres.

Assez rare ; la Méditerranée, zone herbacée.

## Genre SPHÆRONASSA, Locard.

Coquille ovoïde-ventrue ; spire médiocre ; dernier tour très gros, très ventru ; test lisse ; ouverture arrondie ; labre plissé en dedans ; callum assez épais.

A. — Groupe du *S. gibbosula*.

Callum extrêmement développé ; labre bordé en dehors.

**Sphæronassa gibbosula, Linné.**

*Buccinum gibbosulum*, Lin., 1767. *Syst. nat.*, p. 1281. — *S. gibbosula (pars)*, Loc., *Prodr.*, p. 133. — 1887. *Contr.*, X, p. 18.

Fig. 60.

Coquille ovoïde-allongée ; spire à peine distincte ; callum recouvrant la spire presque en entier ; dernier tour allongé ; ouverture oblongue ; coloration roux-clair, callum blanc-nacré. — H. 12 à 14 ; D. 8 à 9 millimètres.

Très rare ; côtes de Provence, zone corallienne.

**Sphæronassa irregularis, Locard.**

*S. irregularis*, Loc., 1891. *Nov. sp.*

Galbe ovoïde-arrondi, spire peu haute ; callum ne recouvrant pas toute la spire ; dernier tour bien arrondi ; ouverture subcirculaire ; même coloration. — H. 15 à 17 ; D. 12 à 13 millimètres.

Rare ; côtes de Provence, zones herbacée et corallienne.

B. — Groupe du *S. mutabilis*.

Callum médiocrement développé ; labre simple.

**Sphæronassa mutabilis, Linné.**

*Buccinum mutabile*, Lin., 1767. *Syst. nat.*, p. 1201. — *S. mutabilis*, Loc., *Prodr.*, p. 132 et 548. — 1887. *Contr.*, X, p. 20.

Fig. 61.

Coquille ovoïde-globuleuse ; spire peu haute ; 7 à 8 tours assez étagés, assez convexes ; dernier tour grand et gros ; ouverture subovalaire ; labre un peu sinueux ; callum étendu ; coloration roux clair avec une ligne de tâches brunes vers la suture, péristome blanc. — H. 25 à 28 ; D. 17 à 19 millimètres.

Commun ; la Méditerranée, zone littorale.

**Sphæronassa inflata, de Lamarck.**

*Buccinum inflatum*, Lamck., 1822. *An. s. vert.*, VII, p. 270. — Loc., *Prodr.* p. 143 et 548. — 1887. *Contr.*, X, p. 22.

Taille plus forte ; spire plus courte, plus obtuse ; dernier tour plus grand, plus renflé ; ouverture subarrondie ; labre plus sinueux ; callum moins épais ; même coloration. — H. 33 à 35 ; D. 23 à 24 millimètres.

Commun ; la Méditerranée, zone littorale.

**Sphæronassa globulina, Locard.**

*S. globulina*, Loc., 1886. *Prodr.*, p. 133 et 548. — 1887. *Contr.*, X, p. 24.

Taille petite; galbe court, très renflé, très ventru; spire plus haute et plus pointue; tours mieux étagés; ouverture plus arrondie; labre un peu plus épais; coloration plus foncée. — H. 16 à 18; D. 9 à 10 millimètres.

Peu commun; la Méditerranée, zone herbacée.

## Genre NASSA, de Lamarck.

Coquille fusiforme-ventrue; spire peu haute; dernier tour gros; test costulé; ouverture arrondie; labre denticulé en dedans; callum un peu mince.

A. — Groupe du *N. nitida.*

Coquille de taille assez forte; galbe court et globuleux.

**Nassa nitida, Jeffreys.**

*N. nitida*, Jeff., 1867. *Brit. conch.*, IV, p. 349, pl. 87, fig. 4. — Loc., 1887. *Contr.*, X, p. 27, fig. 1.

Coquille ovoïde, un peu allongée; spire peu haute; 7 à 8 tours méplans; dernier tour un peu haut; 10 à 12 côtes longitudinales flexueuses, espacées, irrégulières; cordons décurrents plus rapprochés; coloration rousse avec zones décurrentes et linéoles plus foncées, une bande sombre infra-suturale, péristome blanc. — H. 24 à 26; D. 14 à 16 millimètres.

Fig. 62.

Assez commun; partout, zone littorale.

**Nassa Servaini, Locard.**

*N. Servaini*, Loc., 1887. *Contr.*, X, p. 29, fig. 2.

Galbe ovoïde-court; spire moins haute; dernier tour haut et ventru; 16 à 18 côtes longitudinales; sillons décurrents continus; ouverture plus arrondie; labre plus épais en dedans; même coloration. — H. 22 à 24; D. 13 à 15 millimètres.

Assez rare; partout, surtout dans la Méditerranée; zone littorale.

**Nassa Rochebrunei, Locard.**

*N. Rochebrunei*, Loc., 1887. *Contr.*, X. p. 31, fig. 3.

Taille un peu plus forte; galbe plus globuleux; spire très courte; dernier tour très gros; 19 à 22 côtes longitudinales; sillons décurrents peu profonds; ouverture bien arrondie; coloration plus pâle. — H. 23 à 25; D. 14 à 16 millimètres.

Assez rare; partout, surtout dans la Méditerranée, zone herbacée.

**Nassa interjecta, Locard.**

*N. interjecta*, Loc., 1886. *Pr.*, p. 136 et 550. — 1887. *Contr.*, X, p. 33, fig. 4.

Taille plus petite; galbe plus allongé; spire peu élancée; 6 à 7 tours peu convexes; dernier tour gros; 24 à 26 côtes longitudinales; sillons décurrents rapprochés; ouverture ovalaire-allongée; même coloration. — H. 14 à 16; D. 9 à 11 millimètres.

Rare; toutes les côtes, zone littorale.

B. — Groupe du *N. reticulata*.

Taille assez forte; galbe ovoïde-allongé; tours peu arrondis.

**Nassa reticulata, Linné.**

*Buccinum reticulatum*, L., 1767. *Syst. nat.*, p. 1204. — *N. reticulata*, Petit, 1853. *Journ. conch.*, p. 198. — Loc., 1887. *Contr.*, X, p. 35, fig. 5.

Fig. 63.

Coquille ovoïde-allongée; spire assez haute; 8 à 9 tours presque méplans; dernier tour un peu ventru, bien arrondi; 18 à 20 côtes longitudinales, flexueuses; sillons décurrents profonds, continus; ouverture ovalaire; coloration roux, avec zones et linéoles plus sombres et une bande décurrente foncée infra-suturale. — H. 24 à 26; D. 13 à 15 millimètres.

Comm., partout; plus rare dans la Méditerr., zone litt.

**Nassa Bourguignati, Locard.**

*M. Bourguignati*, Loc., 1887. *Contr.*, X, p. 37, fig. 6.

Taille plus forte; galbe moins élancé; tours plus convexes; 10 à 12 côtes longitudinales; sillons décurrents moins profonds; labre moins plissé; même coloration. — H. 30 à 35; D. 14 à 17 millimètres.

Peu commun; un peu partout, zone littorale.

**Nassa Poirieri, Locard.**

*N. Poirieri*, Loc., 1887. *Contr.*, X, p. 40, fig. 7.

Galbe raccourci; spire acuminée, mais courte; tours convexes; dernier tour atténué en bas; 14 à 16 côtes, recoupées par des sillons profonds et continus; même coloration. — H. 28 à 32; D. 24 à 26 millim.

Rare; l'Océan et la Méditerranée, zone littorale.

**Nassa isomera, Locard.**

*N. isomera*, Loc., 1886. *Prodr.*, p. 135 et 549. — 1887. *Contr.*, X, p. 41, fig. 8.

Galbe allongé; spire assez haute; tours méplans; dernier tour arrondi; 28 à 32 côtes longitudinales, découpées en granulations rectangulaires subégales; même coloration. — H. 22 à 24; D. 15 à 17 millim.

Assez commun; toutes les côtes, zone littorale.

C. — Groupe du *N. limata*.

Taille moyenne; galbe ovoïde-allongé; tours bien arrondis.

**Nassa limata, Chemnitz.**

*Buccinum limatum*, Chemn., 1809. *Conch. cab.*, XI, p. 87, fig. 1808-1809. — *N. lim.*, Weink., 1868. *Conch. mitt.*, II, p. 56. — Loc., 1887. *Contr.*, X, p. 44.

Coquille ovoïde-allongée; spire haute; 9 à 10 tours bien convexes; dernier tour gros, arrondi; 20 à 22 côtes longitudinales, recoupées par des cordons décurrents minces, réguliers, très rapprochés; suture profonde; ouverture subovalaire; coloration fauve-clair, avec quelques maculatures et des linéoles plus sombres. — H. 26 à 28; D. 13 à 16 millim.

Fig. 64.

Rare; la Méditerranée, zone coralliennne.

**Nassa denticulata, A. Adams.**

*N. denticulata*, A. Ad., 1851. *Proc. zool. Soc.*, XIX, p. 112. — Loc., 1887. *Contr.*, X, p. 45.

Galbe plus court, plus ramassé; tours plus convexes, plus étagés; dernier tour court, très globuleux; 18 à 20 côtes longitudinales, recoupées par des cordons très réguliers; ouverture plus arrondie; coloration fauve-clair, avec maculatures et zone décurrente plus sombre. — H. 22 à 34; D. 14 à 16 millimètres.

Rare; la Méditerranée, zone corallienne.

D. — Groupe du *N. incrassata*.

Taille assez petite; test bien costulé; péristome blanc.

**Nassa incrassata**, MÜLLER.

*Tritonium incrassatum*, Müll., 1776. *Zool. Dan.*, p. 244. — *N. incrassata*, Petit, 1852. *Journ. conch.*, p. 199. — Loc., 1887. *Contr.*, X, p. 48.

FIG. 65.

Coquille subfusiforme, un peu allongée; spire élevée; 6 à 7 tours arrondis; dernier tour peu haut, ventru; côtes longitudinales nombreuses, recoupées par des cordons décurrents réguliers, nombreux; ouverture subarrondie; labre plissé; coloration très variable, avec 3 zones plus foncées et décurrentes.— H. 12 à 14; D. 6 à 7 millim.

Commun; partout, zones littorale et herbacée.

**Nassa valliculata**, LOCARD.

*N. valliculata*, Loc., 1886. *Prodr.*, p. 137 et 550. — 1887. *Contr.*, X, p. 50.

Taille plus forte; spire plus haute, plus acuminée; 7 à 8 tours moins arrondis; dernier tour moins ventru, moins haut; ouverture exactement circulaire; labre moins plissé; même coloration. — H. 16 à 18; D. 7 1/2 à 8 millimètres.

Peu commun; la Méditerranée, zone littorale.

**Nassa Ascaniasi**, BRUGUIÈRE.

*Buccinum Ascaniasi*, Brug., 1789. *Dict.*, n° 42. — *N. Ascaniasi*, Loc., *Prodr.*, p. 137. — 1887. *Contr.*, X, p. 52.

Galbe subfusiforme-allongé; spire élevée; 6 à 7 tours bien arrondis, bien étagés; dernier tour très ventru; côtes longitudinales plus nombreuses, atténuées dans le bas; ouverture exactement arrondie; labre peu plissé; coloration roux-cendré, avec une bande bleutée, étroite, au milieu du dernier tour. — H. 12 à 14; D. 5 1/2 à 6 1/2 millimètres.

Rare; côtes de Provence, zone littorale.

**Nassa Lacepedei**, PAYRAUDEAU.

*Buccinum Lacepedii*, Payr., 1826. *Moll. Cor.*, p. 161, pl. 8, fig. 13-14. — *N. Lacepedei*, Loc., *Prodr.*, p. 137. — 1887. *Contr.*, X, p. 54.

Galbe plus court, plus ramassé; spire moins haute; tours très arrondis; dernier tour encore plus gros et plus rond; côtes moins nombreuses, plus espacées; nombreux plis aperturaux; coloration fauve-rosé, sans bandes. — H. 11 à 13; D. 7 à 8 millimètres.

Rare; côtes de Provence, zone littorale.

**Nassa ambigua,** MONTAGU.

*Buccinum ambiguum*, Mtg., 1803. *Test. Brit.*, p. 242 pl. 9, fig. 7. — *N ambigua*, Reeve, 1852. *Conch., Ic.* fig. 187. — Loc., 1887. *Cont.*, X, p. 56.

Galbe ovoïde-ventru; spire peu haute; 6 à 7 tours convexes en haut, arrondis en bas; côtes longitudinales peu nombreuses; stries décurrentes profondes; ouverture petite; labre épaissi; coloration fauve, avec 3 zones décurrentes flammulées. — H. 18 à 20; D. 5 1/2 à 6 1/2 millimètres.

Peu commun; la Manche et l'Océan, zone littorale.

**Nassa Jousseaumei,** LOCARD.

*N. Jousseaumei*, Loc., 1886. *Prodr.*, p. 139 et 551. — 1887. *Contr.*, X, p. 58.

De petite taille; galbe court et ventru; spire courte; 5 1/2 à 6 1/2 tours moins convexes; côtes longitudinales peu nombreuses, peu profondément découpées par les stries décurrentes; même coloration que *N. incrassata*. — H. 6 1/2 à 7; D. 4 1/2 à 4 3/4 millimètres.

Rare; l'Océan et la Méditerranée, zone herbacée.

E. — Groupe du *N. pygmæa*.

Taille petite; test bien costulé; péristome violacé.

**Nassa pygmæa,** DE LAMARCK.

*Ranella pygmæa*, Lamck., 1822. *An. s. vert.*, VII, p. 154. — *N. pyg.*, F. et H., 1853. *Brit. Moll.*, III, p. 394, pl. 108, fig. 5 et 6. — Loc., 1887. *Contr.*, p. 60.

Coquille subfusiforme, assez haute; spire élevée; 6 à 7 tours très arrondis; suture profonde; côtes longitudinales nombreuses, fines, saillantes; cordons décurrents plus étroits, continus, formant à leur rencontre des saillies subgranuleuses très régulières; coloration roux-pâle, avec 3 bandes décurrentes. — H. 10 à 11; D. 6 1/2 à 7 millimètres.

FIG. 66.

Commun; sur toutes les côtes, dans toutes les zones.

**Nassa elongatula,** LOCARD.

*N. leongatula*, Loc., 1886. *Prodr.*, p. 139 et 551. — 1887. *Contr.*, X, p. 63.

Taille plus grande; galbe plus élancé; spire plus haute; 7 à 8 tours moins arrondis; suture moins accusée; côtes plus fines, plus nombreuses; dernier tour moins gros; même coloration. — H. 13 à 15; D. 7 à 7 1/2 millimètres.

Peu commun; l'Océan et la Méditerranée, zone herbacée.

**Nassa affinis,** Risso.

*Planaxis affinis*, Ris., 1826. *Eur. mérid.*, IV, p. 175. — *N. affinis*, Loc., 1887. *Contr.*, X, p. 64.

Même galbe que *N. pygmæa*; tours moins arrondis; côtes longitudinales moins nombreuses, plus fortes; cordons décurrents formant, à leur rencontre avec les côtes, des granulations rectangulaires; ouverture plus ovalaire; même coloration. — H. 11 à 13; D. 7 à 8 millimètres.

Rare; la Méditerranée, zones littorale et herbacée.

**Nassa eutacta,** Locard.

*N. eutacta*, Loc, 1887. *Contr.*, X, p. 66, fig. 11.

De petite taille; galbe court, ramassé; spire peu haute; 5 1/2 à 6 1/2 tours peu arrondis; dernier tour gros; côtes plus fortes; péristome épaissi; même coloration. — H. 6 1/2 à 7; D. 4 1/2 à 4 3/4 millimètres.

Rare; l'Océan, zones littorale et herbacée.

F. — Groupe du *N. Ferussaci*.

Taille assez petite; test incomplètement costulé.

**Nassa Ferussaci,** Payraudeau.

*Buccinum Ferussaci*, Payr., 1826. *Moll. Cors.*, p. 162. pl. 8, fig. 15-16. — *N. Ferussaci*, Loc., *Prodr.*, p. 130. — 1887. *Contr.*, X, p. 69.

Coquille ovoïde-lancéolée; spire haute; 6 1/2 à 7 1/2 tours peu convexes; suture linéaire; dernier tour arrondi au milieu, atténué en bas; côtes longitudinales nombreuses, atténuées au bas du dernier tour; stries décurrentes obsolètes; coloration jaune-clair, avec linéoles décurrentes brunes, interrompues, très étroites, formant 3 zones articulées au dernier tour, et une seule sur le tour supérieur; péristome blanc. — H. 12 à 14; D. 6 1/2 à 7 1/2 millim.

Fig. 67.

Commun; la Méditerranée, zone littorale.

**Nassa Mabillei,** Locard.

*N. Mabillei*, Loc., 1887. *Contr.*, X, p. 71.

Taille plus petite; galbe plus court, plus ramassé; spire moins haute; tours moins élevés et plus convexes; suture plus marquée; dernier tour plus développé, plus ventru; côtes plus fortes; coloration plus foncée. — H. 8 à 10; D. 4 1/2 à 5 1/2 millimètres.

Peu commun; la Méditerranée, zone littorale.

**Nassa flavida**, DE MONTEROSATO.

*N. flavida*, Mtr., *in* Loc., 1886. *Prodr.*, p. 141. — 1887. *Contr.*, X, p 73.

Taille plus forte que *N. Ferussaci;* galbe plus ovoïde, plus ventru ; dernier tour plus gros, plus arrondi ; les autres tours plus méplans, moins bien étagés ; spire moins haute; coloration jaune-pâle avec une seule zone infra-suturale marbrée de roux et de blanc. — H. 12 à 15; D. 7 1/2 à 8 1/2 millimètres.

Assez rare ; la Méditerranée, zone littorale.

**Nassa Cuvieri**, PAYRAUDEAU.

*Buccinum Cuvieri*, Payr., 1826. *Moll. Cor.*, p. 163, pl. 8, fig. 17-18. — *N. Cuvieri*, Mtr., 1878. *En. sin.*, p. 43. — Loc., 1887. *Contr.*, X, p. 75.

Plus petit que *N. Ferussaci;* dernier tour plus allongé; côtes plus fortes sur les premiers tours, ne descendant pas au delà du milieu du dernier; coloration plus sombre. — H. 8 à 10; D. 4 1/2 à 5 millimètres.

Commun ; la Méditerranée, zone littorale.

**Nassa unifasciata**, KIENER.

*Buccinum unifasciatum*, Kien., 1835. *Coq. viv.*, p. 76, pl. 14, fig. 50. — *N. unifasciata*, Loc., 1887. *Contr.*, X, p. 77.

Taille plus forte ; galbe plus allongé, plus lancéolé ; spire plus haute, plus acuminée ; côtes réduites à des plis froncés sous la suture, rapidement atténués; stries décurrentes peu marquées; labre bien plissé; coloration jaune pâle avec une mince bande brune. — H. 16 à 18; D. 8 à 9 millimètres.

Assez rare; la Méditerranée, zone littorale.

**Nassa Guernei**, LOCARD.

*N. Guernei*, Loc., 1886. *Prodr.*, p. 140 et 562. — 1887. *Contr.*, X, p. 80.

Galbe fusiforme, étroit, allongé ; spire très haute, effilée; dernier tour peu développé, non ventru ; labre très plissé ; même ornementation et coloration que *N. unifasciata*. — H. 14 à 16; D. 6 à 7 millimètres.

Rare ; la Méditerranée, zone littorale.

**Nassa Bucquoyi**, LOCARD.

*N. Bucquoyi*, Loc., 1887. *Contr.*, X, p. 81.

Taille petite ; galbe court, renflé; spire peu haute ; dernier tour bien développé, côtes accusées seulement dans le haut des tours; coloration fauve-jaunâtre, avec trois zones décurrentes composées de linéoles brunes. — H. 7 à 9; D. 5 1/2 à 6 millimètres.

Peu commun ; la Méditerranée, zone littorale.

G. — Groupe du *N. graniformis.*

Taille assez petite; test lisse.

**Nassa graniformis,** DE LAMARCK.

*Buccinum grana*, Lamck., 1882. *An. s. vert.*, VII, p. 274. — *N. graniformis*, Loc., 1887. *Contr.*, X, p. 84.

Coquille ovoïde, un peu allongée; spire peu haute; 5 à 6 tours peu convexes; suture superficielle; dernier tour bien développé; test lisse et brillant; ouverture ovalaire; coloration blanc jaunâtre, avec linéoles brunes formant parfois trois zones au dernier tour, péristome blanc. — H. 10 à 12; D. 6 à 7 millimètres.

FIG. 68.

Assez rare; la Méditerranée, zone herbacée.

H. — Groupe du *N. semistriata.*

Taille moyenne; sans côtes longitudinales; stries transversales.

**Nassa semistriata,** BROCCHI.

*Buccinum semistriatum*, Br., 1815. *Conch. Sub.*, p. 651, pl. 15, fig. 15. — *N. sem.*, Forbes, 1844. *Rep. Æg.*, p. 140. — Loc., 1887. *Contr.*, X, p. 86.

Coquille ovoïde, un peu allongée ; spire assez haute ; 6 1/2 à 7 1/2 tours un peu étagés, légèrement convexes; suture linéaire; test épais ; stries décurrentes fines, régulièrement espacées, obsolètes au deirner tour; ouverture ovalaire ; labre plissé en dedans; coloration corné-gris, avec quelques flammes plus foncées, péristome blanc. — H. 16 à 18 ; D. 7 1/2 à 8 1/2 millimètres.

FIG. 69.

Peu commun ; l'Océan et la Méditerranée, zones herb. et corall.

**Nassa Gallandiana,** FISCHER.

*N. Galland.* Fisch., 1862. *J. conch.*, p. 37. — Loc., 1887. *Contr.*, X, p. 88.

Galbe plus allongé ; spire plus haute et plus aiguë ; ouverture moins elliptique; quelques stries, dont une forte à la partie supérieure des tours ;

base du dernier tour bien striée; coloration jaune pâle avec zones décurrentes brunes discontinues. — H. 16 à 18; D. 7 à 7 1/4 millim.

Très rare; région aquitanique, zones herbacée et corallienne.

**Nassa ovoidea, Locard.**

*N. ovoidea*, Loc., 1886. *Pr.*, p. 142. — 1887. *Contr.*, X, p. 89, fig. 13.

Galbe court, ventru; spire moins haute; dernier tour très gros; les autres tours plus convexes; une seule strie bien marquée infra-suturale; ouverture plus arrondie; coloration corné-gris, avec quelques flammes plus sombres. — H. 16 à 17; D. 10 à 10 1/2 millimètres.

Rare; l'Océan, zone herbacée.

## Genre AMYCLA, H. et A. Adams.

Coquille fusiforme un peu allongée; spire assez haute; test lisse ou presque lisse; ouverture ovalaire; labre plissé en dedans; callum peu développé.

**Amycla raricostata, Risso.**

*Planaxis raricostata*, Riss., 1826. *Eur. mér.*, IV, p. 174, fig. 106. — *A. raricostata*, Loc., *Prodr.*, p. 142 et 554. — 1887. *Contr.*, X, p. 91.

Coquille ovoïde, un peu courte, renflée; spire un peu élevée, acuminée; 7 à 7 1/2 tours légèrement convexes; dernier tour arrondi; suture linéaire; test épais; 8 à 10 côtes longitudinales peu accusées, obsolètes au dernier tour; ouverture ovalaire-allongée; labre légèrement épaissi en dedans, bordé en dehors; coloration brun-livide, avec une zone claire sur le dernier tour, péristome violacé. — H. 17 à 19; D. 8 à 9 millim.

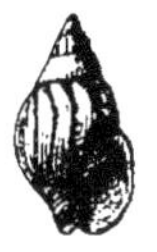

Fig. 70.

Assez commun; la Méditerranée, zones littorale et herbacée.

**Amycla corniculata, Olivi.**

*Buc. corn.*, Ol., 1792. *Zool. Adr.*, p. 144. — *A. corn.*, B., D., D., 1887. *M. Rouss.*, I, p. 56, pl. XII, fig. 1-2. — Loc., *Prodr.*, p. 143 et 555. — 1887. *Contr.*, X, p. 93.

Galbe plus allongé, spire plus effilée, plus haute; dernier tour plus haut; test lisse; ouverture plus étroite, étranglée en haut; même coloration. — H. 18 à 20; D. 8 1/2 à 9 1/2 millimètres.

Commun; l'Océan et surtout la Méditerranée, zones littorale et herbacée.

**Amycla Monterosatoi, Locard.**

*A. Monterosatoi*, Loc., 1886. *Prodr.*, p. 143 et 554. — 1887. *Contr.*, X, p. 95.

Taille plus petite; galbe plus grêle; test lisse; spire plus haute, plus acuminée; tours plus méplans; suture plus oblique; dernier tour moins haut; coloration plus claire. — H. 13 à 15; D. 6 à 6 1/2 millimètres.

Commun; la Méditerranée, zones littorale et herbacée.

**Amycla elongata, Locard.**

*A. elongata*, Loc., 1886. *Pr.*, p. 113 et 554. — 1886. *C.*, X, p. 98, fig. 14.

Taille moyenne; galbe très allongé; spire très élancée; 8 à 8 1/2 tours à peine un peu convexes; suture très oblique; dernier tour court, arrondi seulement en bas; ouverture petite, subarrondie; coloration pâle. — H. 15 à 19; D. 6 à 7 millimètres.

Rare; la Méditerranée, zones littorale et herbacée.

**Amycla inflata, Locard.**

*A. inflata*, Loc., 1891. *Nov. sp.*

Taille moyenne; galbe court, ventru; spire peu haute, bien acuminée; tours convexes; suture bien marquée; dernier tour gros et ventru, bien arrondi; ouverture subarrondie; coloration roux sombre. — H. 15 à 17; D. 8 1/2 à 9 1/2 millimètres.

Assez rare; la Méditerranée, zones littorale et herbacée.

## Genre BUCCINUM, Linné.

Coquille grande, fusiforme, ventrue; spire assez haute; test striolé; ouverture ovalaire; labre non plissé en dedans; callum peu développé.

A. — Groupe du *B. undatum*.

Test épais, orné de côtes longitudinales.

**Buccinum undatum, Linné.**

*B. undatum*, L., 1767. *Syst. nat.*, p. 1204 — Loc., 1887. *Contr.*, X, p. 101.

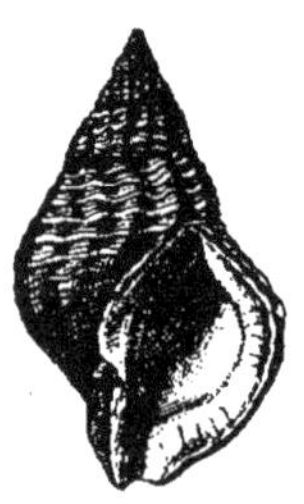

Fig. 71. — 1/2 grand.

Coquille ovoïde-ventrue; spire assez élevée; 7 à 8 tours bien étagés, convexes; suture bien accusée; dernier tour très développé, ventru; test solide, orné de 12 à 16 côtes longitudinales très flexueuses et de cordons décurrents nombreux, espacés, continus; ouverture grande, subarrondie; labre tranchant; coloration jaune-roux; péristome blanc. — H. 70 à 90; D. 50 à 60 millimètres.

Très commun; la Manche et l'Océan, zones littorale et herbacée. — Edule.

**Buccinum acuminatum,** Broderip.

*B. acuminatum*, Brodr., 1830. *Zool. Journ.*, V, p. 44, pl. 3, fig. 1-2. — Loc., 1887. *Contr.*, X, p. 103.

Taille plus forte; galbe beaucoup plus allongé; spire plus élancée; dernier tour moins ventru; côtes longitudinales plus atténuées; tours moins convexes; même coloration. — H. 70 à 80; D. 32 à 38 millimètres.

Très rare; la Manche et l'Océan, zones littorale et herbacée.

B. — Groupe du *B. Humphreysianum*.

Test mince, simplement strié.

**Buccinum Humphreysianum,** Bennett.

*B. Humphreysianum*, Ben., 1825. *Zool. Journ.*, I, p. 398, pl. 22. — Loc., 1887. *Contr.*, X, p. 105.

Coquille fusiforme, un peu allongée; spire assez haute; 7 à 8 tours un peu convexes; dernier tour bien développé, arrondi; stries décurrentes extrêmement fines, très rapprochées; ouverture assez grande, largement ovalaire; labre mince, tranchant; coloration roux-corné, avec une large zone infra-suturale, marbrée de fauve plus foncé et bordée de deux petites bandes très sombres, une zone basale semblable. — H. 42 à 48; D. 22 à 24 millimètres.

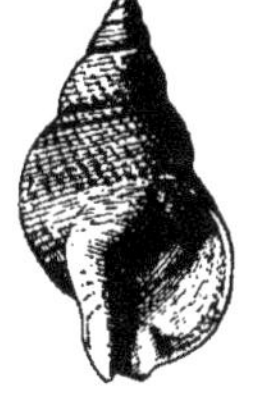
Fig. 72. — 2/3 gr.

Rare; la Manche et l'Océan, zones herbacée et corall.

**Buccinum atractodeum,** Locard.

*B. atractodeum*, Loc., 1887. *Contr.*, X, p. 107.

Taille plus petite; galbe beaucoup moins allongé; spire moins effilée dans le haut; tours plus convexes; dernier tour bien plus ventru; ouverture plus arrondie; coloration roux-corné pâle, sans bandes. — H. 41 à 45; D. 24 à 28 millimètres.

Rare; côtes de Provence, zones herbacée et corallienne.

**Buccinum Monterosatoi,** Locard.

*B. Monterosatoi*, Loc., 1887. *Contr.*, X, p. 109.

Taille plus forte que *B. Humphreysianum*; galbe plus allongé; derniers tours convexes dans le bas, légèrement concaves dans le haut; stries décurrentes moins régulières, moins rapprochées; stries d'accroissement plus fortes. — H. 53 à 56; D. 28 à 30 millimètres.

Rare; côtes de Provence, zone corallienne.

# PURPURIDÆ

Coquille de taille grande ou moyenne, turbinée, imperforée, canaliculée; spire courte; dernier tour très grand; ouverture large, bord columellaire réfléchi; opercule lamelleux.

## Genre PURPURA, Bruguière.

Coquille ovoïde, épaisse, ornée de cordons décurrents; columelle calleuse, aplatie; labre fortement plissé en dedans; canal très court.

A. — Groupe du *P. hæmastoma.*

Coquille grande; cordons décurrents tuberculeux.

### Purpura hæmastoma, Linné.

*Buc. hæmastoma*, L., 1767. *Syst. nat.*, p. 1202. — *P. hæmastoma*, Lamck., 1822. *An. s. vert.*, VII, p. 238. — Loc., *Prodr.*, p. 145 et 555.

Fig. 73. — 2/3 grand.

Coquille ovoïde courte; spire peu haute; tours aplatis dans le haut, convexes dans le bas; suture peu distincte; dernier tour très gros en haut, lentement atténué vers le bas; 4 ou 5 cordons larges, portant de grosses nodulosités; sinus labial assez accusé; coloration fauve-gris; péristome rose-chair. — H. 50 à 60; D. 38 à 42 millimètres.

Peu commun; la Méditerranée, zone littorale.

### Purpura Oceanica, Locard.

*P. Oceanica*, Loc., 1886. *Prodr.*, p. 140 et 555.

Taille plus forte; spire plus courte; dernier tour plus renflé dans le haut; deux rangées de tubercules laissant entre elles une surface déclive profonde; tubercules des tours supérieurs moins saillants; même coloration. — H. 50 à 100; D. 40 à 70 millimètres.

Assez rare dans l'Océan, plus rare dans la Méditer.; zone littorale.

B. — Groupe du *P. lapillina.*

Coquille moyenne; cordons décurrents, lisses ou imbriqués.

**Purpura lapillina**, Linné.

*Buccinum lapillus*, L., 1767. *Syst. nat.*, p. 1202. — *P. lapillus*, Lamck., 1822. *An. s. vert.*, VII, p. 244. — Loc., *Prodr.*, p. 146.

Coquille globuleuse; spire peu haute; 5 à 6 tours convexes; suture assez accusée; dernier tour gros, ventru dans le haut, atténué en bas; test épais; cordons décurrents lisses, larges, un peu irréguliers; ouverture ronde; labre épaissi en dedans; coloration brune, violacée ou blanche, avec ou sans zones décurrentes plus foncées. — H. 25 à 33; D. 15 à 22 millimètres.

Fig. 74.

Très commun dans la Manche et l'Océan, très rare dans la Méditerranée; zone littorale.

**Purpura imbricata**, de Lamarck.

*P. imbricata*, Lamck., 1822. *An. s. vert.*, VII, p. 244. — Loc., *Prodr.*, p. 146.

Taille un peu plus petite; même galbe; cordons décurrents recouverts d'imbrications squameuses, plus ou moins saillantes; même coloration mais plus sombre. — H. 20 à 27; D. 13 à 16 millimètres.

Assez commun; la Manche et l'Océan, zone littorale.

**Purpura Celtica**, Locard.

*P. Celtica*, Loc., 1886. *Prodr.*, p. 147 et 556.

Galbe beaucoup plus allongé; spire plus haute, plus effilée; tours plus convexes; suture plus oblique; dernier tour plus rapidement atténué dans le bas; cordons décurrents très saillants ouverture moins arrondie; même coloration. — H. 35 à 40; D. 18 à 21 millimètres.

Assez rare; la Manche et l'Océan, zone littorale.

## CASSIDÆ

Coquille de taille assez grande, turbinée, subombiliquée, canaliculée, à spire courte, à galbe très ventru; ouverture ovalaire; labre épaissi, crénelé en dedans; columelle calleuse et ridée; opercule semi-lunaire.

## Genre CASSIS, de Lamarck.

Coquille ovoïde-ventrue; labre arrondi, réfléchi en dehors; canal très court, brusquement recourbé vers le dos.

### Cassis Saburoni, Bruguière.

*Cassidea Saburon*, Brug., 1792. *Dict.*, n° 4. — *C. Saburon*, Lamck., 1822. *An. s. vert.*, VII, p. 227. — Loc., *Prodr.*, p. 147.

Fig. 75. — 2/3 grandeur.

Coquille globuleuse; spire courte, acuminée; 7 tours légèrement convexes; dernier tour très renflé dans le haut, atténué dans le bas; test épais, recouvert de cordons décurrents étroits, réguliers, séparés par un sillon très étroit; ouverture ovalaire; columelle droite, denticulée et ridée dans le bas; coloration fauve clair, avec taches rousses quadrangulaires. — H. 50 à 60; D. 38 à 45 millimètres.

Peu commun, la Méditerranée; plus rare dans l'Océan; zones herbacée et corallienne.

### Cassis Adansoni, Locard.

*C. Adansoni*, Loc., 1886. *Prodr.*, p. 148 et 556.

De taille plus forte; galbe plus allongé, moins trapu; spire plus haute, plus acuminée; tours plus étagés, plus convexes; ouverture plus allongée. — H. 60 à 70; D. 38 à 43 millimètres.

Assez rare, la Méditer.; plus rare, l'Océan; zones herbacée et coral.

### Cassis undulata, Gmelin.

*Buc. undulatum*, Gmel., 1789. *Syst. nat.*, p. 3475. — *C. undulata*, Philip., 1844. *Moll. Sicil.*, II, p. 187. — Loc., *Prodr.*, p. 148.

Galbe globuleux; spire peu haute; tours légèrement déprimés à la partie supérieure, ensuite convexes; dernier tour très gros; cordons décurrents larges; même coloration. — H. 55 à 65; D. 38 à 42 millimètres.

Peu commun; la Méditerranée, zones herbacée et corallienne.

### Cassis Gmelini, Locard.

*C. Gmelini*, Loc., 1886. *Prodr.*, p. 148 et 556.

De taille plus forte que le *C. undulata*; d'un galbe moins ventru; spire plus haute, plus acuminée; dernier tour moins gros, plus allongé; cordons décurrents plus forts; ouverture plus allongée; même coloration. — H. 78 à 80; D. 35 à 48 millimètres.

Assez rare; la Méditerranée, zones herbacée et corallienne.

**Cassis granulosa, Bruguière.**

*Cassidea granulosa*, Brug., 1792. *Dict.*, n° 5. —*C. granulosa*, Lamck., 1822. *An. s. vert.*, VII, p. 227. — Loc., *Prodr.*, p. 148.

De taille plus petite; galbe globuleux, court; spire plus haute, acuminée; tours déprimés en dessus, ensuite convexes; dernier tour très gros; cordons décurrents larges, ondulés, granuleux; même coloration. — H. 45 à 50; D. 30 à 32 millimètres.

Rare; la Méditerranée, zones herbacée et corallienne.

**Cassis calamistrata, Locard.**

*Cassis decussata (non* Linné), Loc., 1886. *Prodr.*, p. 149.

De taille assez petite; galbe allongé; spire haute, acuminée; tours bien étagés; dernier tour allongé; cordons décurrents larges, comme frisés; même coloration. — H. 45 à 53; D. 27 à 31 millimètres.

Rare; la Méditerranée, zones herbacée et corallienne.

## Genre CASSIDARIA, de Lamarck.

Coquille ovoïde-ventrue; labre épaissi en dehors, tranchant à son extrémité; canal assez allongé, recourbé en arrière et ascendant.

**Cassidaria echinophora, Linné.**

*Buc. echinophorum*, Lin., 1767. *Syst. nat.*, p. 1198. — *C. echinophora*, Lam., 1822. *An. s. vert.*, VII, p. 215. — Loc., *Prodr.*, p. 149 et 557.

Coquille globuleuse; spire peu haute, acuminée; 7 tours, les premiers convexes, les derniers anguleux; dernier tour très gros, portant 5 cordons tuberculeux, le premier se prolongeant sur la carène du tour précédent; test orné de stries décurrentes, fines, rapprochées, subégales; ouverture un peu large; coloration blond-roux, avec les cordons un peu plus teintés; péristome blanc-nacré. — H. 50 à 58; D. 35 à 39 millimètres.

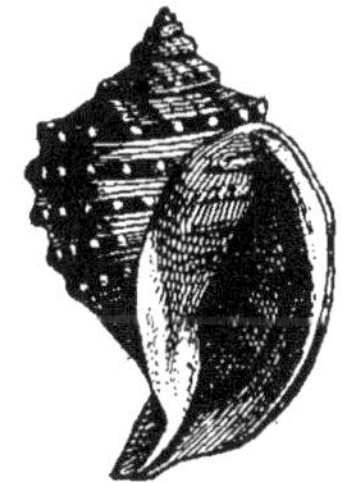

Fig. 76. — 2/3 grandeur.

Assez commun; la Méditerranée, zone herbacée.

**Cassidaria Bucquoyi, Locard.**

*C. Bucquoyi*, Loc., 1886. *Prodr.*, p. 150 et 557.

Galbe plus élancé; spire plus haute; test plus épais; dernier tour moins ventru, plus allongé, avec un seul cordon tuberculeux dans le haut; stries décurrentes plus fortes; même coloration. — H 52 à 60, D. 30 à 36 millimètres.

Assez rare; la Méditerranée, zone herbacée.

**Cassidaria mutica, Tiberi.**

*C. mutica*, Tib., *in* Loc., 1886. *Prodr.*, p. 150 et 558.

De taille assez forte; galbe un peu allongé; spire médiocre; dernier tour un peu ventru; cordons décurrents réguliers sans aucune nodosité; stries décurrentes assez fortes, irrégulièrement espacées; même coloration. — H. 54 à 66; D. 34 à 42 millimètres.

Peu commun; la Méditerranée, zone herbacée.

**Cassidaria Dautzenbergi, Locard.**

*C. Dautzenbergi*, Loc., 1886. *Prodr.*, p. 150 et 558.

Galbe très globuleux; spire très courte; tours peu saillants; dernier tour extrêmement ventru; cordons décurrents d'épaisseur irrégulière, sans traces de nodosités, se confondent avec les stries décurrentes; même coloration. — H. 50 à 55; D. 38 à 40 millimètres.

Rare; la Méditerranée, zone herbacée.

**Cassidaria rugosa, Linné.**

*Buccinum rugosum*, L., 1771. *Mantis.*, p. 549. — *C. rugosa*, Hidalgo, 1870. *Moll. mar.*, p. 5, pl. I, fig. 1. — Loc., *Prodr.*, p. 150 et 558.

Taille plus grande; spire assez haute; tours légèrement et régulièrement convexes; dernier tour, gros, allongé; test entièrement couvert de cordons décurrents étroits et réguliers; coloration fauve-clair; péristome blanc. — H. 55 à 75; D. 34 à 56 millimètres.

Assez commun; l'Océan et surtout la Méditerranée, zone herbacée.

## DOLIIDÆ

Coquille de grande taille, turbinée, subombiliquée, canaliculée, très ventrue, à spire extrêmement courte; labre crénelé, columelle calleuse; pas d'opercule.

## Genre DOLIUM, Humphrey.

Coquille ovoïde-ventrue; test mince; ouverture très large; canal très court, columelle tordue.

### Dolium galeatum, Linné.

*Buccinum galea*, L., 1767. *Syst. nat.*, p. 1197. — *D. galea*, Lamck., 1822. *An. s. vert.*, VII, p. 259. — Loc., *Prodr.*, p. 151.

Coquille globuleuse; spire très peu saillante; 7 tours arrondis; suture canaliculée; dernier tour extrêmement ample, bien rond en haut, un peu atténué en bas; cordons décurrents arrondis, fins, réguliers, avec un cordon intermédiaire plus petit, obsolète; coloration fauve très clair, avec quelques flammes plus sombres. — H. 50 à 60; 38 à 45 millimètres.

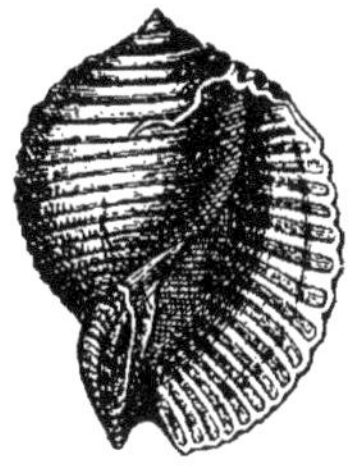

Fig. 77. — 2/3 grandeur.

Très rare; la Méditerranée, zones herbacée et corallienne.

# TRITONIIDÆ

Coquille de taille variable, hautement turbinée, subombiliquée, canaliculée; test orné de saillies longitudinales ou varices; labre épaissi; canal ouvert, allongé; opercule corné.

## Genre RANELLA, de Lamarck.

Coquille grande; spire haute, à tours arrondis; deux rangées de varices opposées; ouverture arrondie; labre variqueux en dehors, plissé en dedans; canal allongé, oblique; columelle plissée.

### Ranella gigantea, de Lamarck.

*R. gigantea*, Lamck, 1822. *An. s. vert.*, VII, p. 150. — *R. reticularis*, Loc., *Prodr.*, p. 152.

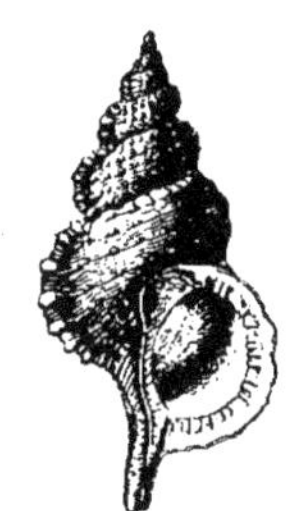

Fig. 78. — 1/4 grand.

Coquille subfusiforme; spire haute; 9 tours bien convexes, bien étagés; dernier tour arrondi; suture très accusée ; côtes longitudinales granuleuses, régulièrement espacées ; stries décurrentes fines, rapprochées, continues; ouverture ronde, canal long; labre avec un sinus dans le haut; péristome plissé; coloration roux-clair avec quelques taches plus sombres, péristome blanc émaillé. — H. 110 à 180; D. 60 à 80 millimètres.

Peu commun; région aquitanique et Méditerranée, zone corallienne.

**Ranella scrobiculatoria, Linné.**

*Murex scrobic.*, L., 1767. *Syst. nat.*, p. 1218. — *R. scrobic.*, Kien., 1835. *Coq. viv.*, p. 22, pl. 10, fig. 1. — *Bufonaria scrobic.*, Loc., *Prodr.*, p. 153.

Taille plus petite; spire moins haute; 8 tours subanguleux; dernier tour gros; 4 à 5 cordons décurrents, minces, non tuberculeux; stries décurrentes très fines, plus rapprochées; ouverture plus allongée ; canal beaucoup plus court; coloration roux sombre, maculé de taches plus foncées. — H. 50 à 80 ; D. 28 à 38 millimètres.

Rare; côtes de Provence, zone corallienne.

## Genre TRITONIUM, O.-F. Müller.

Coquille de taille variable, épidermée; spire haute, tours anguleux ; varices non continues ; ouverture ovalaire; labre épaissi, denticulé en dedans ; canal peu allongé; columelle plissée.

A. — Groupe du *T. nodiferum*.

Coquille très grande; cordons décurrents peu saillants.

**Tritonium nodiferum, de Lamarck.**

*Triton nodiferum*, Lamck., 1822. *An. s. vert.*, VII, p. 129. — *T. nodiferum*, Blainv., 1826. *Faune fr.*, p. 113, pl. 4, B, fig. 2. — Loc., *Prodr.*, p. 153.

Coquille de très grande taille, subfusiforme; spire haute, bien acuminée; 9 à 10 tours subanguleux; dernier tour arrondi dans le haut, bien atténué dans le bas; varices lamelleuses en nombre variable; cordons décurrents larges, très peu saillants, les supérieurs avec des tubercules arrondis, obtus; ouverture grande, ovalaire; canal court; labre peu épais, denticulé; coloration blanche avec des séries décurrentes de taches rousses, péristome blanc maculé de brun. — H. 200 à 300; D. 150 à 170 millimètres.

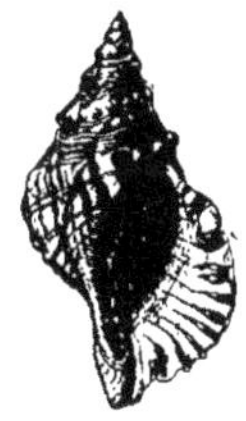

Peu commun; l'Océan et la Méditerranée, zone corall.

Fig. 79. — 1/8 gr.

B. — Groupe du *Tr. corrugatum*.

Coquille grande; cordons décurrents très saillants.

### Tritonium corrugatum, de Lamarck.

*Triton corrugatum*, Lamck., 1822. *An. s. vert.*, VII, p. 181. — *Tr. corrug.*, Phil., 1836. *Moll. Sicil.*, I, p. 213. — Loc., *Prodr.*, p. 155.

Coquille fusiforme; spire haute, mais obtuse; 9 à 10 tours convexes; dernier tour allongé; cordons décurrents continus, noduleux, assez larges, bien saillants, de largeur irrégulière; suture bien marquée; ouverture petite; canal allongé, étroit; labre épais, fortement denticulé; coloration blanc jaunâtre, péristome blanc; épiderme très épais, brun-velouté. — H. 55 à 90; D. 30 à 38 millim.

Assez commun; la Méditerranée, zones herbacée et corallienne.

Fig. 80. — 1/2 gr.

### Tritonium Parthenopum, von Salis Marchlins.

*Murex Parth.*, v. Salis, 1793. *Reise Neap.*, p. 370, pl. 7, fig. 1. — *Tr. Parth.*, Weink., 1868. *Conch. mitt.*, II, p. 77. — Loc., *Prodr.*, p. 154.

Taille plus forte; galbe plus court et plus ventru; spire moins allongée, plus acuminée; tours plus convexes; dernier tour plus gros; cordons décurrents plus forts, tuberculeux; ouverture moins étroite; coloration roux clair avec taches brunes; épiderme lamelleux, brunâtre. — H. 10 à 14; D. 60 à 65 millimètres.

Très rare; côtes de Provence, zone herbacée.

### Tritonium cutaceum, de Lamarck.

*Tr. cutaceum*, Lamck., 1822. *An. s. vert.*, VII, p. 188. — *T. cutaceum*, Bl., 1826. *Faune fr.*, p. 115, pl. 4, B, fig. 5. — Loc., *Pr.*, p. 155.

Galbe subpiriforme; spire assez haute; 6 à 7 tours anguleux, étagés;

dernier tour gros ; varices saillantes ; cordons décurrents continus, fortement noduleux, subgranuleux, dont deux seulement sur les tours supérieurs ; coloration roux clair ; épiderme membraneux, jaunâtre, finement strié. — H. 55 à 80 ; D. 40 à 55 millimètres.

Assez commun ; l'Océan et la Méditerranée, zones littorale et herbacée.

### Tritonium Danieli, Locard.

*Tr. Danieli*, 1885. *Prodr.*, p. 156 et 554.

De taille plus petite ; galbe plus étroit et plus allongé ; spire plus haute ; dernier tour moins renflé ; cordons décurrents plus accusés, avec tubercules moins forts ; ouverture plus longue ; même coloration. — H. 48 à 65 ; D. 26 à 35 millimètres.

Assez rare ; l'Océan et la Méditerranée, zones littorale et herbacée.

### Tritonium curtum, Locard.

*Tr. curtum*, Loc., 1886. *Prodr.*, p. 156 et 559.

Taille assez petite ; galbe plus large ; spire courte ; dernier tour très gros, très trapu ; ouverture arrondie ; cordons et tubercules très accusés ; même coloration. — H. 50 à 65 ; D. 38 à 42 millimètres.

Assez rare ; l'Océan et la Méditerranée, zones littorale et herbacée.

D. — Groupe du *Tr. reticulatum*.

Coquille petite ; test treillissé.

### Tritonium reticulatum, de Blainville.

*T. reticulatum*, Bl., 1826. *Faune fr.*, p. 118, pl. 4, D, fig. 5. — Loc., *Pr.*, p. 155.

Fig. 81.

Coquille fusiforme-lancéolée, allongée ; spire très haute, acuminée ; 9 tours légèrement convexes ; suture bien marquée ; dernier tour peu renflé ; varices discontinues ; test couvert de fines granulations régulièrement réparties formées par des côtes longitudinales et des cordons décurrents égaux ; ouverture petite, subovalaire ; coloration roux pâle, avec quelques taches brunes. — H. 20 à 25 ; D. 8 à 9 millimètres.

Rare ; côtes de Provence, zone herbacée.

# CANCELLARIIDÆ

Coquille de taille moyenne, turbinée, canaliculée, subombiliquée, globuleuse ; test cancellé; péristome plissé en dedans; pas d'opercule.

## Genre CANCELLARIA, de Lamarck.

Coquille ventrue ; spire courte ; canal médiocre; labre non réfléchi en dehors, plissé en dedans; columelle calleuse avec de très gros plis ; ombilic très étroit.

### Cancellaria cancellata, DE LAMARCK.

*C. cancellata*, Lamck., 1822. *An. s. vert.*, VII, p. 113. — Loc., *Prodr.*, p. 157.

Coquille subglobuleuse; spire peu haute, acuminée ; 8 tours subarrondis, bien étagés; dernier tour très ventru; côtes longitudinales obliques peu fortes, arrondies, recoupées par des cordons décurrents minces, continus, bien espacés, formant comme de petites épines à leur intersection; coloration blanche avec deux zones décurrentes brun rouge, péristome blanc. — H. 33 à 38 ; D. 18 à 22 millimètres.

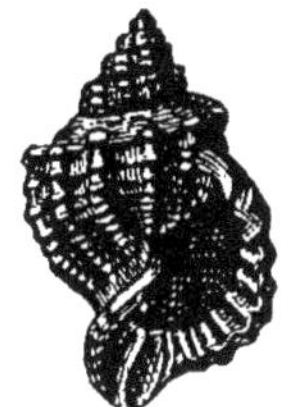

FIG. 82.

Rare ; la Méditerranée, zone corallienne.

# MURICIDÆ

Coquille moyenne ou petite, turbinée, canaliculée, subombiliquée ; spire peu haute ; test épineux ou rugueux; canal allongé, presque fermé; columelle réfléchie; opercule corné.

## Genre TYPHIS, Denis de Montfort.

Coquille petite ; spire assez haute; test orné de varices lamelleuses ; ouverture circulaire ; canal fermé.

**Typhis Sowerbyi, Broderip.**

*T. Sowerbyi*, Brod., 1832. *Proc. Zool. soc.*, p. 208. — Loc., *Prodr.*, p. 157.

Fig. 83.

Coquille un peu allongée ; 6 à 7 tours anguleux, étagés, hérissés de varices lamelleuses terminées dans le haut par des épines fistuleuses ; péristome formé par une lamelle continue mince et peu haute ; canal et labre accompagné d'une large lamelle ; coloration blanc-gris. — H. 14 à 18 ; D. 8 à 10 millimètres.

Rare ; la Méditerranée, zone corallienne.

## Genre MUREX, Linné.

Coquille de forme variable ; spire médiocre ; côtes longitudinales ou varices, plus ou moins épineuses ; ouverture subarrondie ; canal étroit, presque fermé.

A. — Groupe du *M. brandaris*.

Coquille assez grande ; canal très allongé ; varices épineuses.

**Murex brandaris, Linné.**

*M. brandaris*, L., 1767. *Syst. nat.*, p. 1214. — Loc., *Prodr.*, p. 158.

Fig. 84. — 1/2 grand.

Coquille claviforme ; spire peu haute ; 7 tours très anguleux ; dernier tour très grand, droit et ventru dans le haut, terminé par un canal très allongé ; épines très longues, droites et canaliculées sur la carène, en double rangée au dernier tour ; cordons décurrents très minces, peu saillants, irréguliers, mais arrondis ; coloration roux-terne, péristome rose-orangé. — H. 50 à 80 ; D. 22 à 45 (sans les épines).

Commun ; la Méditerranée, zones littorale et herbacée. — Édule.

**Murex trispinosus, Locard.**

*M. trispinosus*, Loc., 1886. *Prodr.*, p. 158 et 559.

Taille plus petite ; dernier tour court et renflé ; canal très étroit ; trois rangées d'épines courtes bien distinctes sur le dernier tour ; même coloration. — H. 35 à 40 ; D. 18 à 24 millimètres.

Rare ; la Méditerranée, zones littorale et herbacée. — Édule.

**Murex brandariformis, Locard.**

*M. brandariformis*, Loc., 1886. *Prodr.*, p. 159 et 560.

Taille assez forte; spire plus élevée; dernier tour bien développé; les épines remplacées par 7 côtes longitudinales variqueuses formant une légère saillie mamelonnée sur la carène; cordons décurrents plus accusés; même coloration. — H. 60 à 80; D. 25 à 40 millimètres.

Rare; la Méditerranée, zones littorale et herbacée. — Edule.

B. — Groupe du *M. trunculus*.

Coquille grande; canal court; varices tuberculeuses.

**Murex trunculus, Linné.**

*M. trunculus*, L. 1767. *Syst. nat.*, 1215. — Loc., *Prodr.*, p. 159.

Coquille subfusiforme-courte, ventrue; spire un peu haute, acuminée; 8 à 9 tours anguleux, très étagés, aplatis en dessus; dernier tour très gros, renflé, subarrondi; varices nombreuses, ondulées, avec tubercules saillants; cordons décurrents continus très fins, réguliers; un cordon plus fort correspond à chaque saillie tuberculeuse; ouverture arrondie; coloration gris-rosé avec bandes brunes décurrentes visibles dans l'ouverture; péristome blanc violacé. — H. 50 à 80; D. 33 à 48 millimètres (sans les épines).

Fig. 85. — 1/2 grandeur.

Commun; la Méditerranée, zones littorale et herbacée. — Édule.

**Murex conglobatus, Michelotti.**

*M. conglobatus*, Mich., 1841. *Mur.*, p. 16, pl. 4, fig. 7 — Loc., *Pr.*, p. 159

Galbe plus étroitement allongé, moins ventru; spire plus haute, plus effilée; tours moins anguleux; dernier tour moins gros, plus allongé; tubercules moins saillants; varices plus fortes; même coloration. — H. 50 à 80; D. 30 à 40 millimètres.

Commun; la Méditerranée, zones littorale et herbacée. — Édule.

C. — Groupe du *M. erinaceus*.

Coquille moyenne; canal court; côtes ou varices sublamelleuses.

**Murex erinaceus,** Linné.

*M. erinaceus*, Lin., 1767. *Syst. nat.*, p. 1216. — Loc., *Prodr.*, p. 160.

Fig. 86.

Coquille subglobuleuse; spire courte, acuminée; 7 tours bien anguleux, bien étagés; dernier tour gros; varices fortement lamelleuses; cordons décurrents gros, saillants, continus, squameux; ouverture petite, subarrondie; péristome mince; labre largement variqueux et découpé; callum très peu développé; coloration corné-gris, péristome blanc-roux. — H. 40 à 50; D. 26 à 33 millimètres.

Peu commun; toutes nos côtes, dans toutes les zones. — Édule.

**Murex decussatus,** Gmelin.

*M. decussatus*, Gm., 1789. *Syst. nat.*, p. 3527. — Loc., *Pr.*, p. 161 et 560.

De taille plus grêle, plus élancée; spire plus haute; tours plus anguleux; dernier tour plus allongé, moins ventru; varices lamelleuses moins saillantes; cordons décurrents plus accusés, mais moins saillants à leur rencontre avec les varices; ouverture plus ovalaire; même coloration. — H. 30 à 40; D. 20 à 24 millimètres.

Assez commun, l'Océan; plus rare, la Méditer.; toutes les zones.— Éd.

**Murex Tarentinus,** de Lamarck.

*M. Tarentinus*, Lamck., 1822. *An. s. vert.*, VII, p. 173. — Loc., *Pr.*, p. 160.

Taille plus petite que *M. erinaceus*; dernier tour un peu allongé; varices arrondies; cordons décurrents alternativement gros et minces, continus, à peine squameux, avec saillies plus fortes sur les varices; même coloration. — H. 30 à 40; D. 18 à 22.

Commun, surtout Méditer.; plus rare, l'Océan; toutes les zones. — Ed.

**Murex cingulifer,** de Lamarck.

*M. cinguliferus*, Lamck., 1822. *An. s. vert.*, VII, p. 175. — Loc., *Prodr.*, p. 161 et 560.

Spire plus haute que *M. Tarentinus*, dernier tour plus étroit, plus allongé; tours plus découpés, mieux étagés; varices arrondies, plus étroites, moins fortes; cordons décurrents plus accusés; péristome moins large; même coloration. — H. 30 à 42; D. 16 à 20 millimètres.

Assez commun; surtout la Manche et l'Océan; toutes les zones.

D. — Groupe du *M. Blainvillei.*

Coquille petite; canal ouvert; côtes ou varices épineuses.

**Murex Blainvillei**, PAYRAUDEAU.

*M. Blainvillei*, Payr., 1826. *M. C.*, p. 149, pl. 7, fig. 17-18. — Loc., *Pr.*, p. 161.

Coquille fusiforme, assez allongée; spire haute, acuminée; 7 à 8 tours anguleux, étagés; varices arrondies, recoupées par des cordons décurrents, minces, assez espacés, continus, formant à leur rencontre des épines pointues, subcanaliculées; ouverture ovalaire; canal court; labre épaissi; coloration brune. — D. 18 à 20; D. 8 à 9 millim.

FIG. 87.

Assez rare; la Méditerranée, zones littorale et herbacée.

**Murex inermis**, DE MONTEROSATO.

*Mur. inermis*, Mtr., 1884. *Nom. conch.*, p. 110. — Loc., *Pr.*, p. 162 et 561.

De taille plus petite; galbe plus court; dernier tour un peu plus ventru; varices et cordons formant à leur rencontre des épines courtes, mutiques; canal plus large et plus court; même coloration. — H. 14 à 18; D. 8 à 10 millimètres.

Commun; la Méditerranée, zones littorale et herbacée.

**Murex porrectus**, LOCARD.

*M. porrectus*, Loc., 1886. *Prodr.*, p. 162 et 561.

De taille plus forte; galbe plus étroit, plus allongé; spire plus élancée; dernier tour plus effilé; tubercules mutiques; ouverture plus ovalaire; canal court; même coloration. — H. 18 à 22; D. 7 à 9 millimètres.

Rare; la Méditerranée, zones littorale et herbacée.

**Murex spinulosus**, O. G. COSTA.

*M. spinulosus*, O. G. Cost., 1861. *Micr. med.*, p. 56, pl. 3, fig. 2.—Loc., *Pr.*, p. 163.

De petite taille; galbe court; spire médiocre; dernier tour gros et court; tours carénés; varices plus nombreuses portant des épines grosses et courtes, celles de la carène particulièrement saillantes; ouverture piriforme; coloration roux très clair. — H. 8 à 11; D. 5 à 6 millimètres.

Très rare; côtes de Provence, zone corallienne.

E. — Groupe du *M. Edwardsi.*

Coquille petite; côtes ou varices tuberculeuses; canal fermé.

**Murex Edwardsi**, PAYRAUDEAU.

*Purpura Edwardsii*, Payr., 1826. *Moll. Cor.*, p. 155, pl. 7, fig. 17-18. — *M. Edw.*, Blainv., 1826. *Faune fr.*, p. 129, pl. 5, B, fig. 5. — Loc., *Pr.*, p. 163.

Coquille ovoïde, un peu allongée ; spire assez haute ; 6 tours subanguleux, étagés ; dernier tour gros, un peu ventru dans le haut ; côtes longitudinales nombreuses, arrondies, peu saillantes, recoupées par des cordons décurrents alternativement gros et petits ; 2 ou 3 varices ; ouverture ovalaire ; canal court, fermé ; labre épaissi ; coloration fauve-clair, souvent avec 2 facies bruns décurrents, péristome violacé. — H. 16 à 22 ; D. 10 à 13 millimètres.

FIG. 88.

Assez commun ; région armoricaine et surtout la Méditerranée, zones littorale et herbacée.

**Murex nucalis**, REEVE.

*Purpura nux*, Reeve, 1856. *Conc. Ic.*, fig. 73. — *M. nuc.*, Loc., *Pr.*, p. 163.

Taille un peu plus petite ; galbe très ventru ; spire courte ; dernier tour très gros, bien arrondi ; tours plus convexes ; côtes longitudinales plus nombreuses et plus atténuées ; même coloration. — H. 14 à 17 ; D. 10 à 11 millimètres.

Rare ; la Méditerranée, zones littorale et herbacée.

**Murex aciculatus**, DE LAMARCK.

*M. aciculatus*, Lam., 1822. *An. s. v.*, VII, p. 176. — Loc., *Pr.*, p. 164 *(pars)*.

Taille un peu plus petite ; galbe plus allongé ; spire plus haute, plus acuminée ; tours convexes ; dernier tour allongé ; côtes longitudinales moins nombreuses, plus obliques ; cordons décurrents subégaux, continus, réguliers ; coloration roux, péristome violacé. — H. 15 à 18 ; D. 7 à 9 millimètres.

Assez commun ; la Manche et l'Océan, zones littorale et herbacée.

**Murex corallinus**, SCACCHI.

*M. corallinus*, Scac., 1836. *Cat. Neap.*, p. 12, fig. 15. — *M. aciculatus (pars)*, Loc., *Prodr.*, p. 164.

De petite taille ; galbe fusiforme un peu court ; spire assez haute ; dernier tour un peu ventru ; côtes longitudinales nombreuses ; cordons décurrents minces, saillants, continus, très réguliers ; ouverture subarrondie; coloration roux-rosé, péristome plus pâle. — H. 8 à 10; D. 4 à 5 millimètres.

Assez commun; la Méditerranée, zones littorale et herbacée.

**Murex subaciculatus,** Locard.

*M. subaciculatus*, Loc., 1886. *Prodr.*, p. 164.

De petite taille; galbe très court, très globuleux; spire peu haute; dernier tour très ventru; côtes longitudinales nombreuses; cordons décurrents minces, continus, très réguliers; ouverture arrondie; coloration fauve. — H. 8 à 10; D. 5 à 6 millimètres.

Très rare; côtes de Provence, zones littorale et herbacée.

**Murex cyclopus,** Benoit.

*M. cyclopus*, Ben., *in* Mtr., 1878. *En. Sin.*, p. 41. — Loc., *Prodr.*, p. 165.

De petite taille; galbe assez allongé; spire haute, acuminée; tours bien convexes, étagés; dernier tour arrondi dans le haut; côtes longitudinales nombreuses, fortes; cordons décurrents espacés, continus, formant à leur rencontre des saillies bien accusées; coloration cornée. — H. 10 à 12; D. 5 1/2 à 6 millimètres.

Très rare; côtes de Provence, zones littorale et herbacée.

E. — Groupe du *M. scalariformis*.

Coquille assez petite, test presque lisse; canal ouvert.

**Murex scalariformis,** de Blainville.

*M. scalaroides*, Blainv., 1826. *Faune fr.*, p. 131, pl. 5, A, fig. 5-6 — Loc., *Prodr.*, p. 165.

Coquille subfusiforme; spire assez haute, acuminée; 6 à 7 tours arrondis, dernier tour assez gros, un peu court; 6 varices longitudinales, étroites et arrondies; cordons décurrents espacés, peu apparents, étroits; ouverture ronde, à peine denticulée; canal bien ouvert; coloration roux-clair, péristome rosé. — H. 12 à 16; D. 6 à 9 millimètres.

Fig. 89.

Très rare; côtes de Provence, zones herbacée et corall.

## Genre CORALLIOPHILA, H. et A. Adams.

Coquille subglobuleuse; spire médiocre; labre simple; canal court, ouvert; columelle avec une saillie à la base; test rugueux.

**Coralliophila alucoides,** DE BLAINVILLE.

*Murex alucoides*, Bl., 1826. *Faune fr.*, p. 128, pl. 5, fig. 1. — *C. lamellosa*, Loc., *Prodr.*, p. 165.

Fig. 90.

Coquille subfusiforme ; spire assez haute ; 7 à 8 tours bien convexes, bien étagés ; dernier tour gros, ventru dans le haut, bien atténué dans le bas ; 10 côtes longitudinales grosses, arrondies, recoupées par des cordons décurrents continus, étroits, saillants, espacés, entre lesquels courent 1 ou 2 autres cordons très fins ; coloration roux-clair. — H. 25 à 38 ; D. 13 à 30 millimètres.

Assez rare, la Méditerranée ; plus rare dans la région aquitanique ; zone coralliennne.

**Coralliophila Meyendorffi,** CALCARA.

*Murex Meyendorffi*, Calc., 1862. *Cen. Sic.*, p. 33, pl. 4, fig. 22. — *C. Meyen.*, Kob., 1874. *Jahrb. Mal.*, I, p. 222, pl. 9, fig. 1. — Loc., *Prod.*, p. 166.

Taille plus petite ; galbe plus court, plus ventru ; spire moins haute ; tours moins convexes ; côtes longitudinales plus fortes, plus rapprochées ; cordons décurrents plus nombreux, subégaux, très réguliers, moins saillants ; même coloration. — H. 17 à 24 ; D. 10 à 16 millimètres.

Assez rare ; les côtes de Provence, zones herbacée et coralliennne.

## PISANIIDÆ

Coquille de taille variable, turbinée, canaliculée, non ombiliquée ; spire peu haute, presque lisse ; canal médiocre, ouvert ; columelle aplatie ; opercule corné.

### Genre PISANIA, Bivona.

Coquille de taille moyenne, ovoïde-allongée ; tours méplans ; test strié, non costulé ; ouverture ovalaire ; labre tranchant, plissé en dedans ; columelle avec un pli en haut et en bas.

**Pisania maculosa,** DE LAMARCK.

*Buccinum maculosum*, Lamck., 1822. *An. s. vert.*, VII, p. 269. — *P. macul.*, Weink, 1868. *Conch. mitt.*, II, p. 112. — Loc., *Prodr.*, p. 166.

Galbe ovoïde-régulier, assez allongé ; 7 tours à peine convexes ; suture linéaire ; dernier tour arrondi dans le haut ; stries décurrentes, très fines, très rapprochées ; coloration brun-verdâtre, avec petites taches plus sombres, ouverture violacée. — H. 20 à 30 ; D. 11 à 14 millimètres.

Commun ; la Méditerranée, zone littorale.

Fig. 91.

## Genre POLLIA, Gray.

Coquille de taille moyenne, subovoïde ; tours convexes ; test costulé et strié ; ouverture ovalaire ; labre tranchant, plissé en dedans ; columelle avec un pli en bas.

### Pollia Orbignyi, Payraudeau.

*Buccinum d'Orbignyi*, Payr., 1826. *Moll. Corse*, p. 159, pl. 8, fig. 4-6. — *P. d'Orbignyi*, Canefri, 1860. *Ind. Moll.*, p. 18. — Loc., *Prodr.*, p. 167.

Coquille ovoïde-subfusiforme ; spire acuminée ; 7 tours un peu convexes, légèrement étagés ; dernier tour arrondi dans le haut, atténué en bas ; côtes longitudinales nombreuses, arrondies, peu saillantes, noduleuses ; stries décurrentes, assez fortes, continues, pointillées ; coloration fauve, taché de brun, avec une zone blanche au milieu du dernier tour ; péristome un peu violacé. — H. 18 à 22 ; D. 8 à 10 millimètres.

Fig. 92.

Assez commun ; la Méditerranée, zones littorale et herbacée.

### Pollia scabra, de Monterosato.

*P. scabra*, Mtr., 1878. *En. Sin.*, p. 42. — Loc., *Prodr.*, p. 167.

De taille plus petite ; galbe plus étroitement allongé ; spire plus haute ; dernier tour moins gros ; côtes longitudinales plus fines, plus rapprochées, plus granuleuses ; coloration fauve, avec les granulations grenat, péristome plus pâle. — H. 12 à 14 ; D. 6 à 7 millimètres.

Très rare ; côtes de Provence, zone herbacée.

### Pollia picta, Scacchi.

*Purpura picta*, Scac., 1836. *Cat. Neap.*, p. 10, fig. 14. — *P. picta*, Weink., 1866. *Conch. mitt.*, II, p. 116.

De petite taille ; galbe étroitement fusiforme ; spire acuminée ; 7 tours convexes, assez étagés ; côtes longitudinales bien arrondies, régulières, rapprochées, recoupées par des cordons décurrents très minces, saillants, continus; coloration fauve-rosé, avec une zone pâle au milieu, et les cordons carminés. — H. 10 à 12; D. 4 à 4 3/4 millimètres.

Très rare; côtes de Provence, zones herbacée et corallienne.

## Genre EUTHRIA, Gray.

Coquille fusiforme; tours à profil un peu ondulé; test presque lisse; ouverture ovalaire; canal allongé, courbé-oblique; un pli dans le bas de la columelle; labre tranchant.

### Euthria cornea, Linné.

*Murex corneus*, 1767. *Syst. nat.*, 1224. — *E. cornea*, Loc., 1891. *Bull. soc. malac.*, VII, p. 204.

Fig. 93. — 3,5 gr.

Coquille fusiforme-ventrue; spire assez haute, acuminée; 8 à 9 tours, concaves en haut, puis convexes; dernier tour gros et ventru; test épais, lisse et brillant; coloration corné-roux, flammelé de brun, péristome blanc. — H. 45 à 55; D. 23 à 26 millimètres.

Assez rare; la Méditerranée, zones littorale et herbacée.

### Euthria major, Locard.

*E. major*, Loc., 1891. *Bull. soc. malac. fr.*, VII, p. 209.

Taille plus forte; spire plus haute et plus élancée; dernier tour moins trapu; tours plus convexes; suture plus oblique; même coloration. — H. 60 à 68; D. 24 à 26 millimètres.

Assez commun; la Méditerranée, toutes les zones.

### Euthria gracilis, Locard.

*E. minor (non* Bellardi), Loc., 1886. *Prodr.*, p. 169 et 562. — *E. gracilis*, Loc., 1891. *Bull. soc. malac.*, VII, p. 215.

De petite taille; galbe court; dernier tour plus gros et plus arrondi; côtes longitudinales noduleuses régulières, sur tous les premiers tours, obsolètes sur le dernier; même coloration. — H. 23 à 25; D. 11 à 12 millimètres.

# FUSIDÆ

Coquille de taille variable, turriculée, non ombiliquée, fusiforme-allongée ; spire haute ; canal étroit et long ; labre simple ; columelle presque lisse ; opercule corné.

## Genre HADRIANIA, Bucq., Dautz., Dollf.

Coquille de taille moyenne ; galbe un peu court ; tours très étagés ; canal assez long, fermé ; test strié ; labre plissé en dedans ; columelle lisse.

**Hadriania Brocchii,** de Monterosato.

*Murex Brochii*, Mtr., 1875. *Nuova revista*, p. 39. — *H. craticulata*, Loc., *Prodr.*, p. 169.

Coquille fusiforme un peu courte ; spire haute, acuminée ; 8 tours anguleux, plans en dessus et par côté, très étagés ; dernier tour un peu ventru, bien anguleux dans le haut ; côtes longitudinales larges, arrondies, recoupées par des cordons décurrents rugueux, un peu étroits, continus, subégaux, formant une petite épine courte sur la carène ; coloration roux-clair, péristome blanc. — H. 35 à 40 ; D. 16 à 18 millimètres.

Peu commun ; la Méditerranée, zones herbacée et corall.

Fig. 94.

## Genre FUSUS, de Lamarck.

Coquille de taille moyenne ; spire élancée ; canal ouvert, allongé et étroit ; test réticulé ; labre simple, plissé en dedans ; columelle lisse.

A. — Groupe du *F. Syracusanus*.

Epines nulles ou à peine saillantes.

**Fusus Syracusanus, Linné.**

*Murex Syracusanus*, L., 1767. *Syst. nat.*, p. 1224. — *F. Syracusanus*, Lamck., 1822. *An. s. vert.*, VII, p. 130. — Loc., *Prodr.*, p. 170.

Fig. 95.

Coquille allongée; spire haute, acuminée; dernier tour peu ventru; 10 à 11 tours carénés, méplans en dessus et sur les côtés; 10 à 11 côtes longitudinales fortes, arrondies, espacées, recoupées par de fins cordons décurrents granuleux, continus, rapprochés, plus saillants sur la carène; canal allongé; coloration rousse, avec une large zone blanche sur chaque tour, péristome blanc. — H. 25 à 40; D. 11 à 17 millimètres.

Peu commun; la Méditerranée, zones herbacée et corall.

**Fusus Rissoianus, Locard.**

*F. Rissoianus*, Loc., 1891. *Nov. sp.*

De taille plus forte, spire plus allongée; tours plus convexes, à peine subanguleux; 18 à 20 côtes longitudinales, plus confuses, moins saillantes; cordons décurrents moins réguliers; canal plus allongé; coloration fauve, péristome blanc. — H. 28 à 45; D. 12 à 17 millimètres.

Rare; la Méditerranée, zones herbacée et corallienne.

**Fusus strigosus, de Lamarck.**

*F. strigosus*, Lamck., 1822. *An. s. vert.*, VII, p. 130. — *F. rostratus*, Loc., *Prodr.*, p. 170 (*non* Olivi).

Galbe très allongé; spire haute; 9 tours arrondis, très étagés; suture profonde; 10 côtes longitudinales fortes, très espacées, recoupées par des cordons décurrents continus, granuleux, très étroits, très rapprochés, alternativement minces et forts; canal très allongé; coloration roux, péristome blanc. — H. 30 à 40; D. 12 à 15 millimètres.

Peu commun; la Méditerranée, zones herbacée et corallienne.

**Fusus rostratus, Olivi.**

*Murex rostratus*, Ol., 1792. *Zool. Adr.*, p. 157. — *F. carinulatus*, Loc., *Pr.*, p. 171 et 562.

De taille un peu plus forte; tours anguleux; cordons décurrents formant à leur rencontre avec les 10 côtes une saillie épineuse, accusée surtout à la carène; fond roux, avec la ligne carénale blanche. — H. 35 à 45; D. 13 à 15 millimètres.

Rare; la Méditerranée, zone corallienne.

**Fusus raricostatus**, DEL PRETE.

*F. rostratus, var. raricostata*, del Prete, 1883. *Boll. mal. Ital.*, p. 259.

Forme courte, robuste, de taille plus petite que les deux précédentes; tours renflés; 7 à 8 côtes assez fortes, arrondies; stries décurrentes plus régulières, plus rapprochées; canal plus court; coloration jaune pâle. — H. 25 à 30; D. 9 à 11 millimètres.

Assez rare; la Méditerranée, zones herbacée et corallienne.

**Fusus Kobeltianus**, DE MONTEROSATO.

*Pseudofusus rostratus, var. Kobeltianus*, Mtr., 1890. *Coq. Palerme*, p. 21.

Forme allongée, un peu étroite; tours convexes; 10 à 11 côtes longitudinales, fines, rapprochées; cordons décurrents assez forts; canal un peu court; coloration fauve, avec les côtes brunes, un cordon carénal jaune clair. — H. 25 à 30; D. 8 à 9 millimètres.

Rare; côtes de Provence, zone corallienne.

**Fusus latiroides**, DE MONTEROSATO.

*Pseudofusus rostratus, var. latiroides*, Mtr., 1890. *Coq. Palerme*, p. 21.

De taille plus petite; tours bien convexes; suture profonde; 11 à 12 côtes longitudinales, étroites; cordons décurrents bien saillants, bien réguliers; canal assez allongé; coloration fauve uniforme. — H. 25 à 30; D. 8 à 9 millimètres.

Peu commun; la Méditerranée, zones herbacée et corallienne.

**Fusus pulchellus**, PHILIPPI.

*F. pulchellus*, Phil., 1844. *M. Sic.*, II, p. 178, pl. 25, fig. 28. — Loc., *Pr.*, p. 171.

Taille bien plus petite; galbe plus court; spire moins haute; 8 tours convexes; suture profonde; côtes longitudinales pliciformes, espacées, recoupées par des cordons décurrents réguliers, continus, égaux, minces et saillants; canal court; coloration roux, côtes brunes, une zone blanche au milieu des tours. — H. 15 à 20; D. 7 à 9 millimètres.

Peu commun; la Méditerranée, zones littorale et herbacée.

**Fusus parvulus**, DE MONTEROSATO.

*Pseudofusus parvulus*, Mtr., 1884. *Nom. conch.*, p. 117.

De petite taille; spire acuminée; 7 tours bien convexes; côtes longitudinales fortes, arrondies, peu nombreuses, recoupées par des cordons décurrents fins, continus, régulièrement rapprochés; canal très court; coloration fauve uniforme. — H. 12 à 16; D. 5 à 6 millimètres.

Assez rare; la Méditerranée, zone littorale.

B. — Groupe du *F. carinatus*.

Epines saillantes.

**Fusus carinatus,** Bivona.

*Murex carinatus*, Biv., 1832. *Nuov. gen.*, p. 23. — *F. carinatus*, Loc., *Prodr.*, p. 171.

Fig. 96.

Coquille turriculée; spire assez haute, très acuminée; 6 tours très anguleux, très étagés; test lisse, orné seulement de 8 plis longitudinaux variqueux, formant sur la carène de longues épines acuminées; ouverture piriforme-allongée; canal long et étroit; coloration blanc-jaunâtre, péristome blanc. — H. 15 à 30; D. 8 à 18 millimètres.

Rare; la Méditerranée, zones herbacée et corallienne.

**Fusus multilamellosus,** Philippi.

*Murex multilamellosus*, Phil., 1844. *Moll. Sic.*, II, p. 182, pl. 27, fig. 8. — *F. multilamellosus*, Loc., *Prodr.*, p. 173.

De taille plus petite; galbe plus allongé; tours très étagés, très anguleux, mais avec l'angle plus droit; 14 à 16 plis longitudinaux variqueux, couverts d'imbrications saillantes, formant des épines fortes sur la carène; canal grêle et assez long; coloration brun. — H. 15 à 20; D. 6 à 8 millimètres.

Très rare; côtes de Provence, zone corallienne.

## Genre TROPHONOPSIS, Bucq. et Dautz.

Coquille petite; spire assez élancée; côtes longitudinales lamelleuses ou variqueuses; canal ouvert, étroitement allongé; labre plissé en dedans; columelle lisse.

**Trophonopsis muricata,** Montagu.

*Murex muricatus*, Mtg., 1803. *Test. Brit.*, p. 262, pl. 9, fig. 2. — *T. muricatus*, Mtr., 1834. *Nom. conch.*, p. 115. — Loc., *Prodr.*, p. 172.

Coquille fusiforme-allongée; spire haute, acuminée; 7 tours légèrement convexes, un peu étagés; dernier tour assez gros dans le haut, terminé par un canal très étroit, très allongé; côtes longitudinales variqueuses, nombreuses, arrondies; cordons décurrents continus, assez forts, réguliers, assez espacés; coloration roux très-clair ou blanc-grisâtre. — H. 12 à 18; D. 5 à 7 millim.

Assez rare; toutes les côtes, zones herbacée et corallienne.

Fig. 97.

**Trophonopsis curta**, Locard.

*Tr. curta*, Loc., 1891. *Nov. sp.*

Taille plus petite; galbe plus court et plus trapu; spire moins haute; tours plus étagés, plus convexes; ouverture plus arrondie; canal notablement plus court; même coloration. — H. 8 à 11; D. 4 1/2 à 5 1/2 millim.

Rare; la Méditerranée, zones herbacée et corallienne.

**Trophonopsis truncata**, Ström.

*Buccinum truncatum*, Ström. *In Norsk. Skr.*, IV, p. 369, pl. 16, fig. 26. — *T. truncata*, Loc., *Prodr.*, p. 173.

Galbe très globuleux; spire moins acuminée; 7 tours arrondis et étagés; côtes longitudinales droites, lamelleuses, très nombreuses; pas de cordons décurrents; canal court, un peu élargi; coloration fauve-clair. — H. 14 à 16; D. 6 à 7 millimètres.

Très rare; la Manche et l'Océan, zone corallienne.

**Trophonopsis Barvicensis**, Johnston.

*Fusus Barvicensis*, Johnst., 1838. *Edinb. Phil. Journ.*, XIII, p. 221. — Loc., *Prodr.*, p. 173.

Galbe un peu court; spire haute; 6 à 8 tours très anguleux, bien étagés; côtes longitudinales lamelleuses, recoupées par des cordons décurrents formant à leur rencontre des saillies squameuses, épineuses sur la carène; coloration grisâtre. — H. 10 à 16; D. 4 à 5 millimètres.

Rare; l'Océan, zone corallienne.

## Genre NEPTUNIA, H. et A. Adams.

Coquille grande; spire haute; test orné de cordons décurrents; canal peu allongé, ouvert; labre simple, lisse en dedans; columelle lisse.

A. — Groupe du *N. antiqua*.

Galbe court, un peu ventru.

**Neptunia antiqua, Linné.**

*Murex antiquus*, L., 1767. *Syst. nat.*, p. 1222. — *N. antiqua*, Mörch, 1853. *Cat. Yoldi*, p. 104. — Loc., *Prodr.*, p. 174.

Fig. 98. — 1/2 gr.

Coquille fusiforme, courte, trapue; spire acuminée, mais peu haute; 8 à 9 tours subanguleux, assez étagés; suture bien marquée; dernier tour gros, ventru, arrondi dans le haut, un peu concave vers la suture, bien atténué dans le bas; cordons décurrents fins, irréguliers, très atténués; canal court et large; ouverture ovalaire; coloration roux. — H. 70 à 90; D. 35 à 45 millimètres.

Rare; la Manche et l'Océan, zones herb. et corall.

**Neptunia Berniciencis, King.**

*Fusus Berniciensis*, King, 1846. *An. Nat. Hist.*, XVIII, p. 246. — *N. Berniciensis*, Loc., *Prodr.*, p. 175.

Galbe un peu moins ventru; 8 à 9 tours bien convexes; cordons décurrents plus forts et plus espacés, recoupés par des stries d'accroissement bien marquées; ouverture plus arrondie; canal plus large et un peu plus long; coloration roux. — H. 65 à 85; D. 35 à 40 millimètres.

Très rare; l'Océan, zones herbacée et corallienne.

**Neptunia contraria, Linné.**

*Murex contrarius*, L., 1771. *Mantis.*, nº 551. — *N. contraria*, Chenu, 1859. *Man.*, I, p. 140, fig. 603. — Loc., *Prodr.*, p. 177.

Coquille sénestre; galbe globuleux; spire assez haute; 8 tours convexes; suture bien marquée; dernier tour très gros; cordons décurrents assez forts, espacés, continus; ouverture subarrondie; canal court; même coloration. — H. 80 à 100; D. 48 à 54 millimètres.

Très rare; l'Océan, zones herbacée et corallienne.

**Neptunia Jeffreysiana, Fischer.**

*Fusus Jeffreysianus*, Fisch., 1868. *Journ. conch.*, p. 37. — *N. Jeffreysiana*, Fisch., 1878. *Soc. Lin. Bord.*, XXXII, p. 190. — Loc., *Prodr.*, p. 175.

Galbe plus allongé; 9 tours presque méplans; suture linéaire; dernier tour très haut; stries très fines, très rapprochées; coloration jaune très pâle; péristome blanc. — H. 50 à 70; D. 23 à 32 millimètres.

Assez rare; l'Océan, zones herbacée et corallienne.

**Neptunia propinqua,** Alder.

*Fusus propinquus*, Alder, 1848. *Moll. North.*, p. 63. — *N. propinqua*, Fisch., 1878. *Soc. Lin. Bord.*, xxxii, p. 190. — Loc., *Prodr.*, p. 176.

De taille plus petite; galbe plus allongé; 8 tours à peine convexes; suture linéaire; dernier moins haut et moins ventru; stries très fines; caloration jaune-pâle. — H. 40 à 45; D. 18 à 20 millimètres.

Très rare; l'Océan, zones herbacée et corallienne.

B. — Groupe du *N. Islandica.*

Galbe fusiforme allongé.

**Neptunia Islandica,** Gmelin.

*Murex Islandicus*, Gmel., 1789. *Syst. nat.*, p. 3555. — *N. Islandica*, Fischer, 1878. *Soc. Lin. Bord.*, xxxii, p. 190. — Loc., *Prodr.*, p. 174.

Coquille fusiforme allongée; spire haute; 9 tours, légèrement convexes; suture linéaire, mais bien marquée; dernier tour allongé, arrondi au milieu; cordons décurrents assez larges, mais peu saillants; ouverture ovalaire; canal allongé, bien ouvert; coloration fauve clair, péristome blanc. — H. 70 à 100; D. 28 à 32 millimètres.

Rare; l'Océan, zones herbacée et corallienne.

Fig. 99. — 1/4 gr.

**Neptunia gracilis,** da Costa.

*Buccinum gracile*, 1778. *C.*, *Br. conch.*, p. 124, pl. 6, fig. 5. — *N. gracilis*, Fischer, 1878. *Soc. Lin. Bord.*, xxxii, p. 190. — Loc., *Prodr.*, p. 175.

Taille un peu plus petite; galbe plus étroitement allongé; spire plus haute; 10 tours plus convexes, mieux étagés; suture plus accusée; dernier tour moins arrondi; même ornementation et même coloration. — H. 60 à 70; D. 28 à 32 millimètres.

Assez rare; l'Océan, zones herbacée et corallienne.

**Neptunia Nicolloni,** Locard.

*N. Nicolloni*, Loc., 1890. *L'Echange*, VII, p. 34.

Intermédiaire entre les deux précédents; spire allongée; tours convexes bien étagés; suture bien marquée; dernier tour gros, bien arrondi dans le milieu, bien atténué en haut et en bas; même ornementation et coloration. — H. 60 à 65; D. 27 à 30 millimètres.

Rare; l'Océan, zones herbacée et corallienne.

**Neptunia attenuata**, Jeffreys.

*Fusus attenuatus*, Jeffreys, 1870. *Proc. zool. soc.*, p. 434. — *N. attenuata*, Kob., 1883. *Icon. meer.*, p. 78, pl. 14, fig. 12. — Loc., *Prodr.*, p. 176.

Taille beaucoup plus petite ; spire plus allongée ; 8 tours très peu convexes, assez étagés ; suture bien accusée ; dernier tour peu haut, peu ventru ; ouverture arrondie ; canal médiocre, même ornementation et coloration. — H. 45 à 50 ; D. 18 à 20 millimètres.

Très rare ; région aquitanique, zone corallienne.

## Genre TARANIS, Jeffreys.

Coquille très petite ; galbe un peu court ; test treillissé ; labre lisse en dedans, simple ; canal très court, bien ouvert ; columelle simple.

**Taranis cirrata**, Brugnone.

*Pleurotoma cirratum*, Brugn., 1862. *Pleur. foss.*, p. 17, fig. 9. — *T. cirrata*, Mtr., 1878. *En. sin.*, p. 41. — Loc. *Prodr.*, p. 177.

Fig. 100.

Coquille fusiforme-courte ; spire trapue ; 7 tours très anguleux, bien étagés ; suture profonde ; dernier tour bien arrondi ; cordons décurrents, continus, très étroits, saillants, très espacés ; côtes longitudinales plus rapprochées, flexueuses, obsolètes ; ouverture ovalaire ; coloration blanc grisâtre. — H. 3 à 4 ; D. 1 1/2 à 2 millimètres.

Très rare ; côtes de Provence, zone corallienne.

## Genre FASCIOLARIA, de Lamarck.

Coquille grande, fusiforme ; test fortement costulé ; labre simple, sillonné en dedans ; canal un peu allongé, ouvert ; columelle avec des plis obliques dans le bas.

**Fasciolaria lignaria**, Linné.

*Murex lignarius*, L., 1767. *Syst. nat.*, p. 1224. *F. lignaria*, Phil., 1841. *Wiegm. arch.*, 1, p. 268. — Loc., *Prodr.*, p. 178.

Coquille fusiforme, un peu courte ; spire peu haute ; 9 tours subanguleux ; suture linéaire ; dernier tour un peu concave en haut, ensuite arrondi, puis allongé et bien atténué vers le bas ; test épais ; 9 côtes grosses, arrondies, formant à la carène un mamelon très saillant ; ouverture subpiriforme ; canal un peu court, large ; coloration blanc grisâtre, côtes et péristome plus clairs, avec des bandes décurrentes plus sombres. — H. 40 à 55 ; D. 20 à 28 millimètres.

Fig. 101. — 1/2 gr.

Peu commun ; la Méditerranée, zones littorale et herb.

# HOLOSTOMATA

## CERITHIIDÆ

Coquille petite ou moyenne, allongée, turriculée ; tours nombreux, peu convexes ; ouverture petite, canaliculée ; labre évasé ; opercule corné.

### Genre CERITHIUM, Adanson.

Coquille moyenne, dextre, conique-oblongue, variqueuse, épineuse ; canal court, oblique ; labre épaissi ; columelle concave.

A. — Groupe du *C. tuberculatum*.

Tubercules épineux.

**Cerithium tuberculatum**, Linné.

*Strombus tuberculatus*, L., 1767. *Syst. nat.*, p. 1213. — Loc., *Prodr.*, p. 178.

Fig. 102. — 2/3 gr.

Coquille allongée ; spire acuminée ; profil droit ; 11 tours légèrement convexes ; suture linéaire ; test orné de stries décurrentes fines et de tubercules saillants en séries décurrentes : la première au-dessous de la suture, avec petits tubercules arrondis ; la seconde au milieu des tours, avec gros tubercules saillants et pointus ; sur le dernier tour, trois à cinq cordons de petits tubercules ; coloration fauve-verdâtre, avec flammelles et taches blanches ou brunes.— H. 50 à 60 ; D. 20 à 21 millim.

Très commun ; la Méditerranée, zones littorale et herbacée ; douteux dans l'Océan.

### Cerithium provinciale, Locard.

*C. provinciale*, Loc., 1886. *Prodr.*, p. 179 et 563.

Galbe court, ventru, à profil curviligne ; tubercules plus forts, plus saillants ; varice opposée au labre peu forte ; dernier tour bien arrondi ; canal très court ; même coloration. — H. 38 à 41 ; D. 17 à 18 millimètres.

Assez commun ; la Méditerranée, zones littorale et herbacée.

### Cerithium alucastrum, Brocchi.

*Murex alucaster*, Br., 1814. *Conch. sub.*, p. 438, pl. 10, fig. 4. — *C. aluc.*, Ris., 1826. *Eur. mer.*, IV, p. 154. — Loc., *Prodr.*, p. 179 et 563.

Grande taille ; galbe étroitement allongé, profil rectiligne ; tubercules de la carène allongés dans le sens de la hauteur, bien saillants au milieu ; tubercules suturaux très atténués ; pli opposé au labre, fort ; canal allongé ; même coloration. — H. 55 à 58 ; D. 17 à 19 millimètres.

Assez rare ; la Méditerranée, zones littorale et herbacée.

### Cerithium subvulgatum, Locard.

*C. subvulgatum*, Loc., 1886. *Prodr.*, p. 179 et 564.

Coquille grande ; profil presque rectiligne ; tubercules carénaux peu nombreux, forts, pointus, peu épais à la base ; tubercules suturaux, obsolètes ; dernier tour arrondi ; pli opposé au labre, fort ; même coloration. — H. 41 à 44 ; D. 15 à 17 millimètres.

Assez commun ; la Méditerranée, zones littorale et herbacée.

### Cerithium Bourguignati, Locard.

*C. Bourguignati*, Loc., 1886. *Prodr.*, p. 180 et 564.

Taille moyenne ; galbe court, ramassé, ventru ; profil curviligne ; tubercules carénaux nombreux, bien développés ; tubercules suturaux obtus, très rapprochés, formant un cordon continu, régulier ; cordons de la base du dernier tour très saillants et mamelonnés ; pli opposé au labre long et peu fort. — H. 28 à 35 ; D. 12 à 13 millimètres.

Peu commun ; la Méditerranée, zones littorale et herbacée.

**Cerithium Servaini, Locard.**

*C. Servaini*, Loc., 1886. *Prodr.*, p. 180 et 564.

Taille moyenne; galbe allongé, profil rectiligne; tubercules carénaux assez nombreux, peu saillants, très allongés sous forme de varices recouvrant chaque tour, tendant à se confondre avec les tubercules suturaux; dernier tour arrondi; pli opposé au labre presque nul; canal très court; même coloration. — H. 30-32; D. 10 à 12 millimètres.

Assez rare; la Méditerranée, zones littorale et herbacée.

**Cerithium muticum, Locard.**

*C. muticum*, Loc., 1886. *Prodr.*, p. 180 et 564.

Taille moyenne; galbe peu renflé, profil presque rectiligne; tubercules réduits à de simples varices courtes et peu saillantes; dernier tour déprimé en dessus; même coloration. — H. 32 à 34; D. 10 à 11 millimètres.

Rare; la Méditerranée, zones littorale et herbacée.

**Cerithium protractum, Bivona Filius.**

*C. protractum*, Bivona fil., 1838. *Gen. e sp.*, p. 15. — *C. stenodeum*, Loc., *Prodr.*, p. 180 et 564.

Taille grande; galbe très étroit, très allongé, lancéolé; profil droit; tubercules bien développés, déterminant des plis longitudinaux dont plusieurs variqueux; dernier tour peu gros; pli opposé au labre très saillant; même coloration. — H. 38 à 40; D. 9 à 11 millimètres.

Rare; la Méditerranée, zones littorale et herbacée.

B. — Groupe du *C. rupestre*.

Tubercules non épineux.

**Cerithium rupestre, Risso.**

*C. rupestre*, Risso, 1826. *Eur. merid.*, IV, p. 154. — Loc., *Pr.*, p. 181 et 565.

Coquille un peu courte; spire acuminée; 10 tours presque plans; suture linéaire; sous la suture, une ligne de petites granulations très rapprochées; au milieu des tours, une ligne de tubercules assez forts, peu saillants; plusieurs cordons décurrents subtuberculeux à la base du dernier tour; coloration jaunâtre, avec points et flammules plus sombres, tubercules clairs, péristome presque blanc. — H. 22 à 26; D. 9 à 10 1/2 millimètres.

Fig. 103.

Commun; la Méditerranée, zone littorale.

**Cerithium strumaticum,** Locard.

*C. strumaticum*, Loc., 1886. *Prodr.*, p. 181 et 565.

Galbe plus régulièrement conique ; tours plats, ornés de plis longitudinaux ondulés, saillants, régulièrement espacés, formés par la réunion de deux rangées de tubercules très peu saillants ; même coloration. — H. 20 à 25 ; D. 8 à 10 millimètres.

Assez commun ; la Méditerranée, zone littorale.

**Cerithium lividulum,** Risso.

*C. lividulum*, Ris., 1826. *Eur. mer.*, IV, p. 154.

Galbe plus étroitement effilé, plus allongé ; deux cordons tuberculeux : le cordon sutural bien normal ; le second avec des tubercules obsolètes, un peu allongés ; coloration gris, avec des taches livides, tubercule et péristome jaune-clair. — H. 18 à 20 ; D. 7 à 8 millimètres.

Rare ; côtes de Provence, zone littorale.

**Cerithium Massiliense,** Locard.

*C. Massiliense*, Loc., 1886. *Prodr.*, p. 182 et 566.

Taille petite ; galbe un peu court ; profil bien curviligne ; ornementation obsolète ; cordon sutural réduit à une ligne ponctuée ; cordon médian avec des granulations peu saillantes ; coloration rousse, semée de points bruns, ornementation paille. — H. 14 à 18 ; D. 4 1/2 à 5 1/2 millim.

Rare ; côtes de Provence, zone littorale.

C. — Groupe du *C. conicum*.

Cordons granuleux.

**Cerithium conicum,** de Blainville.

*C. conicum*, Blainv., 1826. *F. fr.*, p. 158, pl. 6, A, fig. 10. — Loc., *Pr.*, p. 182.

Fig. 104.

Coquille de taille moyenne ; galbe étroitement conique, allongé ; spire effilée ; 15 tours presque plans ; suture assez profonde ; sur chaque tour, 3 cordons décurrents, minces, granuleux, disposés en lignes longitudinales ; dernier tour petit, faiblement arrondi en dessous ; ouverture ronde ; coloration gris-verdâtre ou blanchâtre. — H. 15 à 20 ; D. 6 à 8 millim.

Très rare ; côtes de Provence, zone herbacée.

## Genre CERITHIOPSIS, Forbes et Hanley.

Coquille petite, dextre, cylindroïde, tuberculeuse, non variqueuse; dernier tour étroit; canal court, tronqué, presque droit.

A. — Groupe du *C. tubercularis*.

Coquille conique.

### Cerithiopsis tubercularis, Montagu.

*Murex tuberc.*, Mtg., 1803-1808. *Test. Brit.*, p. 270; *Suppl.*, p. 116. — *C. tub.*, F. et H., 1853. *Brit. moll.*, III, p. 365, pl. 91, fig. 7-8. — Loc., *Pr.*, p. 183.

Coquille cylindroïde; spire allongée; 10 à 12 tours plans. 3 premiers tours lisses, les suivants ornés de 3 rangées de tubercules arrondis; dernier tour subanguleux dans le bas et bordé d'un cordon lisse; un autre cordon sur la base aplatie; suture profonde; ouverture subquadrangulaire; coloration brun-marron. — H. 4 à 6; D. 1 à 1 3/4 millim.

Fig. 105.

Assez rare; toutes les côtes, zones littorale et herbacée.

### Cerithiopsis Barleei, Jeffreys.

*C. Barleei*, Jeffr., 1867. *Br. Conch.*, IV, p. 268, pl. 81, fig. 2. — Loc., *Pr.*, p. 183.

Galbe encore plus cylindrique; spire très allongée; 12 tours plans; suture assez profonde; dernier tour plus haut, concave en dessous, anguleux dans le bas; même ornementation; test semi-pellucide; coloration blanc-jaunâtre. — H. 6; D. 1 3/4 millimètre.

Rare; l'Océan, zones herbacée et corallienne.

### Cerithiopsis aciculata, Brusina.

*Cerithium acicula*, Brus., 1864. *Conch. Dalm.*, p. 17. — *C. acicula*, Brus., 1866. *Contr.*, p. 71. — Loc., *Prodr.*, p. 134.

Taille plus forte; galbe plus élancé; 14 à 16 tours plans; suture à peine marquée; même ornementation; dernier tour très anguleux dans le bas; coloration brune ou rousse. — H. 8 à 10; D. 2 à 2 1/4 millimètres.

Assez rare; la Méditerranée, zones littorale et herbacée.

### Cerithiopsis Metaxæ, delle Chiaje.

*Murex Metaxæ*, delle Ch., 1829. *Mem.*, III, p. 222, pl. 49, fig. 29-31. — *C. Met.*, Jeffr., 1867. *Brit. conch.*, IV, p. 271, pl. 81, fig. 4. — Loc., *Prodr.*, p. 184.

Galbe très étroitement allongé; spire très élevée, très grêle; 14 à 15 tours convexes ; suture bien accusée ; 3 rangées décurrentes de cordons granuleux ; granulations plus hautes que larges, parfois continues en hauteur ; dernier tour caréné en bas ; coloration brune ou fauve-clair. — H. 7 à 9 ; D. 1 1/2 à 1 3/4 millimètre.

Assez rare ; l'Océan et la Méditerranée, zones herbacée et corallienne.

**Cerithiopsis Fayalensis,** Watson.

*C. Fayalensis*, Wats., 1875. *Lin. Soc. Journ.*, p. 125 ; 1876, p. 92, pl. 4, fig. 5. — *C. corona*, Loc., *Prodr.*, p. 185.

Taille plus petite ; galbe plus court ; spire étroitement allongée ; 11 tours à peine convexes ; suture très peu marquée ; même ornementation ; dernier tour lisse en dessous ; coloration fauve clair. — H. 4 à 5 ; D. 1 1/4 à 1 1/2 millimètre.

Rare ; la Méditerranée, zones herbacée et corallienne.

**Cerithiopsis scalaris,** de Monterosato.

*C. scalaris*, Mtr., 1878. *En. Sin.*, p. 39. — Loc., *Prodr.*, p. 185.

De taille un peu plus forte que *C. Fayalensis* ; galbe plus cylindroïde ; tours plus distincts, plus étagés ; suture plus accusée ; même ornementation et coloration. — H. 4 à 6 ; D. 1 1/4 à 1 3/4 millimètre.

Rare ; la Méditerranée, zones herbacée et corallienne.

**Cerithiopsis diademata,** Watson.

*C. diademata*, Wats., 1875. *In* Mtr., *Journ. conch.*, p. 273. — Loc., *Pr.*, p. 185.

Taille plus petite ; galbe cylindrique-allongé ; spire très élancée ; les 4 premiers tours striés en long, les autres ornés de 3 séries de cordons avec des tubercules placés obliquement ; suture peu marquée ; coloration fauve. — H. 4 à 5 ; D. 1 1/2 à 1 3/4 millimètre.

Très rare ; la Méditerranée, zones herbacée et corallienne.

**Cerithiopsis trilineata,** Philippi.

*Cer. tril.*, Ph., 1836. *M. Sic.*, I, p. 195, pl. 11, fig. 13. — *C. tril.*, Loc., *Pr.*, p. 184.

Galbe conique-allongé ; spire très élancée ; test orné de stries longitudinales très fines, recoupées par 3 cordons décurrents continus sur chaque tour ; dernier tour lisse en dessous ; coloration rousse. — H. 8 à 10 ; D. 2 à 2 1/2 millimètres.

Très rare ; la Méditerranée, zones littorale et herbacée.

B. — Groupe du *C. minima.*

Galbe subovoïde.

**Cerithiopsis minima**, Brusina.

*Cerithium minimum*, Brus., 1864. *Conch. Dalm.*, p. 17. — *C. minima*, Br., 1866. *Contr. faun.*, p. 71. — Loc., *Prodr.*, p. 185.

Fig. 106.

Coquille ovoïde; sommet conique; 10 tours à peine convexes: les 4 premiers lisses, les autres portant 3 rangées de cordons décurrents granuleux; suture assez marquée; dernier tour arrondi, avec la base ornée de cordons décurrents; ouverture quadrangulaire; coloration brune, les premiers tours blancs. — H. 3 à 3 1/2; D. 1 millimètre.

Assez rare; la Méditerranée, zones herbacée et corallienne.

**Cerithiopsis bilineata**, Hörnes.

*Cerithium bilineatum*, Hörn., 1848. *Verz. Erläut.*, p. 21. — *C. bilineata*, Brus., 1871. *Bull. malac. ital.*, IV, p. 5. — Loc., *Prodr.*, p. 185.

Taille un peu plus petite; galbe un peu plus ovoïde-ventru; 12 tours à peine convexes; les 4 premiers finement striés; les suivants avec 2 rangées de cordons décurrents ornés de granulations allongées; 2 cordons à la base du dernier tour; coloration fauve clair, parfois zonée. — H. 3 1/2 à 3 3/4; D. 1 1/4 à 1 1/2 millimètre.

Très rare; la Méditerranée, zones littorale et herbacée.

**Cerithiopsis Clarkii**, Forbes et Hanley.

*C. Clarkii*, F. et H., 1853. *Br. conch.*, III, p. 363, pl. CIII, fig. 6. — Loc., *Prodr.*, p. 185.

Galbe un peu plus allongé; les 2 premiers tours lisses, les suivants ornés de 2 rangées de cordons décurrents avec granulations plus grosses, plus arrondies, plus espacées que celles du *C. bilineata*; coloration fauve clair, flammulée de brun. — H. 4 à 5; D. 2 à 2 1/2 millimètres.

Très rare; côtes de Provence, zones littorale et herbacée.

**Cerithiopsis pulchella**, Jeffreys.

*C. pulchella*, Jeff., 1848. *An. nat. hist.*, p. 129, pl. 5, fig. 8. — Loc., *Pr.*, p. 186.

Taille plus petite; galbe un peu court et trapu; 10 tours assez convexes séparés par une suture bien marquée; les 4 premiers tours lisses, les suivants ornés de 3 rangées de tubercules avec cordons décurrents bien obliques; coloration fauve clair, avec les tubercules plus foncés — H. 3 à 3 1/2; D. 1 à 1 1/4 millimètre.

Rare; sur toutes les côtes, zones littorale et herbacée.

## Genre TRIFORIS, Deshayes.

Coquille petite, sénestre, subcylindroïde, tuberculeuse; canal très court, recouvert antérieurement par le labre.

### Triforis perversus, Linné.

*Trochus perversus*, L., 1767. *Syst. nat.*, p. 1231. — *T. perversum*, Chenu, 1859. *Man.*, I, p. 284, fig. 1914. — Loc., *Prodr.*, p. 186.

Fig. 107.

Coquille subcylindrique-allongée; spire très élancée; 12 à 15 tours plans, séparés par une suture étroite et profonde, garnis de 3 cordons décurrents de granulations arrondies; dernier tour avec 4 cordons, plus 2 cordons sur la base; ouverture subquadrangulaire; labre évasé; coloration brun roux. — H. 20 à 30; D. 3 à 4 millimètres.

Très commun; partout, zones littorale et herbacée.

### Triforis obesulus, Locard.

*T. obesulus*, Loc., 1886. *Prodr.*, p. 187 et 566.

Taille plus petite; galbe pupoïde, atténué en haut et en bas, ventru dans le milieu, à profil bien curviligne; tours moins obliques; même ornementation et coloration. — H. 5 à 7; D. 1 1/4 1 1 1/2 millimètre.

Rare; la Méditerranée, zones littorale et herbacée.

## Genre BITTIUM, Leach.

Coquille petite, dextre, allongée, granuleuse, variqueuse; canal à peine distinct, non courbé; labre variqueux, columelle simple.

### Bittium reticulatum, da Costa.

*Str. retic.*, da C., 1799. *Br. conch.*, p. 117, pl. 8, fig. 13. — *B. reticul.*, B., D., D., 1884. *Moll. Rouss.*, I, p. 212, pl. 25, fig. 3 à 9. — Loc., *Pr.*, p. 188 *(pars)*.

Fig. 108.

Coquille conique-allongée; spire haute, acuminée; 12 à 14 tours légèrement convexes; suture bien accusée; 4 cordons décurrents recoupant des plis longitudinaux et formant à leur intersection des granulations régulières et arrondies; 5 cordons sur le dernier tour, suivis en dessous de cordons plus ou moins obsolètes ; varices variables ; ouverture ovalaire ; coloration brune. — H. 10 à 12; D. 3 1/4 à 4 millimètres.

Commun ; la Manche et l'Océan, zones littorale et herbacée.

**Bittium scabrum**, Olivi.

*Mur. sc.*, Ol., 179?. *Zool. Adr.*, p. 153. — *B. retic.(pars)*, Loc., *Prodr.*, p. 188.

Galbe moins effilé, un peu plus trapu ; tours plus plats, plus élargis ; suture moins profonde et moins large ; 4 rangées de cordons granuleux ; granulations plus arrondies, plus régulières ; coloration fauve. — H. 10 à 12 ; D. 3 1/2 à 4 1/2 millimètres.

Commun ; la Méditerranée, zones littorale et herbacée.

**Bittium Afrum**, Danilio et Sandri.

*Cerithium Afr.*, Dan. Sand., 1856. *El. Zara*, p. 15. — *B. Afr.*, L., *Pr.*, p. 189.

Même galbe ; 3 rangées seulement de cordons granuleux sur chaque tour, 4 au dernier ; pas de varices ; granulations saillantes et arrondies ; coloration brun très foncé. — H. 10 à 12 ; D. 3 3/4 à 4 1/2 millimètres.

Rare ; côtes de Provence ; zones littorale et herbacée.

**Bittium Latreillei**, Payraudeau.

*C. Latreillei*, Payr., 1826. *Moll. Corse*, p. 143, pl. 7, fig. 9-10. — *B. Latreillei*, Loc., 1886. *Prodr.*, p. 189.

Taille plus grande ; 4 à 6 cordons granuleux sur chaque tour ; granulations fines, moins régulières, souvent très atténuées au dernier tour ; varices nombreuses ; coloration fauve clair, avec l'ornementation plus foncée. — H. 12 à 15 ; D. 4 1/2 à 5 millimètres.

Assez commun ; la Méditerranée, zones littorale et herbacée.

**Bittium paludosum**, de Monterosato.

*Cerith. palud.*, Mtr., 1884. *Nom. conch.*, p. 121. — *B. palud.*, Loc., *Pr.*, p. 189.

Taille assez forte ; tours plus convexes ; suture plus large ; côtes longitudinales plus accusées ; 4 cordons granuleux sur chaque tour, plus atténués ; coloration blond roux. — H. 12 à 15 ; D. 4 1/2 à 5 millim.

Commun ; la Méditerranée, zone littorale, milieux saumâtres.

**Bittium exiguum**, de Monterosato.

*Cerithiolum exiguum*, Mtr., 1884. *Nom. conch.*, p. 122.

Galbe très étroitement allongé, très exigu ; tours bien convexes, subanguleux au milieu ; suture très profonde ; côtes longitudinales fortes sur les premiers tours, atténuées sur les 3 derniers; 5 cordons décurrents forts; coloration blond roux. — H. 12 à 14; D. 1 3/4 à 2 1/4 millimètres.

Rare; côtes de Provence, zone herbacée.

**Bittium Jadertinum**, Brusina.

*Cerith. Jadert.*, Br., 1864. *C. Dalm.*, p. 16. — *B. Jadert.*, Loc., *Prodr.*, p. 190.

De petite taille; spire plus conique; tours un peu convexes; suture bien marquée; varices nombreuses; 4 cordons décurrents granuleux; coloration fauve. — H. 5 à 8; D. 2 à 2 1/2 millimètres.

Commun; la Méditerranée, zones littorale et herbacée.

**Bittium bifasciatum**, Locard.

*B. bifasciatum*, Loc., 1886. *Prodr.*, p. 190 et 567.

Cordons décurrents à peine visibles; côtes longitudinales bien accusées; coloration jaune clair avec 2 bandes décurrentes brunes, l'une suturale, l'autre sur la base du dernier tour. — H. 8; D. 2 3/4 millimètres.

Très rare; côtes de Provence, zone herbacée.

**Bittium lacteum**, Philippi.

*Cerithium lacteum*, Phil., 1836. *Moll. Sic.*, I, p. 195. — *B. lacteum*, B., D., D., 1884. *Moll. Rouss.*, I, p. 215, pl. 26, fig. 1-4. — Loc., *Pr.*, p. 190.

Tours plats; suture étroite; 3 rangées de cordons tuberculeux bien arrondis, très réguliers; 4 cordons tuberculeux sur le dernier tour; coloration blanc brillant, un peu jaunâtre. — H. 7 à 9; D. 2 à 2 1/2 millimètres.

Peu com., la Méditer., zones herb. et corall.; très rare dans l'Océan.

**Bittium tessellatum**, de Monterosato.

*Cerith. tessell.*, Mtr., 1884. *Nom. conch.*, p. 122. — *B. tessell.*, L., *Pr.*, p. 190.

Taille un peu plus forte que *B. lacteum*; granulations plus accusées; entre chaque granulation il existe une tache rousse. — H. 8 à 9; D. 2 1/4 2 1/2 millimètres.

Très rare; côtes de Provence, zones herbacée et corallienne.

**Bittium pusillum**, Jeffreys.

*Turrit. pusilla*, Jeffr., 1860. *Test. Piem.*, p. 42, fig. 10-11. — *B. pusillum*, Loc., *Prodr.*, p. 191.

De petite taille; tours très convexes; suture large et profonde; côtes longitudinales fortes et peu nombreuses; cordons décurrents très atténués; ouverture presque ronde; canal presque nul; coloration jaune très pâle. — H. 4 à 6; D. 1 3/4 à 2 1/2 millimètres.

Très rare; la Méditerranée, zone coralienne.

# APORRHAIDÆ

Coquille de taille moyenne, imperforée, ailiforme, turriculée; test costulé; ouverture étroitement allongée, semi-canaliculée; opercule corné.

## Genre APORRHAIS, Dillwyn.

Coquille à spire allongée; labre épaissi, étalé et digité; canal étroit, à demi fermé; columelle calleuse.

### Aporrhais pelecanipes, Linné.

*Stromb. pespelecani*, L., 1767. *Syst. nat.*, 1207. — *A. pelec.*, Loc., *Prodr.*, p. 191.

Coquille à spire allongée; 12 tours bien anguleux, avec une ligne décurrente de plis tuberculeux sur la carène, et 3 lignes de plus en plus petites sur le dernier tour; 4 digitations étroites et allongées sur le labre; suture très profonde, linéaire, surmontée d'une ligne de tubercules fins et très rapprochés; coloration fauve, flammulée de roux; péristome et digitations blanc jaunâtre. — H. 45 à 55; D. 35 à 45 millimètres.

Fig. 109.

Très commun; la Méditerranée, zones littorale et herbacée.

### Aporrhais bilobatus, Locard.

*A. bilobatus*, Loc., 1886. *Prodr.*, p. 192 et 568.

Galbe plus court et plus trapu; digitation supérieure atrophiée; 2 digitations latérales courtes, réunies entre elles par une épaisse expansion du labre; digitation inférieure très courte; même coloration. — H. 35 à 45; D. 23 à 27 millimètres.

Très commun; la Manche et l'Océan, zones littorale et herbacée.

**Aporrhais Serresianus,** Michaud.

*Rostell., Serres.*, Mich., 1828. *Bull. Lin. Bord.*, II, p. 120, fig. 3-4. — *A. Serres.*, Petit, 1852. *Journ. conch.*, p. 195. — Loc., *Prodr.*, p. 192.

Taille plus petite; galbe plus grêle; cordons décurrents avec des tubercules plus fins et plus nombreux; 5 digitations, dont 3 latérales; coloration plus pâle. — H. 40 à 45; D. 30 à 34 millimètres.

Assez rare; la Méditerranée, zones herbacée et corallienne.

**Aporrhais Michaudi,** Locard.

*A. Michaudi*, Loc., 1890. *Contrib.*, XVI, p. 11.

Galbe court et très ventru; spire peu haute; 5 cordons de moins en moins tuberculeux sur le dernier tour; 6 digitations indépendantes, dont 4 latérales; coloration rousse. — H. 38; D. 32.

Très rare; côtes de Provence, zone herbacée.

## TURRITELLIDÆ

Coquille imperforée, turriculée, très allongée; ouverture petite, arrondie, entière; péristome simple; test orné de cordons décurrents; opercule corné.

### Genre TURRITELLA, de Lamarck.

Coquille à spire très élancée; tours nombreux, à croissance régulière; péristome continu; labre mince.

**Turritella Britannica,** de Monterosato.

*T. Britann.*, Mtr., 1890. *Conch. Paler.*, p. 9. — *T. comm.*, Loc., p. 193 *(pars)*.

Fig. 110.

Coquille très allongée; spire très haute, très acuminée; 12 à 18 tours peu convexes; suture assez profonde; cordons décurrents peu nombreux dont 2 ou 3 plus saillants, un peu élargis, sur chaque côte; dernier tour subanguleux dans le bas; ouverture subarrondie; coloration d'un roux clair ou rosé, vaguement flammulé de fauve plus sombre. — H. 40 à 45; D. 8 à 11 millimètres.

Commun; la Manche et l'Océan, zones herbacée et corallienne.

**Turritella communis,** Risso.

*T. comm.*, Ris., 1826. *Eur. mer.*, IV, p. 106, fig. 37. — Loc., *Pr.*, p. 193 *(pars)*.

Même galbe ; tours plus convexes ; suture plus marquée ; 8 à 10 cordons décurrents très fins, sur chaque tour ; stries d'accroissement flexueuses ; dernier tour bien arrondi ; même coloration, parfois un peu violacée. — H. 40 à 45 ; D. 8 à 10 millimètres.

Commun, la Méditerranée, zones herbacée et corallienne ; plus rare dans l'Océan.

**Turritella Mediterranea,** de Monterosato.

*T. medit.*, Mtr., 1890. *Conch. Pal.*, p. 9. — *T. triplicata*, Loc., *Pr.*, p. 194.

Galbe plus conique, moins élancé ; tours presque plans ; suture linéaire, peu distincte ; 3 cordons décurrents plus saillants sur chaque tour ; dernier tour anguleux ; coloration fauve clair, flammulé de roux. — H. 38 à 43 ; D. 9 à 11 millimètres.

Peu commun ; la Méditerranée, zones herbacée et corallienne.

**Turritella turbona,** de Monterosato.

*T. turbona*, Mtr., 1876. *Ann. Mus. Gen.*, IX, p. 420. — Loc., *Prodr.*, p. 194.

De taille plus grande ; galbe plus élancé ; 2 cordons décurrents plus saillants sur chaque tour ; coloration fauve clair, flammulé de roux. — H. 75 ; D. 18 millimètres.

Rare ; la Méditerranée, zones herbacée et corallienne.

## SCALARIIDÆ

Coquille turriculée, imperforée, très allongée ; ouverture petite, arrondie ; péristome épais et réfléchi ; test orné de lamelles longitudinales ; opercule corné.

### Genre SCALARIA, de Lamarck.

Coquille à tours convexes ; spire très élancée ; tours nombreux, à croissance régulière ; péristome entier, de même épaisseur sur la columelle et sur le labre.

**Scalaria communis,** DE LAMARCK.

*Sc. communis,* Lamck., 1819. *An. s. vert.*, VI, II, p. 228. —Loc., *Pr.*, p. 195.

Fig. 111.

Coquille grande ; spire élevée et acuminée ; 10 tours bien arrondis, à croissance régulière ; suture profonde ; dernier tour arrondi ; 9 à 10 côtes longitudinales, lamelleuses, très saillantes, obliques, non continues d'un tour à l'autre ; coloration blanc, fauve ou violacé, monochrome, flammulé ou zoné. — H. 22 à 40 ; D. 10 à 14 millimètres.

Très commun ; toutes les côtes, zone herbacée.

**Scalaria obsita,** LOCARD.

*Sc. obsita,* Loc., 1886. *Prodr.*, p. 196 et 569.

Galbe un peu plus élancé ; 12 tours plus arrondis ; côtes plus élevées, plus étroites et plus nombreuses ; péristome épais ; même coloration. — H. 32 à 33 ; D. 11 à 12 millimètres.

Rare ; la Manche et l'Océan, zone herbacée.

**Scalaria Turtonæ,** TURTON.

*Turbo Turtonis,* Turt., 1819. *Conch. Dict.*, p. 208, pl. 27, fig. 97. — *Sc. Turtonia,* Risso, 1826. *Eur. mer.*, IV, p. 112. — Loc., *Prodr.*, p. 196 *(pars).*

Galbe plus cylindroïde, plus étroitement allongé ; 16 à 18 tours convexes ; suture moins profonde ; côtes longitudinales inégales, irrégulièrement espacées ; coloration brun jaunâtre, avec 2 ou 3 bandes brunes peu distinctes. — H. 20 à 32 ; D. 8 à 10 millimètres.

Assez commun ; l'Océan, zones herbacée et corallienne.

**Scalaria Jousseaumei,** LOCARD.

*Sc. Jousseaumei,* Loc., 1891. *Nov. sp.*

De même taille que *Sc. Turtonæ ;* galbe plus trapu ; 15 tours très convexes, presque détachés ; suture très profonde ; côtes longitudinales plus nombreuses, plus saillantes et plus étroites ; coloration rose violacé. —H. 21 à 31 ; D. 7 à 10 millimètres.

Très rare ; l'Océan, zone corallienne.

**Scalaria tenuicosta,** MICHAUD.

*Sc. tenuicosta,* Mich., 1829. *Bull. soc. Bord.*, III, p. 260, fig. 1. — *Sc. Turtonæ (pars),* Loc., *Pr.*, p. 196.

Taille un peu plus petite que *Sc. Turtonæ ;* galbe encore plus étroitement allongé; 15 à 16 tours convexes; côtes longitudinales plus nombreuses, plus aplaties et plus grêles; coloration brun foncé. — H. 25 à 30; D. 7 à 8 millimètres.

Assez commun; la Méditerranée, zones herbacée et corallienne.

**Scalaria commutata,** DE MONTEROSATO.

*Sc. com.*, Mtr., 1877. *Ann. mus. Gen.*, IX, p. 420. — Loc., *Prodr.*, p. 197.

Galbe plus court et plus trapu; tours bien convexes mais non ronds; côtes longitudinales très minces, très saillantes, continues; un cordon décurrent saillant à la base du dernier tour; coloration fauve clair, avec côtes blanches. — H. 25 à 30; D. 10 à 12 millimètres.

Rare; l'Océan et la Méditerranée, zone herbacée.

**Scalaria clathratula,** MONTAGU.

*Turbo clathratulus*, Mtg., 1803-08. *Test. Br.*, II, p. 297; *Suppl.*, p. 124. — *Sc. clathr.*, Flem., 1828. *Brit. anim.*, p. 311. Loc., *Prodr.*, p. 148.

De petite taille; galbe étroitement allongé; 12 à 13 tours bien arrondis; suture très accusée; 18 côtes longitudinales très étroites, très saillantes; ouverture arrondie; coloration blanche. — H. 10 à 12; D. 2 3/4 à 3 1/4 millimètres.

Assez rare; l'Océan, zones herbacée et corallienne.

**Scalaria Hellenica,** FORBES.

*Sc. Hellenica*, F., 1843. *Æg. inv.*, p. 137. — *Sc. Scacchii*, Loc., 1886. *Prodr.*, p. 196.

De petite taille; galbe étroitement allongé; 8 tours assez convexes; suture accusée; 12 côtes longitudinales égales aux espaces intercostaux; ouverture ovalaire; coloration blanche. — H. 8 à 9; D. 2 1/2 à 3 millimètres.

Très rare; côtes de Provence, zone herbacée.

**Scalaria Trevelyana,** LEACH.

*Sc. Trevelyana*, Leach, *Raine's Durham*, in Winch., 1822. *An. phil.*, XX, p. 434. — Loc., *Prodr.*, p. 199.

De taille moyenne; galbe court et trapu; spire conique; 14 à 15 tours convexes; côtes aplaties, nombreuses, saillantes, rapprochées; dernier tour un peu gros; coloration fauve clair avec les côtes blanches. — H. 10 à 12; D. 5 à 8 millimètres.

Peu commun; l'Océan, zones herbacée et corallienne.

**Scalaria pulchella, Bivona.**

*Sc. pulchella*, Biv., 1832. *Nuov. gen.*, p. 11, pl. 1, fig. 3. — Loc., *Pr.*, p. 199.

Taille assez petite; spire conique; tours bien convexes, très finement striés en travers; côtes décurrentes très étroites, très nombreuses, saillantes; coloration fond rosé, avec les côtes blanches. — H. 15 à 17; D. 7 à 8 millimètres.

Rare; côtes de Provence, zone herbacée.

**Scalaria crenata, Linné.**

*Turbo crenatus*, L., 1767. *Syst. nat.*, II, p. 1238. — *Sc. crenata*, Deshayes, 1843. *In* Lamck., *An. s. vert.*, IX, p. 76. — Loc., *Prodr.*, p. 199.

Taille moyenne; spire conique; 8 à 9 tours légèrement convexes; suture assez profonde, crénelée; côtes lamelleuses, obsolètes; dernier tour muni à la base d'un callum large et épais contre lequel aboutissent les côtes; coloration fauve très clair, péristome blanc. — H. 16 à 20; D. 6 à 8 millimètres.

Rare; l'Océan, zones herbacée et corallienne.

## Genre ACIRSA, Mörch.

Coquille mince, à tours non désunis, à suture linéaire; sommet obtus; varices obsolètes; péristome mince, aigu, à peine continu.

**Acirsa subdecussata, Cantraine.**

*Sc. subd.*, Cant., 1835. *Acad. Brux.*, II, p. 338. — *A. subd.*, Mtr., 1878. *En. sin.*, p. 30. — *Mesalia subd.*, Loc., 1886. *Prodr.*, p. 194.

Coquille turriculée, allongée; 11 à 12 tours presque plans; suture linéaire; côtes longitudinales étroites, droites, espacées; stries spirales très fines, assez écartées, assez régulières; dernier tour anguleux à la base et lisse au voisinage de l'ouverture; ouverture ovalaire, un peu anguleuse dans le haut; péristome tranchant; coloration blanc grisâtre, flammulé. — H. 12 à 16; D. 4 à 7 millimètres.

Fig. 112.

Très rare; Océan et Méditerranée, zone corallienne.

# CÆCIDÆ

Coquille très petite; sommet *(nucleus)* enroulé, le reste cylindrique, arqué; ouverture simple, circulaire; opercule corné.

## Genre CÆCUM, Fleming.

Nucléus de 2 à 3 tours enroulés, caduc; test lisse ou strié, fermé dans le haut par un septum.

### Cæcum trachea, MONTAGU.

*Dentalium trachea*, Mtg., 1803. *Test. Brit.*, p. 497, pl. 14, fig. 10. — *C. trachea*, Jeffr., 1850. *Piedm. Coast*, p. 30. — Loc., *Prodr.*, p. 200.

Coquille cylindrique-arquée; surface ornée d'une série d'anneaux subégaux, séparés par des intervalles pourvus de stries extrêmement fines; sommet tronqué, fermé par un septum conique; coloration fauve clair avec les bandes brunes. — H. 2 à 3; D. 3/4 à 1 millimètre.

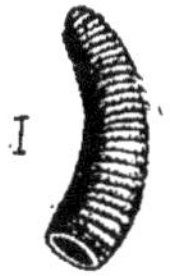

FIG. 113.

Peu commun; l'Océan et la Méditerranée, zones herbacée et corallienne.

### Cæcum rugulosum, PHILIPPI.

*Odont. rugulosum*, Phil., 1836. *Moll. Sic.*, I, p. 102, pl. 6, fig. 20. — *C. rugul.*, Brus., 1886. *Contr. Dalm.*, p. 37 et 76. — Loc., *Prodr.*, p. 200.

Galbe plus étroit; ornementation plus fine, plus atténuée sur la moitié de la longueur, plus forte vers l'ouverture; septum arqué; coloration passant du roux au blanc. — H. 2 à 3; D. 1/2 à 3/4 millimètre.

Rare; côtes de Provence, zone corallienne.

### Cæcum glabrum, MONTAGU.

*Dentalium glab.*, Mtg., 1803. *Test. Brit.*, p. 497. — *C. glab.*, Flem., 1814. *Edinb. Encycl.*, pl. 204, fig. 7; pl. 205, fig. 8, 9. — *C. min.*, Loc., *Pr.*, p. 201.

Galbe petit, arqué; test hyalin, presque lisse; péristome épaissi; septum arrondi. — H. 2 à 2 1/2; D. 1/2 millimètre.

Peu commun; la Manche et l'Océan, zones herbacée et corallienne.

**Cæcum lævissimum,** Cantraine.

*Odontitium lævissinum*, Cantr., 1842. *Acad. Brux.*, IX, p. 340. — *C. lævissimum.*, Loc., *Prodr.*, p. 201.

Galbe petit, arqué, un peu plus gros et un peu plus court que le précédent ; test hyalin et presque lisse ; péristome épaissi ; septum saillant, hémisphérique, pourvu d'un appendice lamelleux auriculiforme. — H. 2 à 3 ; D. 1/2 à 3/4 millimètre.

Assez rare ; la Méditerranée ; zones herbacée et corallienne.

**Cæcum Armoricanum,** de Folin.

*C. Arm.*, Fol., 1869. *Fonds mer*, I, p. 148, pl. 23, fig. 4-5. — Loc., *Pr.*, p. 201.

Galbe plus étroitement allongé ; ouverture simple ; test hyalin et presque lisse, septum très saillant, cylindro-conique. — H. 1 7/10 ; D. 2/10 à 3/10 millimètre.

Très rare ; l'Océan, zones herbacée et corallienne.

**Cæcum subannulatum,** de Folin.

*C. sub.*, Fol., 1869. *Fonds mer*, I, p. 230, pl. 29, fig. 9-10. — Loc., *Pr.*, p. 202.

Taille très petite ; galbe un peu renflé ; test hyalin, avec stries décurrentes très fines ; péristome épaissi ; septum convexe, à peine saillant. — H. 1 3/5 ; D. 3/10 millimètre.

Rare ; la Méditerranée, zones herbacée et corallienne.

## Genre SPIROLIDIUM, O.-G. Costa.

Nucléus fixe, à peine enroulé, incliné obliquement par rapport à l'axe.

**Spirolidium Mediterraneum,** O. G. Costa.

*S. Med.*, O.-G. Cost., 1861. *Micr. med.*, p. 66, pl. 11, fig. 4. — Loc., *Pr.*, p. 202.

Coquille conique, très allongée, arquée ; nucléus lisse, de 1 à 2 tours ; test orné de stries décurrentes extrêmement fines, rapprochées ; ouverture circulaire, simple, non épaissie ; coloration blanc uniforme, vitreux. — H. 2 à 2 1/2 ; D. 2/5 millimètre.

Très rare ; la Méditerranée, zones herbacée et corallienne.

Fig. 114.

# VERMETIDÆ

Coquille de taille variable, tubuleuse, irrégulière; dernier tour disjoint ; ouverture circulaire; opercule corné.

## Genre VERMETUS, Cuvier.

Coquille fixée ou libre; intérieur cloisonné; galbe plus ou moins spiral, très irrégulier.

### Vermetus subcancellatus, Bivona.

*V. subcancellatus*, Biv., 1832. *Eff. sc. Litt.*, p. 7. — Loc., *Prodr.*, p. 203.

Coquille petite; tours irrégulièrement enroulés et disjoints ; cordons décurrents égaux et stries d'accroissement formant une sorte de treillis; ouverture circulaire; péristome simple; coloration brun-marron. — D. 2 1/2 à 3 millimètres (le tube seul avec son extrémité).

Fig. 115.

Peu commun; la Méditerranée, zone littorale.

### Vermetus erroneus, de Monterosato.

*V. erroneus*, Mtr., 1889. *J. conch.*, p. 36. — *V. cristatus*, Loc., *Pr.*, p. 204.

De petite taille; premiers tours enroulés; face inférieure du tube régulièrement plissée; face supérieure avec des côtes longitudinales élevées et noduleuses; coloration roux. — D. 3 à 4 millimètres.

Assez rare; la Méditerranée, zone littorale.

### Vermetus Cuvieri, Risso.

*Lemintina Cuvieri*, Ris., 1826. *Eur. merid.*, IV, p. 114, fig. 16. — *V. Cuvieri*, Loc., *Prodr.*, p. 203.

Taille plus forte; coquille libre ou adhérente; tours très irrégulièrement contournés; test orné de nombreux cordons décurrents fins et granuleux; quelques plis variqueux; coloration fauve ou grisâtre. — D. 15 à 25 millimètres.

Assez commun; la Méditerranée, zone littorale.

**Vermetus dentifer,** de Lamarck.

*Serp. dent.*, Lamck., 1818. *An. s. vert.*, V, p. 367. — *V. dent.*, Loc., *Pr.*, p. 204.

Même galbe que *V. Cuvieri;* test orné de 3 carènes longitudinales parallèles, interrompues, assez rapprochées, avec cordons intermédiaires bien plus fins; coloration fauve ou grisâtre. — H. 11 à 20 millim.

Assez rare; la Méditerranée, zone littorale.

**Vermetus triqueter,** Bivona.

*V. triq.*, Biv., 1832. *Nuov. gen.*, p. 11, pl. 2, fig. 4. — Loc., *Prodr.*, p. 204.

Taille moyenne; coquille adhérente, souvent enroulée irrégulièrement; tours aplatis en dessous, fortement anguleux en dehors, à section rectangulaire; ouverture ronde; coloration fauve clair. — D. 5 à 6 millim.

Commun; la Méditerranée, zone littorale.

**Vermetus gregarius,** de Monterosato.

*V. gregarius*, Mtr., 1875. *En. sin.*, p. 28. — Loc., *Prodr.*, p. 205.

Individus plus ou moins nombreux, réunis en masse et adhérents; tours triangulaires dans la partie fixe et cylindriques dans la partie libre; coloration fauve clair. — D. 5 à 6 millimètres.

Assez rare; la Méditerranée, zone littorale.

## Genre SILIQUARIA, Bruguière.

Coquille munie d'une fissure latérale entamant l'ouverture; pas de cloisons internes; galbe plus ou moins enroulé.

**Siliquaria anguina,** Linné.

*Serpula anguina*, L., 1767. *Syst. nat.*, p. 1267. — *S. anguina*, Lamck., 1818. *An. s. vert.*, V, p. 337. — Loc., *Prodr.*, p. 205.

Fig. 116.

Coquille libre; 7 à 8 tours arrondis, les premiers enroulés, le dernier irrégulièrement développé, arrondi, orné de stries décurrentes fortes et rapprochées; fente longitudinale étroite; coloration grisâtre. — D. 4 à 6 millimètres (le tube seul).

Rare; la Méditerranée, zones herbacée et corall.

# EULIMIDÆ

Coquille petite, imperforée, turriculée ou subulée; test luisant et pâle; ouverture piriforme, petite; opercule corné.

## Genre EULIMA, Risso.

Coquille allongée, parfois infléchie; spire très haute, régulièrement enroulée; péristome continu, labre simple, columelle épaissie.

A. — Groupe de l'*E. polita.*

Spire droite; galbe plus ou moins conique; test blanc ou vitreux.

### Eulima polita, Linné.

*Turbo politus*, L., 1767. *Syst. nat.*, p. 1241. — *E. polita*, Desh., 1838. *In* Lamck., *An. s. vert.*, VIII, p. 453. — Loc., *Prodr.*, p. 205.

Coquille solide, conique; spire allongée, acuminée; 12 à 15 tours presque plans; suture linéaire; dernier tour haut, arrondi en bas; ouverture anguleuse dans le haut, bien arrondie en bas; columelle légèrement calleuse; labre simple, arrondi; coloration blanc d'ivoire. — H. 7 à 15; D. 3 à 5 millimètres.

Fig. 117.

Assez commun; toutes les côtes, zones herbacée et corall.

### Eulima Petitiana, Brusina.

*E. Petitiana*, Brus., 1869. *Journ. conch.*, p. 243. — Loc., *Pr.*, p. 208.

Taille bien plus petite; test plus solide; spire proportionnellement moins haute; ouverture plus étroite; labre plus droit. — H. 3 1/2 à 5; D. 1 2/3 à 2 millimètres.

Assez rare; l'Océan et la Méditerranée, zones herbacée et corallienne.

### Eulima microstoma, Brusina.

*E. microstoma*, Brus., 1869. *Journ. conch.*, p. 244. — Loc., *Pr.*, p. 208.

De petite taille; 12 tours, le dernier subanguleux à la base et égal en hauteur au tiers de la hauteur totale; ouverture excentrée; columelle épaissie. — H. 4 1/3; D. 2 millimètres.

Très rare; côtes de Provence, zone herbacée.

**Eulima intermedia,** Cantraine.

*E. intermedia*, Cantr., 1835. *Diagn.*, p. 14. — *E. intermedia* et *E. sinuosa*, Loc., *Pr.*, p. 206 et 207.

Taille intermédiaire ; galbe plus étroitement allongé; spire acuminée; 13 tours plans; suture linéaire; dernier tour arrondi à la base ; ouverture plus étroitement ovalaire; coloration blanc-vitreux, transparent. — H. 6 à 7; D. 1 3/4 à 2 millimètres.

Assez rare; l'Océan et la Méditerranée, zones herbacée et corallienne.

**Eulima lubrica,** de Monterosato.

*Acicula lubrica*, Mtr., 1890. *Coq. prof. Palerme*, p. 14.

Galbe intermédiaire entre les *E. polita* et *E. intermedia;* plus petit, plus court, que *E. polita;* plus renflé, plus trapu, avec le dernier tour plus haut, que *E. intermedia* ; coloration blanc-vitreux, transparent. — H. 7 à 9; D. 2 1/2 à 3 1/2 millimètres.

Très rare ; côtes de Provence, zones herbacée et corallienne.

**Eulima Monterosatoi,** de Boury.

*Acicularia Monterosatoi*, de Boury, 1890. *In* Mtr., *Coq. prof. Palerme*, p. 14. — *E. gracilis*, Loc., *Prodr.*, p. 210.

De taille plus petite que *E. intermedia;* galbe un peu moins allongé, avec le dernier tour un peu plus gros; ouverture un peu moins ovalaire; coloration blanc-vitreux, transparent. — H. 3 1/2 à 4; D. 1 1/4 à 1 1/2 millimètre.

Rare; l'Océan et la Méditerranée, zones herbacée et corallienne.

**Eulima Comatulicola,** Graff.

*Stylina Comatulicola*, Graff, 1875. *Zeitch. zool.*, XXV, p. 124.

De taille petite; galbe plus conique; 8 tours plans; le dernier un peu large, arrondi dans le bas; ouverture arrondie; coloration aigue-marine, lorsque l'animal est encore vivant, plus tard, blanc vitré. — H. 4 à 5; D. 1 3/4 à 2 millimètres.

Rare; côtes de Provence, zones herbacée et corallienne.

B. — Groupe de l'*E. subulata.*

Spire droite; galbe très allongé, subulé; test coloré.

**Eulima subulata,** Donovan.

*Turbo subulatus*, Don., 1802. *Brit. Shell.*, V, pl. 172. — *E. subulata*, Desh., 1838. *In* Lamck., *An. s. vert.*, VIII, p. 455. — Loc., *Prodr.*, p. 209.

Coquille très étroitement allongée; spire effilée, acuminée; 12 à 13 tours plans, lisses; suture oblique, linéaire; ouverture ovalaire; labre simple, columelle flexueuse; coloration fauve très clair, avec bandes décurrentes plus foncées, irrégulières et interrompues. — H. 9 à 10; D. 2 à 2 1/5 millim.

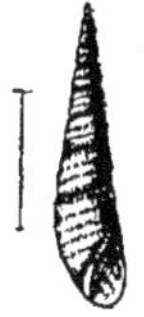
Fig. 118.

Assez rare; l'Océan et la Méditerranée, zones herbacée et corallienne.

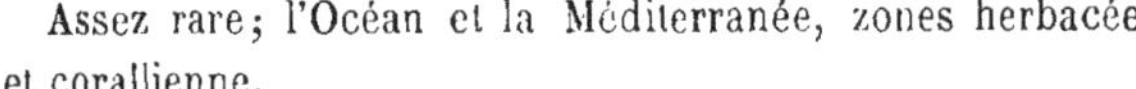

**Eulima bilineata,** Alder.

*E. bilineata*, Ald., 1848. *Moll. North.*, p. 47. — Loc., *Prodr.*, p. 209.

Taille plus petite; galbe un peu plus renflé; 10 tours, le dernier un peu ventru; ouverture arrondie; coloration fauve très clair, avec 2 bandes décurrentes plus foncées, continues. — H. 5 à 7; D. 1 3/4 à 2 millim.

Rare; l'Océan et la Méditerranée; zones herbacée et corallienne.

**Eulimella compactilis,** de Monterosato.

*E. compactilis*, Mtr., 1875. *Nuov. rev.*, p. 35. — Loc., *Prodr.*, p. 210.

De taille encore plus petite; galbe presque aussi effilé que *E. subulata;* dernier tour plus arrondi; ouverture moins étroite; coloration roux très clair, sans bandes décurrentes. — H. 4 à 5; D. 3/4 à 1 millimètre.

Très rare; côtes de Provence, zone corallienne.

**Eulimella Jeffreysiana,** Brusina.

*Leiostraca Jeffreysiana*, Brus., 1869. *Journ. conch.*, p. 245. — *E. Jeffreys.*, Mtr., 1875. *Nuov. rev.*, p. 35. — Loc., *Prodr.*, p. 210.

Extrêmement petit; galbe un peu plus conique que *E. compactilis;* 8 tours plans; dernier tour un peu fort; ouverture un peu arrondie; columelle variqueuse; labre dilaté; coloration blanche, avec quelques flammes rousses. — H. 2 1/2; D. 3/4 millimètre.

Très rare; côtes de Provence, zone corallienne.

C. — Groupe de l'*E. incurva*.

Spire arquée; test vitreux.

**Eulima incurva,** Renieri.

*Helix incurva*, Ren., 1804. *Tav. Adr.*, p. 4. — *E. incurva*, B., D., D., 1884. *Moll. Rouss.*, I, p. 190, pl. 20, fig. 19-21. — Loc., *Prodr.*, p. 207.

Fig. 119.

Coquille petite; spire arquée; 12 à 14 tours presque plans; dernier tour très haut, atténué dans le bas; suture linéaire; ouverture ovalaire; labre simple; coloration blanc-jaunâtre, diaphane. — H. 3 à 4 1/2; D. 1 1/4 à 1 1/2 millim.

Peu commun; sur toutes les côtes, zones herbacée et corall.

**Eulima curva,** Jeffreys.

*E. curva*, Jeffr., *In* Mtr., *Journ. conch.*, p. 269. — Loc., *Pr.*, p. 208.

Taille plus petite; galbe plus massif, plus court, plus râblé; spire plus arquée; 10 à 12 tours; dernier tour plus ventru; ouverture plus étroite; même coloration. — H. 3 à 3 1/2; D. 1 1/2 à 1 3/4 millimètre.

Très rare; l'Océan et la Méditerranée, zones herbacée et corallienne.

**Eulima anteflexa,** de Monterosato.

*Vitreolina antiflexa*, Mtr., 1884. *Nom. conch.*, p. 101. — Loc., *Pr.*, p. 208.

De très petite taille; spire légèrement infléchie vers le haut; galbe très grêle, très effilé; 8 à 10 tours; ouverture petite; même coloration. — H. 2 à 2 1/2; D. 1/2 à 3/4 millimètre.

Très rare; côtes de Provence, zones herbacée et corallienne.

## TURBONILLIDÆ

Coquille petite, imperforée, turbinée; galbe très allongé, plus ou moins cylindriforme; tours embryonnaires renversés et brusquement contournés; columelle non dentée, avec pli très peu saillant; ouverture entière; opercule corné.

### Genre EULIMELLA, Forbes.

Coquille très allongée, tours nombreux; test lisse et brillant; ouverture arrondie; columelle droite, sans plis.

**Eulimella commutata,** de Monterosato.

*E. commutata*, Mtr., 1884. *Nom.*, p. 98. — *E. aciculata*, Loc., *Prodr.*, p. 211.

Coquille cylindroïde-allongée; spire acuminée; 9 tours très légèrement convexes, le dernier arrondi dans le bas; suture linéaire, un peu oblique; test lisse et brillant; columelle droite, à peine tordue; labre simple, arrondi dans le bas, un peu infléchi dans le haut; coloration blanc-vitreux. — H. 2 1/2 à 3 1/2; D. 1/2 à 3/4 millimètre.

Fig. 120.

Assez rare; toutes les côtes, zones herbacée et corallienne.

**Eulimella ventricosa,** Forbes.

*Parthenia ventr.*, F., 1843. *Rep. Æg.*, p. 188. — *E. affinis*, Loc., *Pr.*, p. 212.

Galbe un peu plus conique; tours plus convexes; dernier tour plus bombé dans le bas; suture plus profonde; même coloration. — H. 4 à 6; D. 3/4 à 1 millimètre.

Rare; toutes nos côtes, zone corallienne.

**Eulimella pyramidata,** Deshayes.

*Turritella pyramidata*, Desh., 1832. *Ex. Morée*, p. 154, pl. 24, fig. 29 à 31. — *E. pyr.*, Mtr., 1889. *Conch. pr.*, p. 13. — *E. Scillæ*, Loc., *Pr.*, p. 211.

Galbe plus conique, plus large à la base; 11 à 12 tours plans; suture superficielle; dernier tour subanguleux en bas; ouverture subquadrangulaire; même coloration. — H. 4 à 6; D. 1 à 1 1/2 millimètre.

Rare; l'Océan et la Méditerranée, zones herbacée et corallienne.

## Genre ACLIS, Lovén.

Coquille conique-allongée; tours nombreux; test plus ou moins orné; ouverture ronde, columelle droite.

A. — Groupe de l'*A. Ascaris*.

Coquille un peu conique; test bien strié.

**Aclis Ascaris,** Turton.

*Turbo Ascaris*, Turt., 1817. *Conch. dict.*, p. 217. — *A. Ascaris*, F. et H., 1853. *Brit. moll.*, p. 219, pl. 88, fig. 8. — Loc., *Prodr.*, p. 212.

Fig. 121.

Coquille conique, à base assez large; spire acuminée; 8 à 9 tours bien convexes; suture profonde; dernier tour bien arrondi, un peu gros; ouverture subcirculaire; test orné de stries décurrentes très fines, un peu granuleuses, assez rapprochées; coloration vitrée. — H. 2; D. 1/2 millimètre.

Rare; la Manche et l'Océan, zones herbacée et corall.

### Aclis supranitida, S. Wood.

*Alvania supranitida*, S. Wood, 1842. *Cat. Crag Moll.* — *A. supranitida*, F. et H., 1853. *Brit. moll.*, III, p. 220, pl. 90, fig. 2, 3. — Loc., *Pr.*, p. 213.

Taille un peu plus forte; 12 tours subanguleux, lisses en dessus, avec 3 à 5 cordons décurrents très fins dans le bas des tours; ouverture plus arrondie; même coloration. — H. 4 à 5; D. 1 à 1 1/4 millimètre.

Rare; l'Océan et la Méditerranée, zones herbacée et corallienne.

### Aclis unica, Montagu.

*Turbo unicus*, Mtg., 1803. *Test. Brit.*, II, p. 299, pl. 12, fig. 2. — *A. unica*, F. et H., 1853. *Brit. moll.*, III, p. 222, pl. 90, fig. 4. — Loc., *Prodr.*, p. 213.

Galbe plus étroitement élancé; spire plus allongée; 9 à 10 tours bien convexes; suture oblique, profonde; test orné de côtes longitudinales très nombreuses, très légères et très finement striées en travers; même coloration. — H. 2 à 2 1/2; D. 1/2 à 3/4 millimètre.

Très rare; la Manche et l'Océan, zones herbacée et corallienne.

B. — Groupe de l'*A. nitidissima*.

Coquille allongée; test très finement strié.

### Aclis nitidissima, Montagu.

*Turbo nitidissimus*, Mtg., 1803. *Test. Brit.*, II, p. 299, pl. 12, fig. 1. — *A. nit.*, F. et H., 1853. *Brit. moll.*, III, p. 223, pl. 90. fig. 6-7. — Loc., *Prodr.*, p. 214.

Fig. 122.

Coquille très allongée; spire très élancée, subulée; 10 à 11 tours convexes, le dernier arrondi en bas; suture profonde, très oblique; test très finement striolé en travers; ouverture subarrondie; coloration hyalin, pellucide. — H. 2 à 2 1/2; D. 1/2 à 3/4 millimètre.

Assez rare; l'Océan, la Méditerranée, zones herbacée et corallienne.

**Aclis Pointeli,** DE FOLIN.

*Turbonilla Pointeli*, Fol., 1867. *Fonds mer*, I, p. 100, pl. 11, fig. 4. — *A. Pointeli*, Loc., *Prodr.*, p. 215.

Coquille encore plus effilée; tours plus hauts, plus convexes en haut et en bas, plus méplans dans le milieu; suture plus profonde et plus large, plus oblique; ouverture plus étroite; stries extrêmement ténues. — H. 2 à 2 1/2; D. 1/2 millimètre.

Très rare; côtes de Provence, zone corallienne.

## Genre TURBONILLA, Risso.

Coquille cylindroïde; test orné de côtes longitudinales et parfois de stries décurrentes; tours peu convexes; ouverture subrectangulaire; pli columellaire faible.

A. — Groupe du *T. lactea*.

Test costulé, sans stries décurrentes.

**Turbonilla lactea,** LINNÉ.

*Turbo lacteus*, L. 1767. *Syst. nat.*, p. 1238. — *T. lactea*, B., D., D., 1883. *Moll. Rouss.*, I, p. 178, pl. 21, fig. 6, 7. — Loc., *Prodr.*, p. 215.

Coquille solide, opaque, turriculée; spire très élevée, 10 tours presque plans; suture bien marquée; côtes longitudinales nombreuses, un peu obliques, fortes, serrées; columelle à peine tordue; labre simple; coloration blanc hyalin. — H. 7 à 9; D. 1 3/4 à 2 1/4 millimètres.

Peu commun; toutes les côtes; zones herbacée et corall.

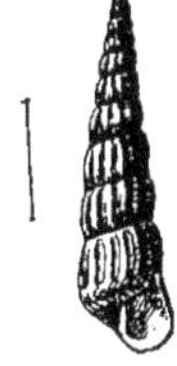

FIG. 123.

**Turbonilla gracilis,** PHILIPPI.

*Chemnitzia gracilis*, Phil., 1844. *Moll. Sic.*, II, p. 137, pl. 24, fig. 11. — *T. gracilis*, Loc., *Prodr.*, p. 216.

Taille plus petite; test vitreux; tours plus droits; suture moins profonde; costulations longitudinales plus grêles, comme dentelées vers la suture. — H. 3 1/2 à 4; D. 3/4 à 1 millimètre.

Très rare; l'Océan, la Méditerranée, zones herbacée et corallienne.

**Turbonilla gradata,** DE MONTEROSATO.

*T. elegantissima, var.*, Mtr., 1878. *En. Sin.*, p. 33. — Loc., *Prodr.*, p. 217.

Taille plus petite que *T. lactea;* galbe plus cylindrique; tours aplatis, comme emboîtés les uns dans les autres; côtes plus droites et plus minces. — H. 4 3/5; D. 1 1/5 millimètre.

Très rare; la Méditerranée, zones herbacée et corallienne.

**Turbonilla obliquata,** PHILIPPI.

*Chemnitzia obliquata*, Phil., 1844. *Moll. Sic.*, II, p. 137, pl. 24, fig. 10. — *T. obliq.*, Weink., 1868. *Conch. mitt.*, II, p. 209. — Loc., *Prodr.*, p. 217.

Taille plus petite que *T. lactea;* galbe plus court et plus trapu; tours plus convexes; suture plus profonde et plus large; côtes plus fortes et plus espacées. — H. 2 4/5; D. 1 millimètre.

Rare; la Méditerranée, zones herbacée et corallienne.

**Turbonilla terebella,** PHILIPPI.

*Chemnitzia terebellum*, Phil., 1844. *Moll. Sic.*, II, p. 138, pl. 24, fig. 2. — *T. terebellum*, Weink., 1868. *Conch. mit.*, II, p. 209. — Loc., *Prodr.*, p. 217.

Taille plus petite que *T. lactea;* tours un peu plus convexes; dernier tour plus haut et plus arrondi; côtes plus fines et plus rapprochées. — — H. 2 1/2; D. 3/4 millimètre.

Très rare; la Méditerranée, zones herbacée et corallienne.

**Turbonilla pusilla,** PHILIPPI.

*Chemnitzia pusilla*, Ph., 1844. *Moll. Sic.*, II, p. 224, pl. 28, fig. 21. — *T. pus.*, Weink., 1868. *Conch. mitt.*, II, p. 210. — Loc, *Prodr.*, p. 217 *(pars)*.

Taille petite; galbe pupoïde-allongé; spire obtuse au sommet; côtes plus droites que celles du *T. lactea*; 8 à 10 tours légèrement convexes. — H. 3 1/2 à 4 1/2; D. 1 1/4 à 1 1/2 millimètre.

Assez rare; l'Océan, la Méditerranée, zones herbacée et corallienne.

**Turbonilla densecostata,** PHILIPPI.

*Chemnitzia densecostata*, Phil., 1844. *Moll. Sic.*, II, p. 137, pl. 24, fig. 9. — *T. dens.*, Weink., 1868. *Conch. mitt.*, II, p. 210. — Loc., *Prodr.*, p. 218.

Taille un peu petite; galbe plus grêle, plus cylindroïde que *T. lactea;* côtes plus droites et plus serrées; tours un peu plus convexes; suture plus oblique. — H. 6 à 7; D. 1/2 à 1 3/4 millimètre.

Rare; la Méditerranée, zones herbacée et corallienne.

**Turbonilla innovata,** DE MONTEROSATO.

*T. innovata*, Mtr., 1884. *Nom. conch.*, p. 92. — *T. pusilla*, Loc., *Prodr.*, p. 217 *(pars)*.

Galbe plus court et plus trapu; tours moins convexes; côtes plus étroites et plus rapprochées, moins flexueuses. — H. 3 1/2 à 4; D. 1 1/4 à 1 3/4 millimètre.

Peu commun dans l'Océan ; plus rare dans la Méditerranée ; zones herbacée et corallienne.

B. — Groupe du *T. rufa*.

Test costulé en long et strié en travers.

## Turbonilla rufa, Philippi.

*Melania rufa*, Phil., 1836. *Moll. Sic.*, I, p. 156, pl. 9, fig. 7. — *T. rufa*, Weink., 1868. *Conch. mitt.*, II, p. 211. — *Dunkeria rufa*, Loc., *Prodr.*, p. 219.

Coquille subcylindroïde ; spire élevée, turriculée, obtuse au sommet ; 10 à 12 tours presque plans ; côtes longitudinales lisses, nombreuses ; dans les espaces intercostaux, cordons décurrents, bien irréguliers ; ouverture subquadrangulaire ; columelle droite, tordue ; labre simple, dilaté dans le bas ; coloration fauve-roux, avec une zone décurrente plus sombre au milieu des tours. — H. 5 à 10 ; D. 2 à 2 1/4 millimètres.

Fig. 124.

Peu commun ; l'Océan et la Méditerranée, zone corallienne.

## Turbonilla striatula, Linné.

*Turbo str.*, L., 1767. *Syst. nat.*, p. 1238. — *T. striatula*, Loc., *Pr.*, p. 219.

Taille plus forte ; galbe plus trapu, plus large à la base ; tours bien convexes ; suture large et profonde ; côtes longitudinales larges, serrées, arrondies, très nombreuses ; 4 à 5 stries décurrentes continues ; columelle non tordue ; coloration fauve-clair, avec 3 linéoles décurrentes plus foncées. — H. 7 à 11 ; D. 2 1/2 à 3 millimètres.

Peu commun ; la Méditerranée, zones herbacée et corallienne.

## Turbonilla fulvocincta, Thompson.

*Turritella fulvocincta*, Thomps., 1840. *An. nat. hist.*, V, p. 98. — *Dunkeria fulvocincta*, Loc., *Prodr.*, p. 220.

Taille plus petite ; galbe un peu plus conique ; tours plus convexes ; suture plus marquée ; même ornementation ; coloration fauve-clair, avec une bande brune au milieu des tours. — H. 7 à 8 ; D. 2 à 2 1/4 millim.

Rare ; l'Océan, zone corallienne.

**Turbonilla formosa**, Jeffreys.

*Odostonia formosa*, Jeffr., 1848. *Ann. nat. hist.*, p. 345. — *T. formosa*, Loc., *Pr.*, p. 220.

Galbe plus effilé; tours plans, bien étagés; suture très accusée, profonde, mais peu large; côtes plus fortes, plus espacées; cordons décurrents plus forts et plus larges; ouverture subrectangulaire; columelle bien tordue; coloration roux très clair. — H. 7 à 9; D. 1 3/4 à 2 millim.

Rare; l'Océan, zone corallienne.

**Turbonilla indistincta**, Montagu.

*Turbo indist.*, Mtg., 1808. *Test. Brit.*, *Suppl.*, p. 129. — *T. indist.*, Weink., 1868. *Conch. mitt.*, II, p. 212. — *Parthenina indist.*, Loc., *Pr.*, p. 221.

De petite taille; galbe subcylindroïde allongé; spire un peu obtuse; 7 à 8 tours assez convexes; côtes longitudinales flexueuses, larges, très peu saillantes, très rapprochées; cordons décurrents très peu distincts; coloration blanc-hyalin. — H. 3 à 4; D. 3/4 à 1 millimètre.

Peu commun; l'Océan, zones herbacée et corallienne.

## PTYCHOSTOMIDÆ

Coquille très petite, turbinée, imperforée; galbe court et ramassé; spire conique; ouverture ovalaire; un pli dans le haut de la columelle; opercule corné.

### Genre PARTHENINA, Bucq., Dautz., Dollf.

Coquille courte, subcylindroïde, plus ou moins ventrue; test orné de costulations longitudinales et de stries décurrentes très effacées; pli columellaire très atténué.

A. — Groupe du *P. fenestrata*.

Galbe allongé.

**Parthenina fenestrata**, Forbes.

*Odostomia fenestrata*, Forb., *in* Jeffr., 1848. *An. nat. hist.*, II, p. 345. — *P. fenestrata*, Loc., *Prodr.*, p. 226.

Coquille conique; spire acuminée; 9 tours anguleux dans le bas; suture très accusée, profonde; côtes longitudinales nombreuses, recoupées entre la carène et la suture par 2 ou 3 cordons décurrents continus; pli très peu accusé; coloration blanche. — H. 3 à 3 1/2; D. 3/4 à 1 millimètre.

Fig. 125.

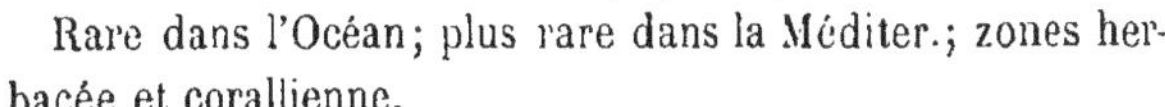

Rare dans l'Océan; plus rare dans la Méditer.; zones herbacée et corallienne.

**Parthenina delicata,** de Monterosato.

*Odostomia delicata*, Mtr., 1878. *En. sin.*, p. 33.

Galbe aciculiforme-cylindroïde, très allongé; spire haute; 10 tours méplans; suture très peu profonde; dernier tour peu haut, arrondi en bas; 16 côtes longitudinales presque droites, fines, rapprochées; intervalles lisses; ouverture subarrondie; pli columellaire très faible; coloration blanc-hyalin. — H. 3 à 3 1/2; D. 3/4 millimètre.

Assez rare; la Méditerranée, zones herbacée et corallienne.

**Parthenina emaciata,** Brusina.

*Turbonilla emac.*, Brus., 1865. *F. Dalm.*, p. 69. — *P. gr.*, Loc., *Pr.*, p. 222.

Galbe plus petit et plus conique; spire moins haute et moins acuminée; 8 tours plus arrondis; côtes longitudinales un peu plus étroites et un peu plus nombreuses; pli columellaire très peu saillant; même coloration. — H. 2 à 2 1/2; D. 1/2 millimètre.

Rare; la Méditerranée, zones herbacée et corallienne.

**Parthenina Desmoulinsiana,** Fischer.

*Odostomia Moulinsiana,* Fisch., 1864. *Journ. conch.*, p. 70; 1865, p. 215, pl. 6, fig. 9. — Loc., *Prodr.*, p. 221.

Galbe un peu conique; spire acuminée; 8 tours plans; suture superficielle; côtes longitudinales fortes, arrondies, un peu obliques, avec des ponctuations transverses vers la suture et au milieu du dernier tour; spire assez forte; coloration jaune-corné. — H. 5; D. 1 1/2 millimètre.

Rare; région aquitanique, zone herbacée.

**Parthenina scalaris,** Philippi.

*Melania scalaris*, Phil., 1836. *Moll. Sic.*, I, p. 157, pl. 9, fig. 9. — *P. scalaris*, Loc., *Prodr.*, p. 226.

Galbe conique, assez allongé; spire assez haute; 8 tours méplans bien étagés; suture bien marquée; dernier tour subarrondi en bas; côtes longitudinales élevées, lamelleuses, droites, espacées; stries décurrentes assez accusées; pli columellaire très obtus; coloration blanc-jaunâtre. — H. 4 à 5; D. 1 1/4 à 1 1/2 millimètre.

Assez rare; toutes nos côtes, zones herbacée et corallienne.

**Parthenina interstincta**, Montagu.

*Turbo interst.*, Mtg., 1803. *Test. Brit.*, p. 324, pl. 12, fig. 10. — *P. interst.*, *G. O. Sars*, 1878. *Moll. Norv.*, p. 200, pl. 22, fig. 14. — Loc., *Pr.*, p. 221.

Taille petite; galbe conique; spire un peu haute; 5 à 6 tours convexes; suture très marquée; côtes longitudinales minces, arquées; un cordon décurrent à la base des tours où il forme un angle accusé; pli peu fort; coloration blanc. — H. 2 1/4 à 2 1/2; D. 4/5 millimètre.

Peu commun; toutes nos côtes, zones herbacée et corallienne.

**Parthenina intermixta**, de Monterosato.

*Pyrgulina intermixta*, Mtr., 1884. *Nom. conch.*, p. 87. — *P. Jeffreysi*, Loc., *Prodr.*, p. 223.

Galbe plus pupoïde que *P. interstincta;* 4 à 5 tours droits, emboîtés; côtes plus fortes, plus espacées; un cordon plus large au-dessus de la suture; pli à peine distinct; coloration blanc. — H. 1 1/2 à 2; D. 3/4 millimètre.

Rare; la Méditerranée, zones herbacée et corallienne.

**Parthenina flexicosta**, Locard.

*P. flexicosta*, Loc., 1886. *Prodr.*, p. 222 et 572.

Taille plus forte que *P. intermixta;* galbe plus allongé; côtes longitudinales bien flexueuses; tours un peu plus convexes; même coloration. — H. 2 à 2 1/4; D. 3/4 millimètre.

Rare; la Méditerranée, zones herbacée et corallienne.

**Parthenina brevicula**, de Monterosato.

*Od. brevic.*, Mtr., 1878. *En. sin.*, p. 23. — *P. brevic.*, Loc., *Prodr.*, p. 223.

Galbe subpupoïde; spire obtuse au sommet; 5 à 6 tours plans; côtes longitudinales très fines; quelques stries décurrentes à la base, peu distinctes; coloration blanc. — H. 2; D. 1/2 millimètre.

Rare; côtes de Provence, zones herbacées et corallienne.

B. — Groupe du *P. spiralis*.

Galbe court et ventru.

**Parthenina spiralis**, Montagu.

*Turbo spiralis*, Mtg., 1803. *Test. Brit.*, II, p. 323, pl. 12, fig. 9. — *P. spiralis*, Loc., *Prodr.*, p. 224.

Coquille très petite, conique, courte; spire peu haute; 5 à 6 tours à peine convexes; suture un peu profonde; côtes longitudinales fines, très nombreuses, rapprochées, surtout dans le bas du dernier tour, où elles sont recouvertes par des stries décurrentes bien accusées; pli assez fort; coloration blanc-roux très clair. — H. 2 à 2 1/2; D. 1 1/2 à 1 3/4 millim.

Fig. 126.

Peu commun; la Manche et l'Océan, zones herbacée et corallienne.

**Parthenina monozona**, Brusina.

*Odostomia monozona*, Brus., 1869. *Journ. conch.*, p. 240. — *P. monozona*, Loc., *Prodr.*, p. 223.

Galbe un peu moins ventru; tours plus convexes; côtes longitudinales moins nombreuses, très espacées, continues jusque dans le bas du dernier tour; quelques stries décurrentes interrompues en bas de ce tour; coloration blanc-hyalin. — H. 1 3/4 à 2 1/10; D. 1 millimètre.

Rare; la Méditerranée, zones herbacée et corallienne.

**Parthenina decussata**, Montagu.

*Turbo decussatus*, Mtg., 1803. *Test. Brit.*, II, p. 322, pl. 12, fig. 4. — *P. decussata*, Loc., *Prodr.*, p. 225.

Galbe subvoïde, peu allongé; spire obtuse au sommet; 5 à 6 tours convexes; côtes longitudinales étroites, nombreuses et rapprochées, recoupées par des stries décurrentes fines, un peu irrégulières; pli peu fort; coloration blanc-roux. — H. 1 3/4 à 2; D. 3/4 à 1 millimètre.

Assez rare; toutes nos côtes, zones herbacée et corallienne.

**Parthenina excavata**, Philippi.

*Rissoa excavata*, Phil., 1836. *Moll. Sic.*, I, p. 154, pl. 10, fig. 6. — *P. excavata*, Loc., *Prodr.*, p. 225.

Galbe cylindroïde un peu allongé; 6 tours droits, bien étagés; test largement treillissé; côtes et cordons assez espacés; pli assez fort; coloration blanc-hyalin. — H. 2 1/2 à 3; D. 1 1/4 à 1 1/2 millimètre.

Peu commun; toutes nos côtes; zones herbacée et corallienne.

**Parthenina Harveyi**, Thompson.

*Rissoa Harveyi*, Thomps., 1840. *An. nat. hist.*, p. 97, pl. 2, fig. 13. — *P. Harveyi*, Loc., *Prodr.*, p. 226.

De taille plus petite que *P. excavata;* galbe plus trapu; spire plus obtuse; côtes longitudinales plus nombreuses et plus rapprochées; ouverture plus petite; même coloration. — H. 2; D. 1 1/4 millimètre.

Rare; l'Océan et la Méditerranée, zones herbacée et corallienne.

**Parthenina turbonilloides, BRUSINA.**

*Odostomia turbonilloides*, Brus., 1869. *Journ. conch.*, p. 240. — *P. turbonilloides*, Loc., *Prodr.*, p. 224.

Coquille très petite, ovoïde; sommet bien obtus; 4 tours un peu arrondis; côtes longitudinales droites, anguleuses, avec intervalles égaux; un cordon décurrent au-dessus de la suture, et 3 à 4 à la base du dernier tour; pli obsolète; coloration blanche. — H. 1 3/5; D. 4/5 millimètre.

Rare; la Méditerranée, zones herbacée et corallienne.

**Parthenina Penchinati, BUCQ., DAUTZ., DOLLF.**

*Odostomia Penchinati*, B., D., D., 1883. *Moll. Rouss.*, I, p. 171, pl. 20, fig. 11. — *P. Penchinati*, Loc., *Prodr.*, p. 223.

Galbe plus cylindrique que *P. turbonilloides;* tours plus droits, plus étagés; suture plus accusée; côtes longitudinales semblables; 1 cordon décurrent au-dessus de la suture; 3 cordons à la base du dernier tour; même coloration. — H. 1 3/5; D. 7/10 millimètre.

Rare; la Méditerranée, zones herbacée et corallienne.

C. — Groupe du *P. doliolum*.

Galbe pupoïde; côtes juxtaposées.

**Parthenina doliolum, PHILIPPI.**

*Rissoa doliolum*, Phil., 1844. *Moll. Sic.*, II, p. 132, pl. 23, fig. 16. — *P. doliolum*, Loc., *Prodr.*, p. 227.

FIG. 127.

Coquille pupoïde, courte, ventrue; 5 tours convexes; suture ondulée; côtes longitudinales fortes, arrondies, juxtaposées, lisses; pli peu marqué; columelle courte, arquée; coloration jaunâtre avec 2 ou 3 linéoles brunes, décurrentes sur le dernier tour, dont 1 ou 2 poursuivies sur les tours précédents. — H. 2 1/2; D. 1 millimètre.

Rare; l'Océan et la Méditerranée, zones herb. et corall.

**Parthenina Bucquoyi, LOCARD.**

*P. Bucquoyi*, Loc., 1886. *Prodr.*, p. 227 et 572.

Galbe plus étroitement allongé; spire plus haute; 5 à 6 tours moins convexes; dernier tour plus haut; côtes plus étroites; 1 ou 2 linéoles décurrentes sur le dernier tour; même coloration. — H. 2 1/4; D. 3/4 millimètre.

Très rare; la Méditerranée, zones herbacée et corallienne.

**Parthenina dolioliformis**, JEFFREYS.

*Odostomia dolioliformis*, Jeffr., *An. nat. hist.*, p. 342. — *P. doliol.* Loc., *Pr.*, p. 227.

Galbe très court, presque globuleux; spire très obtuse; 4 tours bien convexes; suture oblique, linéaire; côtes longitudinales obsolètes; stries décurrentes extrêmement fines, assez espacées; pli peu marqué; coloration blanc, un peu roux. — H. 1 1/2; D. 1 millimètre.

Rare; l'Océan et la Méditerranée, zones herbacée et corallienne.

**Parthenina Hortensiæ**, DE NANSOUTY.

*Elodia Hortensiæ*, Nans., 1872. *Fonds mer*, II, p. 48, pl. 2, fig. 2. — *P. Hortensiæ*, Loc., *Prodr.*, p. 224.

Galbe un peu plus conique que *P. doliolum*; spire un peu plus acuminée; 5 tours plus convexes; suture ondulée; côtes grosses, arrondies, contiguës, atténuées à la base du dernier tour; pli bien marqué; coloration blanc. — H. 2; D. 1 millimètre.

Rare; région aquitanique; zone corallienne.

## Genre PTYCHOSTOMON, Locard.

Coquille petite, subconoïde, plus ou moins allongée; test lisse; pli columellaire bien accusé.

A. — Groupe du *P. obliquum*.

Galbe allongé.

**Ptychostomon obliquum**, ALDER.

*Odostomia obliqua*, Ald., 1844. *An. nat. hist.*, p. 327, pl. 8, fig. 12. — *Pt. obliqua (pars)*, Loc., *Prodr.*, p. 228.

Coquille subcylindroïde-allongée; spire assez élancée; 6 tours bien convexes; suture très oblique; dernier tour haut; ouverture ovalaire; pli columellaire bien marqué; coloration blanc-hyalin. — H. 3 à 4; D. 1 1/4 à 1 1/2 millim.

Assez rare; l'Océan, zones littorale et herbacée.

FIG. 128.

**Ptychostomon Marioni,** Locard.

*Pt. obliquum (pars)*, Loc., 1886. *Prodr.*, p. 228.

Taille plus petite; galbe plus grêle; tours plus obliques; dernier tour plus élevé, moins arrondi; ouverture plus étroite; même coloration. — H. 2 1/2 à 3 1/2; D. 1 à 1 1/4 millimètre.

Rare; la Méditerranée, zone corallienne.

**Ptychostomon fusulum,** de Monterosato.

*Odostomia fusulus*, Mtr., 1878. *Journ. conch.*, p. 316. — *Pt. fusulum*, Loc., *Prodr.*, p. 236.

Galbe plus effilé; dernier tour moins gros et moins haut; ouverture très ovalaire; coloration blanc-hyalin. — H. 2 1/2; D. 3/4 millimètre.

Rare; la Méditerranée, zones herbacée et corallienne.

**Ptychostomon truncatulum,** Jeffreys.

*Odostomia truncatula*, Jeffr., 1850. *Ann. nat. hist.*, p. 109. — *Pt. truncatulum*, Loc., *Prodr.*, p. 229.

De taille plus grande; galbe cylindroïde-allongé; 6 à 7 tours presque plans; suture assez profonde; dernier tour à peine plus grand; ouverture subovalaire, arrondie en bas; pli fort; coloration blanc-hyalin. — H. 3 à 3 1/2; D. 1 à 1 1/4 millimètre.

Rare; région aquitanique, zones herbacée et corallienne.

**Ptychostomon diaphanum,** Jeffreys.

*Odostomia diaphana*, Jeffr., 1856. *An. nat. hist.*, p. 341. — *Pt. diaphanum*, Loc., *Prodr.*, p. 228.

De petite taille; galbe subovoïde allongé; spire obtuse; 5 à 6 tours convexes, à croissance régulière; suture bien marquée; dernier tour arrondi mais peu gros; pli peu marqué; ouverture subovalaire; coloration blanc-hyalin. — H. 2 à 3; D. 3/4 millimètre.

Rare; l'Océan, zones herbacée et corallienne.

**Ptychostomon plicatum,** Montagu.

*Turbo plicatus*, Mtg., 1809. *Test. Brit.*, p. 325, pl. 21, fig. 2. — *Pt. plicatum*, Loc., *Prodr.*, p. 233.

Galbe conoïde très allongé; spire haute; 5 à 6 tours presque plans; suture peu profonde; dernier tour un peu haut, arrondi dans le bas; pli fort; ouverture arrondie; coloration blanc-hyalin. — H. 3; D. 1 1/10 millimètre.

Peu commun; toutes nos côtes, zones littorale et herbacée.

**Ptychostomon clavulum**, Lovén.

*Turbonilla clavula*, Lov., 1846. *Moll. Scand.*, p. 18. — *Pt. clavulum*, Loc., *Prodr.*, p. 235.

Galbe cylindroïde; sommet tronqué; 5 tours presque plans, à croissance régulière; suture très peu profonde; dernier tour à peine arrondi en bas; ouverture subarrondie, pli obsolète. — H. 2 1/2 ; D. 3/4 millim.

Très rare; région aquitanique et Méditerranée, zone corallienne.

B. — Groupe du *Pt. conoideum.*

Galbe conique.

**Ptychostomon conoideum**, Brocchi.

*Turbo conoideus*, Broch., 1814. *Conch. sub.*, p. 660, pl. 16, fig. 2. — *Pt. conoideum*, Loc., *Prodr.*, p. 231.

Coquille conique; spire haute; 8 à 9 tours à peine convexes; dernier tour un peu grand, arrondi; suture bien marquée; ouverture ovalaire, arrondie en bas; pli bien accusé; coloration opaque, blanc d'ivoire. — H. 5 à 7; D. 2 1/2 à 3 1/2 millimètres.

Fig. 129.

Assez commun; l'Océan et la Méditerr., toutes les zones.

**Ptychostomon unidentatum**, Montagu.

*Turbo unidentatus*, Mtg., 1803. *Test. Brit.*, p. 324. — *Pt. unidentatum*, Loc., *Prodr.*, p. 232.

Taille plus petite; galbe plus trapu; 6 tours presque plans; dernier tour subanguleux à la base, un peu haut; ouverture subquadrangulaire, pli bien marqué; même coloration. — H. 3 à 4; D. 1 1/2 à 2 millimètres.

Assez commun dans l'Océan; plus rare dans la Méditerranée; zones herbacée et corallienne.

**Ptychostomon turritum**, Hanley.

*Odostomia turrita*, H., 1844. *Proc. zool. soc.*, p. 18. — *Pt. turritum*, Loc., *Prodr.*, p. 230.

Galbe plus allongé; spire plus haute; 8 tours plans; suture linéaire; dernier tour un peu haut, à peine arrondi dans le bas; ouverture arrondie, assez petite; pli fort; même coloration. — H. 3 à 3 1/2; D. 1 1/4 à 1 1/2 millimètre.

Assez rare; l'Océan et la Méditerranée, zones herbacée et corallienne.

**Ptychostomon conspicuum**, Alder.

*Odostomia conspicua*, Ald., 1850. *Trans. Tynes club*, p. 359. — *Pt. conspicuum*, Loc., *Prodr.*, p. 232.

Taille assez forte; galbe bien conique; 9 à 10 tours convexes, à croissance régulière; suture bien marquée; dernier tour peu gros, arrondi; ouverture subarrondie; coloration roux-clair. — H. 5 à 7; D. 2 1/2 à 3 millimètres.

Rare; la Manche et l'Océan, zones littorale et herbacée.

**Ptychostomon albellum**, Lovén.

*Turb. albella*, Lov., 1846. *M. Scand.*, p. 19. — *Pt. albellum*, Loc., *Pr.*, p. 217.

Taille plus petite; galbe plus étroitement allongé; 7 à 8 tours assez convexes; dernier tour un peu gros, largement arrondi; suture bien marquée; ouverture arrondie; pli peu fort; coloration blanc, subpellucide. — H. 2 à 3; D. 3/4 à 1 1/4 millimètre.

Assez rare; la Manche et l'Océan, zones littorale et herbacée.

**Ptychostomon Lukisi**, Jeffreys.

*Odostomia Lukisi*, Jeffr., 1859. *An. nat. hist.*, p. 112, pl. 3, fig. 19. — *Pt. Lukisi*, Loc., *Prodr.*, p. 229.

Galbe plus court et plus conique que *Pt. albellum*; 6 à 7 tours plus convexes; dernier tour plus renflé, plus arrondi; ouverture plus grande et plus arrondie; pli mieux marqué. — H. 2; D. 1/2 millimètre.

Rare; région aquitaniqne, zone corallienne.

**Ptychostomon acutum**, Jeffreys.

*Odostomia acuta*, Jeffr., 1848. *Ann. nat. hist.*, p. 338. — *Pt. acutum*, Loc., *Prodr.*, p. 231.

Galbe conique; spire un peu acuminée; 8 tours presque plans, à croissance presque régulière; dernier tour subanguleux en bas; suture linéaire assez accusée; ouverture ovalaire; pli bien marqué; un ombilic très étroit; coloration blanc, semipellucide. — H. 3 à 3 1/2; D. 1 à 1 1/2 millimètre.

Assez rare; l'Océan, zones herbacée et corallienne.

**Ptychostomon umbilicatum**, Alder.

*Odostomia umbilicata*, Ald., 1850. *Trans. Tynes club*, p. 359. — *Pt. umbilicatum*, Loc., *Prodr.*, p. 232.

Galbe plus conique que *Pt. acutum*; spire moins acuminée; tours plus droits; dernier tour plus anguleux; ombilic plus accusé; même coloration. — H. 3 à 3 1/2; D. 1 1/4 à 1 3/4 millimètre.

Très rare; région armoricaine, zones herbacée et corallienne.

**Ptychostomon pallidum,** Montagu.

*Turbo pallidus*, Mtg., 1803. *Test. Brit.*, II, p. 325, pl. 21, fig. 4. — *Pt. pallidum*, Loc., *Prodr.*, p. 235.

Galbe conique; spire assez haute, un peu acuminée; 6 à 7 tours presque plans; suture peu profonde; dernier tour gros et arrondi; ombilic nul; ouverture ovalaire, anguleuse en bas; pli fort; coloration blanc-lacté, opaque. — H. 3 à 4; D. 1 1/2 à 2 millimètres.

Rare; toutes nos côtes, zones herbacée et corallienne.

C. — Groupe du *Pt. rissoides*

Galbe court et ventru.

**Ptychostomon rissoides,** Hanley.

*Odostomia rissoides*, Hanley, 1844. *Proc. zool. soc.*, p. 18. — *Pt. rissoides*, Loc., *Prodr.*, p. 233.

Coquille subovoïde-ventrue; spire médiocre; 5 à 6 tours bien convexes; dernier tour très grand, très ventru; suture assez profonde, ouverture ovalaire; pli peu marqué; coloration blanc ou blanc-jaunâtre, parfois une zone subsuturale opaque. — H. 2 à 3; D. 1 1/2 à 1 3/4 millimètre.

Fig. 130.

Peu commun; sur toutes nos côtes, zones littorale et herbacée.

**Ptychostomon Megerlei,** Locard.

*Pt. Megerlei*, Loc., 1886. *Prodr.*, p. 234 et 779.

Galbe plus pupoïde; spire plus obtuse; dernier tour moins ventru; tours encore plus convexes; suture plus accusée; ouverture plus ovalaire; même coloration. — H. 2 à 3; D. 1 1/4 à 1 1/2 millimètre.

Rare; l'Océan, zones herbacée et corallienne.

**Ptychostomon album,** Jeffreys.

*Od. alba*, Jeffr., 1848. *Ann. nat. hist.*, p. 337. — *Pt. alb.*, Loc., *Pr.*, p. 234.

Galbe plus allongé, spire plus haute; 6 à 7 tours arrondis; dernier tour gros et ventru; suture très profonde, un peu oblique; ouverture plus arrondie; pli mieux accusé; test plus mince. — H. 2 1/2 à 3 1/2; D. 1 1/2 à 1 3/4 millimètre.

Très rare; l'Océan et la Méditerranée, zones littorale et herbacée.

**Ptychostomon nitidum**, Alder.

*Odostomia nitida*, Alder, 1844. *Ann. nat. hist.*, p. 326, pl. 8, fig. 5. — *Pt. nitidum*, Loc., *Prodr.*, p. 234.

Taille plus petite; galbe plus pupoïde; spire courte et obtuse; 5 à 6 tours très arrondis; dernier tour très gros et globuleux; suture très profonde et très large; ouverture subarrondie; pli assez accusé; coloration blanche. — H. 2 à 2 1/2; D. 1 1/4 à 1 1/2 millimètre.

Rare; l'Océan et la Méditerranée, zones littorale et herbacée.

## Genre ONDINA, de Folin.

Coquille petite, subconoïde; test mince, orné de quelques stries décurrentes peu marquées; pli peu accusé.

**Ondina insculpta**, Montagu.

*Turbo insc.*, Mtg., 1808. *Test. Br., Suppl.*, p. 129.— *O. insc.*, Loc., *Pr.*, p. 236.

Fig. 131.

Coquille subcylindroïde; spire obtuse; 6 tours convexes; dernier tour grand, un peu arrondi; suture bien marquée; stries décurrentes très fines; ouverture irrégulièrement ovalaire; coloration blanche, semi-pellucide. — H. 3 à 3 1/2; D. 1 1/4 à 1 1/2 millimètre.

Rare; l'Océan, zone herbacée.

**Ondina marginata**, Cailliaud.

*Odostomia marginata*, Caill., 1865. *Cat. Loire-Inf.*, p. 172, pl. 3, fig. 1-4. — *Ptychostomon marginatum*, Loc., *Prodr.*, p. 230.

Galbe plus allongé; spire plus acuminée; stries décurrentes formant 1 ou 2 petits faisceaux sous la suture; quelques stries espacées à la base du dernier tour; ouverture plus étroite; même coloration. — H. 2 à 3; D. 1 à 1 1/4 millimètre.

Rare; l'Océan, zone herbacée.

**Ondina Monterosatoi**, Bucq., Dautz., Dollf.

*Odostomia Monterosatoi*, B., D., D., 1883. *Moll. Rouss.*, I, p. 167, pl. 19, fig. 15. —*Pt. Monterosatoi*, Loc., *Prodr.*, p. 235.

Galbe plus court que *O. insculpta*; spire un peu moins haute; 5 tours bien convexes; suture plus accusée; dernier plus gros et plus renflé;

stries décurrentes, fines, nombreuses, dont une subsuturale plus forte; coloration blanc-hyalin. — H. 1 3/4 à 2 1/4 ; D. 1 à 1 1/4 millimètre.

Rare; la Méditerranée, zones herbacée et corallienne.

**Ondina Warreni**, Thompson.

*Rissoa Warrenii*, Thomps., 1844. *Ann. nat. hist.*, p. 315, pl. 19, fig. 4. — *O. Warreni*, Loc., *Prodr.*, p. 236.

Galbe plus élancé; spire plus haute et plus acuminée; tours bien arrondis; dernier tour assez haut, bien convexe; suture large et profonde; stries décurrentes très fines, visibles surtout à la base du dernier tour; coloration blanc, un peu roux. — H. 3 à 4; D. 1 1/2 à 1 3/4 millim.

Rare; l'Océan, zones herbacée et corallienne.

**Ondina elegans**, de Monterosato.

*Odostomia elegans*, Mtr., 1869. *Test. Sic.*, p. 12, fig. 6.

Galbe assez étroitement allongé; spire élancée; tours convexes; le dernier très haut, faiblement arrondi; stries décurrentes très fines; ouverture allongée; pli fort; coloration blanc-hyalin. — H. 3 à 4; 1 1/4 à 1 1/2 millimètre.

Rare; côtes de Provence, zone herbacée.

**Ondina scandens**, Brugnone.

*Auriculina scandens*, Brugn., *in* Mtr., 1884. *Nom. conch.*, p. 97. — *O. scandens*, Loc., *Prodr.*, p. 237.

Galbe plus court et plus ventru que *O. elegans ;* spire plus courte ; 5 à 6 tours plus convexes ; dernier tour gros et renflé; stries décurrentes très fines; ouverture arrondie; pli peu marqué; coloration blanc-hyalin. — H. 2 1/2 à 3; D. 1 1/4 à 1 1/2 millimètre.

Rare; côtes de Provence, zones herbacée et corallienne.

**Ondina crystallina**, de Monterosato.

*Odostomia crystallina*, Mtr., 1878. *En. sin.*, p. 32. — *Ptychostomon crystallinum*, Loc., *Prodr.*, p. 229.

Galbe plus petit et plus conique que *O. scandens*; spire moins haute ; tours moins convexes; dernier tour haut, mais moins ventru; suture moins profonde; ouverture plus irrégulière, anguleuse en bas; stries décurrentes extrêmement fines; coloration blanc-hyalin. — H. 1 3/4 à 2; D. 3/4 à 1 millimètre.

Très rare; côtes de Provence, zones herbacée et corallienne.

**Ondina nivosa,** Montagu.

*Turbo nivosus*, Mtg., 1803. *T. Br.*, II, p. 326. — *Pt. niv.*, Loc., *Pr.*, p. 234.

Taille très petite; galbe cylindroïde; spire obtuse; 4 à 5 tours peu convexes; dernier tour peu haut, assez arrondi; stries décurrentes très fines, accusées surtout vers la suture et au bas du dernier tour; coloration blanc-hyalin. — H. 1 1/4; D. 1/4 millimètre.

Très rare; l'Océan et la Méditerranée, zones herbacée et corallienne.

## Genre MATHILDA, Semper.

Coquille petite, turritellée; spire haute; test orné de cordons décurrents forts et de côtes longitudinales saillantes; ouverture sans pli.

**Mathilda retusa,** Brugnone.

*M. retusa*, Brugn., 1873. *M. malac.*, p. 6, fig. 3. — Loc., *Prodr.*, p. 238.

Coquille d'un galbe turritellé un peu court, trapu; 5 tours subaplatis ornés de 3 cordons transverses arrondis, rapprochés, traversés par des stries longitudinales formant à leur rencontre avec les cordons des perles arrondies, peu saillantes; ouverture assez grande, subovalaire; sommet obtus; coloration roux-clair. — H. 6 à 7; D. 3 3/4 à 4 millimètres.

Fig. 132.

Très rare; côtes de Provence, zones herbacée et corallienne.

**Mathilda granolirata,** Brugnone.

*M. granolirata*, Brugn., 1873. *M. malac.*, p. 6, fig. 2. — Loc., *Prodr.*, p. 238.

Galbe plus conique; 7 tours plus convexes, ornés de 4 cordons décurrents, dont l'avant-dernier plus saillant, comme carénal, tous granuleux; ouverture plus petite et plus arrondie; même coloration. — H. 7 à 8; D. 3 1/4 à 3 1/2 millimètres.

Très rare; côtes de Provence, zones herbacée et corallienne.

**Mathilda elegantissima,** O. G. Costa.

*Trochus elegantissimus*, O. G. Costa, *Micr. Medit.* — *M. elegantissima*, Mtr., 1874. *Journ. conch.*, p. 265.

Taille plus forte; galbe plus élancé; 9 tours plus convexes, avec les cordons plus irrégulièrement saillants, dont un très carénal; sommet aigu ; granulations moins accusées ; même coloration, — H. 10 à 11 ; D. 3 1/2 à 4 millimètres.

Très rare ; côtes de Provence, zone coralliene.

## Genre MENESTHO, Moller.

Coquille assez petite, turricullée ; test orné de cordons décurrents et de côtes longitudinales ; ouverture ovalaire ; pli columellaire fort.

### Menestho bulinea, Lowe.

*Parthenia bulinea*, Lowe, 1840. *Proc. zool. soc.*, p. 40.

Coquille cylindroïde-allongée ; spire élancée, obtuse au sommet ; 9 tours à peine convexes ; suture oblique, peu profonde ; dernier tour haut, non ventru ; test treillissé avec des cordons décurrents et des côtes longitudinales subaiguës, fines, régulières ; coloration blanc opaque. — H. 10 à 12 ; D. 3 à 3 1/4 millimètres.

Peu commun ; la Méditerranée, zones herb. et corall.

Fig. 133.

### Menestho Humboldti, Risso.

*Turbonilla Humboldti*, Ris., 1826. *Eur. merid.*, IV, p. 394, fig. 63. — *M. Humboldti*, Mtr., 1878. *En. sin.*, p. 31.

Galbe plus court, plus ventru ; spire moins haute ; 7 à 8 tours un peu plus convexes ; dernier tour plus arrondi ; pli plus accusé ; suture moins oblique ; ouverture plus large. — H. 6 à 8 ; D. 3 à 3 1/2 millimètres.

Peu commun ; la Méditerranée, zones herbacée et corallienne.

### Menestho Dollfusi, Locard.

*M. Dollfusi*, Loc., 1886. *Prodr.*, p. 238 et 572.

Galbe intermédiaire entre les deux formes précédentes ; cordons décurrents unis et continus ; pas de côtes longitudinales ; même coloration. — H. 6 à 9 ; D. 3 à 3 1/4 millimètres.

Assez rare ; la Méditerranée, zones herbacée et corallienne.

## Genre PHERUSA, Jeffreys.

Coquille très petite, subcylindroïde ; test lisse ; tours embryonnaires tordus mais non renversés.

**Pherusa Gulsonæ**, Clark.

*Chemn. Guls.*, Clark, 1862. *An. nat. hist.*, p. 459. — *Ph. Guls.*, Jeffr., 1869. *Br. conch.*, V. pl. 72, fig. 5. — Loc., *Prodr.*, p. 234.

Fig. 134.

Coquille subcylindrique-allongée; spire haute, obtuse au sommet; 7 tours bien convexes; suture profonde et oblique; dernier tour un peu gros; ouverture subarrondie, subanguleuse dans le bas; pli presque nul; coloration blanc-pellucide. — H. 1 1/4; D. 1/2 millimètre.

Très rare; région aquitanique, zone corallienne.

## RISSOIDÆ

Coquille petite, turbinée, dextre, imperforée, à sommet aigu; test ornementé; ouverture ovalaire, entière; péristome continu; opercule corné.

### Genre ALVANIA, Leach.

Coquille courte, plus ou moins globuleuse; test solide, épais, orné de côtes longitudinales et de cordons décurrents; ouverture subarrondie.

A. — Groupe de l'*A. cimicina*.

Test épais, treillissé, plus ou moins granuleux.

**Alvania cimicina**, Linné.

*Turbo cimex*, Lin., 1767. *Syst. nat.*, p. 1233. — *A. cimi.*, Loc., *Pr.*, p. 239.

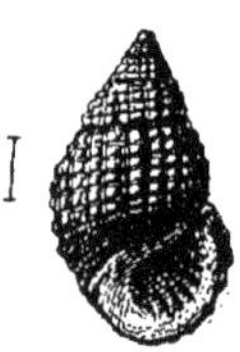
Fig. 135.

Coquille globuleuse-ventrue; spire courte; 7 tours peu convexes; suture linéaire; test régulièrement treillissé, avec des côtes longitudinales et des cordons décurrents nombreux formant des tubercules saillants à leur rencontre; coloration fauve avec ou sans bandes décurrentes brunes, péristome blanc. — H. 4 à 5; D. 3 1/2 à 4 millimètres.

Commun dans la Méditerranée; beaucoup plus rare dans l'Océan; zones herbacée et corallienne.

**Alvania mamillata**, Risso.

*A. mam.*, Risso, 1826. *Eur. mer.*, IV, p. 145, fig. 123. — Loc., *Pr.*, p. 240.

Galbe plus allongé; spire plus haute et plus acuminée; tours plus convexes et plus étagés; granulations plus saillantes ; même coloration. — H. 5 à 6 ; D. 3 à 3 1/4 millimètres.

Rare ; côtes de Provence, zones herbacée et corallienne.

**Alvania lactea, MICHAUD.**

*Rissoa lactea*, Mich., 1832. *Rissoa*, p. 7, fig. 11-12. — *A. lactea*, Brus., 1866, *Contr. Dalm.*, p. 27. — Loc., *Prodr.*, p. 247.

Galbe plus ventru, plus ovalaire ; côtes longitudinales plus espacées, atténuées dans le bas du dernier tour ; cordons décurrents moins saillants; test non granuleux ; ouverture peu allongée; coloration blanc à peine un peu fauve. — H. 5 à 6 ; D. 2 3/4 à 3 millimètres.

Assez commun ; toutes nos côtes, zones littorale et herbacée.

**Alvania cancellata, DA COSTA.**

*Turbo cancellatus*, da C., 1779. *Brit. conch.*, p. 104, pl. 8, fig. 6-9. — *A. cancellata*, Loc., *Prodr.*, p. 240.

Taille plus petite ; galbe plus étroit ; spire plus haute ; tours plus convexes, treillissés à mailles plus larges ; ouverture subcanaliculée à la base; columelle tuberculeuse ; labre crénelé en dehors ; coloration blanche. — H. 4 à 5 ; D. 2 3/4 à 3 millimètres.

Commun ; toutes les côtes, zones littorale et herbacée.

**Alvania cancellina, LOCARD.**

*A. cancellina*, Loc., 1891. *Nov. sp.*

Taille plus petite que *A. cancellata* ; galbe plus court, plus globuleux ; spire peu haute ; dernier tour plus gros et plus ventru ; 2 cordons décurrents sur l'avant-dernier tour ; ouverture plus arrondie, subcanaliculée ; même coloration. — H. 3 à 4 ; D. 2 3/4 à 3 millimètres.

Peu commun ; l'Océan et la Méditerranée, zones littorale et herbacée.

**Alvania hirta, DE MONTEROSATO.**

*Acinopsis hirta*, Mtr., 1884. *Nom. conch.*, p. 64.

De taille plus petite que *A. cancellata* ; galbe plus allongé; spire plus haute ; tours plus étagés ; suture plus profonde ; dernier tour plus allongé ; 2 cordons décurrents sur l'avant-dernier tour ; même coloration. — H. 2 1/2 à 3 ; D. 1 1/2 à 1 3/4 millimètre.

Rare ; côtes de Provence, zones littorale et herbacée.

**Alvania subcrenulata,** SCHWARTZ VON MOHRENSTERN.

*A. subcrenulata*, Schw., *in* Appel., 1869. *Boll. Mal. ital.*, II, p. 191. — Loc., *Prodr.*, p. 241.

Taille très petite; galbe ovalaire-court; spire peu haute, pointue; 6 tours convexes, le dernier grand; test treillissé à mailles subrectangulaires, avec tubercules saillants et pointus aux points d'intersection; ouverture ovalaire; labre pourvu en dehors d'un bourrelet saillant; coloration blanc-subhyalin. — H. 2 1/2 à 3; D. 1 1/2 à 1 3/4 millimètre.

Assez commun; la Méditerranée, zones littorale et herbacée.

**Alvania hispidula,** DE MONTEROSATO.

*Acinus hisp.*, Mtr., 1884. *N. conch.*, p. 63. — *A. hisp.*, Loc., *Pr.*, p. 242.

Taille petite; galbe allongé; spire assez haute; 6 à 7 tours bien convexes; côtes longitudinales un peu fortes, espacées; cordons décurrents plus minces, formant un treillissage à mailles rectangulaires assez grandes, avec de petites saillies étroitement tuberculeuses au point d'intersection; ouverture arrondie; coloration roux. — H. 3 à 3 1/2; D. 1 3/4 à 2 millim.

Très rare; côtes de Provence, zone corallienne.

**Alvania Zetlandica,** MONTAGU.

*Turbo Zetl.*, Mtg., 1811. *Tr. Lin. soc.*, p. 194, pl. 13, fig. 3. — *A. Zetl.*, Weink., 1868. *Conch. medit.*, II, p. 314. — Loc., *Prodr.*, p. 241.

Taille petite; galbe court et ventru; spire pointue; 6 à 7 tours anguleux dans le haut; suture très large et très profonde; côtes longitudinales aussi fortes que les cordons, formant un treillissage régulier, avec des mailles larges; coloration roux-clair. — H. 3 à 3 1/2; D. 2 à 2 1/4 millim.

Rare; toutes nos côtes, zones herbacée et corallienne.

B. — Groupe de l'*A. Montagui*.

Côtes longitudinales plus fortes que les cordons décurrents.

**Alvania Montagui,** PAYRAUDEAU.

*Rissoa Montagui*, Payr., 1826. *Moll. Corse*, p. 111, pl. 5, fig. 14. — *A. Montagui*, Brus., 1866. *Fauna Dalm.*, p. 35. — Loc., *Prodr.*, p. 242.

FIG. 136.

Coquille ovoïde-ventrue; spire assez haute; 6 tours étagés, presque droits, dernier tour grand; 10 à 11 côtes longitudinales fortes, arrondies, espacées, s'arrêtant au milieu du dernier tour; cordons décurrents étroits, saillants, continus; suture canaliculée; ouverture ovalaire; coloration fauve, parfois avec une étroite bande blanche au milieu du dernier tour. — H. 4 à 5; D. 2 3/4 à 3 millimètres.

Commun; la Méditerranée, toutes les zones.

**Alvania consociella**, DE MONTEROSATO.

*A. consociella*, Mtr., 1884, *Nom. conch.*, p. 59. — Loc., *Prodr.*, p. 242.

Taille plus petite; spire un peu plus acuminée; 5 tours plus renflés, moins étagés; côtes longitudinales semblables; cordons décurrents plus minces et plus saillants; ouverture plus arrondie; même coloration. — H. 2 1/2 à 3; D. 1 3/4 à 2 millimètres.

Assez commun; la Méditerranée, toutes les zones.

**Alvania lineata**, RISSO.

*A. lineata*, Riss., 1826, *Eur. mer.*, IV, p. 142, fig. 120. — Loc., *Pr.*, p. 243.

Même taille et même galbe que *A. consociella*; côtes longitudinales allant jusqu'au bas du dernier tour; coloration fauve, avec des linéoles brunes sur la convexité des cordons décurrents. — H. 3 à 4; D. 2 1/4 à 2 1/2 millimètres.

Assez commun; la Méditerranée, toutes les zones.

**Alvania aspera**, PHILIPPI.

*Rissoa aspera*, Ph., 1844, *M. Sic.*, II, p. 126, pl. 23, fig. 6. — Loc., *Pr.*, p. 243.

Taille plus forte; galbe plus allongé; 6 à 7 tours un peu convexes; 8 à 9 côtes arrondies, un peu obliques, recoupées par des cordons décurrents minces, continus, bien saillants, donnant au test un aspect rugueux; coloration fauve-clair. — H. 5 à 6; D. 3 1/4 à 3 1/2 millimètres.

Très rare; côtes de Provence, zones herbacée et corallienne.

**Alvania scabra**, PHILIPPI.

*Ris. scab.*, Phil., 1846, *M. Sic.*, II, p. 126, pl. 23, fig. 8. — Loc., *Pr.*, p. 243.

Taille petite; galbe allongé; spire assez élevée; 6 tours un peu convexes, ornés de 14 côtes longitudinales et de cordons décurrents continus, formant à leur rencontre de petits mamelons tuberculeux atténués à la base du dernier tour; coloration fauve. — H. 3; D. 1 3/4 millim.

Rare; la Méditerranée, zones herbacée et corallienne.

**Alvania Algeriana**, DE MONTEROSATO.

*Rissoa Algeriana*, Mtr., 1877, *Journ. conch.*, p. 34, pl. 3, fig. 5. — *A. Algeriana*, Loc., *Prodr.*, p. 244.

Galbe élancé; spire haute; 6 à 7 tours convexes; côtes longitudinales fortes, arrondies, très saillantes, s'arrêtant au milieu du dernier tour; 1 à 2 cordons décurrents au-dessus de la suture, et 3 à 4 dans le bas du dernier tour; coloration fauve, avec des linéoles brunes sur les cordons. — H. 3 1/2 à 4 ; D. 1 3/4 à 2 millimètres.

Très rare ; côtes de Provence, zones herbacée et corallienne.

**Alvania Lanciæ,** Calcara.

*Rissoa Lanciæ*, Calc., 1841. *Cen. Moll. Sic.*, p. 29, pl. 4, fig. 12. — *A. Lanciæ*, Mtr., 1884. *Nom. conch.*, p. 59. — Loc., *Prodr.*, p. 243.

Taille très petite ; spire peu haute ; 5 tours convexes; premiers tours lisses ; côtes fortes, s'arrêtant au milieu du dernier tour ; cordons décurrents nombreux, continus, étroits, formant à leur rencontre de faibles nodosités ; coloration blanc-jaunâtre. — H. 2 1/2 à 3 ; D. 1 1/4 à 1 1/2 millim.

Peu commun ; la Méditerranée, toutes les zones.

C. — Groupe de l'*A. reticulata*.

Test finement réticulé.

**Alvania reticulata,** Montagu.

*Turbo reticulatus*, Mtg., 1807. *Test. Brit., Sup.*, p. 332, pl. 21, fig. 1. — *A. reticulata*, Loc., *Prodr.*, p. 244.

Fig. 137.

Galbe ovoïde-allongé ; spire assez haute ; 6 tours convexes ; test finement réticulé, avec des côtes longitudinales nombreuses, atténuées sur le milieu du dernier tour, et des cordons décurrents formant à leur rencontre des saillies faibles ; ouverture ovale-arrondie, laissant voir par transparence le treillis ; coloration fauve-clair. — H. 3 à 4 ; D. 1 3/4 à 2 millimètres.

Assez rare ; toutes nos côtes, zones herbacée et corallienne.

**Alvania Geryonia,** Chiereghini.

*A. Ger.*, Brusina, 1870. *Ipsa Chier. conch.*, p. 37 et 195. — Loc., *Pr.*, p. 244.

Test plus épais ; tours moins convexes ; côtes plus nombreuses, formant à leur rencontre avec les cordons décurrents des tubercules ronds et saillants ; sous la suture une rangée de tubercules plus gros ; coloration gris-fauve. — H. 3 à 4 ; D. 1 3/4 à 2 millimètres.

Assez rare; l'Océan et la Méditerranée, toutes les zones.

## Alvania cimicoides, Forbes.

*Rissoa cimicoides*, F., 1843. *Rep. Brit. an.*, p. 189. — *A. cimicoides*, Weink. 1868. *Conch. mit.*, II, p. 304. — Loc., *Prodr.*, p. 245.

Taille un peu plus grande que *A. reticulata ;* spire plus haute ; 7 tours plus convexes ; suture plus profonde ; côtes longitudinales plus fortes et moins nombreuses, s'arrêtant au milieu du dernier tour et formant à leur rencontre avec les cordons des granulations plus fortes ; coloration fauve-clair. — H. 4 à 5 ; D. 2 1/2 à 3 millimètres.

Assez rare, l'Océan, zones herb. et coral. ; très rare dans la Méditer.

## Alvania calathina, Forbes et Hanley.

*Rissoa calathus*, F. et H., 1852. *Brit. Moll.*, III, p. 82, pl. 78, fig. 3. — *A. calathus*, Weink., 1868. *Conch. mitt.*, II, p. 304. — Loc., *Prodr.*, p. 246.

Galbe un peu plus allongé que *A. cimicoides ;* spire un peu plus haute ; 8 tours moins convexes ; côtes plus grosses, plus espacées, descendant jusqu'à la base du dernier tour ; cordons décurrents un peu plus saillants ; même coloration. — H. 4 à 4 1/2 ; D. 2 millimètres.

Rare, dans la Manche et l'Océan ; douteux dans la Méditerranée ; herbacée et corallienne.

## Alvania Testæ, Aradas et Maggiore.

*Ris. Testæ*, Ar., Mag., 1844. *Cat. rag.*, p. 207. — *A. Testæ*, Loc., *Pr.*, p. 246.

Taille petite ; galbe allongé ; spire haute ; 6 tours très convexes ; suture profonde ; dernier tour arrondi ; côtes et cordons espacés, formant un treillis à larges mailles rectangulaires, peu saillantes à leur rencontre ; coloration blanc-gris. — H. 2 1/2 à 3 ; D. 1 1/2 à 1 3/4 millimètre.

Rare ; la Méditerranée, zone corallienne.

## Alvania abyssicola, Forbes.

*Rissoa abyssicola*, F., 1853. *In* F. et H., *Brit. moll.*, III, p. 86, pl. 78, fig. 1-2. — *A. abyssicola*, Loc., *Prodr.*, p. 245.

Même galbe que *A. Testæ ;* 6 tours un peu moins convexes ; côtes longitudinales plus nombreuses, plus rapprochées ; cordons décurrents plus fins, le tout formant un treillis à mailles plus petites, avec les intersections moins saillantes ; coloration blanc, un peu jaunâtre. — H. 2 1/2 à 3 ; D. 1 1/2 à 1 3/4 millimètre.

Rare ; l'Océan et la Méditerranée, zone corallienne.

**Alvania subsoluta,** Aradas.

*Rissoa subsoluta*, Arad., 1847. *Mem. mal.*, p. 77. — *A. subsoluta*, Mtr., 1884. *Nom. conch.*, p. 61. — Loc., *Prodr.*, p. 245.

Taille petite; spire assez haute ; 5 tours bien arrondis; suture très profonde ; côtes longitudinales très étroites et très nombreuses, atténuées dans le bas du dernier tour; cordons décurrents très fins, très peu saillants; coloration blanc-grisâtre. — H. 2 ; D. 1 1/4 millimètre.

Très rare; la Méditerranée, zone corallienne.

**Alvania Jeffreysi,** Waller.

*Rissoa Jeffreysi*, Wal., 1864. *Ann. nat. hist.*, p. 136. — *A. Jeffreysi*, Loc., *Prodr.*, p. 245.

Taille petite; galbe allongé ; spire haute ; 5 tours subanguleux, bien étagés; suture très profonde; côtes longitudinales fines, très peu saillantes; cordons décurrents nombreux, un peu plus forts, formant à leur rencontre avec les côtes des mamelons obsolètes; coloration blanc-jaunâtre, semipellucide. — H. 2 à 3; D. 1 1/4 à 1 1/2 millimètre.

Très rare; région aquitanique, zone corallienne.

**Alvania puncturata,** Montagu.

*Turbo punctura*, Mtg., 1803. *Test. Brit.*, II, p. 320, pl. 12, fig. 5. — *A. punctura*, Loc., *Prodr.*, p. 247.

Taille petite ; galbe conique, un peu allongé ; spire haute ; 6 tours convexes; suture profonde ; test très finement treillissé par des cordons et des côtes presque linéaires et très nombreuses; coloration roux avec des flammes longitudinales ondulées, interrompues, brunes. — H. 2 1/2 à 3 ; D. 1 à 1 1/4 millimètre.

Assez rare; l'Océan et la Méditerranée, zone corallienne.

**Alvania simulans,** de Monterosato.

*Ris. simul.*, Mtr., 1877. *En. sin.*, p. 25. — *A. simul.*, Loc., *Prodr.*, p. 250.

De taille plus petite que *A. puncturata;* galbe plus allongé ; tours un peu moins convexes ; côtes longitudinales obsolètes ; cordons décurrents un peu plus forts ; coloration fauve-hyalin, avec quelques linéoles décurrentes brunes. — H. 1 1/2 à 2; D. 3/4 à 1 millimètre.

Très rare ; côtes de Provence, zone herbacée.

D. — Groupe de l'*A. carinata*.

Test orné seulement de cordons décurrents.

**Alvania carinata,** da Costa.

*Turbo carinatus*, da C., 1779. *Brit. conch.*, p. 102, pl. 8, fig. 10. — *A. carinata*, Brus., 1866. *Fauna Dalm.*, p. 27. — Loc., *Prodr.* p. 248.

Coquille ventrue; spire courte; 5 à 6 tours très anguleux, carénés et très étagés; dernier tour gros et arrondi; tours embryonnaires lisses; 3 cordons décurrents lamelleux sur chaque tour; 3 autres cordons plus petits à la base; ouverture subarrondie; coloration blanc, un peu jaunâtre, diaphane. — H. 4 à 4 1/2; D. 2 3/4 à 3 millim.

Fig. 138.

Très commun, la Manche et l'Océan; plus rare dans la Méditerranée; zone littorale.

**Alvania Russinoniaca,** Locard.

*A. Russinoniaca*, Loc., 1886. *Prodr.*, p. 248 et 574.

Même galbe; tours convexes, peu étagés; cordons décurrents étroits, plus nombreux, à peine saillants; ouverture plus arrondie. — H. 4 à 4 1/2; D. 2 3/4 à 3 millimètres.

Peu commun; la Méditerranée, zone littorale.

**Alvania cingulata,** Philippi.

*Rissoa cingulata*, Phil., 1846. *Moll. Sic.*, I, p. 152. — *A. cingulata*, Weink., 1868. *Conch. mit.*, II, p. 314. — Loc., *Prodr.*, p. 248.

Galbe plus ovalaire; spire plus haute; 6 tours convexes; suture linéaire; 10 à 12 cordons décurrents fins, avec des stries longitudinales tracées entre les cordons; coloration fauve-clair. — H. 3 1/2 à 4; D. 1 1/2 à 2 millimètres.

Très rare; côtes de Provence, zone corallienne.

**Alvania tenera,** Philippi.

*Rissoa tenera*, Phil., 1844. *Moll. Sic.*, II, p. 128, pl. 23, fig. 15. — *A. tenera*, Weink., 1868. *Conch. mit.*, II, p. 314. — Loc., *Prodr.*, p. 249.

Taille plus petite; galbe un peu plus conique; cordons décurrents moins nombreux, plus espacés; dernier tour moins ventru; coloration blanc-hyalin, ou un peu jaunâtre. — H. 2; D. 3/4 millimètre.

Très rare; côtes de Provence, zone corallienne.

E. — Groupe de l'*A. costata*.

Test orné de côtes longitud. fortes et de cordons décur. très fins.

**Alvania costata,** ADAMS.

*Turbo costatus*, Ad., 1796, *Trans. Lin. soc.*, p. 65, pl. 13, fig. 13-14. — *A. costata*, Brus., 1866. *Fauna Dalm.*, p. 28. — Loc., *Prodr.*, p. 249.

FIG. 139.

Coquille allongée ; spire allongée à sommet obtus ; 6 tours convexes, bien étagés ; 10 côtes longitudinales élevées, anguleuses, s'arrêtant brusquement au bas du dernier tour ; cordons décurrents très fins ; ouverture ovalaire ; labre fortement bordé ; coloration blanc-jaunâtre. — H. 2 1/2 à 3 ; D. 1 1/4 millimètre.

Commun ; toutes nos côtes, zones herbacée et corall.

**Alvania rudis,** PHILIPPI.

*Rissoa rudis*, Phil., 1844. *Moll. Sic.*, II, p. 128, pl. 23, fig. 12. — *A. rudis*, Appel., 1869. *Bull. malac. Ital.*, p. 192. — Loc., *Prodr.*, p. 250.

Galbe plus allongé ; spire plus haute, plus acuminée ; 7 tours moins étagés ; côtes longitudinales plus nombreuses, arrondies, obsolètes sur les 2 derniers tours ; stries décurrentes très fines ; labre mince ; coloration jaune-hyalin, avec quelques flammes rousses. — H. 3 à 3 1/2 ; D. 1 1/4 à 1 1/2 millimètre.

Assez commun ; la Méditerranée, zone herbacée.

F. — Groupe de l'*A. pagodula*.

Taille très petite ; tours anguleux ; réticulation grossière.

**Alvania pagodula,** BUCQ., DAUTZ., DOLLF.

*Rissoa pagodula*, B., D., D., 1884. *Moll. Rouss.*, I, p. 296, pl. 36, fig. 23-26. — *A. pagodula*, Loc., *Prodr.*, p. 250.

FIG. 140.

Coquille turriculée ; spire haute ; 6 tours anguleux ; côtes longitudinales faibles, espacées, recoupées par 2 forts cordons décurrents, déterminant 2 carènes élevées et une réticulation grossière, avec les intersections noduleuses ; côtes s'arrêtant avant la base du dernier tour ; coloration fauve-clair. — H. 2 à 2 1/2 ; D. 1 1/4 à 1 1/2 millimètre.

Assez commun ; la Méditerranée, zones littorale et herb.

**Alvania Weinkauffi,** SCHWARTZ VON MOHRENSTERN.

*A. Weinkauffi*, Sch., *in* Weink., 1868. *Conch. mitt.*, II, p. 312.

Taille un peu plus forte ; côtes longitudinales plus rapprochées, recoupées au dernier tour par 3 cordons décurrents, déterminant 3 carènes élevées et une réticulation un peu grossière; coloration roux-clair. — H. 3; D. 1 3/4 millimètre.

Très rare; côtes de Provence, zone corallienne.

**Alvania subareolata**, DE MONTEROSATO.

*A. subareolata*, Mtr., 1869. *Test. Sic.*, p. 9, fig. 3. — Loc., *Prodr.*, p. 251.

Galbe turriculé; spire élevée, obtuse au sommet; 5 tours subanguleux ornés de 13 à 14 côtes longitudinales très étroites, recoupés par des cordons décurrents sur le dernier tour; coloration corné-clair, transparent, le plus souvent avec une bande blanche au milieu des tours. — H. 3; D. 1 1/4 millimètre.

Très rare; côtes de Provence, zone corallienne.

## Genre RISSOINA, d'Orbigny.

Coquille assez petite, turriculée, non globuleuse; sommet mamelonné; test costulé; ouverture avec un sinus supérieur et un canal obtus inférieur; labre épaissi.

**Rissoina Bruguierei**, PAYRAUDEAU.

*Rissoa Brug.*, Payr., 1826. *Moll. Corse*, p. 113, pl. 5, fig. 17-18. — *R. Brug.*, Schw., 1860. *Mon. Riss.*, p. 42, pl. 1, fig. 4. — Loc., *Prodr.*, p. 251.

Coquille cylindroïde, assez allongée; spire haute, obtuse au sommet; 7 à 8 tours légèrement convexes; suture peu profonde; tours embryonnaires lisses; côtes longitudinales un peu flexueuses, étroites, espacées; cordons décurrents continus, réguliers, fins, bien rapprochés; coloration blanche, avec épiderme roux-clair. — H. 7 à 8; D. 3 à 3 1/2 millimètres.

FIG. 141.

Assez commun; la Méditerranée, toutes les zones.

## Genre ZIPPORA, Leach.

Coquille assez petite, allongée; spire très haute, effilée; teste un peu mince, orné de côtes longitudinales grosses, arrondies et peu saillantes; columelle subdentée; péristome bien dilaté en dehors.

**Zippora auriscalpiformis**, Linné.

*Turbo auriscalpium*, L., 1767. *Syst. nat.*, p. 1240. — *Z. auriscalpium*, Mtr., 1884. *Nom. conch.*, p. 53. — Loc., *Prodr.*, p. 252.

Fig. 142.

Coquille aciculiforme; spire très haute; 10 tours un peu convexes; suture peu profonde; 7 à 8 côtes longitudinales grosses, arrondies, rapprochées, peu élevées, atténuées à la base du dernier tour; stries décurrentes seulement à la base de ce tour; labre réfléchi; coloration fauve-clair, hyalin, le pli et le péristome blanc opaque. — H. 6 à 8; D. 1 3/4 à 2 1/4 millimètres.

Assez commun; la Méditerranée, zones littorale et herbacée; douteux dans l'Océan.

**Zippora aciculata**, Desmarest.

*Rissoa acicula*, Desm., 1814. *Bull. Phil.*, VIII, pl. 1, fig. 3. — *L. aciculata*, Loc., *Prodr.*, p. 353.

Galbe plus grêle, plus étroit; spire très haute; tours moins convexes; suture plus oblique et plus accusée; test plus mince; côtes plus obsolètes; même coloration. — H. 6 à 7; D. 1 1/2 à 1 3/4 millimètre.

Rare; la Méditerranée, zones littorale et herbacée.

## Genre RISSOIA, Freminville.

Coquille médiocrement allongée; spire haute et acuminée; test mince, orné de côtes longitudinales et de stries décurrentes; péristome non dilaté ou peu dilaté.

A. — Groupe du *R. membranacea*.

Galbe ventru; côtes longitudinales fines.

**Rissoia membranacea**, Adams.

*Turbo membranaceus*, Adams, 1797. *Trans. Lin. Soc.*, V, p. 2, pl. 1, fig. 14-15. — *R. membr.*, Lov., 1846. *Moll. Scand.*, p. 24. — Loc., *Prodr.*, p. 253.

Coquille d'un galbe oblong-allongé; spire acuminée; 7 à 8 tours à peine convexes; suture linéaire; côtes longitudinales nombreuses, arrondies, flexueuses, atténuées au dernier tour; stries décurrentes, nulles; ouverture grande; labre épaissi; coloration corné-roux, parfois avec quelques lignes ondulées plus foncées; péristome violacé. — H. 6 à 8; D. 1 1/2 à 3 1/2 millimètres.

Assez commun; la Manche et l'Océan, zone littorale.

FIG. 143.

**Rissoia fragilis**, MICHAUD.

*R. fragilis*, Mich., 1832. *Ris.*, p. 12, fig. 9-16. — *Zip. frag.*, Loc., *Pr.*, p. 254

Même galbe, ou un peu plus grêle; tours encore moins convexes; côtes. longitudinales obsolètes, stries décurrentes nulles; ouverture moins épaisse; coloration corné-verdâtre. — H. 7; D. 2 3/4 millimètres.

Très rare; la Méditerranée, zone littorale.

**Rissoia elata**, PHILIPPI.

*R. elata*, Ph., 1844. *Moll. Sic.*, II, p. 124, pl. 23. fig. 3. — *Zippora elata*, Loc., *Prodr.*, p. 254.

Coquille un peu plus grande; galbe plus effilé; spire plus haute; suture plus oblique; 10 tours, les 6 à 7 premiers à profil plan, les suivants plus convexes et ornés de côtes longitudinales nombreuses, peu saillantes; ouverture ovalaire; labre épais et réfléchi; coloration blanche, avec les espaces intercostaux flammulés, 3 taches fauves sur le labre. — H. 8; D. 3 millimètres.

Très rare; la Méditerranée, zone herbacée.

**Rissoia oblonga**, DESMAREST.

*R. oblonga*, Desm., 1814. *Soc. Phil.*, p. 7, pl. 1, fig. 3. — *Zippora oblonga*, Loc., *Prodr.*, p. 254.

Taille plus petite; sommet acuminé; 7 à 8 tours légèrement convexes; suture assez profonde; 12 côtes longitudinales arrondies, saillantes, espacées, atténuées en bas du dernier tour; labre un peu épaissi; coloration fauve très clair, parfois flammulé entre les côtes. — H. 5 à 6; D. 2 1/2 à 3 millimètres.

Peu commun; la Méditerranée, zones littorale et herbacée.

**Rissoia ventricosa**, DESMAREST.

*R. ventricosa*, Desm., 1814. *Soc. Phil.*, p. 7, pl. 1, fig. 2. — Loc., *Pr.*, p. 255.

Taille plus grande que *R. membranacea*; spire un peu plus haute; 8 tours; côtes un peu moins nombreuses; stries décurrentes très fines;

test un peu plus épais; coloration corné-verdâtre ou jaunâtre. — H. 7 à 9; D. 3 1/2 à 4 millimètres.

Commun; la Méditerranée, zone littorale.

**Rissoia subventricosa, Cantraine.**

*R. subv.*, Cantr., 1842. *Acad. Brux.*, p. 348. — Loc., *Pr.*, p. 255.

Taille plus petite que *R. ventricosa;* galbe plus court et plus trapu; dernier tour plus ventru; spire moins haute; côtes longitudinales plus accusées; même coloration. — H. 6 à 7; D. 3 1/4 à 3 1/2 millimètres.

Peu commun; la Méditerranée, zone littorale.

**Rissoia grossa, Michaud.**

*R. grossa*, Mich., 1832. *Rissoa*, p. 10, fig. 21-22. — Loc., *Pr.*, p. 258.

Galbe du *R. ventricosa*, mais un peu plus ventru; côtes longitudinales plus saillantes, plus allongées sur le dernier tour; stries décurrentes obsolètes; columelle plissée à la base; coloration corné-jaunâtre. — H. 8 à 9; D. 4 millimètres.

Très rare; la Méditerranée, zone herbacée.

**Rissoia lineolata, Michaud.**

*R. lineolata*, Mich., 1832. *Rissoa*, p. 9, fig. 13-14. — Loc., *Pr.*, p. 257.

Taille plus petite que *R. ventricosa;* galbe plus court; tours plus convexes; dernier tour plus ventru; labre tranchant; coloration corné-jaunâtre, avec des linéoles ondulées brunes entre les côtes. — H. 5 à 7; D. 2 3/4 à 3 1/4 millimètres.

Assez commun; la Méditerranée, zones littorale et herbacée.

**Rissoia marginata, Michaud.**

*R. marginata*, Mich., 1832. *Rissoa*, p. 13, fig. 15-16. — Loc., *Pr.*, p. 258.

Taille encore plus petite; galbe très globuleux; spire peu haute; dernier tour très ventru; tours bien convexes; côtes longitudinales assez fortes sur les 2 derniers tours; suture marginée; labre un peu épaissi; coloration corné-jaunâtre. — H. 3 1/2 à 4; D. 2 à 2 1/4 millimètres.

Rare; la Méditerranée, zone herbacée.

B. — Groupe du *R. variabilis.*

Galbe conique; côtes longitudinales noduleuses.

**Rissoia variabilis,** Megerle von Muhlfeld.

*R. variabilis*, Meg., 1824. *Berl. Verh.*, IV, p. 212, pl. 1, fig. 9. — Loc., *Prodr.*, p. 255 et 575.

Coquille d'un galbe assez élancé ; dernier tour haut ; 8 à 9 tours convexes, subanguleux ; côtes longitudinales fortes, comme noduleuses ; stries décurrentes très fines, peu réguliers ; coloration blanc-subhyalin, avec linéoles décurrentes et pointillées d'un brun foncé, les côtes et le péristome blanc. — H. 7 à 8 ; D. 3 à 3 1/4 millimètres.

Fig. 144.

Très commun ; la Méditerranée, zone herbacée.

**Rissoia protensa,** Locard.

*R. protensa*, Loc., 1886. *Prodr.*, p. 256 et 575.

Taille plus grande que *R. variabilis* ; spire plus haute, plus élancée ; 9 à 10 tours plus étagés ; suture plus oblique ; côtes plus droites et moins saillantes ; même coloration. — H. 8 à 10 ; D. 3 1/2 à 4 millimètres.

Peu commun ; la Méditerranée, zone herbacée.

**Rissoia neglecta,** Locard.

*R. neglecta*, Loc., 1886. *Prodr.*, p. 256 et 575.

Taille plus petite que *R. variabilis* ; spire plus courte ; 6 à 7 tours ; dernier tour subglobuleux, ventru ; côtes longitudinales courtes, très saillantes, s'étendant sur presque tout le dernier tour ; test plus chargé de linéoles. — H. 5 à 6 ; D. 3 à 3 1/2 millimètres.

Assez commun ; la Méditerranée, zone herbacée.

C. — Groupe du *R. monodonta*.

Galbe globuleux ; test lisse.

**Rissoia monodonta,** Bivona.

*Loxostoma monodonta*, Biv., 1832. *Nuov. rev.* — *R. monodonta*, Phil., 1836. *Moll. Sic.*, I, p. 151, pl. 10, fig. 9. — Loc., *Prodr.*, p. 256.

Coquille globuleuse-conique ; spire acuminée ; 6 tours presque plans ; suture linéaire ; dernier tour bien ventru ; test lisse ; ouverture arrondie ; columelle munie d'une denticulation ; labre épaissi ; coloration blanc laiteux, avec quelques flammes fauves. — H. 5 à 6 ; D. 3 à 3 1/4 millim.

Fig. 145.

Peu commun ; la Méditerranée, zones littorale et herbacée.

D. — Groupe du *R. violacea.*

Galbe conique-ventru ; côtes longitudinales atténuées.

**Rissoia violacea,** Desmarest.

*R. violacea*, Desm., 1814. *Soc. Phil.*, p. 8, pl. 1, fig. 7. — Loc., *Pr.*, p. 257.

Coquille ovoïde-conique; spire assez haute, acuminée; 8 tours plans; les 5 premiers lisses, les suivants avec 10 côtes longitudinales obtuses atténuées à la base du dernier tour; stries décurrentes pointillées; suture peu distincte; labre épaissi; coloration fond-blanchâtre, opaque, avec une zone décurrente violette au milieu des tours; péristome violacé. — H. 5 à 6; D. 2 3/4 à 3 millimètres.

Fig. 146.

Assez commun ; la Méditerranée, zones littorale et herbacée.

**Rissoia rufilabrata,** Leach.

*Cingula rufilabris*, Leach, *in* Thorpe, 1844. *Brit. mar. conch.*, pl. 4, fig. 46. — *R. rufilabris*, Loc., *Prodr.*, p. 257.

Taille plus petite; galbe plus globuleux; spire moins haute; 7 tours plus convexes; dernier tour plus gros et plus ventru; côtes un peu plus larges; péristome roux. — H. 4 à 5 ; D. 1 3/4 à 3 millimètres.

Peu commun ; la Manche et l'Océan, zones littorale et herbacée.

**Rissoia liliacina,** Récluz.

*R. liliacina*, Récl., 1843. *Rev. soc. Cuv.*, p. 6. — Loc., *Pr.*, p. 258.

Galbe plus ventru que *R. violacea;* spire moins haute ; 5 à 6 tours plus convexes; dernier tour plus renflé; 3 derniers tours ornés de côtes plus fortes; stries décurrentes pointillées; coloration blanc-violacé. — H. 4 1/2 à 5 1/2; D. 3 à 4 millimètres.

Assez commun; la Manche et l'Océan ; zones littorale et herbacée.

**Rissoia venusta,** Philippi.

*R. venusta*, Phil., 1844. *Moll. Sic.*, II, p. 124, pl. 23, fig. 4. — Loc., *Pr.*, p. 258.

Taille plus grande que *R. violacea;* galbe plus ventru ; 6 à 7 tours à peine convexes; dernier tour obtusément subanguleux ; 3 tours supérieurs lisses, les suivants avec 14 à 16 côtes étroites et saillantes, interrompues au milieu du dernier tour; coloration roux, côtes plus claires, linéoles ponctuées entre les côtes. — H. 6 à 7; D. 3 à 3 1/2 millimètres.

Très rare ; côtes de Provence, zone herbacée.

**Rissoia pulchella,** Philippi.

*R. pulchella*, Phil., 1836. *Moll. Sic.*, I, pl. 155, p. 10, fig. 12. — Loc., *Pr.*, p. 263.

Galbe conoïde-ventru; spire peu haute; 6 à 7 tours convexes; 3 premiers lisses, les suivants ornés de plis forts, arrondis, très courts sur le dernier tour; coloration blanc-grisâtre, avec flammes fauves entre les côtes, une tache à la base du labre. — H. 4 1/2; D. 2 1/4 millimètres.

Très rare; côtes de Provence, zone herbacée.

**Rissoia radiata,** Philippi.

*R. radiata*, Phil., 1836. *Moll. Sic.*, I, p. 151, pl. 10, fig. 15. — Loc., *Pr.*, p. 259.

Galbe plus étroitement allongé; spire plus haute; 6 à 7 tours plans; premiers tours lisses; côtes obtuses, atténuées sur le dernier tour; test mince; coloration corné-hyalin, avec d'étroites flammes longitudinales entre les côtes. — H. 4 à 4 1/2; D. 2 à 2 1/4 millimètres.

Très rare; côtes de Provence, zone herbacée.

**Rissoia simplex,** Philippi.

*R. simplex*, Phil., 1844. *Moll. Sic.*, II, p. 129, pl. 23, fig. 17. — Loc., *Pr.*, p. 203.

Même galbe que *R. radiata*; test lisse, côtes tout à fait obsolètes; coloration corné-hyalin, avec quelques lignes ondulées fauves. — H. 4 à 4 1/2; D. 2 à 2 1/4 millimètres.

Très rare; côtes de Provence, zone herbacée.

E. — Groupe du *R. Guerini*.

Galbe fusiforme-allongé; côtes atténuées.

**Rissoia Guerini,** Récluz.

*R. Guerini*, Récl., 1843. *Rev. Soc. Cuv.*, p. 7. — Loc., *Prodr.*, p. 259.

Coquille fusiforme-allongée; spire haute, acuminée; 8 tours convexes, les premiers lisses, les suivants avec de côtes grosses, 10 au dernier tour; stries transversales ponctuées, très fines; ouverture peu saillante en dehors; labre bordé; coloration fauve très clair, avec linéoles longitudinales rousses, parallèles et en zigzags, péristome violacé. — H. 5 à 6; D. 2 à 2 1/4 millimètres.

Fig. 147.

Commun; sur toutes les côtes, zones littorale et herbacée.

**Rissoia subcostulata**, Schwartz von Mohrestern.

*Rissoa subcost.*, Schw., 1864. *Rissoa*, p. 41, pl. 3, fig. 32. — Loc., *Pr.*, p. 259.

Même galbe; test plus épais; côtes plus fortes, plus saillantes, moins atténuées à la base; labre fortement bordé; coloration fauve-terne, les côtes et le péristome plus clair. — H. 5 à 5 1/2; D. 2 à 2 1/4 millim.

Assez rare; toutes les côtes, zones littorale et herbacée.

**Rissoia similis**, Scacchi.

*Rissoa similis*, Scac., 1836. *Cat. Neap.*, p. 14. — Loc., *Pr.*, p. 260.

Taille plus petite; galbe plus ventru; spire moins haute; 6 à 7 tours convexes; 10 côtes grosses et arrondies; stries décurrentes fines et ponctuées; suture ondulée; labre peu épais; coloration blanche, sommet et péristome violacé. — H. 3 1/2 à 5; D. 1 1/2 à 2 millimètres.

Assez commun; la Méditerranée, zones littorale et herbacée.

**Rissoia melanostoma**, Requien.

*Rissoa melanost.*, Req., 1848. *Coq. Cor.*, p. 53. — Loc., *Prodr.*, p. 260.

Galbe du *R. similis;* côtes plus saillantes, plus allongées au dernier tour; coloration fauve-clair, avec flammes plus foncées entre les côtes, sommet violacé, péristome noir. — H. 3 1/2 à 5; D. 1/2 à 2 millimètres.

Assez rare; côtes de Provence, zone herbacée.

**Rissoia decorata**, Philippi.

*Rissoa decorata*, Phil., 1846. *Zeitschr. Malac.*, p. 97.

Même galbe que *R. similis*, ou un peu plus étroitement allongé; côtes un peu plus nombreuses, plus rapprochées, plus saillantes; coloration roux-clair, côtes blanches, entre les côtes des linéoles brunes décurrentes. — H. 4 1/2 à 5 1/4; D. 2 millimètres.

Rare; côtes de Provence, zone herbacée.

**Rissoia Lia**, Benoit.

*Apicularia Lia*, Ben., *in* Mtr., 1884. *Nom. conch.*, p. 57. — *R. Lia*, Loc., *Pr.*, p. 260.

Taille un peu plus petite que *R. similis;* galbe plus allongé; tours moins convexes; côtes longitudinales moins saillantes, obsolètes au dernier tour; ouverture plus ovalaire; coloration fauve-clair, sommet blanc, péristome violacé. — H. 4; D. 1 3/4 millimètre.

Assez rare; la Méditerranée, zone herbacée.

**Rissoia nitens,** DE MONTEROSATO.

*Apicularia nitens*, Mtr., 1884. *N. conch.*, p. 57. — *R. nit.*, Loc., *Pr.*, p. 260.

Galbe cylindroïde; 6 tours convexes ; suture linéaire mais large ; test lisse; ouverture ronde; péristome simple; coloration blanc-hyalin. — H. 2 1/2; D. 1 millimètre.

Très rare; côtes de Provence, zone herbacée.

F. — Groupe du *R. parva*.

Coquille très petite; galbe globuleux; test costulé.

**Rissoia parva,** DA COSTA.

*Turbo parvus*, da C., 1779. *Brit. Conch.*, p. 104. — *R. parva*, Gray, 1833. *Proc. zool. soc.*, p. 116. — Loc., *Prodr.*, p. 29.

Coquille ovoïde-ventrue ; spire peu haute ; 6 tours bien convexes; suture ondulée; les premiers lisses, les suivants avec des côtes longitudinales arrondies, saillantes, espacées, un peu obliques; dernier tour renflé, avec les côtes interrompues dans le bas ; coloration grisjaunâtre, avec 2 bandes décurrentes fauves et confuses, péristome violacé, 2 taches sur le labre. — H. 3 à 4 ; D. 1 3/4 à 2 millimètres.

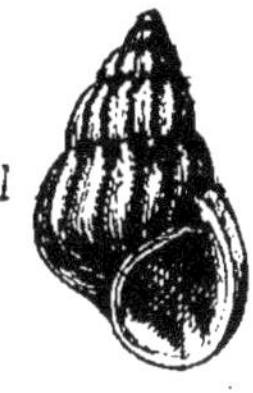

FIG. 148.

Commun; la Manche et l'Océan; très rare dans la Méditerranée ; zones littorale et herbacée.

**Rissoia interrupta,** ADAMS.

*Turbo inter.*, Ad., 1798. *Trans. Lin. Soc.*, V, pl. 5, fig. 20-21. — *R. inter.*, Johnst., 1838. *B. Club*, I, p. 271. — Loc., *Prodr.*, p. 261.

Même galbe ; taille souvent plus petite ; tours moins convexes ; côtes longitudinales nulles ; test presque lisse; coloration corné-fauve, avec flammes rousses interrompues. — H. 2 1/2 à 3 1/2 ; D. 1 1/2 à 1 3/4 millim.

Assez rare, la Manche et l'Océan ; très rare, la Méditer.; zone herbacée.

**Rissoia inconspicua,** ALDER.

*R. inc.*, Ald., 1844. *An. nat. hist.*, p. 323, fig. 6-7. — Loc., *Pr.*, p. 262.

Galbe un peu plus allongé ; taille plus petite ; 6 à 7 tours subconvexes, non renflés; derniers tours ornés de côtes étroites et nombreuses, recoupés par des stries très fines ; coloration blanc-jaunâtre translucide, sommet corné, flammes longitudinales interrompues, plus foncées. — H. 1 3/4 à 2; D. 1 à 1 1/4 millimètre.

Assez rare ; toutes nos côtes, zones littorale et herbacée.

**Rissoia dolioliformis**, Nyst.

*Rissoa dol.*, Nyst, 1843. *Coq. Belg.*, p. 417. — Loc., *Pr.*, p. 262.

Galbe un peu plus allongé que *R. inconspicua;* 6 tours bien convexes, ornés de côtes longitudinales nombreuses, étroites, rapprochées, saillantes, interrompues au milieu du dernier tour; coloration corné-clair, parfois avec quelques flammes longitudinales plus foncées. — H. 2 à 3 ; D. 1 1/4 à 1 1/2 millimètre.

Assez rare ; la Méditerranée, zone littorale.

**Rissoia gemmula**, Fischer.

*R. gem.*, Fisch., 1871. *Fonds mer*, I, p. 151, pl. 23, fig. 3. — Loc., *Pr.*, p. 263

Taille plus petite que *R. dolioliformis;* spire plus haute ; 7 tours très arrondis, ventrus ; côtes longitudinales obsolètes ; coloration blanc-diaphane ; une zone transverse brune, interrompue de blanc sous la suture et au milieu du dernier tour. — H. 1 1/3 ; D. 1/2 millimètre.

Très rare ; région aquitanique, zone corallienne.

## Genre PLAGIOSTYLA, Fischer.

Coquille turbinée, très petite, très ventrue ; dernier tour très grand ; test lisse ; columelle oblique ; labre simple.

**Plagiostyla Asturiana**, Fischer.

*Pl. Astur.*, Fisch., 1872. *F. mer*, II, p. 50, pl. 2, fig. 5. — Loc., *Pr.*, p. 264.

Fig. 149.

Coquille ovoïde-ventrue ; spire courte, sommet obtus ; 4 à 5 tours globuleux ; dernier tour très gros ; test lisse, brillant, translucide ; suture marginée ; ouverture ample, arrondie dans le bas, anguleuse en haut ; péristome un peu épaissi ; columelle à peine arquée ; coloration blanche. H. 2 ; D. 1 1/2 millimètre.

Très rare ; région aquitanique, zone corallienne.

## Genre CINGULA, Fleming.

Coquille petite ; galbe pupoïde, turriculé ; sommet un peu obtus ; test presque lisse ; ouverture arrondie ; péristome simple.

A. — Groupe du *C. vittata*.

Galbe subconique ; sculpture et ornementation décurrentes.

**Cingula vittata,** Donovan.

*Turbo vittatus*, Don., 1803. *Brit. Shells.*, V, pl. 178, fig. 1. — *C. cingilla*, Loc., *Prodr.*, p. 264. — *C. vittata*, Loc., 1890. *Contr.*, XVI, p. 36.

Coquille conoïde-ventrue ; spire un peu acuminée ; 6 tours plans ; suture linéaire ; stries décurrentes très fines ; ouverture arrondie ; labre mince ; test solide ; coloration fauve-clair avec 2-3 bandes brunes décurrentes. — H. 3 1/2 à 4 1/2 ; D. 2 à 2 1/4 millimètres.

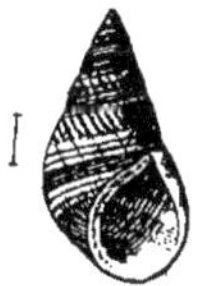

Fig. 150.

Assez commun ; la Manche et l'Océan, zones littorale et herbacée.

**Cingula striata,** Montagu.

*Turbo striatus*, Mtg., 1803. *Test. Brit.*, II, p. 312. — *C. striata*, Flem., 1838. *Brit. anim.*, p. 307. — Loc., *Prodr.*, p. 265.

Taille plus petite ; galbe plus cylindroïde ; spire plus obtuse ; 6 à 7 tours légèrement convexes ; suture bien marquée ; stries décurrentes très fines ; quelques plis sous la suture ; labre épaissi, coloration blanc-corné, opaque, parfois 1 ou 2 bandes fasciées au dernier tour. — H. 3 à 4 ; D. 1 à 1 1/2 millimètre.

Commun ; la Manche et l'Océan, zones littorale et herbacée.

**Cingula semistriata,** Montagu.

*Turbo sem.*, Mtg., 1808. *Test. Brit.*, *Suppl.*, p. 136, pl. 21, fig. 5. — *C. sem.*. Thorpe, 1844. *Brit. conch.*, p. 43, pl. 7, fig. 90. — Loc., *Prodr.*, p. 265.

Taille plus petite que *C. striata ;* galbe un peu plus renflé ; spire plus obtuse ; 5 tours convexes ; quelques stries décurrentes au voisinage de la suture ; labre simple ; coloration corné, avec flammes longitudinales rousses. — H. 2 1/4 à 4 ; D. 1 1/4 à 1 1/2 millimètre.

Assez commun ; toutes les côtes, zones littorale et herbacée.

**Cingula obesa,** Locard.

*C. obesa*, Loc., 1890. *Nov. sp.*

Voisin du *C. semistriata*, mais plus petit et plus globuleux ; spire courte ; 4 à 5 tours bien arrondis ; stries décurrentes presque obsolètes ; coloration plus pâle. — H. 2 1/4 ; D. 1/4 millimètre.

Assez rare ; la Manche et l'Océan ; zones littorales et herbacée.

**Cingula Beniamina**, de Monterosato.

*C. Ben.*, Mtr., 1886. *Nom. conch.*, p. 66. — Loc., *Prodr.*, p. 267.

Voisin de *C. semistriata;* taille plus petite ; galbe à peine plus ventru ; 5 tours un peu plus arrondis ; suture plus profonde ; test plus mince, transparent ; coloration corné-clair, avec flammes longitudinales rousses. — H. 1 3/4 à 2 1/4 ; D. 1 à 1 1/4 millimètre.

Rare ; la Méditerranée, zones littorale et herbacée.

B. — Groupe du *C. proxima*.

Galbe cylindroïde ; test obtusément strié ou lisse.

**Cingula proxima**, Alder.

*Rissoa proxima*, Ald., *in* Thomps., 1847. *An. nat. hist.*, XX, p. 174. — *C. proxima*, Weink., 1866. *C. mit.*, II, p. 279. — Loc., *Pr.*, p. 269.

Fig. 151.

Coquille cylindro-conique ; spire allongée ; 6 tours bien convexes ; suture profonde ; croissance assez régulière ; ouverture petite ; labre épaissi ; stries décurrentes très fines sur presque tous les tours ; coloration blanc-grisâtre. — H. 3 à 3 1/2 ; D. 1 à 1 1/4 millimètre.

Peu commun ; toutes nos côtes, zones littorale et herbacée.

**Cingula glabrata**, Megerle von Muhlfeld.

*Helix glab.*, Mühlf., 1824. *Verh. Berl. Ges.*, I, p. 218, pl. 3, fig. 10. — *C. glab.*, Brus., 1866. *Fauna Dalm.*, p. 28 et 75. — Loc., *Prodr.*, p. 268.

Galbe pupoïde-allongé ; spire obtuse au sommet ; 6 tours un peu convexes, le dernier étroit ; test lisse ; péristome épais ; coloration brun-fauve. — H. 1 1/2 ; D. 3/4 millimètre.

Assez rare ; toutes nos côtes, zones littorale et herbacée.

**Cingula nitida**, Brusina.

*Peringiella nit.*, Br., *in* Mtr., 1878. *En. sin.*, p. 27. — Loc., *Pr.*, p. 269.

Galbe pupoïde-ventru ; spire obtuse ; tours peu convexes ; dernier tour un peu gros ; test lisse ; péristome épaissi en bas, bordé à l'extérieur ; coloration blanc-hyalin, transparent. — H. 2 1/4 ; D. 1 millim.

Très rare ; la Méditerranée, zone littorale.

**Cingula elegans**, Locard.

*R. nitida, var. elongata*, Mtr., *in* B., D., D., *Moll. Rouss.*, I, p. 314, pl. 37, fig. 24 à 26.

Galbe élancé; spire obtuse au sommet; 6 à 7 tours très peu convexes; dernier tour étroit; ouverture petite; axe parfois arqué; test lisse; coloration blanc-hyalin, transparent. — H. 2 1/2 à 3; D. 1 à 1 1/4 millimètre.

Peu commun; la Méditerranée, zones littorale et herbacée.

**Cingula vitrea**, Montagu.

*Turbo vitreus*, Mtg., 1803. *T. Brit.*, II, p. 321, pl. 12, fig. 3. — *C. vitrea* Flem., 1838. *Brit anim.*, p. 308. — Loc., *Prodr.*, p. 269.

Voisin du *C. proxima*; suture plus oblique et plus profonde; tours plus convexes; test lisse; péristome mince; coloration hyalin-translucide. — H. 3 à 3 1/2; D. 1 à 1 1/4 millimètre.

Assez rare; la Manche et l'Océan, zones littorale et herbacée.

**Cingula Alleryana**, Aradas et Benoit.

*Rissoa Alleryana*, Ar., Ben., 1870. *Conch. Sic.*, p. 211, pl. 4, fig. 11.

Taille petite; galbe cylindroïde un peu renflé; tours bien convexes; suture profonde; dernier tour non renflé; péristome simple; test lisse et brillant; coloration blanc-pellucide. — H. 1; D. 3/4 millimètre.

Très rare; côtes de Provence, zones littorale et herbacée.

**Cingula limpida**, de Monterosato.

*Setia limp.*, Mtr., 1884. *Nom. conch.*, p. 73. — *C. limpida*, Loc., *Pr.*, p. 270.

Coquille petite; galbe voisin du *C. Alleryana*, plus étroitement allongé; tours plus obliques; coloration blanc-pellucide avec 2 taches peu distinctes vers l'ouverture. — H. 1 1/2; D. 3/4 millimètre.

Très rare; côtes de Provence, zones littorale et herbacée.

**Cingula contorta**, Jeffreys.

*Rissoa contorta*, Jeff., 1856. *Pied. Coast*, p. 29, fig. 6-7. — *C. cont.*, Weink., 1868. *Conch. mit.*, II, p. 281. — Loc. *Prodr.*, p. 270.

Coquille petite; galbe pupoïde-court; spire obtuse; 5 tours bien convexes, le dernier très haut, un peu élargi; test lisse; ouverture arrondie; péristome épais; coloration blanc-jaunâtre, parfois avec 2 bandes décurrentes fauves. — H. 1 1/4 à 1 3/4; D. 1/4 millimètre.

Assez rare; la Méditerranée, zone littorale.

## Cingula intorta, DE MONTEROSATO.

*Rissoa intorta*, Mtr., 1878. *En. sin.*, p. 126. — *C. intorta*, Loc., *Pr.*, p. 270.

Même galbe que *C. contorta;* test orné de stries décurrentes très fines ; coloration blanc-jaunâtre. — H. 1 1/4 à 1 3/4 ; D. 1/4 millimètre.

Rare ; la Méditerranée, zone littorale.

C. — Groupe du *C. pulcherrima.*

Coquille plus ou moins ombiliquée ; galbe conique-ventru.

## Cingula pulcherrima, JEFFREYS.

*Rissoa pulcherrima*, Jeffr., 1849. *An. nat. hist.*, II, p. 351. — *C. pulcherrima*, Loc., *Prodr.*, p. 266.

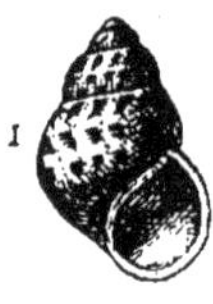

FIG. 152.

Coquille petite; galbe court, ventru; 4 tours un peu arrondis; suture peu profonde; test presque lisse; ouverture ronde; péristome simple; ombilic obsolète; coloration corné-clair avec 1 à 4 séries de petites taches brunes décurrentes et quadrangulaires. — H. 2; D. 1 millimètre.

Rare ; l'Océan, zones littorale et herbacée.

## Cingula fusca, PHILIPPI.

*Truncatella fusca*, Phil., 1841. *In Wiegm. arch.*, p. 53, pl. 5, fig. 5. — *C. fusca*, Weink., 1868. *Conch. mit.*, II, p. 281. — Loc., *Prodr.*, p. 268.

Taille plus petite; galbe plus ventru; spire peu haute; 4 tours convexes ; suture profonde ; dernier tour bien arrondi ; ouverture circulaire; péristome simple; ombilic obsolète; test lisse; coloration roux-fauve. — H. 1 à 1 1/2 ; D. 3/4 millimètre.

Assez rare ; la Méditerranée, zones littorale et herbacée.

## Cingula turriculata, DE MONTEROSATO.

*Setia turriculata*, Mtr., 1884. *Nom. conch.*, p. 73. — *C. turricul.*, Loc., *Pr.*, p. 268.

Voisin du *C. fusca ;* galbe plus allongé; spire plus haute, turriculée; tours arrondis; suture plus marquée; sommet obtus; ombilic étroit ; coloration jaune clair, opaque. — H. 2; D. 1 millimètre.

Rare; la Méditerranée, zones littorale et herbacée.

## Cingula amabilis, DE MONTEROSATO.

*Setia amabilis*, Mtr., 1878. *En. sin.*, p. 27. — *C. am.*, Loc., *Pr.*, p. 266.

Voisin du *C. pulcherrima;* galbe un peu plus court et ventru ; dernier tour plus développé; test lisse ; coloration corné-clair avec 1 à 4 séries de petites taches fauves quadrangulaires. — H. 1 1/4 ; D. 1 millimètre.

Assez rare ; la Méditerranée, zones littorale et herbacée.

**Cingula Galvagnii,** Aradas et Maggiore.

*Rissoa Galv.*, Ar. et Mag., 1839. *Cat. rag.*, p. 208. — *C. Galv.*, Loc., *Pr.*, p. 266.

Galbe plus ventru que les formes précédentes; 4 tours moins convexes; suture moins profonde; dernier tour plus développé; ouverture plus ronde ; test lisse ; coloration corné-clair avec quelques flammes fauves. — H. 1 1/4; D. 1 1/4 millimètre.

Rare; la Méditerranée, zones littorale et herbacée.

**Cingula Alderi,** Jeffreys.

*Rissoa Ald.*, Jeffr., 1858. *An. nat. hist.*, p. 127, pl. V, fig. 5. — *C. Ald.*, Loc., *Pr.*, p. 270.

Galbe court et trapu; 5 tours bien convexes ; sommet bien obtus ; dernier tour très arrondi; stries décurrentes extrêmement fines; suture profonde ; coloration corné très clair, translucide. — H. 1 ; D. 1/4 millim.

Rare ; la Manche et l'Océan, zones herbacée et corallienne.

**Cingula obtusa,** Cantraine.

*Rissoa obt.*, Cantr., 1842. *Ac. Brux.*, p. 9. — *C. obt.*, Loc , *Pr.*, p. 271.

Voisin du *C. alderi;* tours moins convexes ; suture moins profonde ; dernier tour mions arrondi ; test finement strié ; coloration corné-pâle, translucide. — H. 1 ; D. 3/4 millimètre.

Rare ; la Méditerranée, zones herbacée et corallienne.

D. — Groupe du *C. fulgida.*

Coquille microscopique ; galbe globuleux.

**Cingula fulgida,** Adams.

*Helix fulgidus*, Ad., 1796. *Trans. Lin. soc.*, III, p. 254. — *C. fulgida*, Thorpe, 1844. *Brit. conch.*, p. 43, pl. 43, fig. 50. — Loc., *Prodr.*, p. 267.

Fig. 153.

Coquille très petite ; galbe globuleux ; spire courte obtuse ; 4 tours bien convexes; le dernier gros et ventru ; suture profonde ; test lisse, ouverture ronde ; labre simple ; coloration corné-clair, transparent, avec 2 bandes fauves décurrentes au dernier tour. — H. 1 ; D 3/4 millimètres.

Assez rare ; toutes nos côtes, zone littorale.

**Cingula pumila,** DE MONTEROSATO.

*Microsetia pumila*, Mtr., 1884. *N. conch.*, p. 74. — *C. micrometrica*, Loc., *Prodr.*, p. 267.

Galbe plus ovoïde ; dernier tour moins ventru ; coloration corné-clair, transparent, avec 3 à 4 bandes décurrentes étroites et brunes, sur le dernier tour. — H. 4 1/4 ; D. 3/4 millimètre.

Rare ; la Méditerranée, zones littorale et herbacée.

## Genre JEFFREYSIA, Alder.

Coquille petite, perforée, turbinée, ventrue ; spire courte, sommet obtus ; test lisse ; ouverture ovalaire , péristome simple.

**Jeffreysia glabra,** BROWN.

FIG. 154.

*Rissoa glabra*, Brown, 1827. *Ill. conch.*, p. 50, pl. 9, fig. 37. — *J. glabra*, Loc., *Prodr.*, p. 271.

Coquille petite ; galbe pupoïde, court ; 4 1/2 tours convexes, à croissance régulière ; sommet obtus ; dernier tour peu gros, mais assez haut, suture profonde ; test pellucide, lisse ; coloration corné-vitreux. — H. 1 1/2 ; D. 1 millimètre.

Rare ; la Manche et l'Océan ; zones littorale et herb.

**Jeffreysia opalina,** JEFFREYS.

*Rissoa opalina* Jeff., 1847. *Ann. nat. hist.*, p. 351. — *J. opalina*, F. et H., 1853. *Br. moll.*, III, p. 154, pl. 76, fig. 3 et 4. — Loc., *Prodr.*, p. 271.

Galbe plus court, plus ventru ; 3 1/2 tours, le dernier très gros ; spire bien obtuse ; test lisse ; même coloration. — H. 1 ; D. 1 millimètre.

Rare ; région armoricaine, zones littorale et herbacée.

**Jeffreysia globularis,** JEFFREYS.

*J. globularis*, Jeff., *in* F. et H., 1853. *Br. moll.*, IV, p. 268, pl. 133, fig. 5.

Galbe globuleux-déprimé ; 3 tours, le dernier très ventru, très gros ;

spire courte, très obtuse ; test lisse et pellucide; coloration blanc-vitreux. — H. 1 ; D. 3/4 millimètre.

Très rare ; la Manche, zones littorale et herbacée.

**Jeffreysia inflata**, de Monterosato.

*J. inflata*, Mtr., 1878. *En. sin.*, p. 27.

Voisin du *J. opalina;* galbe moins ventru ; spire un peu plus haute ; dernier tour plus allongé et moins ventru ; suture plus accusée ; coloration corné-clair, vitreux. — H. 1 1/4 ; D. 1 millimètre.

Rare ; côtes de Provence, zones littorale et herbacée.

## Genre BARLEEIA.

Coquille petite, turbinée-conique ; spire haute ; sommet obtus ; labre aigu ; opercule corné, strié concentriquement, avec un sillon médian et une côte élevée sur la face interne.

**Barleeia rubra**, Adams.

*Turbo ruber*, Adams, 1795. *Trans. Lin. soc.*, III, p. 64, pl. 13, fig. 21-22. — *B. rubra*, Sow., 1859. *Ill. ind.*, pl. 24, fig. 12. — Loc., *Prodr.*, p. 272.

Coquille petite ; galbe ovoïde ; spire allongée ; 5 à 6 tours à peine convexes ; sommet obtus ; dernier tour grand, un peu subanguleux dans le bas ; columelle arquée ; labre simple ; test lisse ; coloration brun-roux, parfois avec une zone décurrente claire au dernier tour. — H. 3 ; D. 1 1/2 millimètre.

Fig. 155.

Commun ; toutes les côtes, zone littorale.

**Barleeia elongata**, Locard.

*B. elongata*, Loc., 1886. *Prodr.*, p. 272 et 565.

Taille plus forte ; galbe plus allongé ; spire plus haute ; 6 à 7 tours presque droits ; dernier tour allongé, à peine ventru ; suture plus oblique ; même coloration. — H. 4 1/2 ; D. 1 1/2 millimètre.

Rare ; la Méditerranée, zone littorale.

# NATICIDÆ

Coquille de taille moyenne, turbinée-ventrue, ombiliquée ; spire peu haute, dernier tour très volumineux ; ouverture entière ; columelle épaissie; labre tranchant; test porcellané; opercule semi-lunaire, paucis-strié, à nucléus excentré.

## Genre NATICA, Scopoli.

Coquille globuleuse, finement épidermée, plus ou moins ombiliquée; ouverture oblique, subarrondie; ombilic avec ou sans funicule.

A. — Groupe du *N. millepunctata.*

Ombilic avec un funicule subcentral, simple.

### Natica millepunctata, DE LAMARCK.

*N. millep.*, Lamck., 1822. *An. s. vert.*, VI, II, p. 199. — Loc., *Pr.*, p. 273.

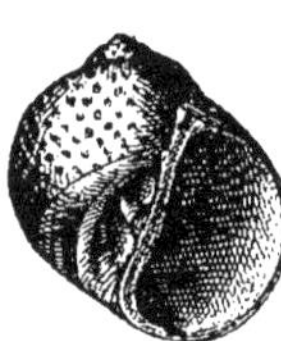

FIG. 156.

Coquille subglobuleuse; spire peu haute; 5 à 6 tours déprimés dans le haut, ensuite convexes, le dernier très grand; ouverture semi-lunaire; bord columellaire appliqué et calleux dans le haut; ombilic large; funicule arrondi; coloration fond blanchâtre parsemé de petites taches brunes presque régulières. — H. 35 à 40; D. 38 à 45 millimètres.

Peu commun; la Méditerranée, zones litt. et herb.

### Natica Hebræa, MARTYN.

*N. Hebræa*, Mart., 1769-84. *Un. conch.*, pl. 109. — Loc., *Pr.*, p. 273.

Même galbe; taille un peu plus forte; coloration fond blanchâtre parsemé de taches irrégulières, dont quelques-unes réunies forment des flammes décurrentes. — H. 38 à 42; D. 40 à 45 millimètres.

Assez commun; la Méditerranée, zones littorale et herbacée.

B. — Groupe du *N. catenata.*

Ombilic sans funicule.

### Natica catenata, DA COSTA.

*Cochlea catena*, da Costa, 1779. *Brit. conch.*, p. 83, pl. 5, fig. 7. — *N. catena*, Mtr., 1878. *En. sin.*, p. 36. — Loc., *Prodr.*, p. 274.

FIG. 157.

Coquille assez grande; galbe globuleux, un peu allongé; spire un peu haute; 6 à 7 tours convexes, le dernier très gros; ouverture un peu allongée; columelle peu arquée, avec le bord appliqué, légèrement calleux en haut; ombilic large; labre tranchant;

coloration fauve-cendré, avec une zone décurrente orangé-clair, articulée de flammes rousses dans le haut des tours. — H. 40 à 45 ; D. 38 à 43 millimètres.

Commun ; toutes les côtes, zones littorale et herbacée.

**Natica Alderi,** Forbes.

*N. Alderi*, Forbes, 1838. *Mal. Mon.*, p. 31, pl. 2, fig. 6-7. — Loc., *Pr.*, p. 275.

Coquille beaucoup plus petite ; galbe plus ovoïde ; dernier tour allongé ; ouverture semi-elliptique ; columelle droite ; bord columellaire faiblement calleux ; coloration fauve-clair avec 4 ou 5 zones de flammes brunes sur le dernier tour. — H. 14 à 18 ; D. 13 à 19 millimètres.

Commun ; toutes nos côtes, zones littorale et herbacée.

**Natica Neustriaca,** Locard.

*N. Neustriaca*, Loc., *Prodr.*, 1886. p. 276 et 576.

Voisin du *N. Alderi*, mais un peu plus petit et plus globuleux ; spire plus courte ; dernier tour plus élargi ; ouverture moins allongée ; même coloration, souvent plus foncé. — H. 13 à 15 ; D. 12 1/2 à 14 millimètres.

Peu commun ; la Manche et l'Océan, zones littorale et herbacée.

**Natica Poliana,** delle Chiaje.

*N. Poliana*, d. Ch., *in* Poli, 1826. *Test. Sic.*, III, pl. 56, fig. 13. — *N. pulchella*, Loc., *Prodr.*, p. 276.

Voisin du *N. Alderi* ; taille plus petite ; galbe plus allongé ; spire un peu plus haute ; tours déprimés dans le haut ; ouverture plus petite ; coloration fauve-clair, avec deux zones décurrentes flammulées, bordant une bande plus claire. — H. 10 à 12 ; D. 9 à 10 millimètres.

Peu commun ; la Méditerranée, zones littorale et herbacée.

**Natica complanata,** Locard.

*N. complanata*, Loc., 1886. *Prodr.*, p. 276 et 577.

Voisin du *N. Alderi* ; galbe très ventru ; spire très peu haute ; dessus des tours bien déprimé ; dernier tour très gros ; ouverture plus arrondie ; même coloration. — H. 12 à 14 ; D. 12 à 13 millimètres.

Rare ; la Manche et l'Océan, zones littorale et herbacée.

**Natica Guillemini,** Payraudeau.

*N. Guillem.*, Payr., 1826. *M. Corse*, p. 119, pl. 5, fig. 25-26. — Loc., *Pr.*, p., 277.

Voisin du *N. Alderi* ; même galbe ; ouverture plus arrondie dans le bas, avec la columelle un peu arquée, formant une légère échancrure vers son milieu ; coloration fauve ou gris, avec une zone claire flammulée de roux, et une autre zone étroite autour de l'ombilic. — H. 15 à 20 ; D. 13 à 17 millimètres.

Assez rare ; région armoricaine et méditerranéenne, toutes les zones.

**Natica fusca,** de Blainville.

*N. fusca*, Bl., 1821. *Dict.*, p. 252. — Loc., *Prodr.*, p. 277.

Galbe ovoïde, un peu allongé ; spire un peu haute ; 5 tours arrondis, le dernier très gros et bien allongé ; ouverture un peu large ; coloration fauve-roux, monochrome. — H. 25 à 35 ; D. 21 à 30 millimètres.

Rare ; la Manche et l'Océan, zones littorale et herbacée.

C. — Groupe du *N. Dillwyni*.

Funicule de l'ombilic, calleux à son extrémité.

**Natica Dillwyni,** Payraudeau.

*N. Dil.*, Payr., 1826. *M. Corse*, p. 120, pl. 5, fig. 27-28. — Loc., *Pr.*, p. 278.

Fig. 158.

Coquille assez petite ; galbe subglobuleux ; spire peu haute ; 5 tours convexes ; dernier tour très gros, arrondi ; ouverture semi-lunaire ; ombilic médiocre, en partie rempli par un funicule calleux et soudé à la columelle ; coloration gris-fauve, avec 3 zones décurrentes de flammules brunes, callum blanc. — H. 16 à 18 ; D. 14 à 16 millimètres.

Peu commun ; la Méditerranée, zones littorale et herbacée.

D. — Groupe du *N. intricata*.

Ombilic muni de deux plis funiculaires.

**Natica intricata,** Donovan.

*Nerita intricata*, Don., 1803. *Brit. Sh.*, V, pl. 167. — *N. intricata*, Phil., 1844. *Moll. Sic.*, II, p. 140. — Loc., *Prodr.*, p. 278.

Fig. 159.

Coquille assez petite ; galbe globuleux ; spire peu haute ; 5 tours convexes, le dernier bien arrondi ; test épais ; ouverture semi-lunaire ; columelle droite ; bord columellaire peu calleux ; ombilic assez large, avec 2 funicules petits, accompagnés de sillons latéraux ; coloration fond corné-gris avec 5 zones plus claires et flammulées de roux. — H. 15 à 18 ; D. 13 à 16 millimètres.

Assez commun ; la Méditerranée, zones littorale et herbacée.

**Natica crassatella,** Locard.

*N. crassatella,* Loc., 1886. *Prodr.*, p. 278 et 577.

Même taille; galbe plus globuleux; spire plus déprimée; tours moins convexes; dernier tour plus ventru; test plus épais; ouverture plus petite; même coloration. — H. 15 à 18; D. 15 à 17 1|2 millimètres.

Assez rare; la Méditerranée, zones littorale et herbacée.

## Genre NEVERITA, Risso.

Coquille globuleuse-déprimée; dernier tour très grand; ouverture très oblique; ombilic large, rempli par un gros funicule.

**Neverita Josephina,** Risso.

*N. Josephina,* Ris., 1826. *Eur. mer.*, IV, p. 149, fig. 43. — Loc., *Pr.*, p. 279.

Coquille de taille moyenne; galbe globuleux-déprimé; spire peu saillante; 5 tours à peine convexes, le dernier très grand, croissant rapidement, arrondi; columelle droite; bord columellaire calleux dans le haut; ombilic grand, en partie rempli par un funicule calleux à son extrémité; coloration fauve-clair, funicule et callum roux.— H. 22 à 26; D. 30 à 35 millim.

Fig. 160.

Assez commun; la Méditerranée, zones littorale et herbacée.

# VELUTINIDÆ

Coquille assez petite; galbe auriforme-globuleux; spire courte; test mince; ouverture grande, entière; pas d'opercule.

## Genre VELUTINA, de Blainville.

Coquille en partie externe, épidermée, pancispirée; ouverture arrondie.

**Velutina lævigata,** Pennant.

*Helix læv.*, Pen., 1777. *Brit. zool.*, IV, pl. 86, fig. 139. — *V. læv.*, Flem., 1836. *Br. an.*, p. 324. — *V. capuloides*, Loc., *Pr.*, p. 280.

Coquille subglobuleuse; spire peu haute; 3 tours à croissance très rapide, irrégulièrement arrondis; dernier tour très développé; suture canaliculée; sommet obtus; ouverture grande; bord columellaire arqué, à peine réfléchi dans le haut; test un peu mince; coloration rose-fauve. — H. 17 à 20; D. 14 à 16 millimètres.

Fig. 161.

Peu commun; la Manche et l'Océan, zones littorale et herbacée.

## Genre LAMELLARIA, Montagu.

Coquille interne, pancispirée; ouverture subovalaire.

### Lamellaria perspicua, Linné.

*Helix perspicua*, L., 1767. *Syst. nat.*, p. 1250. — *L. perspicua*, Alder, 1848. *Cat. North.*, p. 70. — Loc., *Prodr.*, p. 279.

Coquille subovoïde, transverse; spire peu haute; 3 tours à croissance extrêmement rapide, arrondis; dernier tour très grand, allongé, oblique; test mince, translucide; suture profonde; bord columellaire très arqué, non réfléchi; coloration blanc-vitreux. — H. 12 à 16; D. 14 à 17 millimètres.

Fig. 162.

Peu commun; toutes nos côtes, zones littorale et herbacée.

### Lamellaria tentaculata, Montagu[1].

*L. tent.*, Mtg., 1811. *Tr. Lin. soc.*, XI, p. 186, pl. 12, fig. 5-6. — Loc., *Pr.*, p. 280.

Taille plus petite; galbe plus déprimé, plus auriforme; spire moins haute; dernier tour plus grand; ouverture plus élargie; même coloration. — H. 10 à 12; D. 12 à 14 millimètres.

Peu commun; toutes nos côtes, zones littorale et herbacée.

### Lamellaria Kindelaniana, Michaud.

*Sigaretus Kindelanianus*, Mich., 1823. *Soc. Lin. Bord.*, II, p. 119, pl. 1, fig. 1-2. — *L. Kindeliana*, Loc., 1890. *Contrib.*, XVI, p. 8.

Taille plus grande; galbe plus déprimé; spire moins haute; tours moins arrondis; dernier tour plus ample; ouverture plus grande, elliptiquement allongée dans une direction plus transverse; même coloration. — H. 15 à 21; D. 16 à 23 millimètres.

Très rare; la Méditerranée, zones littorale et herbacée.

[1] Cette espèce n'est autre chose que le mâle de l'espèce précédente; les deux coquilles étant différentes, nous les décrivons à part, quoique, en réalité, elles doivent porter le même nom.

# LITTORINIDÆ

Coquille de taille assez petite, turbinée, plus ou moins ventrue ; test solide, opaque, lisse ou strié ; ouverture entière, ovalaire ; labre simple, aigu ; columelle épaissie ; opercule corné.

## Genre LITTORINA, de Ferussac.

Coquille imperforée, ovoïde, à spire plus ou moins haute ; ouverture à bords désunis ; test épais ; opercule pancistrié à nucléus excentré.

A. — Groupe du *L. obtusa.*

Spire très obtuse ; test presque lisse.

**Littorina obtusa**, Linné.

*Turbo obtusus*, L., 1767. *Syst. nat.*, p. 1232. — *L. obtusa*, Menke, 1845. *Zeit. mal.*, p. 55. — Loc., *Prodr.*, p. 281.

Coquille assez petite ; galbe globuleux ; spire complétement plane ; 5 à 6 tours, le dernier bien arrondi, mais presque plan en dessus ; suture peu accusée ; ouverture arrondie, à bords épaissis ; coloration variable, jaune, rouge, verdâtre, monochrome, zonée, quadrillée, etc. — H. 12 à 15 ; D. 13 à 16 millimètres.

Fig. 163.

Très commun ; la Manche et l'Océan, zone littorale.

**Littorina ustulata**, de Lamarck.

*Turbo ust.*, Lamck., 1823. *An. s. vert.*, VIII, p. 48. — *L. ust.*, L., *Pr.*, p. 282 et 578.

Galbe moins ventru, plus allongé en hauteur ; spire un peu moins déprimée ; dernier tour moins convexe ; ouverture moins arrondie ; même coloration. — H. 12 à 15 ; D. 12 1/2 à 14 millimètres.

Peu commun ; la Manche et l'Océan, zone littorale.

**Littorina palliata**, Say.

*Turbo palliatus*, Say, 1822. *Acad. Phil.*, II, p. 240. — *L. pal.*, F. et H., 1853. *Br. moll.*, III, p. 51, pl. 84, fig. 8 à 10. — Loc., *Prodr.*, p. 282.

Taille un peu plus petite ; galbe plus régulièrement globuleux ; spire un peu plus haute; tours plus arrondis; quelques stries décurrentes; ouverture ronde; péristome moins épaissi; coloration brun-roux. — H. 10 à 12; D. 9 à 11 millimètres.

Rare; la Manche et l'Océan, zone littorale.

B. — Groupe du *L. rudis*.

Taille assez petite; test orné de forts cordons décurrents.

**Littorina rudis, Maton.**

*Turbo rudis*, Maton. *Nat. hist. West. Con.*, I, p. 277. — *L. rudis*, Johnst., 1838. *Berw. Club*, I, p. 267. — Loc., *Prodr.*, p. 283 et 578.

Coquille de taille assez petite; galbe globuleux-arrondi; spire un peu haute; 5 tours convexes; dernier tour très gros, bien arrondi; suture peu profonde; test orné de cordons décurrents forts, nombreux, assez irréguliers; ouverture arrondie; bord columellaire épaissi; labre tranchant; coloration passant du fauve-roux au jaune, monochrome. — H. 12 à 16; D. 11 à 13 millimètres.

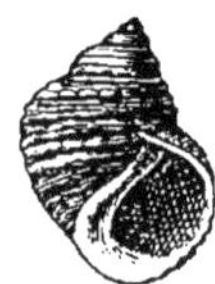

Fig. 164.

Commun; la Manche et l'Océan, zone littorale.

**Littorina Danieli, Locard.**

*L. Danieli*, Loc., 1886. *Prodr.*, p. 283 et 578.

Galbe un peu plus allongé; spire plus haute; 5 à 6 tours anguleux; suture très accusée; dernier tour anguleux dans le haut, ensuite peu ventru; ouverture bien ovalaire; cordons décurrents moins accusés; même coloration. — H. 16 à 17; D. 12 1/2 à 13 millimètres.

Assez rare; la Manche et l'Océan, zone littorale.

**Littorina tenebrosa, Montagu.**

*Turbo tenebrosus*, Mtg., 1803. *Test. Br.*, II, p. 303, pl. 20, fig. 4. — *L. tenebrosa*, Forbes, 1838. *Malac. Mon.*, p. 18. — Loc., *Prodr.*, p. 284 et 579.

Même taille, mais encore plus allongé; spire plus haute; 6 tours peu convexes; suture bien marquée; dernier tour allongé, arrondi dans le haut; ouverture subovalaire; cordons atténués; même coloration. — H. 15 à 18; D. 11 à 13 millimètres.

Assez rare; la Manche et l'Océan, zone littorale.

**Littorina patula, Jeffreys.**

*L. patula*, Jeff., *in* Thorpe, 1844. *Brit. mar. conch.*, p. 259, fig. 7. — Loc., *Prodr.*, p. 283 et 579.

Taille plus petite; galbe du *L. rudis*, mais un peu moins ventru; tours plus convexes; spire un peu plus haute; ouverture arrondie, à bord patulescent; même coloration. — H. 8 à 12; D. 7 à 9 millimètres.

Peu commun; la Manche et l'Océan, zone littorale.

**Littorina jugosa**, Montagu.

*Turbo jugosus*, Mtg., 1803. *Test. Brit.*, II, p. 586, pl. 20, fig. 2. — *L. jugosa*, Loc., *Prodr.*, p. 284 et 579.

Voisin de *L. patula*; galbe plus court, plus trapu; spire moins haute; dernier tour plus gros et plus arrondi; cordons décurrents très saillants; ouverture ronde. — H. 8 à 11; D. 8 à 10 millimètres.

Assez rare; la Manche et l'Océan, zone littorale.

**Littorina saxatilis**, Johnston.

*L. sax.*, Johnst., 1838. *Berw. Club*, I, p. 268. — Loc., *Prodr.*, p. 284 et 579.

Taille plus petite; test moins épais; cordons décurrents plus fins; galbe moins ventru; dernier tour moins développé; même coloration, parfois zoné ou flammulé. — H. 5 à 8; D. 5 à 7 millimètres.

Peu commun; la Manche et l'Océan, zones littorale et herbacée.

C. — Groupe du *L. littorea*.

Coquille assez grande; test orné de cordons décurrents fins.

**Littorina littorea**, Linné.

*Turbo littoreus*, L., 1767. *Syst. nat.*, p. 1232. — *L. littorea*, Johnst., 1838. *Berw.*, *Club*, I, p. 267. — Loc., *Prodr.*, p. 285 et 580.

Coquille assez grande; galbe ovoïde-globuleux; spire assez élevée; 7 tours très peu convexes; suture peu accusée; test solide; cordons décurrents fins et très rapprochés; ouverture arrondie; bord columellaire épaissi; coloration passant du gris-fauve au roux ou au brun, monochrome ou avec des zones plus foncées. — H. 18 à 26; D. 15 à 21 millimètres.

Fig. 165.

Commun; la Manche et l'Océan, zone littorale. — Edule.

**Littorina Armoricana**, Locard.

*L. Armoricana*, Loc., 1885. *Prodr.*, p. 285 et 580.

De même taille; galbe plus allongé; spire plus haute; tours plus étagés; suture plus accusée ; dernier tour allongé dans le bas ; ouverture plus ovalaire; même coloration. — H. 23 à 30; D. 16 à 20 millimètres.

Peu commun ; la Manche et l'Océan, zone littorale.— Edule.

**Littorina sphæroidalis, Locard.**

*L. sphæroidalis*, Loc., 1886. *Prodr.*, p. 285 et 580.

Même taille ; galbe très globuleux, presque sphérique ; spire courte ; tours peu distincts ; dernier tour bien rond ; ouverture circulaire ; même coloration. — H. 18 à 28 ; D. 17 à 25 millimètres.

Peu commun ; la Manche et l'Océan, zone littorale. — Ed.

D. — Groupe du *L. neritoides*.

Coquille petite ; test presque lisse.

**Littorina neritoides, Linné.**

*Turbo neritoides*, L., 1767. *Syst. nat.*, p. 1232.— *L. neritoides*, Phil., 1844. *Moll. Sic.*, II, p. 159. — Loc., *Prodr.*, p. 286.

Coquille petite; galbe ovoïde-conique; spire médiocre; 5 à 6 tours, à peine convexes ; dernier tour grand et arrondi ; ouverture subarrondie ; columelle aplatie ; labre tranchant ; suture peu profonde ; coloration brun-foncé, avec une zone décurrente blanchâtre sous la suture, et une autre à la base du dernier tour. — H. 5 à 6 ; D. 3 1/2 à 4 millimètres.

Fig. 166.

Commun ; toutes les côtes, zone littorale.

**Littorina insularum, Locard.**

*L. insularum*, Loc., 1890. *Nov. sp.*

Taille plus grande; galbe plus allongé ; spire plus haute ; tours plus convexes ; dernier tour moins allongé ; ouverture plus ovalaire; même coloration. — H. 9 à 10 ; D. 6 à 6 1/2 millimètres.

Peu commun ; îles des côtes de Provence, zone littorale.

**Littorina punctata, Gmelin.**

*Turbo punctatus*, Gmel., 1789. *Syst. nat.*, p. 3597. — *L. punctata*, Desh., 1843. *An. s. vert.*, IX, p. 204. — Loc., *Prodr.*, p. 286.

Galbe plus conoïde; dernier tour moins arrondi, subanguleux dans le bas; cordons décurrents à peine accusés, le basal plus fort ; coloration fauve-verdâtre, ponctué de points blancs en séries décurrentes. — H. 7 à 9; D. 5 à 6 millimètres.

Rare ; la Méditerranée, zone littorale.

## Genre FOSSARUS, Philippi.

Coquille petite, perforée, subglobuleuse ; spire peu élevée ; dernier tour très grand ; test finement orné ; ouverture entière ; labre arqué-onduleux ; opercule corné, avec sillons subconcentriques.

### Fossarus ambiguus, Linné.

*Helix ambigua*, L., 1769. *Syst. nat.*, p. 1251. — *F. ambiguus*, Chenu, 1859. *Man.*, I, p. 302, fig. 2133. — Loc., *Prodr.*, p. 207.

Coquille globuleuse-déprimée ; spire très courte ; 4 à 5 tours convexes ; dernier tour très gros, traversé par 4 à 6 cordons décurrents élevés et onduleux ; ouverture grande, semi-lunaire ; ombilic allongé ; coloration blanc-jaunâtre uniforme. — H. et D. 4 à 4 1/2 millimètres.

Fig. 167.

Rare ; régions aquitanique et méditerranéenne, zones littorale et herbacée.

### Fossarus costatus, Brocchi.

*Nerita costata*, Broch., 1814. *Conch. sub.*, II, p. 300, pl. 4, fig. 11. — *F. cost.*, Chenu, 1859. *Man.*, I. p. 302, fig. 2134. — Loc., *Prodr.*, p. 288.

Galbe plus conique ; spire plus haute ; tours plus étagés ; dernier tour bien moins ventru ; test treillissé, avec des cordons décurrents bien marqués ; ouverture ovalaire ; coloration blanc-jaunâtre. — H. 6 à 7 ; D. 3 1/2 à 4 millimètres.

Rare ; l'Océan et la Méditerranée, zones herbacée et corallienne.

### Fossarus minutus, Michaud.

*Turbo minutus*, Mich., 1828. *Soc. Lin. Bord.*, II, p. 122, fig. 7-9. — *F. minutus*, Récluz, 1864. *Journ. conch.*, p. 250. — Loc., *Prodr.*, p. 288.

Taille plus petite que *F. costatus* ; galbe plus élancé ; spire plus allongée ; dernier tour plus étroit ; ouverture moins arrondie ; test moins profondément buriné ; coloration blanc-jaunâtre. — H. 4 à 5 ; D. 3 à 3 1/2 millimètres.

Très rare ; la Méditerranée, zones herbacée et corallienne.

## Genre LACUNA, Turton.

Coquille assez petite, turbinée-globuleuse ; ouverture semi-ovalaire; columelle aplatie, bordée en dehors par un sillon parallèle aboutissant à l'ombilic ; labre aigu ; opercule à nucléus submarginal.

A. — Groupe du *L. pallidula*.

Galbe trapu ; spire courte ; test lisse.

**Lacuna pallidula,** da Costa.

*Nerita pallidulus*, da C., 1778. *Brit. conch.*, p. 51, pl. I, fig. 4-5. — *L. pallidula*, Turt., 1827. *Zool. Journ.*, III, p. 190. — Loc., *Prodr.*, p. 288.

Fig. 168.

Coquille subauriculaire ; spire très déprimée ; 3 tours convexes ; le dernier s'épanouissant rapidement, très grand à son extrémité, arrondi ; suture assez profonde ; ouverture arrondie, très ample ; columelle bien canaliculée ; color. jaune-verdâtre. — H. 5 à 7 ; D. 6 à 8 millim.

Peu commun ; la Manche et l'Océan, zones littorale et herbacée.

**Lacuna patula,** Thorpe.

*L. patula*, Thor., 1844. *Br. mar.*, p. 37, fig. 83. — Loc., *Prodr.*, p. 289.

Galbe encore plus déprimé en dessus ; ouverture piriforme ; bord columellaire patulescent ; canal nul ; coloration jaune-verdâtre ou rouge. — H 5 à 7 ; D. 6 à 7 1/2 millimètres.

Rare ; la Manche et l'Océan, zones littorale et herbacée.

**Lacuna puteolina,** Turton.

*Turbo puteolus*, Turt., 1819. *Conch. dict.*, p. 193, fig. 90-91. — *L. puteolus*, Turt., 1827. *Zool. Journ.*, III, p. 191. — Loc., *Prodr.*, p. 289.

Taille plus petite ; galbe plus ventru ; spire un peu moins déprimée; dernier tour moins développé ; ouverture subarrondie, plus petite, anguleuse en bas ; columelle avec canal assez large ; coloration blanc-jaunâtre, souvent trifascié de roux. — H. 3 à 4 ; D. 3 à 4 1/2 millimètres.

Commun ; la Manche et l'Océan, zones littorale et herbacée.

**Lacuna intermedia,** Locard.

*L. intermedia*, Loc., 1886. *Prodr.*, p. 290 et 581.

Voisin du *L. puteolina ;* spire plus haute ; tours mieux étagés ; dernier tour plus étroit et plus élevé; ouverture piriforme; même coloration. — H. 3 1/2 à 4 1/2; D. 3 à 4 millimètres.

Rare; la Manche et l'Océan, zones littorale et herbacée.

B. — Groupe du *L. divaricata*.

Galbe allongé; spire haute.

**Lacuna divaricata**, Fabricius.

*Turbo divaricatus*, Fabr., 1780. *Fauna Groenl.*, p. 292. — *L. divaricata*, Lovén, 1846. *Moll. Scand.*, p. 23. — Loc., *Prodr.*, p. 290.

Coquille conique, un peu ventrue; spire haute; 6 tours convexes; suture assez profonde; dernier tour haut et un peu arrondi; test lisse; ouverture ample, subarrondie; canal oblique, infundibuliforme; coloration jaune-pâle passant au roux, souvent zoné de brun. — H. 10 à 14; 7 à 8 millimètres.

Fig. 169.

Assez rare; la Manche et l'Océan, zones littorale et herbacée.

**Lacuna quadrifasciata**, Montagu.

*Turbo quadr.*, Mtg., 1803. *Test. Brit.*, II, p. 328, pl. 20, fig. 7. — *L. quadr.*, Turt., 1827. *Zool. Journ.*, III, p. 192. — Loc., *Prodr.*, p. 290.

Taille plus petite; galbe un peu plus globuleux; spire moins haute; dernier tour plus ventru; ouverture plus arrondie; péristome plus épais; coloration passant du jaune-clair au fauve, avec 4 bandes décurrentes brunes. — H. 6 à 8; D. 4 à 5 1/2 millimètres.

Commun; la Manche et l'Océan, zone littorale.

**Lacuna canalis**, Montagu.

*Turbo canalis*, Mtg., 1803. *Test. Brit.*, II, p. 309, pl. 12, fig. 11. — *L. canalis*, Turton, 1827. *Zool. Journ.*, III, p. 192. — Loc., *Prodr.*, p. 291.

Même taille que *L. quadrifasciata*, ou plus petite; galbe plus étroit; spire plus haute; dernier tour plus allongé; test plus mince; coloration blanc-jaunâtre, parfois avec une ou deux bandes fauves. — H. 4 à 6; D. 2 à 3 1/2 millimètres.

Rare; la Manche, zones littorale et herbacée.

**Lacuna azonata**, Brusina.

*Stomatia azonata*, Br., 1864. *Conch. Dalm.*, p. 29. — *L. azonata*, Loc., *Prodr.*, p. 291.

Coquille très petite ; galbe naticiforme; spire peu haute, aiguë; 4 tours convexes, le dernier très gros, bien arrondi ; ombilic canaliculé ; ouverture semi-lunaire ; test mince; coloration jaune-roux. — H. et D. 2 1/2 à 3 millimètres.

Très rare ; côtes de Provence[1].

**Lacuna crassior, Montagu.**

*Turbo crassior*, Mtg., 1803. *Test. Brit.*, II, p. 309, pl. 20, fig. 1. — *L. crassior*, Turton, 1827. *Zool. Journ.*, III, p. 192. — Loc., *Prodr.*, p. 291.

Voisin du *L. divaricata;* galbe un peu plus globuleux ; spire moins haute; tours plus convexes ; test ridé longitudinalement ; coloration jaune terne. — H. 10 à 12 ; D. 8 à 9 millimètres.

Rare ; la Manche et l'Océan, zones littorale et herbacée.

## PHASIANELLIDÆ

Coquille imperforée, turbinée-conique, à spire plus ou moins allongée ; test lisse et brillant; ouverture entière ; columelle simple ; opercule calcaire, à face externe lisse et concave.

### Genre PHASIANELLA, de Lamarck.

Coquille assez petite ; galbe allongé ; spire haute ; tours convexes ; sommet régulier ; ouverture ovalaire ; columelle comprimée, atténuée à la base ; labre tranchant.

**Phasianella pulla, Linné.**

*Turbo pullus*, L., 1767. *Syst. nat.*, p. 1233. — *Ph. pulla*, Payr., 1826. *Moll. Corse*, p. 140. — Loc., *Prodr.*, p. 292.

Coquille assez petite; galbe subglobuleux ; 4 tours convexes; le dernier gros et bien arrondi; suture peu profonde ; ouverture ovalaire ; columelle arquée ; labre tranchant, arrondi ; coloration passant du rose clair au carmin vif, avec ornementation très variable, points, flammes, cordons décurrents, etc., d'un rouge plus vif. — H. 8 à 9; D. 4 1/2 à 5 millimètres.

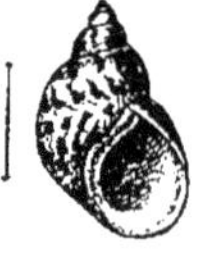

Fig. 170.

Commun ; toutes les côtes, zone littorale.

[1] Cette espèce peut, à la rigueur, constituer un groupe à part.

**Phasianella dubia,** de Monterosato.

*Eudora dubia*, Mtr., 1889. *Journ. conch.*, p. 31.

Taille plus petite; galbe plus déprimé, plus ventru ; sommet plus aigu ; dernier tour plus gros, à profil moins convexe ; test plus mince; coloration plus pâle. — H. 6 à 7 ; D. 4 à 4 1/2 millimètres.

Rare ; l'Océan, zone littorale.

**Phasianella picta,** da Costa.

*Turbo pictus*, da C., 1778. *Brit. conch.*, p. 103, pl. 8, fig. 1-3. — *Ph. picta*, Loc., *Prodr.*, p. 299.

Taille plus petite que *Ph. pulla ;* galbe plus allongé ; spire un peu plus haute ; dernier tour moins ventru ; test plus mince ; coloration passant du rose au carmin et au fauve-brun, le plus souvent avec des linéoles longitudinales ondulées plus sombres. — H. 5 à 7; D. 3 1/2 à 4 millimètres.

Commun ; la Manche et l'Océan, zone littorale.

**Phasianella speciosa,** Megerle von Muhlfeld.

*Turbo speciosus*, Mühlf., 1824. *Verh. Berl. Ges.*, I, p. 214, pl. 2, fig. 4. — *Ph. speciosa*, 1844. Phil., *Moll. Sic.*, II, p. 158. — Loc., *Prodr.*, p. 293.

Taille plus grande; galbe plus élancé; spire plus haute ; tours plus convexes; dernier tour plus allongé; ouverture ovalaire; suture plus profonde; coloration gris-rosé ou jaunâtre, avec taches ou linéoles transverses plus claires. — H. 12 à 14 ; D. 5 1/2 à 6 1/2 millimètres.

Assez commun; la Méditerranée, zones littorale et herbacée.

**Phasianella punctata,** Risso.

*Ph. punctata*, Ris., 1826. *Eur. mer.*, IV, p. 123. — Loc., *Prodr.*, p. 294.

Intermédiaire entre les *Ph. pulla* et *speciosa;* taille plus petite que *Ph. speciosa ;* suture moins profonde; tours moins convexes ; dernier tour moins grand ; ouverture moins allongée ; coloration passant du rose au carmin et au gris-jaunâtre, avec points, flammes ou linéoles plus clairs. — H. 9 à 11 ; D. 5 à 6 millimètres.

Assez commun ; l'Océan et la Méditerranée, zones littorale et herbacée.

## Genre STYLIFER, Sowerby.

Coquille très petite ; galbe globuleux; spire médiocre, terminée par une saillie styliforme ; ouverture ovale-arrondie.

**Stylifer Turtoni,** BRODERIP.

*St. Turtoni*, Brod., 1832. *Zool. Proc.*, II, p. 61. — Loc., *Prodr.*, p. 294.

FIG. 171.

Coquille globuleuse-conique ; spire peu haute, avec un appendice styliforme allongé ; 6 à 7 tours convexes ; dernier tour gros et arrondi ; suture peu profonde ; test semi-pellucide ; ouverture arrondie ; columelle un peu flexueuse ; coloration blanc-jaunâtre ou nacré. — H. 3 ; D. 2 1/2 millimètres.

Très rare ; région armoricaine, zone corallienne.

## JANTHINIDÆ

Coquille de taille moyenne, imperforée, turbinée ; spire plus haute ; test mince, fragile ; ouverture ovale ou subtétragone ; columelle tordue ; pas d'opercule.

### Genre JANTHINA, de Lamarck.

Coquille non épidermée ; galbe plus ou moins globuleux ; stries d'accroissement assez fortes ; labre aigu, échancré dans le milieu.

**Janthina communis,** DE LAMARCK.

*J. com.*, Lamck., 1822. *An. s. vert.*, VI, II, p. 206. — Loc., *Prodr.*, p. 294.

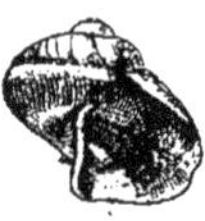
FIG. 172.

Coquille assez grande ; galbe subglobuleux, bien déprimé ; spire très peu haute ; 4 à 5 tours convexes, le dernier très grand, subanguleux vers le milieu ; sommet comprimé ; ouverture transverse, subovalaire ; columelle flexueuse ; labre bien sinueux ; coloration violacé, blanchâtre en dessus. — H. 18 à 20 ; D. 28 à 30 millimètres.

Assez rare ; l'Océan, zone pélagique.

**Janthina Britannica,** LEACH.

*J. Britannica*, Leach, *in* F. et H., 1853. *Brit. moll.*, IV, p. 280, pl. 130, fig. 1. — Loc., *Prodr.*, p. 296.

Taille un peu plus grande ; spire plus élevée ; dernier tour plus haut, plus ventru, anguleux dans le bas ; suture plus profonde ; ouverture subquadrangulaire; columelle allongée, très arquée. — H. 20 à 23; D. 22 à 24 millimètres.

Rare; l'Océan, zone pélagique.

**Janthina pallida**, HARVEY.

*J. pallida*, Harv., *in* Thomp., 1846. *In An. nat. hist.*, II, fig. 6. — *J. patula*, Loc., *Prodr.*, p. 295.

Taille plus petite; galbe globuleux; spire peu haute; tours bien convexes, le dernier grand et arrondi-ventru; ouverture haute, arrondie, dilatée en bas; coloration blanc violacé. — H. 18 à 24; D. 17 à 22 millim.

Assez rare; l'Océan et la Méditerranée, zone pélagique.

**Janthina læta**, DE MONTEROSATO.

*J. læta*, Mtr., 1884. *Nom. conch.*, p. 105.

Voisin de *J. patula;* taille plus petite; galbe plus globuleux; spire plus déprimée; suture plus profonde; ouverture moins élargie; coloration plus pâle. — H. 13 à 14; D. 13 millimètres.

Très rare; côtes de Provence, zone pélagique.

**Janthina nitens**, MENKE.

*J. nitens*, Menke, 1828. *Syn.*, p. 141. — Loc., *Prodr.*, p. 295.

Voisin du *J. pallida;* galbe un peu plus allongé; spire un peu plus haute; dernier tour moins ventru, plus rapidement rétréci; ouverture grande, piriforme; columelle allongée dans le bas; test bien ridé, rides onduleuses; coloration violacé. — H. 18 à 20; D. 15 à 18 millimètres.

Rare; l'Océan et la Méditerranée, zone pélagique.

**Janthina splendens**, DE MONTEROSATO.

*J. splendens*, Mtr., 1884. *Nom. conch.*, p. 104.

Taille plus petite que *J. nitens;* galbe un peu plus globuleux; spire un peu plus haute; test brillant; coloration d'un beau violet uniforme. — H. 12 à 14; D. 11 à 12 millimètres.

Rare; la Méditerranée, zone pélagique.

**Janthina prolongata**, DE BLAINVILLE.

*J. prolongata*, Bl., 1822. *Dict.*, XXIV, p. 155. — Loc., *Prodr.*, p. 296.

Taille plus grande que *J. nitens;* galbe plus allongé; spire plus haute; tours plus convexes; dernier tour moins ventru, bien allongé dans le bas;

ouverture plus étroite, plus piriforme; columelle droite et allongée en bas; coloration violacé. — H. 20 à 25; D. 18 à 20 millimètres.

Rare; l'Océan et la Méditerranée, zone pélagique.

**Janthina exigua,** DE LAMARCK.

*J. exigua*, Lamck., 1821. *An. s. vert.*, VII, II, p. 206. — Loc., *Prodr.*, p. 295.

De petite taille; galbe globuleux-allongé; spire haute; 5 tours bien convexes; dernier tour bien arrondi; suture accusée; ouverture arrondie-piriforme; test strié; coloration violacé. — H. 6 à 7; D. 6 à 6 1/2 millim.

Peu commun; l'Océan, zone pélagique.

## CYCLOSTREMIDÆ

Coquille très petite, ombiliquée; galbe déprimé; ouverture circulaire; péristome continu, aigu; opercule corné, multispiré, à nucléus central.

### Genre CYCLOSTERMA, Marryat.

Coquille subdéprimée, suborbiculaire, à spire peu haute; ombilic profond; test lisse ou costulé en dessous.

**Cyclostrema Culterianum,** CLARK.

*Skenea Culteriana*, Clark, 1860. *An. nat. hist.*, IV, p. 424. — *C. Cult.*, Jeffr., 1865. *Brit. conch.*, III, p. 287, pl. 61, fig. 1. — Loc., *Prodr.*, p. 296.

FIG. 173.

Coquille globuleuse-déprimée; 3 tours arrondis; spire peu élevée; dernier tour très grand en diamètre, peu haut, subcirculaire; stries décurrentes très fines; ombilic assez large; coloration blanc-grisâtre. — H. 3/4; D. 3/4 à 1 millimètre.

Très rare; région aquitanique, zone corallienne.

**Cyclostrema nitens,** PHILIPPI.

*Delphinula nitens*, Ph., 1844. *Moll. Sic.*, p. 146, pl. 25, fig. 4. — *C. nitens*, Jeffr., 1865. *Brit. conch.*, III, p. 289, pl. 61, fig. 2. — Loc., *Prodr.*, p. 297.

Galbe un peu plus globuleux; test lisse et brillant; péristome un peu épaissi; coloration blanc-rosé. — H. 3/4; D. 3/4 à 1 millimètre.

Rare; l'Océan, zone corallienne.

**Cyclostrema serpuloides,** MONTAGU.

*Helix serp.*, Mtg., 1808. *Test. Brit.*, *Sup.*, p. 147, pl. 21, fig. 3. — *C. serp.*, Jeffr., 1865. *Br. conch.*, III, p. 290, pl. 61, fig. 3. — *Sk. serp.*, Loc., *Pr.*, p. 298.

Taille un peu plus grande; galbe plus déprimé; 4 tours cylindriques; ombilic très large; 3 à 4 cordons carénaux en dessous; suture très profonde; coloration fauve-clair. — H. 3/4 à 1; D. 1 1/4 millimètre.

Rare; l'Océan et la Méditerranée, zone corallienne.

**Cyclostrema exilissima,** PHILIPPI.

*Delphinula exilissima*, Ph., 1844. *Moll. Sic.*, II, p. 224, pl. 28, fig. 2. — *Skeneia exilissima*, Loc., *Prodr.*, p. 298.

Taille très petite; spire très peu haute; 4 tours arrondis; cinq lignes carénales élevées, sur le dessous du dernier tour; ombilic grand; coloration blanc-grisâtre. — H. 3/4; D. 1 millimètre.

Très rare; côtes de Provence, zone corallienne.

## Genre SKENEIA, Fleming.

Coquille très déprimée; spire à peine saillante; test lisse; ombilic très large; ouverture ronde; péristome continu.

**Skeneia planorbis,** O. FABRICIUS.

*Turbo planorbis*, Fabr., 1780. *Fauna Gr.*, p. 394. — *Sk. plan.*, F. et H., 1853. *Brit. moll.*, III, p. 156, pl. 74, fig. 1-3. — Loc., *Prodr.*, p. 298.

Coquille planorbique; spire très peu saillante; 4 tours subcylindriques; suture profonde; dernier tour arrondi; ombilic très élargi, montrant tous les tours; test lisse; coloration passant du brun rouge au verdâtre. — H. 3/4; D. 1 1/4 millimètre.

Assez rare; toutes nos côtes, zones littor. et herb.

FIG. 174.

**Skeneia trochiformis,** LOCARD.

*Sk. trochiformis*, Loc., 1886. *Prodr.*, p 299 et 581.

Galbe plus renflé; spire plus haute; tours un peu plus étagés; ombilic un peu moins large; même coloration. — H. 1; D. 1 à 1 1/4 millimètre.

Rare; l'Océan et la Méditerranée, zone herbacée.

**Skeneia pellucida,** DE MONTEROSATO.

*Sk. pellucida*, Mtr., 1874 *Journ. conch.*, p. 263.

Galbe un peu plus renflé que *Sk. planorbis*, moins planorbique; spire un peu plus haute; ombilic plus profond et moins ouvert; test transparent ; coloration blanc-vitreux. — H. 1 ; D. 1 à 1 3/4 millimètre.

Très rare; côtes de Provence, zones herbacée et corallienne.

## Genre CIRCULUS, Jeffreys.

Coquille très déprimée; test orné de cordons décurrents et costulé en dessus; ombilic très large; ouverture arrondie; péristome non continu.

### Circulus striatus, Philippi.

*Valvata striata*, Ph., 1836. *Moll. Sic.*, I, p. 147, pl. 8, fig. 3. — *C. striatus*, Mtr., 1872. *Not. conch.*, p. 31. — Loc., *Prodr.*, p. 299.

Coquille subplanorbique; spire très peu haute; 4 à 5 tours arrondis; suture profonde; ombilic très large; test mince, orné de 6 à 9 cordons décurrents en dessus; ouverture arrondie; columelle légèrement arquée et réfléchie sur l'ombilic; coloration blanc de lait, luisant. — H. 1 à 2 ; D. 2 à 4 millimètres.

Fig. 175.

Rare ; l'Océan et la Méditerranée, toutes les zones.

### Circulus costulatus, Locard.

*C. costulatus*, Loc., 1889. *Bul. soc. malac.*, VI, p. 297.

Taille plus grande, galbe plus déprimé ; ombilic plus étroit; 20 à 25 cordons décurrents; dernier tour moins arrondi; ouverture moins ronde; même coloration. — H. 1 1/4 à 1 1/2 ; D. 3 à 3 1/2 millimètres.

Rare; région armoricaine, zones littorale et herbacée.

### Circulus carinulatus, Locard.

*C. carinulatus*, Loc., 1889. *Bull. soc. malac.*, VI, p. 300.

Voisin du *C. striatus;* ombilic plus étroit ; un cordon carénal plus saillant; 8 à 10 cordons décurrents en dessus; 3 à 4 cordons atténués en dessous; ouverture moins arrondie; suture plus profonde; même coloration. — H. 1 à 1 1/4 ; D. 2 à 5 millimètres.

Rare ; l'Océan et la Méditerranée, zone herbacée.

## Genre HOMALOGYRA, Jeffreys.

Coquille discoïde; spire nulle; ombilic maximum; test lisse ou costulé ; ouverture échancrée par l'avant-dernier tour.

**Homalogyra atoma,** Philippi.

*Truncatella atomus*, Phil., 1841. *Wieg. arch.*, VII, I, p. 54, pl. 5, fig. 4. — *H. at.*, Jeff., 1867. *Brit. conch.*, IV, p. 69, pl. 70, fig. 2. — Loc., *Pr.*, p. 300.

Coquille discoïde, enroulée dans un même plan; 3 tours convexes en dessus, à peine aplatis en dessous; test mince, paraissant lisse; suture profonde; ouverture circulaire, échancrée par le tour précédent; coloration fauve-roux. — H. 1/3; D. 1/2 millimètre.

Fig. 176.

Peu commun; toutes les côtes, toutes les zones.

**Homalogyra polyzona,** Brussina.

*H. polyzona*, Br., *in* Mtr., 1872. *Not. conch.*, p. 38. — Loc., *Pr.*, p. 300.

Même galbe; test orné de linéoles brunes, étroites, enroulées obliquement, régulièrement espacées. — H. 1/3; D. 1/2 millimètre.

Rare; la Méditerranée, zones herbacée et corallienne.

**Homalogyra rotata,** Forbes et Hanley.

*Skenea rota*, F. et H., 1859. *Brit. moll.*, III, p. 160, pl. 73, fig. 10. — *H. rota*, Fisch., 1874. *Conch. Gir.*, p. 200. — *H. rotata*, Loc., *Pr.*, p. 300.

Coquille discoïde; 3 tours convexes; test orné de côtes rayonnantes nombreuses comme chez les ammonites; suture profonde; coloration brun-rouge à reflets dorés. — H. 1/3; D. 1/2 millimètre.

Rare; toutes nos côtes, zones herbacée et corallienne.

**Homalogyra Fischeriana,** de Monterosato.

*H. Fischeriana*, Mtr., 1864. *J. conch.*, p. 274, pl. 13, fig. 1. — Loc., *Pr.*, p. 301.

Taille plus grande; galbe discoïde; 4 tours; stries d'accroissement bien marquées; coloration fauve-clair, avec 3 linéoles décurrentes brunes régulièrement espacées. — H. 1/3; D. 1 millimètre.

Rare; la Méditerranée, zones herbacée et corallienne.

## Genre ADEORBIS, S. Wood.

Coquille très petite, turbinée-déprimée, plane en dessous, carénée; ouverture transverse; péristome non continu; test strié.

**Adeorbis subcarinatus,** Montagu.

*Helix sub.*, Mtg., 1803. *Test. Brit.*, II, p. 438, pl. 7, fig. 9. — *A. sub.* S. Wood, 1842. *An. nat. hist.*, p. 530. — Loc., *Prodr.*, p. 301.

Coquille convexe en dessus, plane en dessous; spire très peu haute; 3 à 4 tours convexes; dernier tour anguleux en haut et en bas; ombilic assez large, très profond; ouverture allongée, anguleuse en arrière; test orné de petites stries longitudinales ondulées et de 4 à 6 cordons décurrents; coloration blanche, semipellucide. — H. 3/4; D. 1 3/4 à 2 millimètres.

FIG. 177.

Assez commun; la Manche et l'Océan, zones littorale et herbacée.

## SOLARIIDÆ

Coquille assez petite, turbinée, conoïde-déprimée; ombilic profond; ouverture entière, columelle simple; opercule corné, spiral.

### Genre SOLARIUM, de Lamarck.

Coquille anguleuse à la périphérie; test solide, plus ou moins orné; ouverture subquadrangulaire; ombilic à bord caréné.

**Solarium hybridum**, LINNÉ.

*Trochus hybridus*, L., 1769. *Syst. nat.*, p. 1228. — *S. hybridum*, Petit, 1852. *Journ. conch.*, III, p. 176. — Loc., *Prodr.*, p. 302.

Coquille conoïde; spire peu haute; 4 à 5 tours convexes, pourvus d'un cordon sutural; dernier tour caréné à la base; test lisse; ombilic un peu étroit; carène ombilicale granuleuse; ouverture arrondie; coloration fauve-clair, les cordons flammulés de blanc. — H. 9 à 11; D. 7 à 8 millimètres.

FIG. 178.

Rare; régions aquitanique et méditerranéenne, zones herb. et corall.

**Solarium fallaciosum**, TIBERI.

*S. fallac.*, Tib., 1872. *Bol. malac. Ital.*, V, p. 35. — Loc., *Prodr.*, p. 303.

Taille plus petite; galbe bien plus déprimé; tours à peine convexes, ornés de fins cordons granuleux; carène plus atténuée; ombilic plus large; ouverture moins arrondie; coloration jaune-pâle. — H. 2 1/2 à 3; D. 5 à 6 millimètres.

Rare; la Méditerranée, zone corallienne.

# TURBINIDÆ

Coquille de taille variable; galbe trochiforme ou turbiné ; test nacré à l'intérieur, rugueux à l'extérieur; ouverture entière; opercule calcaire.

## Genre TURBO, Linné.

Coquille imperforée, turbinée, à spire médiocre; tours plus ou moins arrondis; ouverture ronde; columelle arquée et aplatie; labre simple.

### Turbo rugosus, Linné.

*T. rugosus*, L., 1767. *Syst. nat.*, II, p. 1234. — Loc., *Prodr.*, p. 303.

Coquille grande; spire assez haute; 7 tours convexes, carénés à la périphérie; suture profonde; test rugueux, avec une série de gros plis tuberculeux en haut des tours, et des cordons décurrents en dessous du cordon; cordon carénal épineux ou tuberculeux ; coloration brun-verdâtre, bord columellaire orangé, intérieur nacré. — H. 35 à 45; D. 30 à 50 millimètres.

Fig. 179. — 2/3 grandeur.

Commun; régions aquitanique et méditerran., zones herb. et coral.

### Turbo sanguineus, Linné.

*T. sanguineus*, L., 1767. *Syst. nat.*, p. 1235. — Loc., *Prodr.*, p. 304.

Coquille petite ; spire peu haute; 5 tours légèrement convexes ; dernier tour arrondi; test orné de cordons décurrents élevés; columelle dentiforme froncée à la base; coloration d'un beau rouge uniforme, intérieur nacré. — H. 5 à 6; D. 7 à 8 millimètres.

Commun dans la Méditerranée, zones herbacée et corallienne; très rare dans la région aquitanique.

## Genre ZIZYPHINUS, Gray.

Coquille imperforée, conique, à spire aiguë; tours droits ; dernier tour plus ou moins anguleux ; test un peu mince; ouverture quadrangulaire.

A. — Groupe du *Z. conuloides*.

Taille assez grande; test orné de cordons décurrents.

**Zizyphinus conuloides,** de Lamarck.

*Trochus conuloides*, Lk., 1822. *An. s. vert.*, VII, p. 24. — *Z. conuloides*, Loc., *Prodr.*, p. 306.

Coquille régulièrement conique, aussi haute que large; 11 tours plans, le dernier aplati en dessous; suture peu distincte; test orné en dessus et en dessous de cordons décurrents, saillants, arrondis, assez gros; ouverture subquadrangulaire; columelle arquée, faiblement tuberculeuse en bas; coloration passant du roux-clair au roux sombre ou violacé, avec des taches irrégulières plus sombres. — H. 16 à 28; D. 22 à 28 millim.

Fig. 180

Commun; la Manche et l'Océan, zones herbacée et corallienne.

**Zizyphinus Chemnitzi,** Philippi.

*Trochus Chemnitzii*, Ph., 1846. *Conch. Cab.*, pl. 13, fig. 7. — *Z. Chemnitzii*, Mtr., 1889. *Journ., conch.*, p. 28.

Même galbe; tours plus distincts; suture plus accusée; cordons décurrents moins saillants; un fort cordon bien marqué en bas de chaque tour; même coloration. — H. et D. 22 à 28 millimètres.

Peu commun; la Méditerranée, zones herb. et coral.; rare, l'Océan.

**Zizyphinus Linnæi,** de Monterosato.

*Z. Linnæi*, Mtr., 1884. *Nom. conch.*, p. 44. — Loc., *Prodr.*, p. 306.

Même galbe; tours bien distincts; suture bien accusée, mais linéaire; test lisse; un cordon décurrent lisse, étroit, en bas de chaque tour; même coloration. — H. et D. 22 à 30 millimètres.

Peu commun; la Méditerranée, zones herb. et coral.; très rare, l'Océan.

**Zizyphinus granulatus,** Born.

*Trochus granulatus*, Born, 1778. *Test. mus.*, p. 327, pl. 12, fig. 9-10. — *Z. gr.*, Brus., 1866 *Fauna Dalm.*, p. 75. — Loc., *Prodr.*, p. 307.

Même galbe; 9 à 10 tours plans, le dernier bombé en dessous; test mince, orné de nombreux cordons décurrents fins, granuleux, bien marqués; un cordon plus saillant, également granuleux, en bas de chaque tour; coloration gris-rosé, avec petites taches rousses. — H. 25 à 33; D. 25 à 31 millimètres.

Assez commun; toutes les côtes, zones herbacée et corallienne.

**Zizyphinus miliaris, Brocchi.**

*Trochus miliaris*, Broc., 1814. *Conch. sub.*, p. 353, pl. 6, fig. 1. — *Z. miliaris*, Loc., *Prodr.*, p. 309.

Taille plus petite; même galbe; 8 à 9 tours plans, le dernier à peine renflé en dessous; cordons décurrents nombreux, reliés par des costulations longitudinales lamelleuses et obliques; un cordon plus fort au bas de chaque tour; coloration gris-jaunâtre avec flammules rousses. — H. 10 à 13; D. 10 à 12 millimètres.

Rare; sur toutes nos côtes, zone corallienne.

B. — Groupe du *Z. conulus*.

Taille moyenne; test complètement lisse.

**Zizyphinus conulus, Linné.**

*Trochus conulus*, L., 1767. *Syst. nat.*, II, p. 1230. — *Z. conulus*, Brus., 1866. *Faun. Dalm.*, p. 79. — Loc., *Prodr.*, p. 308.

Coquille conique, plus haute que large; 10 tours plans, lisses; dernier tour à peine convexe en dessous; sommet granuleux; un cordon décurrent lisse à la base de chaque tour; ouverture subquadrangulaire; columelle arquée, terminée par un tubercule distinct; coloration fauve-orangé, avec quelques taches un peu plus sombres, le bourrelet basal articulé de brun et de rouge. — H. 13 à 23; D. 12 à 18 millimètres.

Fig. 181.

Peu commun; la Méditerranée, zones herbacée et corallienne.

**Zizyphinus Gualtierianus, Philippi.**

*Trochus Gualtierianus*, Phil., 1846. *Conch. cab.*, p. 6?, pl. 13, fig. 15. — *Z. Gualt.*, Mtr. 1884. *Nom. conch.*, p. 45. — Loc., *Prodr.*, p. 309.

Taille plus petite; spire plus allongée; dernier tour légèrement convexe en dessous; cordons décurrents lisses à la base de chaque tour; coloration brun-livide ou roux-sombre. — H. 11 à 13; D. 8 à 9 millimètres.

Rare; la Méditerranée, zones herbacée et corallienne.

**Zizyphinus dubius,** Philippi.

*Trochus dubius*, Phil., 1844. *Moll. Sic.*, II, p. 149, pl. 25, fig. 7. — *Z. dubius*, Brus., 1866. *Fauna Dalm.*, p. 79. — Loc., *Prodr.*, p. 352.

Voisin du *Z. conulus;* taille plus petite ; dernier tour un peu convexe en dessous ; parfois quelques cordons décurrents obsolètes ; un cordon bien accusé à la base de chaque tour ; coloration fauve ou olivâtre-clair, flammulé de taches plus pâles. — H. 11 à 15 ; D. 9 à 13 millim.

Peu commun ; la Méditerranée, zones herbacée et corallienne.

**Zizyphinus Laugieri,** Payraudeau.

*Trochus Laugieri*, Payr., 1826. *Moll. Corse*, p. 125, pl. 6, fig. 3-4. — *Z. Laugieri*, Jeffr., 1856. *Piedm. Coast*, p. 27. — Loc., *Prodr.*, p. 309.

Voisin du *Z. dubius ;* tours à peine convexes ; le dernier sans bourrelet basal ; coloration brun-olivâtre, flammulé de gris-bleuté et de fauve. — H. 11 à 15 ; D. 9 à 13 millimètres.

Peu commun ; la Méditerranée, zones herbacée et corallienne.

C. — Groupe du *Z. striatus*.

Taille petite ; test strié et costulé.

**Zizyphinus striatus,** Linné.

*Trochus striatus*, L., 1767. *Syst. nat.*, p. 1230. — *Z. striatus*, Brus., 1866. *Fauna Dalm.*, p. 79. — Loc., *Prodr.*, p. 312.

Coquille conique-élevée ; 8 tours plans ; suture peu distincte ; cordons décurrents fins, réguliers ; stries d'accroissement obliques, lamelleuses, visibles entre les cordons ; dernier tour subanguleux, un peu convexe en dessous ; ouverture subquadrangulaire ; columelle un peu arquée, tronquée ; coloration cendré-olivâtre, avec flammules longitudinales brunes et grises. — H. 9 à 10 ; D. 7 millimètres.

Fig. 182.

Commun ; toutes les côtes, zones littorale et herbacée.

**Zizyphinus æquistriatus,** de Monterosato.

*Jujubinus æquistriatus*, Mtr., 1884. *Nom. Conch.*, p. 46. — *Z. æquistriatus*, Loc., *Prodr.*, p. 313.

Galbe plus trapu ; spire moins haute ; cordons décurrents plus réguliers ; coloration gris-verdâtre, avec linéoles longitudinales noires, interrompues. — H. 7 à 8 ; D. 6 1/2 millimètres.

Peu commun ; toutes les côtes, zones littorale et herbacée.

**Zizyphinus depictus,** Deshayes.

*Trochus depictus*, Desh., 1836. *Exp. Morée*, p. 140, pl. 18, fig. 23 à 25.

Même galbe que *Z. striatus;* même stries décurrentes, avec un bourrelet sutural et des stries d'accroissement fines passant sur le tout et lui donnant un aspect granuleux ; coloration verdâtre, avec flammules longitudinales brunes. — H. 9 à 10; D. 7 millimètres.

Assez rare ; la Méditerranée, zone herbacée.

**Zizyphinus Gravinæ,** de Monterosato.

*Trochus Grav.*, Mtr., 1878. *En. Sin.*, p. 22. — *Z. Gravinæ*, Loc., *Pr.*, p. 312.

Plus petit et plus trapu que *Z. striatus;* stries décurrentes régulières ; un bourrelet sutural ; le tout granuleux ; dernier tour convexe en dessous ; coloration fond blanc avec flammes longitudinales brun-rouge, le cordon sutural articulé de même. — H. 7 à 8 ; D. 6 millimètres.

Assez commun ; la Méditerranée, zones littorale et herbacée.

**Zizyphinus exasperatus,** Pennant.

*Trochus exasperatus*, Pen., 1777. *Brit. zool.*, IV, p. 126. — *Z. exasperatus*, Loc., *Prodr.*, p. 310.

Même galbe que *Z. striatus;* cordons décurrents moins fins, moins nombreux ; un bourrelet sutural granuleux bien marqué; dernier tour caréné à la périphérie, subaplati en dessous; coloration gris-blanc ou jaunâtre, avec flammules ou taches brunes, le bourrelet articulé de couleurs plus vives. — H. 9 à 10 ; D. 7 millimètres.

Assez commun ; toutes nos côtes, zones littorale et herbacée.

**Zizyphinus Matoni,** Payraudeau.

*Trochus Matonii*, Payr., 1826. *Moll. Corse*, p. 126, pl. 6, fig. 5 6. — *Z. Matoni*, Mtr., 1884. *Nom. Conch.*, p. 12. — Loc., *Prodr.*, p. 311.

Même galbe que *Z. exasperatus ;* taille un peu plus grande ; tours concaves ; bourrelet sutural bien saillant ; coloration gris-clair, flammulé de roux, cordons pointillés de même nuance et bourrelet articulé de brun. — H. 10 à 12 ; D. 8 millimètres.

Peu commun; la Méditerranée, zones littorale et herbacée.

**Zizyphinus Montagui,** W. Wood.

*Trochus Montagui*, Wood, 1828. *Ind.*, pl. 6, fig. 43. — *Z. Montagui*, Loc., *Prodr.*, p. 311.

Taille plus petite ; tours plus convexes ; suture plus accusée ; test orné de cordons décurrents lisses, strié obliquement entre les cordons ; pas de bourrelet ; dernier tour convexe en dessous ; coloration roux-clair, avec quelques flammules brunes. — H. 6 à 7 ; D. 5 à 6 millimètres.

Assez commun ; la Manche et l'Océan, zones littorale et herbacée.

## Genre GIBBULA, Risso.

Coquille plus ou moins ombiliquée, conoïde ; tours convexes ou gibbeux ; spire peu haute ; test épais ; ouverture subrhomboïdale.

A. — Groupe du *G. fanula.*

Coquille conique ; tours bi-anguleux.

### Gibbula fanula, Gmelin.

*Trochus fanulum*, Gmel., 1789. *Syst. nat.*, p. 3573. — *G. fanula*, Brus., 1866 *Fauna Dalm.*, p. 79. — Loc., *Prodr.*, p. 313.

Coquille haute ; spire acuminée ; 7 à 8 tours bien étagés, noduleux dans le haut, avec une double carène dans le bas ; dernier tour convexe, strié en dessous ; ouverture subarrondie ; ombilic très étroit ; columelle arquée, réfléchie en haut ; coloration blanc-jaunâtre, flammulé de fauve ou de rose. — H. 10 à 16 ; D. 9 à 17 millimètres.

Fig. 183.

Rare ; la Méditerranée, zones herbacée et corallienne.

B. — Groupe du *G. maga.*

Coquille turbinée ; tours étagés et tuberculeux.

### Gibbula maga, Linné.

*Trochus magus*, L., 1767. *Syst. nat.*, p. 1228. — *G. maga*, Ris., 1826. *Eur. merid.*, IV, p. 134. — Loc., *Prodr.*, p. 314.

Coquille conoïde, plus large que haute ; 7 tours très étagés, aplatis en dessus, droits sur le côté, noduleux à l'intersection ; test orné de stries décurrentes fines, avec un bourrelet étroit dans le bas ; ombilic très profond, assez large ; ouverture subquadrangulaire ; coloration fond jaune très clair, souvent avec flammules longitudinales d'un rouge plus ou moins vif. — H. 20 à 28 ; D. 26 à 35 millim.

Fig. 184.

Commun ; toutes les côtes, zones herbacée et corallienne.

## Gibbula protumida, Locard.

*G. protumida*, Loc., 1886. *Prodr.*, p. 315 et 583.

Forme voisine, presque aussi haute que large; spire plus élevée; ombilic presque fermé; ouverture plus petite; même coloration, souvent moucheté au lieu de flammulé. — H. 18 à 23; D. 18 à 24 millim.

Peu commun; la Manche et l'Océan, zones herbacée et corallienne.

## Gibbula Guttadauri, Philippi.

*Trochus Guttadauri*, Phil., 1836. *Moll. Sic.*, I, p. 182, pl. 11, fig. 1. — *G. Gut.*, Brus., 1866. *Fauna Dalm.*, p. 80. —Loc., *Prodr.*, p. 322.

Coquille petite; galbe conoïde-ventru; 5 à 6 tours étagés, bien convexes, droits sur le côté; test fortement strié obliquement au-dessus des tours, orné au dernier tour de 3 cordons, le supérieur un peu noduleux, les autres lisses, avec les espaces intermédiaires profondément treillissés; dernier tour convexe en dessous et orné de fins cordons; coloration fauve-clair, avec quelques flammes rousses. — H. et D. 6 à 8 millimètres.

Très rare; la Méditerranée, zone corallienne.

C. — Groupe du *G. umbiliaris*.

Coquille moyenne; ombilic large; test costulé.

## Gibbula umbilicaris, Linné.

*Trochus umbilicaris*, L., 1767. *Syst. nat*, p. 1229. — *G. umbilicaris*, Brus., 1866. *Fauna Dalm.*, p. 80. — Loc., *Prodr.*, p. 315.

Coquille conoïde-déprimée; spire peu haute; 6 à 7 tours convexes; suture bien marquée; dernier tour subanguleux à la base; test orné de nombreux cordons décurrents étroits, plats, inégaux; ombilic grand, caréné; ouverture obronde; coloration brun-ferrugineux, avec quelques flammes blanchâtres, — H. 14 à 16; D. 15 à 20 millim.

Fig. 185.

Assez commun; la Méditerranée, zone littorale.

## Gibbula ardens, von Salis Marschlins.

*Trochus ardens*, Salis, 1793. *Reise Neap.*, p. 376, pl. 8, fig. 9. — *G. ardens*, Mtr., 1884. *Nom. Conch.*, p. 40. — Loc., *Prodr.*, p. 315.

Galbe plus globuleux; spire plus haute; tours plus convexes; dernier tour arrondi; suture plus profonde; ombilic un peu moins large; cordons décurrents plus forts, plus réguliers, plus saillants; coloration brun-marron avec fascies blanches parsemées de taches rouges. — H. 10 à 12; D. 14 à 16 millimètres.

Commun ; la Méditerranée, zone littorale.

**Gibbula barbara,** DE MONTEROSATO.

*G. barbara*, Mtr., 1880. *Bol. malac. ital.*, p. 217.

Galbe plus conique que *G. ardens;* spire plus élevée; dernier tour moins large et moins arrondi ; tours moins convexes ; ombilic plus étroit ; coloration plus cendré. — H. 14 à 15 ; D. 14 à 16 millimètres.

Très rare; côtes de Provence, zone herbacée.

**Gibbula Adansoni,** PAYRAUDEAU.

*Trochus Adansoni*, Payr., 1826. *Moll. Corse*, p. 127, pl. 6, fig. 7-8. — *G. Adansoni*, Mtr., 1884. *Nom. conch.*, p. 41. — Loc., *Prodr.*, p. 318.

Coquille conoïde; spire haute; 6 à 7 tours assez convexes; suture à peine canaliculée; dernier tour subanguleux à la base; cordons décurrents très fins ; ombilic assez étroit; coloration variable, passant du gris au brun, avec flammules blanches espacées. — H. 9 à 12; D. 9 à 10 1/2 millimètres.

Commun ; la Méditerranée, zones littorale et herbacée.

**Gibbula Agathensis,** RÉCLUZ.

*Trochus Agathensis*, Récl., 1843. *Soc. Cuv.*, p. 11. — *G. Agathensis*, Mtr., 1884. *Nom. conch.*, p. 41. — Loc., *Prodr.*, p. 320 *(pars)*.

Très voisin du *G. Adansoni;* galbe un peu plus allongé; dernier tour arrondi à la base; tours un peu plus convexes; même coloration. — H. 10 à 14 ; D. 9 à 12 millimètres.

Peu commun ; la Méditerranée, zones littorale et herbacée.

**Gibbula Adriatica,** PHILIPPI.

*Trochus Adriaticus*, Phil., 1844. *Moll. Sic.*, II, p. 153, pl. 25, fig. 10. — *G. Adriatica*, Mtr., 1886. *Nom. conch.*, p. 41.

Voisin du *G. Adansoni;* tours plus étagés ; suture plus accusée ; profil des tours plus droit, dernier tour plus anguleux; coloration fauve-verdâtre, avec flammules rousses et blanches. — H. 9 à 11 ; D. 9 à 10 millimètres.

Rare; la Méditerranée, zones littorale et herbacée.

**Gibbula tumida,** MONTAGU.

*Trochus tumidus*, Mtg., 1803. *Test. Brit.*, p. 280, pl. 10, fig. 4. — *G. tumida*, Loc., *Prodr.*, p. 321.

Coquille conoïde; spire assez haute ; 7 tours à peine convexes, bien étagés, anguleux dans le haut ; suture très accusée ; dernier tour convexe en dessous et subcaréné ; cordons décurrents fins et nombreux ; ombilic étroit ; coloration blanc-jaunâtre, avec flammules longitudinales fauves. — H. 6 à 7 ; D. 7 à 8 millimètres.

Peu commun ; la Manche et l'Océan, zones littorale et herbacée.

**Gibbula Philberti,** Récluz.

*Trochus Philberti*, Récl., 1843. *Rev. zool.*, p. 11. — *G. Philberti*, Mtr., 1884. *Nom. Conch.*, p. 41. — Loc., *Prodr.*, p. 316.

Galbe conoïde-court ; spire peu haute ; 6 tours légèrement convexes, peu étagés ; suture peu accusée, comme déprimée ; dernier tour légèrement convexe en dessous, anguleux à la périphérie ; cordons décurrents assez forts, recoupés par de nombreuses stries spirales ; ombilic assez large, évasé ; coloration passant du gris-cendré au brun rouge ou noir, avec quelques flammes plus sombres. — H. 8 à 11 ; D. 11 à 13 millim.

Peu commun ; la Méditerranée, zones littorale et herbacée.

**Gibbula Roissyi,** Payraudeau.

*Trochus Roissyi*, Payr., 1827. *Moll. Corse*, p. 130, pl. 6, fig. 13-14. — *G. Roissyi*, Loc., *Prodr.*, p. 317.

Voisin du *G. Philiberti;* galbe un peu plus élevé ; tours plus convexes ; suture plus marquée ; cordons décurrents plus nombreux ; dernier tour moins anguleux ; même coloration. — H. 9 à 11 ; D. 11 à 12 millim.

Rare ; la Méditerranée, zones littorale et herbacée.

**Gibbula varia,** Linné.

*Trochus varius*, L., 1767. *Syst. nat.*, p. 1229. — *G. varia*, Brus., 1866. *Faun. Dalm.*, p. 80. — Loc., *Prodr.*, p. 316.

Galbe conoïde-déprimé ; spire peu haute ; 6 tours à peine convexes, un peu étagés ; dernier tour large, anguleux en haut et en bas, légèrement convexe en dessous ; ombilic assez large, caréné au bord ; coloration fond blanchâtre, largement flammulée de gris-roux ou de violacé. — H. 8 à 10 ; D. 11 à 13 millimètres.

Assez commun ; la Méditerranée, zones littorale et herbacée.

D. — Groupe du *G. cineraria*

Coquille moyenne ; ombilic très petit ; test costulé.

**Gibbula cineraria, Linné.**

*Trochus cinerarius*, L., 1767. *Syst. nat.*, p. 1229. — *G. cin.*, Loc., *Pr.*, p. 319.

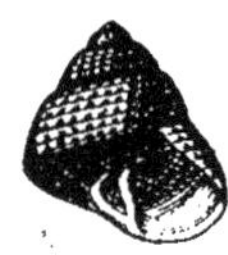
Fig. 186.

Coquille conoïde-subdéprimée ; 6 à 7 tours à peine convexes ; suture linéaire; dernier tour obtusément caréné, légèrement convexe en dessous ; cordons décurrents fins, nombreux ; ombilic petit ; coloration gris-cendré, avec linéoles longitudinales flexueuses, brunes. — H. 10 à 12 ; D. 12 à 13 millimètres.

Commun ; la Manche et l'Océan, zone littorale.

**Gibbula obliquata, Gmelin.**

*Trochus obliq.*, Gmel., 1789. *Syst. nat.*, p. 3575. — *G. obliq.*, Loc., *Pr.*, p. 320.

Galbe plus globuleux, plus convexe en dessous ; spire peu haute ; cordons décurrents plus forts; même coloration, linéoles plus larges. — H. 9 à 10 ; D. 12 à 14 millimètres.

Commun; la Manche et l'Océan, zone littorale.

**Gibbula Pennanti, Philippi.**

*Trochus Pennanti*, Ph., 1846. *Conch. cab.*, pl. 64, fig. 10. — *G. Agathensis*, Loc., *Prodr.*, p. 321 *(non* Récl.).

Galbe intermédiaire entre les deux types précédents ; taille un peu plus forte ; tours plus convexes ; dernier tour arrondi ; ombilic plus étroit ; coloration blanc-grisâtre ou verdâtre, avec flammes étroites longitudinales. — H. 12 à 15 ; D. 12 à 16 millimètres.

Peu commun ; la Manche et l'Océan, zone littorale.

**Gibbula rarilineata, Michaud.**

*Trochus rarilin.*, Mich., 1829. *Soc. Lin. Bord.*, p. 266, fig. 12. — Loc., *Pr.*, p. 321.

Galbe voisin du *G. cineraria ;* tours plus plans ; dernier tour anguleux dans le bas et concave en dessous ; ombilic presque nul ; même coloration. — H. 10 à 12; D. 13 millimètres.

Commun; la Méditerranée, zone littorale.

**Gibbula divaricata, Linné.**

*Trochus divaricatus*, L., 1767. *Syst. nat.*, p. 1229. — *G. divaricata*, Brus., 1866. *Fauna Dalm.*, p. 80. — Loc., *Prodr.*, p. 322.

Voisin du *G. rarilineata;* taille plus forte ; 4 tours plus convexes dernier tour arrondi et convexe en dessous ; même coloration, linéoles un peu plus larges. — H. 13 à 16 ; D. 16 à 20 millimètres.

Commun ; la Méditerranée, zone littorale.

E. — Groupe du *G. purpurea.*

Coquille petite ; ombilic étroit ; test avec cordons décurrents.

**Gibbula purpurea**, Risso.

*Turbo purpureus*, Ris., 1826. *Eur. mérid.*, IV, p. 116, fig. 48. — *G. purpurea*, Mtr., 1884. *Nom. conch.*, p. 42. — Loc., *Prodr.*, p. 318.

Coquille subglobuleuse ; spire médiocre ; 5 tours convexes ; le dernier bien arrondi ; suture profonde ; test un peu mince, orné de nombreux cordons décurrents filiformes, dont un parfois plus saillant à la base ; ombilic étroit, profond, subcaréné au pourtour ; ouverture arrondie ; coloration passant du gris-fauve au brun, avec flammules longitudinales blanches. — H. et D. 6 à 8 millimètres.

Fig. 187.

Peu commun ; la Méditerranée, zones littorale et herbacée.

**Gibbula Drepanensis**, Brugnone.

*Trochus Drepanensis*, Brugn., 1873. *Miscel. Malac.*, I, p. 13, fig. 24. — *G. Drep.*, Mtr., 1877. *J. conch.*, p. 31, pl. 2, fig. 6. — Loc., *Pr.*, p. 319.

Taille plus petite ; galbe plus surbaissé ; 4 tours convexes ; le dernier très grand, subcaréné dans le bas ; fente ombilicale étroite ; coloration fond olivâtre, avec séries décurrentes de ponctuations brunes formant des flammules longitudinales flexueuses. — H. 3 à 4 ; D. 4 à 5 millim.

Rare ; la Méditerranée, zone herbacée.

**Gibbula Racketti**, Payraudeau.

*Trochus Racketti*, Payr., 1826. *Moll. Corse*, p. 128, pl. 6, fig. 9-10. — *G. Racketti*, Loc., *Prodr.*, p. 318.

Taille et spire intermédiaires entre les deux précédents ; 4 à 5 tours légèrement convexes, un peu étagés, renflés dans le haut, subanguleux dans le bas ; suture déprimée ; ombilic un peu plus large ; ouverture subquadrangulaire ; coloration gris-vert ou jaunâtre, avec linéoles longitudinales brunes et une zone claire sous la suture. — H. 5 à 6 ; D. 5 à 5 1/2 millimètres.

Peu commun ; la Méditerranée, zones littorale et herbacée.

F. — Groupe du *G. Richardi.*

Taille variable ; ombilic très grand ; test lisse.

**Gibbula Richardi,** Payraudeau.

*Monodonta Richardi*, Payr., 1826. *Moll. Corse*, p. 138, pl. 7, fig. 1-2. — *G. Richardi*, Brus., 1866. *Fauna Dalm.*, p. 80. — Loc., *Prodr.*, p. 317.

Coquille de taille moyenne; galbe subdéprimé; spire conoïde-obtuse; 5 tours légèrement convexes, aplatis en dessus; dernier tour très grand, plat en dessous, anguleux à la périphérie; suture peu profonde; ombilic très évasé, subcaréné au pourtour; ouverture grande, subrhomboïdale; coloration fond cendré, verdâtre ou fauve, articulé de petites flammes brunes. — H. 10 à 18; D. 14 à 23 millimètres.

Fig. 188.

Très commun; la Méditerranée, zones littorale et herbacée.

**Gibbula Vimontiæ,** de Monterosato.

*G. Vimontiæ*, Mtr., 1884. *Nom. Conch.*, p. 42. — Loc., *Prodr.*, p. 312.

Taille beaucoup plus petite; tours plus convexes; suture plus accusée; dernier tour moins ample; ouverture plus arrondie; coloration fond jaune-verdâtre, avec maculatures vert-bronzé. — H. 4; D. 5 millimètres.

Rare; côtes de Provence, zones littorale et herbacée.

## Genre TROCHOCOCHLEA, Klein.

Coquille imperforée, turbinée-subovoïde; test épais; ouverture arrondie; région ombilicale calleuse; columelle avec saillie noduleuse.

**Trochocochlea turbinata,** Born.

*Trochus turbinatus*, Born, 1780. *Test. mus.*, p. 335. — *Carag. turb.*, Loc., p. 323. — *Tr. turb.*, Mtr., 1888. *Boll. mal. Ital.*, XIII, p. 178.

Coquille subovoïde, assez haute; 6 tours convexes, le dernier régulièrement arrondi; test orné de cordons décurrents équidistants, assez larges; suture assez accusée; ouverture arrondie; région ombilicale calleuse; coloration gris, cendré-jaunâtre ou verdâtre, tessellé de larges linéoles subquadrangulaires violacées ou brunes-verdâtres. — H. 15 à 20; D. 16 à 24 millimètres.

Fig. 189.

Très commun; la Méditerranée, zone littorale.

**Trochocochlea lineata,** da Costa.

*Turbo lineatus*, da C., 1778. *Brit. conch.*, p. 100, pl. 6, fig. 7. — *C. lin.*, Loc., *Prodr.*, p. 323. — *Tr. lineata*, Mtr., 1888. *Boll. mal. Ital.*, XIII, p. 180.

Voisin du *Tr. turbinata;* tours moins régulièrement arrondis, un peu déprimés dans le haut; suture plus linéaire; test presque lisse; même coloration, avec bandes décurrentes étroites, composées de petites linéoles ondulées en zigzag. — H. 15 à 23; D. 17 à 24 millimètres.

Très commun; la Manche et l'Océan, zone littorale.

**Trochocochlea articulata,** de Lamarck.

*Monodonta articulata*, Lamck., 1822. *An. s. vert.*, VII, p. 56. — *Car. artic.*, Loc., *Pr.*, p. 324. — *Tr. art.*, Mtr., 1888. *Boll. mal. Ital.*, XIII, p. 179.

Voisin du *Tr. turbinata*; galbe un peu plus élevé; dernier tour déprimé vers le haut; suture moins profonde; cordons décurrents plus atténués; coloration gris-cendré, maculé de blanc et de brun, parfois en lignes décurrentes. — H. 15 à 20; D. 15 1/2 à 19 millimètres.

Très commun; la Méditerranée, zone littorale.

**Trochocochlea retusa,** de Monterosato.

*Trochocochlea retusa*, Mtr., 1888. *Boll. malac. Ital.*, XIII, p. 180.

Galbe plus obtus; tours déprimés vers le haut, ensuite bien arrondis, mieux étagés; suture plus accusée; cordons réguliers, nombreux, assez fins; coloration cendré-verdâtre, avec de petites flammes brunes en lignes décurrentes. — H. 14 à 19; D. 14 à 22 millimètres.

Peu commun; la Méditerranée, zone littorale.

**Trochocochlea mutabilis,** Philippi.

*Trochus mutabilis*, Ph., 1846. *Conch. cab.*, p. 166, pl. 26, fig. 18. — *C. mutab.*, Loc., *Pr.*, p. 324. — *Tr. mutab.*, Mtr., 1888. *Boll. malac. Ital.*, XIII, p. 180.

Galbe plus déprimé; taille plus petite; dernier tour convexe, renflé dans le haut; cordons décurrents obsolètes; ombilic profond, extrêmement étroit; coloration gris-jaunâtre, avec quelques lignes décurrentes de taches rouges et blanches. — H. 12 à 16; 13 à 17 millimètres.

Peu commun; la Méditerranée, zone littorale.

## Genre DANILIA, Brusina.

Coquille imperforée, subconoïde; tours convexes, treillissés; columelle sinueuse formant un faux ombilic, terminée par une dent tronquée; labre sillonné en dedans, épaissi et variqueux en dehors.

**Danilia Tinei,** Calcara.

*Monodonta Tinei*, Calc., 1839. *Ric.*, p. 14, fig. 8. — *D. Tinei*, Mtr., 1884. *Nom. Conch.*, p. 49. — Loc., *Prodr.*, p. 305.

Coquille assez petite; galbe subconoïde assez court; spire médiocre; 5 tours bien convexes; test orné de cordons décurrents assez forts et de côtes longitudinales obliques et plus minces, formant un treillissage à mailles profondes; ouverture arrondie; coloration roux-clair, flammulé de brun. — H. 7 à 8; D. 6 à 7 millimètres.

Fig. 190.

Très rare; la Méditerranée et la région aquitanique, zone corallienne.

## Genre CLANCULUS, Denys de Montfort.

Coquille assez petite, ombiliquée, conoïde-ventrue; test orné de cordons décurrents granuleux; columelle tordue, bordée d'un faux ombilic à parois crénelées; labre plissé en dedans.

### Clanculus corallinus, Gmelin.

*Trochus corallinus*, Gmel., 1789. *Syst. nat.*, p. 3576. — *Cl. corallinus*, Brus., 1866. *Faun. Dalm.*, p. 78. — Loc., *Prodr.*, p. 325.

Coquille subglobuleuse; spire conoïde, peu élevée; 5 à 6 tours convexes; le dernier bien arrondi; test orné de cordons décurrents granuleux, réguliers; ombilic étroit et profond; ouverture grimaçante; columelle bidentée; coloration rose de corail; ombilic blanc. — H. 7 à 9; D. 8 à 10 millimètres.

Fig. 191.

Assez commun; la Méditerranée, zones littorale et herbacée.

### Clanculus cruciatus, Linné.

*Trochus cruciatus*, L., 1767. *Syst. nat.*, p. 1228. — *Cl. cruciatus*, Weink., 1868. *Conch. mit.*, II, p. 350. — Loc., *Prodr.*, p. 325.

Galbe un peu plus élevé; tours plus convexes; suture plus accusée; cordons décurrents plus espacés; ouverture simple, un seul denticule; coloration brun-ferrugineux, avec quelques taches blanches. — H. et D. 8 à 10 millimètres.

Peu commun; la Méditerranée, zones littorale et herbacée.

### Clanculus Jussieui, Payraudeau.

*Monodonta Jussieui*, Payr., 1826. *Moll. Corse*, p. 136, pl. 6, fig. 24-25. — *Cl. Juss.*, Brus., 1866. *Fauna Dalm.*, p. 79. — Loc., *Pr.*, p. 326.

Même galbe et même ouverture que *Cl. cruciatus;* test presque lisse;

coloration brun-noirâtre, avec quelques linéoles jaunâtres. — H. et D. 9 à 11 millimètres.

Peu commun ; la Méditerranée, zones littorale et herbacée.

## CALYPTRÆIDÆ

Coquille de taille moyenne, conique-déprimée, irrégulière, à sommet peu enroulé; péristome entier; pas d'opercule.

### Genre CALYPTRÆA, de Lamarck.

Coquille conique-trochiforme, spirale, à sommet central; ouverture circulaire ; face inférieure munie d'une lame spirale adhérente à la périphérie et dont le bord columellaire contourné forme un faux ombilic.

**Calyptræa Sinensis**, Linné.

*Patella Chinensis*, L., 1767. *Syst. nat.*, p. 1257. — *C. Sinensis*, Desh., 1824 *An. sc. nat.*, III, p. 335, pl. 17, fig. 1-2. — Loc., *Prodr.*, p. 327.

Coquille en forme de petite mamelle; test mince; sommet central lisse, obtus, subspiral ; surface ornée de stries concentriques plus ou moins squameuses; face inférieure concave, lisse, très luisante; coloration blanc-laiteux, ou roux-clair. — H. 5 à 7; D. 10 à 20 millimètres.

Fig. 192.

Assez commun; toutes nos côtes, zones herbacée et corallienne.

### Genre CREPIDULA, de Lamarck.

Coquille déprimée, ovale-oblongue, à sommet oblique, submarginal; face inférieure munie d'une lame adhérente occupant le tiers de la surface.

**Crepidula unguiformis**, de Lamarck.

*Patella crepidula*, L., 1767. *Syst. nat.*, p. 1257. — *Cr. unguiformis*, Lamck., 1822. *An. s. vert.*, VI, II, p. 25. — Loc., *Prodr.*, p. 328.

Fig. 193.

Coquille aplatie, à pourtour ovalaire; sommet marginal; face supérieure très déprimée, irrégulièrement traversée par des plis d'accroissement fins, face inférieure lisse et brillante, avec une ouverture libre entre la coquille et sa lame, peu haute mais profonde ; coloration blanc, teinté de jaune pâle. — H. 3 à 4 ; D. 20 à 27; d. 16 à 18 millim.

Peu commun; la Méditerranée, zones herbacée et corallienne.

**Crepidula Desmoulinsi**, Michaud.

*Cr. Moulinsii*, Mich., 1829. *Soc. Lin. Bord.*, III, p. 265, fig. 9. — *Cr. Desmoulinsi*, Loc., *Prodr.*, p. 328.

Voisin du *Cr. unguiformis;* test plus épais; galbe concave et lisse sur la face inférieure, convexe et rugueux sur la face extérieure; coloration brun-clair ou roux. — H. 4 à 6; D. 20 à 24; d. 16 à 18 millim.

Peu commun; la Méditerranée, zones herbacée et corallienne.

## Genre CAPULUS, Denis de Montfort.

Coquille conique, épidermée-piliforme, à sommet très arqué et infléchi; ouverture ovalaire; péristome libre, continu, ondulé.

**Capulus Hungaricus**, Linné.

*Patella ungarica*, L., 1767. *Syst. nat.*, p. 1259. — *C. ungaricus*, Ris., 1826. *Eur. mer.*, IV, p. 254. — Loc., *Prodr.*, p. 329.

Fig. 194.

Coquille haute, spire élevée; sommet enroulé, composé de 2 à 3 tours; face extérieure striée longitudinalement; face inférieure nacrée; ouverture très grande, subarrondie; coloration blanc-jaunâtre ou rosé, intérieur blanc ou rose, épiderme gris verdâtre. — H. 15 à 25; D. 16 à 35 millimètres.

Assez commun; toutes les côtes, toutes les zones.

**Capulus intortus**, de Lamarck.

*Pileopsis intorta*, Lamck., 1822. *An. s. vert.*, VI, II, p. 18. — *C. intortus*, Blainv., 1830. *Man.*, pl. 49 bis, fig. 1. — Loc., *Prodr.*, p. 329.

Taille plus petite; spire moins haute, plus infléchie, plus oblique; ouverture plus ovalaire; stries plus fines; coloration blanc-grisâtre. — H. 4 à 5; D. 9 à 10 millimètres.

Très rare; l'Océan et la Méditerranée (très probablement exotique).

# HALIOTIDÆ

Coquille assez grande, auriforme; dernier tour très ample, avec une série de perforations sur le côté; extérieur rugueux; intérieur nacré et irisé.

## Genre HALIOTIS, Linné.

Coquille aplatie; spire courte; galbe ovalaire; tours peu nombreux; péristome continu; colomelle aplatie, arquée.

### **Haliotis tuberculata**, Linné.

*H. tuberc.*, L., 1767. *Syst. nat.*, 1259. — Loc., *Prodr.*, p. 330.

Coquille auriforme-déprimée; spire peu haute; 3 à 4 tours, le dernier extrêmement ample, caréné vers le bord; test orné de cordons décurrents fins, onduleux, et de stries d'accroissement déterminant au dernier tour des plis peu saillants; intérieur richement nacré. — H. 15 à 25; D. 60 à 100 millim.

Fig. 195. — 1/3 grandeur.

Commun; la Manche et l'Océan, zone littorale.

### **Haliotis lamellosa**, de Lamarck.

*H. lamellosa*, Lamck., 1822. *An. s. vert.*, VI, II, p. 217. — Loc., *Pr.*, p. 331.

Taille plus petite; galbe plus ovalaire; tours plus anguleux; dernier tour moins convexe en dessus; plis transverses du test plus forts, plus saillants. — H. 10 à 12; D. 40 à 60 millimètres.

Commun; la Méditerranée, zone littorale.

### **Haliotis reticulata**, Reeve.

*H. reticulata*, Reeve, 1846. *Icon. conch.*, pl. 14, fig. 48.

Même galbe et même taille que *H. lamellosa;* face supérieure dépourvue de plis transverses; stries décurrentes obsolètes; coloration plus sombre. — H. 10 à 12; D. 40 à 60 millimètres.

Peu commun; la Méditerranée, zone littorale.

# SCISSURELLIDÆ

Coquille très petite, ombiliquée, fissurée latéralement, turbinée, à spire peu haute; test mince et translucide; opercule corné, subelliptique.

## Genre SCISSURELLA, d'Orbigny.

Coquille avec la fissure latérale profonde et complète; galbe turbiné-conique, plus ou moins déprimé.

**Scissurella costata,** D'ORBIGNY.

*Sc. costata,* d'Orb., 1823. *Soc. hist. nat. Paris,* I, p. 340, pl. 23, fig. 2. — Loc., *Prodr.*, p. 332.

Coquille déprimée en dessus, renflée en dessous; spire presque plane; 3 à 3 1/2 tours plans en dessus; dernier tour grand et convexe, caréné vers le haut; ombilic large, caréné au bord; test orné de costulations longitudinales arquées, assez espacées, et de stries décurrentes très fines; ouverture oblique, subquadrangulaire; coloration blanche. — H. 1; D. 1/4 millimètre.

FIG. 196.

Rare; la Méditerranée, zone corallienne.

**Scissurella lævigata,** D'ORBIGNY.

*Sc. lævigata,* d'Orb., 1823. *Soc. hist. nat. Paris,* I, p. 341, pl. 23, fig. 1.

Même galbe; test lisse, sans costulations longitudinales; coloration blanchâtre. — H. 1; D. 1/4 millimètre.

Rare; la Méditerranée, zone corallienne.

**Scissurella crispata,** FLEMING.

*Sc. crispata,* Flem., 1832. *Wern. soc.,* VI, p. 385, pl. 6, fig. 3. — Loc., *Pr.*, p. 332.

Spire plus haute; tours plus convexes en dessus; ombilic bien plus étroit; test finement treillissé; costulations longitudinales plus fines et plus serrées; coloration corné-clair. — H. 2 à 3; D. 2 1/2 à 3 1/2 millim.

Rare; l'Océan et la Méditerranée, zone corallienne.

## Genre SCHISMOPE, Jeffreys.

Coquille avec la fissure en partie masquée par l'âge; taille très petite; galbe ovalaire et déprimé.

**Schismope striatula,** PHILIPPI.

*Scissurella striatula,* Ph., 1844. *Moll. Sic.,* II, p. 160. — *S. striatula,* Roux, 1862. *St. Alpes-Mar.*, p. 416. — *S. cingulata,* Loc., *Prodr.*, p. 331.

Coquille très petite; galbe subdéprimé; 3 1/2 tours convexes, ornés d'une carène assez large; dernier tour très ample; test orné de stries transverses assez fortes au-dessus de la carène, plus atténuées en dessous; coloration blanc corné-clair. — H. 3/4; D. 1/2 millimètre.

FIG. 197.

Très rare; côtes de Provence, zone herbacée.

# FISSURELLIDÆ

Coquille assez petite, non enroulée, conoïde, ouverte à la base ; sommet un peu incurvé ; une fente logée entre le sommet et le bord ; face interne non nacrée ; test treillissé ; pas d'opercule.

## Genre FISSURELLA, Bruguière.

Coquille conique, peu haute, à base ovalaire ; sommet tronqué, avec perforation au voisinage, de forme oblongue, bordée à l'intérieur.

### Fissurella neglecta, Deshayes.

*F. neglecta*, Desh., 1830. *Encycl. meth.*, II, p. 138. — Loc., *Prodr.*, p. 333.

Coquille ovalaire, rétrécie à une des extrémités ; sommet un peu obtus ; perforation grande ; test orné d'environ 20 côtes rayonnantes, fortes, avec 3 à 4 côtes plus faibles intercalées, et de cordons concentriques nombreux passant sur les côtes ; callosité interne de la perforation de forme triangulaire ; coloration gris-jaunâtre ou verdâtre, avec quelques rayons violacés. — H. 11 à 16 ; D. 21 à 45 ; d. 13 à 30 millim.

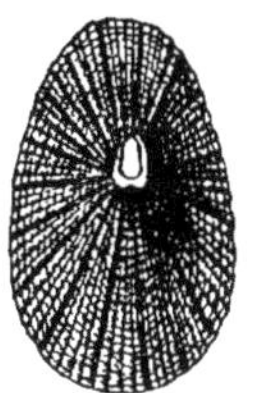
Fig. 198.

Assez commun ; zones littorale et herbacée ; la Méditerranée.

### Fissurella Græca, Linné.

*Patella Grœca*, L., 1767. *Syst. nat.*, XII, p. 1262. — *F. Græca*, Lamck., 1822. *An. s. vert.*, VI, II, p. 11. — Loc., *Prodr.*, p. 334.

Taille plus petite ; même galbe, moins atténué antérieurement ; 16 à 20 côtes rayonnantes, très saillantes, alternant avec des côtes plus fines, le tout recoupé par des cordons concentriques imbriqués ; perforation petite ; coloration blanc-gris, avec ou sans rayons bruns. — H. 8 à 11 ; D. 16 à 25 ; d. 10 à 15 millimètres.

Assez commun ; toutes nos côtes, zones littorale et herbacée.

### Fissurella reticulata, Donovan.

*Patella reticulata*, Don., 1804. *Brit. Shells*, I, pl. 21, fig. 3. — *P. reticulata*, Récl., 1843. *Soc. Cuv.*, p. 110. — Loc., *Prodr.*, p. 333.

Même galbe et taille que *F. Grœca ;* ornementation intermédiaire entre les deux espèces précédentes; côtes longitudinales moins différentes entres elles, plus régulières; cordons décurrents moins forts que chez *F. Græca;* une ou deux côtes intermédiaires; coloration blanc-grisâtre, avec ou sans rayons bruns. — H. 8 à 11 ; D. 16 à 25 ; d. 9 14 millim.

Peu commun; la Manche et l'Océan, zones littorale et herbacée.

**Fissurella nubecula,** Linné.

*Patella nubecula*, L., 1767. *Syst. nat.*, p. 1262. — *F. nubecula*, Riss., 1826. *Eur. mer.*, IV, p. 255. — Loc., *Prodr.*, p. 335.

Même taille; galbe plus étroit; côtes rayonnantes très nombreuses et subégales; cordons concentriques obsolètes; perforation grande avec callum interne non saillant; coloration gris-jaunâtre, avec nombreux rayons rose-violacé. — H. 8 à 11; D. 16 à 25; d. 9 à 14 millimètres.

Assez rare; la Méditerranée, zone littorale.

**Fissurella gibberula,** de Lamarck.

*F. gibberula*, Lk., 1822. *An. s. vert.*, VI, II, p. 15. — Loc., *Prodr.*, p. 334.

Taille plus petite; galbe gibbeux; sommet plus excentré; ornementation analogue à celle du *F. Græca*, mais plus fine et plus serrée; parfois plus allongée, étranglée vers le milieu; coloration blanc-jaunâtre, parfois avec huit rayons gris. — H. 4 à 7; D. 12 à 17; d. 7 à 11 millimètres.

Commun; toutes les côtes; zones littorale et herbacée.

## Genre EMARGINULA de Lamarck.

Coquille conique, plus ou moins élevée; sommet incurvé; test treillissé; une fissure étroite plus ou moins profonde à la périphérie.

A. — Groupe de l'*E. Sicula*.

Galbe conique élevé; sommet submarginal.

**Emarginula Sicula,** Gray.

*E. Sicula*, Gray, 1825. *An. philos.* — Loc., *Prodr.*, p. 336.

Coquille ovalaire, à spire élevée; sommet recourbé; test mince, orné de côtes rayonnantes alternativement fortes et faibles, couvertes de squamules saillantes, imbriquées, recoupées par des cordons concentriques élevés, nombreux; fissure étroite et profonde; coloration jaune-clair ou fauve-pâle. — H. 5 à 8; D. 9 à 15; d. 7 à 11 millimètres.

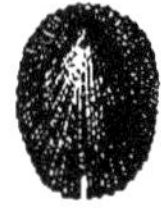

Fig. 199.

Peu commun; la Méditerranée, zones herbacée et corallienne.

**Emarginula fissurata,** Linné.

*Patella fissura*, Lin., 1767. *Syst. nat.*, p. 1261. — *E. fissura*, Johnst., 1836. *Berw. club*, II, p. 33. — Loc., *Prodr.*, p. 336.

Taille plus petite ; spire plus haute ; sommet moins excentré ; ouverture moins ovalaire ; côtes rayonnantes plus régulières ; cordons concentriques moins rapprochés ; coloration jaune-pâle. — H. 6 à 8 ; D. 8 à 10 ; d. 5 à 7 millimètres.

Peu commun ; la Manche et l'Océan ; zones herbacée et corallienne.

**Emarginula solidula,** O. G. Costa.

*E. solidula*, Costa, 1829. *Oss. Pant.*, p. 10. — Loc., *Prodr.*, p. 337.

Taille plus petite que *E. fissurata*; galbe un peu moins élevé ; côtes rayonnantes égales, rapprochées ; cordons concentriques très fins, faisant paraître les côtes comme squameuses ; coloration gris-jaunâtre. — H. 3 à 5 ; D. 4 à 7 ; d. 2 3/4 à 5 millimètres.

Rare ; côtes de Provence, zone corallienne.

**Emarginula papillosa,** Risso.

*E. papillosa*, Risso, 1826. *Eur. mer.*, IV, p. 240, fig. 147. — Loc., *Pr.*, p. 337.

Galbe gibbeux ; spire assez haute ; ouverture ovalaire-allongée ; sommet tout à fait marginal ; côtes rayonnantes délicates, très nombreuses alternant avec une côte plus fine ; cordons très rapprochés, formant des mailles beaucoup plus étroites que celles des espèces précédentes ; coloration jaune très clair. — H. 5 ; D. 14 ; d. 5 1/2 millim.

Très rare ; régions aquitanique et méditerranéenne, zones corall. et herb.

**Emarginula elongata,** O.-G. Costa.

*E. elongata*, Costa, 1829. *Oss. Pant.*, p. 10. — Loc., *Prodr.*, p. 327.

Galbe gibbeux ; spire peu haute ; ouverture ovalaire-allongée ; côtes rayonnantes subégales ; cordons concentriques assez espacés, formant des mailles carrées ; coloration blanc-grisâtre ou jaunâtre. — H. 4 à 5 ; D. 8 à 13 ; d. 5 à 9 millimètres.

Peu commun ; la Méditerranée, zones herbacée et corallienne.

B. — Groupe de l'*E. rosea*.

Coquille petite, conique ; sommet en dehors et arqué.

**Emarginula rosea**, Bell.

*E. rosea*, Bell, 1824. *Zool. journ.*, p. 52, pl. 4, fig. 1. — Loc., *Prodr.*, p. 338.

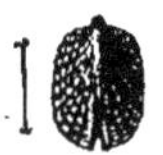

Fig. 200.

Coquille conique, haute; sommet en dehors du plan de l'ouverture; ouverture subovalaire; côtes rayonnantes subégales, assez espacées; cordons concentriques forts, peu nombreux, formant des mailles carrées; coloration blanc à peine roséolé. — H. 3 à 5; D. 4 à 6; d. 3 à 5 1/2 millim.

Peu commun; la Manche et l'Océan, zones herbacée et corallienne.

**Emarginula Costæ**, Tiberi.

*E. Costæ*, Tib., 1855. *Test. nuov. medit.*, p. 13, pl. 2, fig. 1-4.

Voisin de l'*E. rosea*; galbe un peu moins élevé; ouverture un peu moins ovalaire; côtes rayonnantes un peu moins régulières. — H. 4 à 5; D. 5 à 6; d. 4 à 4 1/2 millimètres.

Très rare; côtes de Provence, zone corallienne.

**Emarginula capuliformis**, Philippi.

*E. cap.*, Ph., 1836. *Moll. Sic.*, I, p. 114, pl. 7, fig. 12. — Loc., *Pr.*, p. 338.

Coquille plus petite; galbe plus élevé; ouverture plus arrondie; côtes rayonnantes très rapprochées, subégales; cordons concentriques peu saillants, assez espacés, formant des mailles très peu profondes et très petites. — H. 3; D. 2; d. 1 3/4 millimètre.

Très rare; côtes de Provence, zone corallienne.

**Emarginula tenera**, de Monterosato.

*E. tenera*, Mtr., 1878. *En. sin.*, p. 19. — Loc., *Prodr.*, p. 337.

Voisin de l'*E. capuliformis*; galbe un peu moins élevé; sommet un peu moins arqué et excentré; ouverture moins arrondie; côtes moins égales; cordons formant des mailles un peu plus accusées. — H. 2; D. 3; d. 2 millimètres.

Rare; côtes de Provence, zone corallienne.

C. — Groupe de l'*E. Huzardi*.

Galbe déprimé; sommet presque central.

**Emarginula Huzardi**, Payraudeau.

*E. Huz.*, Payr., 1826. *M. Corse*, p. 99, pl. 5, fig. 1, 2. — Loc., *Pr.*, p. 338.

Coquille assez grande; galbe très déprimé; sommet subcentral, un peu recourbé; ouverture largement ovalaire; côtes rayonnantes imbriquées, alternativement fortes et faibles; cordons concentriques élevés et étroits, formant des mailles profondes et rectangulaires; coloration blanc-grisatre. — H. 4 à 8; D. 12 à 24; d. 9 à 17 millimètres.

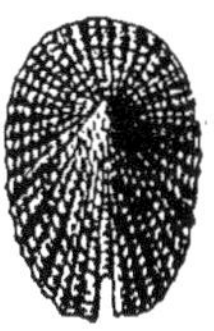

FIG. 201.

Assez rare; la Méditerranée, toutes les zones.

**Emarginula depressa,** Risso.

*E. dep.*, Ris., 1826. *Eur. mer.*, IV, p. 259, fig. 151. — Loc., *Pr.*, p. 338.

Taille plus petite; galbe plus aplati; côtes rayonnantes bien égales, imbriquées; cordons décurrents formant un réseau plus régulier; même coloration. — H. 3 à 4; D. 8 à 12; d. 7 à 9 millimètres.

Très rare; côtes de Provence, zones herbacée et corallienne.

## GADINIIDÆ

Coquille petite, mamelonnée, un peu oblique; sommet obtus, subcentral; pas de fentes dans le test, ni d'opercule.

### Genre GADINIA, Gray.

Coquille un peu haute; ouverture arrondie; test solide, ornementé.

**Gardinia Garnoti,** Payraudeau.

*Pileopsis Garnotii*, Payr., 1826. *Moll. Corse*, p. 94, pl. 5, fig. 3-4. — *G. Garnoti*, Desh., 1832. *Exp. Morée*, p. 135. — Loc., *Prodr.*, p. 339.

Coquille patelliforme, assez élevée; test solide, orné de nombreuses côtes rayonnantes fines, subégales, ondulées, rendues irrégulières par des stries d'accroissement concentriques; sommet obtus, lisse, un peu excentré; coloration blanc-jaunâtre. — H. 5; D. 10; d. 9 millimètres.

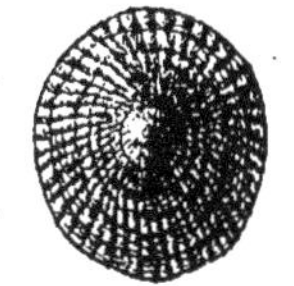

FIG. 202.

Assez rare; la Méditerranée, toutes les zones.

## PATELLIDÆ

Coquille de taille moyenne, discoïde, aplatie; sommet subcentral; contour apertural variable; ni fente, ni opercule.

## Genre PATELLA, Linné.

Coquille assez grande, conoïde, plus ou moins déprimée; test solide, strié en dessus, lisse et nacré en dessous; péristome simple ou découpé.

A. — Groupe du *P. ferruginea.*

Coquille grande; côtes fortes, subégales.

**Patella ferruginea**, Gmelin.

*P. ferruginea*, Gmel., 1789. *Syst. nat.*, p. 3706. — Loc., *Pr.*, p. 340.

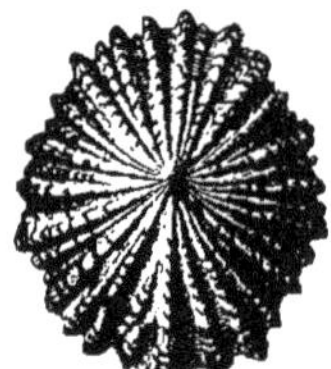

Fig. 203. — 1/2 grand.

Coquille grande, médiocrement élevée; ouverture largement ovalaire; péristome découpé; 30 ou 40 grosses côtes, obtuses, bien saillantes, ondulées, irrégulièrement noueuses; sommet un peu excentré; coloration fauve-rouillé; intérieure blanc-nacré, noirâtre dans le fond. — H. 20 à 30; D. 50 à 60; d. 35 à 45 millimètres.

Rare; côtes de Provence, zone littorale.

**Patella Rouxi**, Payraudeau.

*P. Rouxi*, Payr., 1826. *Moll. Corse*, p. 90, pl. 4, fig. 1-2. — Loc., *Pr.*, p. 340.

Galbe plus élevé; sommet moins excentré; ouverture plus arrondie; 50 à 60 grosses côtes; coloration roux-clair; intérieur blanchâtre. — H. 25 à 35; D. 60 à 65; d. 45 à 50 millimètres.

Rare; côtes de Provence, zone littorale.

**Patella hypsilotera**, Locard.

*P. hypsilotera*, Loc., 1890. *Nov. sp.*

Galbe très élevé; sommet presque médian; ouverture subarrondie; péristome non découpé; côtes très nombreuses, moins saillantes, avec d'autres côtes intercalées et moins fortes; coloration roux-verdâtre; intérieur café au lait. — H. 38 à 42; D. 55 à 60; d. 48 à 52 millimètres.

Peu commun; la Manche, zone littorale.

B. — Groupe du *P. vulgata.*

Taille moyenne; côtes fines, inégales; galbe conique.

**Patella vulgata,** Linné.

*P. vulgata*, L., 1767. *Syst. nat.*, p. 1258. — Loc., *Prodr.*, p. 240.

Coquille conique, assez élevée; sommet subcentral; ouverture subovalaire; péristome peu découpé; côtes très nombreuses, inégales, alternant avec plusieurs autres plus petites et inégales; coloration gris livide ou jaune-brun, parfois avec quelques rayons bruns; intérieur jaune-orangé, souvent rayonné. — H. 20 à 25; D. 40 à 45; d. 30 à 35 millimètres.

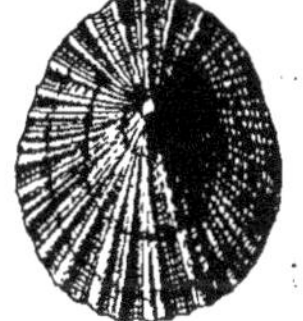

Fig. 204.

Très commun; la Manche et l'Océan, zone littorale.

**Patella Servaini,** J. Mabille.

*P. Servaini*, Mab., 1888. *Bull. soc. Phil.*, p. 188.

Côtes plus régulières, élevées, espacées, à peine tuberculeuses; côtes intermédiaires fines; cordons concentriques peu apparents; coloration noirâtre, tirant sur le rouge; intérieur bleu-pâle avec des tons jaunâtres. — H. 11 à 17; D. 28 à 37; d. 21 à 29 millimètres.

**Patella Taslei,** J. Mabille.

*P. Taslei*, Mab., 1888. *Bull. soc. Phil.*, p. 189.

Voisin du *P. vulgata;* côtes saillantes, obtuses; coloration fond rougeâtre ou brunâtre; côtes d'un roux vif ou blanc éclatant; intérieur rouge vif avec rayons bruns. — H. 9 à 16; D. 27 à 29; d. 23 à 27 millimètres.

Assez rare; l'Océan, zone littorale.

**Patella Mabillei,** Locard.

*P. Mabillei*, Loc., 1891. *Nov. sp.*

Galbe bombé-gibbeux, en verre de montre; ouverture bien arrondie; côtes nombreuses, subégales, saillantes; contour peu découpé; coloration roux-clair; intérieur jaune-clair, rayonné sur les bords, orangé dans le fond. — H. 10 à 12; D. 34 à 37; d. 30 à 32 millimètres.

Peu commun; l'Océan et la Méditerranée, zone littorale.

**Patella athletica,** Bean.

*P. athletica*, Bean, *in* Thorpe, 1844. *Brit. mar. conch.*, p. 264, fig. 108.

Galbe du *P. vulgata;* contour plus découpé; côtes plus nombreuses, plus saillantes, plus anguleuses, plus régulières; coloration jaune-vert sale, fauve ou gris uniforme, avec les côtes plus claires ; intérieur blanc-jaunâtre. — H. 15 à 20 ; D. 35 à 40 ; d. 30 à 35 millimètres.

Peu commun ; la Manche et l'Océan, zone littorale.

**Patella aspera,** de Lamarck.

*P. aspera*, Lamck., 1817. *An. s. vert.*, VI, p. 327. — Loc., *Prodr.*, p. 343.

Voisin du *P. athletica*; galbe plus déprimé ; test plus mince ; côtes moins nombreuses, moins serrées, plus hautes et plus rugueuses ; coloration fauve-clair ou roux, parfois rayonné ; intérieur blanc de perle. — H. 15 à 20 ; D. 40 à 50 ; d. 30 à 35 millimètres.

Assez commun ; la Méditerranée, zone littorale ; très rare dans l'Océan.

**Patella cærulea,** Linné.

*P. cœrulea*, L., 1767. *Syst. nat.*, p. 1259. — Loc., *Prodr.*, p. 342.

Galbe conique, peu haut ; ouverture subovalaire ; test un peu mince ; côtes peu nombreuses, irrégulières, assez peu saillantes, parfois comme ondulées ; sommet excentré de un tiers ; coloration gris-verdâtre sombre, ou noir-olivâtre ; intérieur bleu-opalin iridescent. — H. 10 à 12 ; D. 30 à 35 ; d. 25 à 30 millimètres.

Commun ; la Méditerranée, zone littorale.

C. — Groupe du *P. Tarentina*.

Taille moyenne ; côtes en faisceaux ; galbe déprimé.

**Patella Tarentina,** von Salis Marschlins.

*P. Tar.*, March., 1793. *Reise Neap.*, p. 359, pl. 6, fig. 2. — Loc., *Pr.*, p. 342.

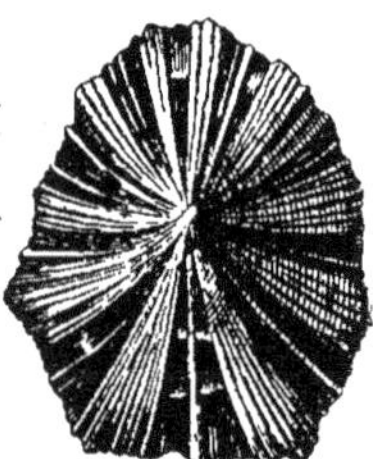

Fig. 205.

Coquille déprimée ; sommet subcentral ; ouverture oblongue-allongée, rétrécie à une des extrémités ; 40 à 50 côtes assez élevées, irrégulières, noduleuses ; coloration fond roux avec environ 8 rayons ou faisceaux blancs ; intérieur fauve-clair. — H. 10 à 12 ; D. 30 à 45 ; d. 25 à 30 millimètres.

Commun ; la Méditerranée, zone littorale.

**Patella Bonnardi,** Payraudeau.

*P. Bonnardii*, Payr., 1826. *Moll. Corse*, p. 89, pl. 3, fig. 9 à 11.

Galbe plus allongé et plus déprimé ; côtes plus fines et plus nombreuses, groupées suivant 10 faisceaux blancs sur fond fauve ; intérieur fauve-orangé clair. — H. 8 à 10 ; D. 28 à 40 ; d. 20 à 30 millim.

Assez rare ; la Méditerranée, zone littorale.

**Patella subplana,** Michaud.

*P. subplana*, Mich., 1838. *Gal. Douai*, I, p. 524, pl. 37, fig. 3-4.

Galbe très déprimé ; sommet très excentré ; ouverture anguleuse, polygonale ; côtes nombreuses, formant de 5 à 8 faisceaux saillants, larges et peu élevés ; coloration fauve-clair ; intérieur nacré-brillant. — H. 6 à 8 ; D. 35 à 50 ; d. 32 à 35 millimètres.

Peu commun ; la Méditerranée, zone littorale.

**Patella scutellina,** Locard.

*P. scutellaris*, Loc., 1886. *Pr.*, p. 343 (*non* Lk.). — *P. scut.*, 1890. *Nov. sp.*

Galbe gibbeux-déprimé ; sommet un peu excentré ; ouverture ovalaire, à contour découpé, parfois polygonal ; côtes nombreuses, inégales, groupées en 10 à 12 faisceaux un peu étroits et arrondis ; coloration roux-cendré, parfois olivâtre ; intérieur nacré-opalin. — H. 8 à 10 ; D. 30 à 40 ; d. 26 à 34 millimètres.

Peu commun ; la Méditerranée, zone littorale.

D. — Groupe du *P. Lusitanica*.

Taille moyenne ; côtes granuleuses ; galbe conique.

**Patella Lusitanica,** Gmelin.

*P. Lusitanica*, Gmel., 1789. *Syst. nat.*, III, p. 3715. — Loc., *Prodr.*, p. 341.

Coquille conique ; sommet assez élevé submédian ; ouverture subarrondie ; côtes rayonnantes très nombreuses, fines, subégales, granuleuses, rudes au toucher ; coloration fond fauve maculé de brun ; intérieur nacré brillant, avec le fond livide ou sombre. — H. 13 à 18 ; D. 25 à 35 ; d. 20 à 30 millimètres.

Fig. 206. — 2/3 gr.

Commun ; la Méditerranée, zone littorale.

## Genre HELCION, Denys de Montfort.

Coquille assez petite ; galbe patelliforme-ovalaire ; sommet obtus subcentral ; test mince, lisse ; péristome simple.

**Helcion pellucidum**, Linné.

*Patella pellucida*, L., 1767. *Syst. nat.*, I, p. 1260. — *H. pellucidum*, Jeff., 1865. *Brit. conch.*, III, p. 242, pl. 58, fig. 1. — Loc., *Prodr.*, p. 343.

Fig. 207.

Galbe ovalaire-gibbeux, assez élevé ; sommet obtus, très arqué, très excentré ; ouverture ovalaire-allongée ; test lisse et brillant ; coloration corné-brun, avec d'étroits rayons d'un bleu intense et irisé, interrompus ; intérieur opalescent, avec tache sombre au sommet. — H. 5 à 10 ; D. 16 à 20 ; d. 10 à 12 millimètres.

Assez commun ; la Manche et l'Océan, zone herbacée.

**Helcion gracile**, Locard.

*H. gracile*, Loc., 1887. *Nov. sp.*

Taille plus petite ; galbe plus surbaissé ; sommet plus excentré ; ouverture plus large et moins régulièrement ovalaire ; coloration corné-clair. — H. 3 à 4 ; D. 9 à 12 ; d. 6 à 8 millimètres.

Peu commun ; la Manche et l'Océan, zone herbacée.

**Helcion læve**, Pennant.

*Patella lævis*, Pen., 1777. *Brit. zool.*, IV, p. 143, pl. 90, fig. 151. — *H. læve*, Loc., *Prodr.*, p. 344.

Galbe plus arrondi, plus conique, moins globuleux ; ouverture moins ovalaire ; sommet plus central ; test plus épais ; même coloration un peu plus sombre. — H. 9 à 13 ; D. 17 à 20 ; d. 14 à 19 millimètres.

Assez rare ; la Manche et l'Océan, zone herbacée.

**Helcion corneum**, Potiez et Michaud.

*Patella cornea*, Pot. Mich., 1838. *Moll. Douai*, p. 525, pl. 37, fig. 5-6. — Loc., *Prodr.*, p. 344.

Galbe encore moins conique ; sommet presque central ; ouverture plus arrondie ; test plus irrégulier ; coloration corné-clair ou jaunâtre ; intérieur blanc iridescent, avec une tache sous le sommet. — H. 7 à 9 ; D. 14 à 22 ; d. 14 à 24 millimètres.

Peu commun ; la Manche et l'Océan, zone herbacée.

## Genre TECTURA, Audouin et Milne-Edwards.

Coquille petite ; galbe patelliforme-ovalaire ; sommet pointu, subcentral ; test mince, lisse ; péristome simple[1].

[1] Les *Tectura* diffèrent surtout des Helcion au point de vue anatomique.

**Tectura virginea,** Müller.

*P. virginea*, Müll., 1776. *Zool. Dan.*, p. 237. — *T. virginea*, Jeffr., 1865. *Brit. conch.*, III, p. 248, pl. 58, fig. 4. — Loc., *Prodr.*, p. 344.

Coquille subdéprimée ; sommet aigu, incurvé, excentré ; ouverture subarrondie ; test mince ; coloration blanc-gris, avec quelques rayons rosés ; intérieur rosé. — H. 4 à 5 ; D. 8 à 10 ; d. 6 à 8 millimètres.

Fig. 208.

Assez commun ; toutes les côtes, zones herbacée et corall.

**Tectura unicolor,** Forbes.

*Lottia unicolor*, F., 1843. *Rep. Æg.*, p. 135 et 188. — *T. unicolor*, Mtr., 1878. *En. sin.*, p. 18. — Loc., *Prodr.*, p. 345.

Taille plus petite ; galbe plus conique ; sommet plus élevé et plus médian ; coloration rouge, sans rayons. — H. 3 ; D. 6 à 7 ; d. 4 à 5 millim.

Rare ; toutes nos côtes, zones herbacée et corallienne.

**Tectura fulva,** Müller.

*Patella fulva*, Mül., 1776. *Zool. Dan.*, p. 237. — *T. fulva*, Jeffr., 1865. *Brit. conch.*, III, p. 250, pl. 58, fig. 5. — Loc., *Prodr.*, p. 345.

Galbe plus déprimé ; sommet très excentré ; test très finement strié ; coloration rouge-orangé uniforme, intérieur orangé-lustré. — H. 4 ; D. 4 ; d. 7 millimètres.

Très rare ; la Manche, zone herbacée.

**Tectura Gussoni,** O.-G. Costa.

*Ancylus Gussoni*, Costa, 1829. *Pantel*, p. 10. — *T. Guss.*, Loc., *Pr.*, p. 346.

Même galbe que *T. virginea* ; sommet plus pointu, plus saillant et plus fortement incurvé ; coloration fauve-doré, avec rayons fauve-rouge. — H. 3 1/2 ; D. 6 1/2 ; d. 5 1/2 millimètres.

Rare ; la Méditerranée, toutes les zones.

## CHITONIDÆ

Coquille assez petite, ovalaire, déprimée, composée de 8 valves imbriquées ; valve extrême découverte ; 6 valves médianes composées d'une aire centrale avec ou sans carène longitudinale, et de deux aires latérales triangulaires ; valves ornées, enchâssées dans une zone d'expansion coriacée.

## Genre CHITON, Linné.

Zone d'expansion écailleuse ; partie des valves insérées, munies de fissures sur les bords ; valves extrêmes presque égales.

A. — Groupe du *Ch. olivaceus.*

Aires très distinctes ; carène médiane accusée.

### Chiton olivaceus, Spengler.

*Ch. olivaceus*, Sp., 1797. *Skriv. Selsk.*, p. 73, pl. 6, fig. 8. — Loc., *Pr.*, p. 346.

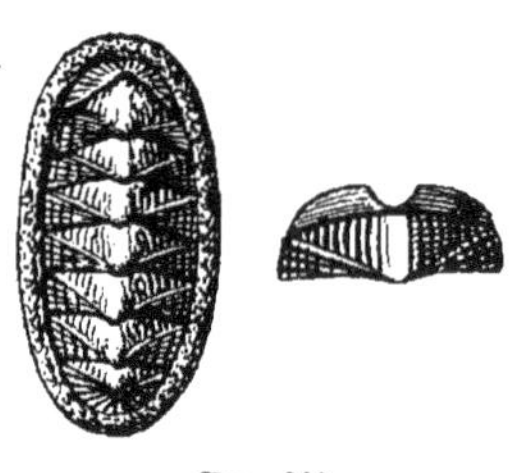

Fig. 209.

Coquille assez grande ; galbe ovalaire-allongé ; carène saillante ; aire médiane avec 7 à 10 côtes longitudinales égales de chaque côté de la carène ; aires latérales avec des sillons rayonnants aussi saillants mais plus rapprochés ; zone d'expansion large, couverte de petites écailles arrondies ; coloration olivâtre. — H. 7 à 8 ; D. 25 à 30 ; d. 13 à 17 millimètres.

Commun ; la Méditerranée, zone littorale.

### Chiton marmoreus, O. Fabricius.

*Ch. marmoreus*, Fabr., 1780. *Faun. Groenl.*, p. 420. — Loc., *Prodr.*, p. 351.

Même galbe, un peu plus convexe ; carène large, acusée ; aire médiane avec des stries transverses espacées, peu profondes, pointillées, en continuité avec les stries longitudinales des aires latérales ; coloration fauve, marbré de roux et de brun foncé. — H. 7 à 9 ; D. 30 à 35 ; d. 15 à 18 millimètres.

Rare ; région armoricaine, zone littorale.

### Chiton fulvus, Wood.

*Ch. fulvus*, Wood, 1829. *Ind. test.*, p. 1, pl. 1, fig. 3. — Loc., *Prodr.*, p. 347.

Taille un peu plus petite ; carène aiguë ; aire médiane avec 10 à 15 lignes de petites granulations longitudinales très étroites ; aires latérales avec côtes rayonnantes plates, peu saillantes ; zone d'expansion large ; coloration roux-fauve sur la carène, passant à l'olivâtre vers la périphérie. — H. 5 à 7 ; D. 25 à 30 ; d. 15 à 20 millimètres

Rare ; région aquitanique, zone littorale.

**Chiton corallinus,** Risso.

*Lepidopleurus coral.*, R., 1826. *Eur. mer.*, IV, p. 268. — Loc., *Pr.*, p. 347.

Taille petite ; galbe ovalaire très allongé ; carène saillante ; ornementation comme celle du *Ch. olivaceus;* coloration rouge-violacé. — H. 3 1/2 à 4 ; D. 10 à 12; d. 4 1/2 à 5 millimètres.

Rare; côtes de Provence, zone littorale.

**Chiton crenulatus,** Risso.

*Ch. crenul.*, R., 1826. *Eur. merid.*, IV, p. 267. — *C. Polii*, Loc., *Pr.*, p. 348

Taille assez petite ; galbe ovalaire un peu allongé ; carène peu saillante ; aire médiane et aire latérale entièrement couvertes de granulations, mais avec des alignements différents ; zone d'expansion médiocre ; coloration gris-verdâtre foncé. — H. 3 à 4; D. 16 à 20; d. 10 à 12 millim.

Peu commun ; la Méditerranée, zone littorale.

**Chiton Doriæ,** Capellini.

*Ch. Doriæ*, 1859. *Journ. conch.*, p. 325, pl. 12, fig. 2. — Loc., *Prodr.*, p. 350.

Voisin du *Ch. olivaceus ;* taille plus petite ; galbe plus allongé ; aire médiane avec 5 à 6 côtes longitudinales de chaque côté; aires latérales avec côtes rayonnantes plus rapprochées, plus serrées ; zone d'expansion plus large ; coloration rouge-carnéolé ou verdâtre. — H. 3 ; D. 9 à à 12; d. 4 à 6 millimètres.

Rare ; la Méditerranée, zone littorale.

B. — Groupe du *Ch. marginatus.*

Aires peu distinctes; carène médiane accusée.

**Chiton marginatus,** Pennant.

*Ch. marg.*, Pen., 1767. *Brit. zool.*, IV, p. 71, pl. 36, fig. 2. — Loc., *Pr.*, p. 345.

Galbe ovalaire peu allongé ; carène étroite et saillante ; aires latérales peu saillantes, couvertes ainsi que la médiane de granulations alignées sous deux directions différentes ; zone d'expansion étroite, couverte de granulations serrées ; coloration gris-cendré parsemé de petites taches blanches. H. 3 à 5 ; D. 8 à 15; d. 5 à 8 millimètres.

Fig. 210.

Assez commun ; toutes nos côtes, zone littorale.

**Chiton cinereus,** Linné.

*Ch. cinereus*, L., 1767. *Syst. nat.*, p. 1107. — Loc., *Prodr.*, p. 348.

Taille presque la même ; galbe plus arrondi ; aires peu distinctes ; toutes deux ornées de granulations très petites, alignées dans deux directions différentes ; zone d'expansion étroite ; coloration gris-cendré, un peu verdâtre ; H. 3 ; D. 8 à 14 ; d. 6 à 8 millimètres.

Peu commun ; la Manche et l'Océan, zone littorale.

**Chiton albus,** Linné.

*Ch. albus*, Lin., 1767. *Syst. nat.*, p. 1107. — Loc., *Prodr.*, p. 349.

Même galbe que *Ch. marginatus ;* ornementation très atténuée ; quelques lignes peu accusées sur les aires et en direction opposée ; coloration jaune très pâle. — H. 3 ; D. 12 à 15 ; d. 8 à 9 millimètres.

Rare ; la Manche et l'Océan, zone littorale.

**Chiton lævis,** Pennant.

*Ch. lævis*, Pen., 1767. *Brit. zool.*, IV, p. 72, pl. 36, fig. 3. — Loc., *Pr.*, p. 350.

Galbe plus allongé ; taille un peu plus grande ; aires un peu plus distinctes, ornées de tubercules très petits un peu mieux alignés ; coloration fauve-clair avec quelques taches rouges. — H. 3 ; D. 12 à 15 ; d. 7 à 9 millimètres.

Rare ; la Manche et l'Océan, zone littorale.

**Chiton ruber,** Linné.

*Ch. ruber*, L., 1767. *Syst. nat.*, p. 1107. — Loc., *Prodr.*, p. 349.

Même galbe que *Ch. lævis ;* test presque complètement lisse ; aires très finement granulées ; coloration rose-chair, avec quelques marbrures jaune-roux. — H. 3 ; D. 10 à 15 ; d. 7 à 10 millimètres.

Rare ; la Manche et l'Océan, zone littorale.

C. — Groupe du *Ch. Cajetanus.*

Aires très distinctes ; carène médiane émoussée.

**Chiton Cajetanus,** Poli.

*Ch. Caj.*, Poli, 1789. *Test. Sic.*, I, pl. 4, fig. 1-2. — Loc., *Pr.*, p. 350.

Coquille ovalaire-allongée, assez haute ; carène nulle ; aire médiane grande, couverte de fins cordons longitudinaux ramifiés, interrompus ; aires latérales, étroites, très convexes, ornées de cordons concentriques larges, très rapprochés, arrondis ; zone d'expansion très étroite, lisse ; coloration fauve-clair. — H. 4 à 6 ; D. 15 à 25 ; d. 6 à 10 millimètres.

Fig. 211.

Peu commun ; l'Océan et la Méditerranée, zone littorale.

D. — Groupe du *Ch. Rissoi.*

Aires peu distinctes; carène médiane émoussée.

**Chiton Rissoi,** PAYRAUDEAU.

*Ch. Rissoi*, Payr., 1826. *M. Corse*, p. 87, pl. 3, fig. 4-5. — Loc., *Pr.*, p. 345.

Coquille ovale-allongée, bien convexe en dessus; aires médiane et latérales peu distinctes, ornées de fins cordons sinueux et granuleux, disposés à angle droit, et plus accusés sur les aires latérales; zone d'expansion peu large, avec de petites squamules; coloration gris-fauve, verdâtre ou brun, avec quelques petites maculatures blanches. — H. 3 à 4; D. 10 à 18; d. 5 à 9 millimètres.

FIG. 212.

Peu commun; la Méditerranée, zone littorale.

**Chiton Mediterraneus,** GRAY.

*Ch. Medit.*, Gr., *in* Reeve, 1847. *Ic. Conch.*, pl. 23, fig. 157. — Loc., *Pr.*, p. 350.

Taille plus petite; galbe plus allongé; cordons plus accusés; coloration gris-cendré ou roux, avec quelques maculatures blanches. — H. 3; D. 11; d. 5 millimètres.

Très rare; la Méditerranée, zone littorale.

**Chiton fragilis,** DE MONTEROSATO.

*Ch. Rissoi, var. fragilis*, Mtr., 1878. *En. sin.*, p. 17.

Taille plus petite que *Ch. Rissoi;* ornementation obsolète, sans trace de cordons rayonnants; coloration plus pâle. — H. 3; D. 8; d. 4 millim.

Rare; la Méditerranée, zone littorale.

**Chiton Algesirensis,** CAPELLINI.

*Ch. Alges.*, Cap., 1858. *J. conch.*, p. 327, pl. 12, fig. 3. — Loc., *Pr.*, p. 347.

Taille plus petite que le *Ch. Rissoi;* galbe plus arrondi, plus déprimé; aire médiane ornée de fins cordons granuleux et sinueux, interrompus; aires latérales avec les mêmes cordons formant 5 ou 6 plis concentriques peu saillants; coloration fauve-clair. — H. 3; D. 8 à 12; d. 4 1/2 à 10 millimètres.

Rare; la Méditerranée, zone littorale.

**Chiton cancellatus,** Sowerby.

*Ch. cancellatus*, Sow., *Ill. Chit.*, 5, fig. 104-105. — *Ch. minimus*, Loc., *Prodr.*, p. 349 *(pars)*.

Coquille petite, ovalaire-allongée ; aire médiane avec des granulations irrégulièrement réparties ; aires latérales avec des cordons granuleux très fins, concentriques; coloration gris-cendré. — H. 2; D. 5 à 6 ; d. 3 à 4 millimètres.

Rare; la Manche et l'Océan, zone littorale.

**Chiton minimus,** de Monterosato.

*Ch. minimus*, Mtr., 1876. *En. sin.*, p. 17. — Loc., *Prodr.*, p. 349 *(pars)*.

Voisin du *Ch. cancellatus* ; taille plus petite, galbe plus étroit ; granulations plus irrégulières et plus fines sur les aires latérales; même coloration. — H. 2; D. 5; d. 3 millimètres.

Rare; côtes de Provence, zone littorale

## Genre ACANTHOPLEURA, Guilding.

Zone d'expansion couverte d'épines calcaires ; bord des valves inserrées, sillonné entre les entailles; valves extrêmes subégales.

**Acanthopleura Hanleyi,** Bean.

*Chiton Hanleyi*, Bean, *in* Thorpe, 1844. *Brit. mar. conch.*, p. 262, pl. 55, fig. 5. — *A. Hanleyi*, Loc., *Prodr.*, p. 351.

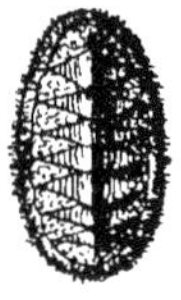

Fig. 213.

Coquille assez petite; galbe ovalaire-allongé ; carène saillante ; aires peu distinctes, couvertes de granulations fortes, disposées en lignes longitudinales dans l'aire médiane, et en lignes concentriques dans les aires latérales ; zone d'expansion, petite, couverte d'épines un peu courtes; coloration gris-cendré, maculé de brun-clair. — H. 3; D. 10 à 12 ; d. 5 à 6 millimètres.

Rare; région armoricaine, zone littorale.

## Genre ACANTHOCHITES, Leach.

Zoned'expansion ornée de faisceaux d'épines valves extrêmes ; inégales.

**Acanthochites fascicularis, Linné.**

*Chiton fascicularis*, L., 1767. *Syst. nat.*, p. 1106. — *A. fascicularis*, Mtr., 1878. *En. Sin.*, p. 18. — Loc., *Prodr.*, p. 351.

Coquille moyenne; galbe ovale-allongé; carène lisse, assez saillante; aires indistinctement ornées de granulations, disposées en séries rayonnantes; zone d'expansion large; coloration gris-verdâtre, marbré de jaune, de brun et de blanc. — H. 3 à 3 1/2; D. 12 à 17; d. 7 à 9 millimètres.

Fig. 214.

Assez commun; toutes les côtes, zone littorale.

**Acanthochites gracilis, Jeffreys.**

*Chiton gracilis*, Jeff., 1859. *Ann. nat. hist.*, p. 106. — *Ac. gracilis*, Loc., *Prodr.*, p. 352.

Taille un peu plus grande; galbe plus étroitement allongé; zone d'expansion un peu plus large, avec des faisceaux de spicules plus grêles; coloration plus claire. — H. 3; D. 18 à 21; d. 7 à 9 millimètres.

Rare; la Manche et l'Océan, zone littorale.

**Acanthochites discrepans, Brown.**

*Chiton discrepans*, Brown, 1827. *Ill. conch.*, p. 65, pl. 21, fig. 20. — *A. disc.*, Tib., 1877. *Bull. malac. Ital.*, III, p. 137. — Loc., *Pr.*, p. 352.

Coquille plus grande; galbe plus renflé, ovalaire-allongé; carène forte et lisse; aires indistinctes, ornées de granulations petites et serrées, planes ou concaves au centre; zone d'expansion très large; faisceaux de spicules allongées; coloration gris-fauve, marbré de brun. — H. 4 à 5; D. 25 à 30; d. 14 à 17 millimètres.

Assez commun; toutes les côtes, zone littorale.

**Acanthochites Æneus, Risso.**

*A. Æneus*, Ris., 1826. *Eur. mer.*, IV, p. 269. — Loc., *Prodr.*, p. 352.

Taille plus petite; galbe plus étroitement allongé; carène lisse et assez forte; aires indistinctement ornées de granulations aplaties très rapprochées; zone d'expansion large; coloration roux-sombre, avec taches rouges et brunes. — H. 3; D. 10 à 15; d. 4 à 6 millimètres.

Assez rare; côtes de Provence, zone littorale.

# SCAPHOPODA

## DENTALIIDÆ

Coquille univalve, tubuleuse, ouverte aux deux extrémités; test solide; orifice inférieur plus large que l'orifice supérieur; pas d'opercule.

### Genre DENTALIUM, Linné.

Coquille assez grande; galbe subcylindrique; test épais; strié longitudinalement; orifice inférieur simple, non contracté; orifice supérieur tronqué, entaillé et muni d'un petit tube accessoire.

A. — Groupe du *D. dentale*.

Coquille à test costulé.

**Dentalium dentale**, Linné.

*D. dentalis*, L., 1767. *Syst. nat.*, II, p. 1263. — Loc., *Prodr.*, p. 355.

Coquille allongée, faiblement arquée, effilée; test orné de 18 à 20 côtes subcylindriques, subégales, atténuées vers la base; bord inférieur tronqué, droit; coloration blanc-rosé, plus sombre vers les extrémités. — H. 30 à 40; D. 3 à 4 millimètres.

Fig. 215. — 2/3 gr.

Rare; la Méditerranée, zone herbacée et corallienne.

**Dentalium novemcostatum,** de Lamarck.

*D. novemcostatum*, Lamck., 1818. *An. s. vert.*, V, p. 344. — Loc., *Pr.*, p. 356.

De taille un peu plus forte ; test orné de 8 à 10 côtes saillantes avec des côtes plus faibles dans les intervalles, le tout atténué vers la base ; coloration blanc-verdâtre ou rosé. — H. 30 à 40 ; D. 4 à 5 millimètres.

Assez commun ; la Manche et l'Océan, zones littorale et herbacée.

**Dentalium alternans,** Bucquoy, Dautzenberg et Dollfus.

*D. alternans*, B., D., D., 1886. *Moll. Rouss.*, I, p. 5?1, pl. 61, fig. 7 à 9.

Voisin du *D. novemcostatum ;* galbe plus grêle, plus effilé ; 8 à 10 côtes saillantes, alternant avec des côtes plus faibles, le tout atténué dans le bas ; stries d'accroissements bien accusés ; coloration blanc-rosé, plus intense aux extrémités rosées. — H. 30 à 40 ; D. 3 1/2 à 4 1/2 millimètres.

Assez commun ; la Méditerranée, zone herbacée.

**Dentalium Panormitanum,** Chenu.

*D. Panorm.*, Chenu, 1842-47. *Ill. Conch.*, pl. 6, fig. 13. — Loc., *Pr.*, p. 340.

Voisin du *D. dentale ;* taille plus grande ; galbe plus caréné ; test plus mince ; appendice apical plus court. — H. 35 à 50 ; D. 3 à 4 1/2 millim.

Très rare ; côtes de Provence, zone corallienne.

B. — Groupe du *D. vulgare.*

Coquille à test strié.

**Dentalium vulgare,** da Costa.

*D. vulgare*, da Costa, 1778. *Brit. conch.*, p. 24, pl. 2, fig. 10. — Loc., *Pr.*, p. 356.

Fig. 216. — 2/3 gr.

Coquille subcylindrique, allongée, arquée ; test orné de stries longitudinales fines et nombreuses, située dans la région supérieure seulement ; coloration blanc-laiteux, teinté de brun-clair ou de rose vers les extrémités. — H. 30 à 40 ; D. 5 à 6 millimètres.

Assez commun ; toutes nos côtes, zones littorale et herbacée.

**Dentalium entale,** Linné.

*D. entale*, L., 1767. *Syst. nat.*, p. 1263. — Loc., *Prodr.*, p. 357.

Galbe un peu plus trapu ; test lisse et brillant ; coloration blanc-laiteux, teinté de rose ou de brun-clair vers les extrémités. — H. 30 à 35 ; D. 5 à 6 millimètres.

Assez commun ; la Manche et l'Océan, zones littorale et herbacée.

**Dentalium rubescens,** Deshayes.

*D. rubescens*, Desh., 1825. *Soc. hist. nat.*, II, p. 363, pl. 16, fig. 23-24. — Loc., *Prodr.*, p. 358.

Galbe plus étroit, plus effilé ; test mince, pellucide, lisse et très brillant ; couleur fauve-rosé. — H. 20 à 25; D. 2 à 2 1/2 millimètres.

Très rare; côtes de Provence, zone littorale.

## Genre SIPHONODENTALIUM, M. Sars.

Coquille assez petite, subcylindrique, légèrement arquée ; orifice inférieur non contracté ; orifice supérieur incisé ou lobulé.

**Siphonodentalium quinquangulare,** Forbes.

Fig. 217.

*Dentalium quinquangulare*, F., 1843. *Æg. inv.*, p. 135. — *S. quinquang.*, Weink., 1868. *Conch. mit.*, II, p. 421. — Loc., *Prodr.*, p. 359.

Coquille petite, étroitement allongée, assez arquée ; test assez solide orné dans presque toute sa longueur de 5 côtes saillantes, alternant avec d'autres côtes intermédiaires plus petites ; coloration blanc-opaque. — H. 10 à 14 ; D. 1 1/2 à 2 millimètres.

Très rare; régions aquitanique et méditerranéenne, zone corallienne.

**Siphonodentalium Lofotense,** M. Sars.

*S. Lof.*, Sars, 1864. *Vid. Selsk*, p. 17, pl. 6, fig. 29-33. — Loc., *Pr.*, p. 359.

Taille moitié plus petite; galbe plus grêle; test lisse, un peu pellucide; coloration blanche. — H. 5 à 6 ; D. 3 1/4 millimètres.

Très rare; région aquitanique, zone corallienne.

## Genre DISCHIDES, Jeffreys.

Coquille assez petite, subcylindrique; orifice inférieur non contracté; orifice supérieur bilobé par 2 profondes entailles.

**Dischides bifissus,** S. Wood.

Fig. 218.

*Dent. biffissum*, S. Wood, 1847-52. *Crag moll.*, p. 190, pl. 20, fig. 3. — *D. bifissus*, Weink., 1868. *Conch. mitt.*, II, p. 421. — Loc., *Prodr.*, p. 360.

Coquille grêle, légèrement arquée, subcylindrique, assez allongée; test lisse et brillant, un peu mince, assez solide ; bord inférieur simple; bord supérieur bifide; coloration blanche. — H. 8 à 10; D. 1/4 à 1 millimètre.

## Genre CADULUS, Philippi.

Coquille petite, courte, renflée vers le milieu, arquée, atténuée aux deux extrémités.

### Cadulus subfusiformis, M. Sars.

*Siphonodent. sub.*, M. Sars, 1864. *Vid. Selsk*, p. 21, pl. 6, fig. 36-44. — *C. sub.*, Jef, 1869. *Brit. conch.*, V, p. 196 — Loc., *Prodr.*, p. 300.

Fig. 219.

Coquille subfusiforme, renflée vers le milieu; orifice inférieur entier; orifice supérieur annulaire, épaissi en dedans; test lisse et brillant, mince, pellucide; coloration blanche. — H. 5; D. 1 millimètre.

Très rare; région aquitanique, zone corallienne.

# LAMELLIBRANCHIATA

## SIPHONATA

---

## SINUPALLEALES

---

### PHOLADIDÆ

Coquille polyvalve; 2 valves normales bâillantes, symétriques; valves accessoires sur la région dorsale ou sur le siphon; à l'intérieur, une apophyse styloïde allongée partant des sommets.

#### Genre TEREDO, Linné.

Coquille assez petite, 2 valves arrondies, logées à l'extrémité d'un tube adventif calcaire, long, subcylindrique; 2 valves accessoires ou palettes sur les siphons; pas de charnière.

A. — Groupe du *T. navalis*.

Palettes simples.

**Teredo navalis**, LINNÉ.

*T. navalis*, L., 1767. *Syst. nat.*, p. 1267. — Loc., *Prodr.*, p. 362.

Coquille arrondie, trilobée; région antérieure courte, découpée à angle droit; région médiane allongée; région postérieure moins découpée que l'antérieure et ailiforme; test un peu mince, strié antérieurement; coquille accessoire en forme de palette, concave dans le bas; coloration blanc-jaunâtre. — H. et D. 6 à 8; longueur de la palette, 10 à 12 millimètres.

FIG. 220.

Commun; toutes les côtes, zone littorale.

**Teredo Norvegica**, SPENGLER.

*T. Norvegica*, Sp., 1792. *Skriv.*, I, p. 102, pl. 2, fig. 4-6. — Loc., *Pr.*, p. 363.

Même galbe; taille plus forte; région postérieure plus étroite et plus longue dans le milieu; palettes plus grandes, arrondies dans le bas; coloration roux-clair. — H. et D. 10 à 12 millimètres.

Assez commun; toutes les côtes, zone littorale.

**Teredo divaricata**, DESHAYES.

*T. div.*, Desh., 1855. *J. conch.*, p. 137, pl. 7, fig. 7-9. — Loc., *Pr.*, p. 367

Même galbe; test plus épais; région antérieure très large, striée horizontalement; bord antérieur comme tronqué; sommet tronqué; palettes longues, arrondies dans le bas. — H. 8; D. 9 à 10 millimètres.

Très rare; côtes de Provence, zone littorale.

**Teredo pedicellata**, DE QUATREFAGES.

*T. ped.*, Quat., 1856. *Ann. sc. nat.*, p. 26, pl. 1, fig. 2. — Loc., *Pr.*, p. 363.

Voisin du *T. navalis*; taille plus petite; angle antérieur très en arrière; stries très fines et très nombreuses; palettes étroites et allongées, avec un long pédicule. — H. et D. 4 millimètres.

Assez rare; l'Océan et la Méditerranée, zone littorale.

**Teredo megotara**, HANLEY.

*T. megotara*, Hanl., *in* F. et H., 1853. *Brit. moll.*, 1, p. 77, pl. 4, fig. 6; pl. 18, fig. 1-2. — Loc., *Prodr.*, p. 364.

Voisin du *T. navalis*; taille plus forte; profil plus découpé; sommet plus étroit; régions antérieure et postérieure plus développées, la postérieure large et longue; palettes courtes, tronquées, avec un pédicule court. — H. et D. 6 à 8 millimètres.

Peu commun ; l'Océan, zone littorale.

**Teredo malleolata, Turton.**

*T. mal.*, Turt., 1822. *Dit. Br.*, p. 255, pl. 2, fig. 19. — Loc., *Pr.*, p. 364.

Coquille plus petite ; régions antérieure et postérieure étroites ; région médiane étroitement allongée; palettes très courtes, tronquées dans le bas ; pédicule assez long. — H. et D. 4 à 5 millimètres.

Assez rare ; l'Océan, zone littorale.

**Teredo nigra, Blainville.**

*T. nigra*, Bl., 1828. *Dict.*, p. 415.

Voisin du *T. navalis ;* taille plus grande ; région antérieure plus anguleuse ; palettes arrondies avec pédicule court. — H. et D. 12 à 15 millim.

Assez rare; l'Océan et la Méditerranée, zone littorale.

B. — Groupe du *T. bipennata*.

Palettes articulées.

**Teredo bipennata, Turton.**

*T. bip.*, Turton, 1817. *Conch. dict.*, p. 184, fig. 38-40. — Loc., *Pr.*, p. 364.

Fig 221.

Coquille arrondie, trilobée; région antérieure courte, découpée à angle droit; région médiane allongée; région postérieure moins découpée que l'antérieure et ailiforme; test un peu mince, strié antérieurement; valves accessoires en petite forme de plume, très allongées, avec 20 articles dans le bas; coloration blanc-jaunâtre. — H. et D. 5; longueur de la palette, 40 à 50 millimètres.

Assez rare ; toutes nos côtes, zone littorale.

**Teredo palmulata, de Lamarck.**

*T. palmulata*, Lamck., 1818. *An. s. vert* , V, p. 440. — Loc., p. 364.

Coquille plus petite ; région médiane plus élargie ; région postérieure plus arrondie ; palettes plus courtes et plus élargies; 20 articles dans le bas ; coloration jaune-clair. — H. et D. 5 à 6 millimètres.

Très rare ; région armoricaine, zone littorale.

**Teredo Philippii**, Gray.

*T. Philippii*, Gr., *in* Fisch., 1856. *J. conch.*, p. 257. — Loc., *Pr.*, p. 365.

Même galbe que *T. navalis*, mais plus petit; palettes courtes, 8 à 10 articles courts; pédicule allongé. — H. et D. 4 à 5 millimètres.

Assez rare; la Méditerranée, zone littorale.

## Genre XYLOPHAGA, Turton.

Coquille globuleuse, comme celle des *Teredo;* 2 petites plaques accessoires logées sur le dos de la coquille.

**Xylophaga dorsalis**, Turton.

*T. dorsalis*, Turt., 1819. *Dict.*, p. 185. — *X. dorsalis*, Turt., 1822. *Dit. Brit.*, p. 253, pl. 2, fig. 4-5. — Loc., *Prodr.*, p. 365.

Coquille globuleuse, trilobée; région antérieure petite, très découpée, stries en deux sens; région médiane à bords limités, étroite, striée transversalement; région postérieure subarrondie, avec aile courte, finement striolée; test solide; coloration jaunâtre dans la région antérieure et médiane, blanche dans la région postérieure. — H. et D. 9 à 11 millimètres.

Fig. 222.

Peu commun, la Manche et l'Océan; très rare dans la Méditerranée; toutes les zones.

## Genre PHOLAS, Linné.

Coquille cylindroïde, bâillante, portant sur le dos plusieurs pièces accessoires, minces; apophyse interne grande et concave.

**Pholas dactylina**, Linné.

*Ph. dactylus*, L., 1767. *Syst. nat.*, p. 1110. — Loc., *Prodr.*, p. 365.

Coquille grande, allongée, ouverte, échancrée dans la région antérieure; bien allongée et bâillante dans la région postérieure; test mince, orné de côtes rayonnantes, recoupées par des cordons concentriques; côtes antérieures squameuses; 4 pièces accessoires sur le dos; coloration blanche. H. 20 à 38; L. 50 à 150; E. 18 à 35 millimètres.

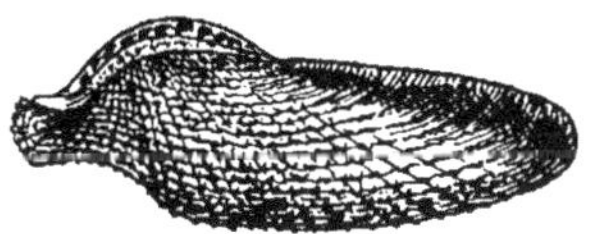

Fig. 223. — 1/3 grandeur.

Assez commun; toutes les côtes, zone littorale.

**Pholas candida, Linné.**

*Ph. candida*, L., 1767. *Syst. nat.*, p. 1111. — Loc., *Prodr.*, p. 366.

Taille plus petite; galbe plus cylindrique ; région antérieure non échancrée; côtes moins fortes et moins nombreuses; une seule pièce accessoire sur le dos ; coloration blanche. — H. 18 à 22 ; L. 45 à 65; E. 20 à 23 millimètres.

Assez commun ; toutes les côtes, zone littorale.

**Pholas crispata, Linné.**

*Ph. crispata*, L., 1767. *Syst. nat.*, p. 1111. — Loc., *Prodr.*, p. 367.

Galbe court et renflé, très bâillant aux deux extrémités ; région antérieure assez échancrée ; côtes nombreuses dans la région antérieure, nulles dans la postérieure ; pas de pièces accessoires ; coloration blanche. — H. 15 à 23; L. 30 à 40 ; E. 15 à 25 millimètres.

Assez commun; la Manche et l'Océan, zone littorale.

**Pholas callosa, de Lamarck.**

*Ph. callosa*, Lamck., 1818. *An. s. vert.*, V, p. 445. — Loc., *Prodr.*, p. 367.

Voisin du *Ph. dactylus;* galbe plus court et plus haut; sommet calleux; région antérieure costulée; région postérieure presque lisse ; coloration blanche. — H. 25 à 28 ; L. 75 à 82; E. 20 à 25 millimètres.

Rare; région aquitanique, zone littorale.

**Pholas parva, Pennant.**

*Pholas parva*, Pen., 1767. *Brit. zool.*, IV, p. 77, pl. 40, fig. 13. — Loc., *Pr.*, p. 367.

Taille petite; galbe court, bien ouvert aux deux extrémités; région antérieure bien échancrée ; côtes rayonnantes et cordons concentriques très fins et très nombreux; une pièce accessoire sur le dos ; coloration blanc-roux très clair. — H. 10 à 12 ; L. 20 à 25; E. 10 à 12 millimètres.

Assez commun; la Manche et l'Océan, zone littorale.

**Pholas Duboisi, Locard.**

*Ph. Duboisi*, Loc., 1889. *Nov. sp.*

Voisin du *Ph. parva;* galbe moins élevé, plus étroitement allongé; ornementation encore plus fine ; une pièce accessoire; coloration blanc-fauve très clair. — H. 10 à 12; L. 25 à 30 ; E. 10 à 12 millimètres.

Assez rare; la Manche et l'Océan, zone littorale.

### Genre PHOLADIDEA, Leach.

Coquille moyenne, fermée en avant par un callum ; région postérieure prolongée par un appendice corné ; 2 pièces accessoires sur le dos.

**Pholadidea papyracea**, TURTON.

*Pholas papyracea*, Turt., 1822. *Dit. Brit.*, p. 2, pl. 1, fig. 1-4. — *Ph. papyr.*, F. et H., 1853. *Brit. moll.*, I, p. 123, pl. 5, fig. 3-6. — Loc., *Prodr.*, p. 368.

Coquille allongée ; région antérieure arrondie ; région postérieure droite ; bords supérieur et inférieur parallèles ; un sillon profond allant du sommet au milieu de la base ; test mince, orné de stries concentriques fines, devenant squameuses et serrées dans la région antérieure ; coloration blanc-roux clair. — L. 20 à 30 ; H. et E. 12 à 15 millimètres.

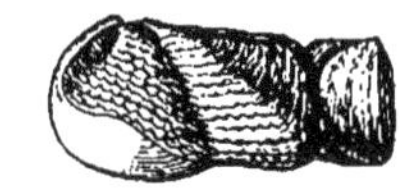

FIG. 224.

Rare ; la Manche et l'Océan, zones littorale et herbacée.

## GASTROCHÆNIDÆ

Coquille équivalve, inéquilatérale, bâillante dans les régions antérieure et ventrale ; sommet antérieur peu saillant ; bord cardinal sans dent.

### Genre GASTROCHÆNA, Spengler.

Coquille assez petite ; sommet antérieur et peu développé ; ligament externe ; parfois un tube adventif.

**Gastrochæna dubia**, PENNANT.

*Mya dubia*, Pen., 1777. *Brit. zool.*, IV, p. 82, pl. 44, fig. 19. — *G. dubia*, Desh., 1839. *Conch.*, II, p. 34, pl. 2, fig. 4-5. — Loc.. *Prodr.*, p. 369.

Coquille subcylindroïde ; région antérieure très courte, très bâillante jusqu'au milieu de la partie ventrale ; région postérieure allongée, arrondie à son extrémité ; test mince, orné de quelques stries concentriques ; coloration blanche ; épiderme fauve-roux. — L. 15 à 20 ; H. 8 à 10 ; E. 7 à 8 millimètres.

FIG. 225.

Assez commun ; toutes nos côtes, zone littorale.

## SOLENIDÆ

Coquille équivalve, très allongée, baillante en avant et en arrière, épidermée ; sommet non saillant ; charnière variable, sans dents latérales.

### Genre SOLEN, Linné.

Coquille subcylindrique, étroite, allongée, grande ; sommet très antérieur, terminal ; surface divisée par une ligne diagonale partant des sommets ; dents cardinales à chaque valve.

A. — Groupe du *S. vagina*.

Coquille de grande taille.

**Solen vagina, Linné.**

*S. vagina*, L., 1767. *Syst. nat.*, p. 1113. — Loc., *Prodr.*, p. 370.

Coquille droite, très allongée, tronquée perpendiculairement à chaque extrémité ; une seule dent cardinale, simple sur chaque valve ; coloration fauve-clair, avec des raies plus sombre longitudinales dans la partie an-

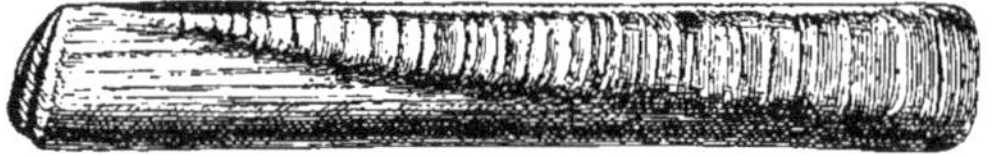

Fig. 226. — 1/2 grandeur.

térieure et verticales dans la postérieure. — L. 80 à 150 ; H. 14 à 25 ; E. 10 à 17 millimètres.

Commun ; toutes les côtes, zone littorale. — Edule.

**Solen ensis, Linné.**

*S. ensis*, L., 1767. *Syst. nat.*, p. 1114. — Loc., *Prodr.*, p. 371.

Coquille arquée ; galbe plus étroit ; région antérieure arrondie ; une dent cardinale simple à la valve inférieure ; une dent double à la valve supérieure ; coloration roux-clair avec zones violacées. — L. 90 à 155 ; H. 12 à 18 ; E. 8 à 12 millimètres.

Commun ; toutes les côtes, zone littorale. — Edule.

**Solen siliquosa, Linné.**

*S. siliqua*, L., 1767. *Syst. nat.*, p. 1113. — Loc., *Prodr.*, p. 372.

Coquille droite; même galbe, mais plus étroit que le *S. vagina*, arrondi antérieurement; une dent carde à la valve inférieure; 2 dents à la valve supérieure; une lamelle latérale à chaque valve; coloration roux-clair avec zones violacées. — L. 100 à 190; H. 12 à 25; E. 10 à 16 millim.

Commun; toutes les côtes, zone littorale. — Édule.

B. — Groupe du *S. pellucidus*.

Coquille de petite taille.

**Solen pellucidus, Pennant.**

*Solen pellucidus*, Pen., 1766. *Brit. Zool.*, IV, p. 84, pl. 46, fig. 23. — Loc., *Prodr.*, p. 373.

Coquille petite, comprimée, arquée, arrondie à ses deux extrémités; valve inférieure, une dent cardinale oblique; valve supérieure, 3 dents cardinales divergentes, la médiane bifide; coloration corné jaunâtre, avec quelques taches plus violacées. — L. 25 à 35; H. 8 à 9; E. 4 à 5 millimètres.

Fig. 227.

Peu commun; la Manche et l'Océan, zones littorale et herbacée.

**Solen tenuis, Philippi.**

*S. tenuis*, Ph., 1836. *Moll. Sic.*, I, p. 6, pl. 1, fig. 2. — Loc., *Prodr.*, p. 373.

Taille plus petite; galbe plus droit; valves plus minces; extrémités plus arrondies; coloration plus pâle. — L. 15 à 20; H. 6 à 8; E. 3 à 4 millim.

Rare; côtes de Provence, zones herbacée et corallienne.

## Genre CERATISOLEN, Forbes.

Coquille subéquilatérale, allongée, déprimée; sommet submédian; 2 dents cardinales sur chaque valve, dont une longue très divergente.

**Ceratisolen legumen, Linné.**

*Solen legumen*, L., 1767. *Syst. nat.*, p. 1114. — *C. legumen*, F. et H., 1853. *Brit. moll.*, I, p. 255, pl. 13, fig. 2. — Loc., *Prodr.*, p. 373.

Coquille allongée; région antérieure plus étroite et plus courte que la région postérieure; 2 dents cardinales, dont une longue et très divergente à chaque valve, accompagnées de lamelles latérales étroites et allongées; test mince, fragile, presque lisse; coloration blanche; épiderme jaune fauve. — L. 75 à 95; H. 15 à 20; E. 8 à 9 millimètres.

Fig. 228. — 1/2 grandeur.

Peu commun; toutes nos côtes, zones littorale et herbacée.

## Genre SOLENOCURTUS, de Blainville.

Coquille subéquilatérale, assez courte; sommet submédian, peu saillant; deux dents cardinales sur chaque valve.

### Solenocurtus strigillatus, Linné.

*Solen strigillatus*, L., 1767. *Syst. nat.*, p. 1115. — *S. strigillatus*, Phil., 1844. *Moll. Sic.*, II, p. 5. — Loc., *Prodr.*, p. 374.

Coquille assez grande, ovale-oblongue, très bombée, très bâillante à ses extrémités; test solide, un peu épais, strigillé, orné de 20 à 25 stries obliques-ondulées; coloration roux-pâle, avec deux rayons blancs partant du sommet. — L. 55 à 80; H. 25 à 35; E. 15 à 20 millimètres.

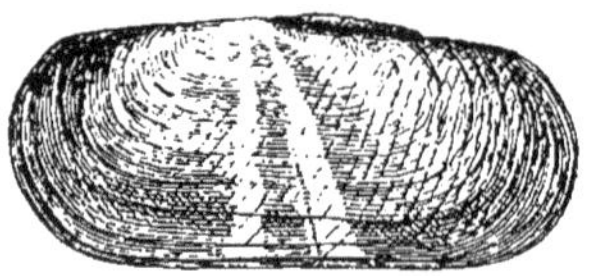
Fig. 229. — 2/3 grandeur.

Assez commun; la Méditerranée, zones littorale et herbacée.

### Solenocurtus candidus, Renieri.

*Solen candidus*, Ren., 1804. *Tav. Adr.* — *S. candidus*, Desh., 1839. *Conch.*, II, p. 122, pl. 6, fig. 11-13. — Loc., *Prodr.*, p 375.

Taille plus petite; galbe plus convexe et plus allongé, tronqué aux extrémités; stries plus nombreuses et moins régulièrement obliques; coloration plus pâle. — E. 35 à 40; H. 15 à 17; E. 13 à 15 millimètres.

Peu commun; la Méditerranée, zones littorale et herbacée.

### Solenocurtus scopulosus, Turton.

*Psammobia scopula*, Turt., 1824. *Dit. Brit.*, p. 98, pl. 6, fig. 11-12. — *S. scopula*, Mtr., 1884. *Nom. conch.*, p. 30.

Intermédiaire entre les deux précédents; un peu plus grand que le

*S. candidus*, plus large et moins convexe; stries comme celles du *S. antiquatus;* coloration pâle. — L. 35 à 45; H. 16 à 20; E. 13 à 15 millim.

Peu commun; l'Océan et la Méditerranée, zones littorale et herbacée.

**Solenocurtus antiquatus**, Pultney.

*Solen ant.*, Pult., 1799. *Hutsch. Dors.*, p. 28, pl. 4, fig. 5. — *S. antiquatus*, Jeffr., 1865. *Brit. conch.*, III, p. 6, pl. 46, fig. 2. — Loc., *Pr.*, p. 376.

Galbe déprimé; bâillement des valves plus faible; bord inférieur subsinueux; stries concentriques très fines; coloration blanc-jaunâtre. — L. 40 à 50; H. 20 à 22; E. 10 à 12 millimètres.

Assez rare; l'Océan et la Méditerranée, zones littorale et herbacée.

## SAXICAVIDÆ

Coquille moyenne, polymorphe, irrégulièrement oblongue, plus ou moins inéquilatérale; sommet antérieur; dents en nombre variable.

### Genre SAXICAVA, Fleuriau de Belleville.

Coquille oblongue; sommet très antérieur; test avec stries concentriques; une ou deux dents cardinales à chaque valve.

**Saxicava arctica**, Linné.

*Mya arctica*, L., 1767. *Syst. nat.*, p. 1113. — *S. arctica*, Desh., 1839. *Conch.*, II, p. 480, pl. 12, fig. 8-9. — Loc., *Prodr.*, p. 376.

Coquille subrectangulaire, tronquée à ses extrémités; bords supérieur et inférieur parallèles; deux crêtes diagonales allant du sommet aux extrémités supérieure et inférieure du bord postérieur; test orné de cordons concentriques lamelleux, formant saillie, épineux sur les crêtes; coloration fauve-cendré clair. — L. 12 à 20; H. et E. 6 à 8 millim.

Fig. 230.

Peu commun; toutes nos côtes, zones herbacée et corallienne.

**Saxicava minuta**, Linné.

*Solen minutus*, L., 1767. *Syst. nat.*, p. 1114. — *S. minuta*, Loc., *Pr.*, p. 377.

Voisin du *S. arctica*; galbe plus étroitement allongé, un peu plus renflé; bord inférieur sinueux dans la région antérieure; même ornementation et coloration. — L. 18 à 22; H. et E. 6 à 8 millimètres.

Rare; l'Océan, zones herbacée et corallienne.

**Saxicava rugosa, Linné.**

*Mytilus rugosus*, L., 1767. *Syst. nat.*, p. 1156. — *S. rugosa*, Lamck., 1818. *An. s. vert.*, V, p. 501. — Loc., *Prodr.*, p. 378.

Taille un peu plus forte; galbe cylindrique; arête apico-rostrale émoussée; régions antérieure et postérieure arrondies; bord inférieur droit; cordons concentriques rapprochés et atténués; coloration gris-cendré, un peu fauve. — L. 20 à 25; H. et E. 8 à 12 millimètres.

Assez commun; toutes les côtes, toutes les zones.

**Saxicava Gallicana, de Lamarck.**

*S. Gallicana*, Lamck., 1818. *An. s. vert.*, V, p. 501. — Loc., *Prodr.*, p. 378.

Voisin du *S. rugosa*; galbe moins cylindroïde, plus atténué dans la région postérieure; bord inférieur arqué; même coloration. — L. 17; H. et E. 8 millimètres.

Rare; toutes les côtes, toutes les zones.

**Saxicava oblonga, Turton.**

*Hiatella oblonga*, Turt., 1822. *Dit. Brit.*, p. 25, pl. 2, fig. 13. — *S. oblonga*, Taslé, 1868. *Ouest France*, p. 12. — Loc., *Prodr.*, p. 378.

Voisin du *S. rugosa*; taille plus petite, sommet moins antérieur; région antérieure arrondie; région postérieure plus haute et tronquée droit; bord inférieur droit; stries concentriques un peu plus fortes; même coloration. — L. 16 à 20; H. et E. 6 à 8 millimètres.

Rare; l'Océan, zones littorale et herbacée.

**Saxicava plicata, Montagu.**

*Mytilus plic.*, Mtg., 1808. *Test. Brit.*, p. 70. — *S. plic.*, Turt., 1382. *Dith.*, p. 22.

Coquille petite, ovalaire-arrondie, bien bâillante dans la région postérieure; celle-ci plus large et plus haute que l'antérieure; stries concentriques fines, assez espacées; coloration grisâtre. — L. 5 à 7; H et E. 3 à 4 millimètres.

Très rare; la Manche et l'Océan, zones herbacée et corallienne.

## Genre VENERUPIS, de Lamarck.

Coquille subovalaire, assez courte, irrégulière, inéquilatérale; 3 dents cardinales en partie bifides sur chaque valve; pas de lamelles latérales.

## Venerupis Irusianus, Linné.

*Donax Irus*, Lin., 1767. *Syst. nat.*, p. 1128. — *V. Irus*, Lamck., 1818. *An. s. vert.*, V, p. 507. — Loc., *Prodr.*, p. 379.

Coquille ovalaire, un peu allongée; sommet antérieur; région antérieure plus étroite que la postérieure; bords supérieur et inférieur subparallèles; test orné de lamelles concentriques saillantes, et de stries rayonnantes très fines; coloration roux très clair. — L. 20 à 25; H. 10 à 12; E. 8 à 10 millimètres.

Fig. 231.

Assez commun; toutes les côtes, zone littorale.

## Venerupis perforans, Montagu.

*Venus perforans*, Mtg., 1803. *Test. Brit.*, p. 127, pl. 3, fig. 6. — *V. perfor.*, Lamck., 1818. *An. s. vert.*, V, p. 506. — Loc., *Prodr.*, p. 380.

Voisin du *V. Irusianus*; galbe plus court; bords supérieur et inférieur parallèles; région antérieure arrondie; région postérieure tronquée-droite; lamelles plus nombreuses et plus fines; même coloration. — L. 17 à 22; H. 10 à 15; E. 8 à 10 millimètres.

Rare; toutes les côtes, zone littorale.

## Venerupis nucleatus, de Lamarck.

*V. nucleus*, Lamck., 1828. *An. s. vert.*, V, p. 507. — Loc., *Pr.*, p. 380.

Coquille petite; galbe court; bords supérieur et inférieur parallèles; région antérieure aussi haute que la postérieure; la première arrondie, la seconde tronquée obliquement; lamelles très fines, très serrées; coloration fauve-clair. — L. 13 à 18; H. 8 à 13; E. 6 à 8 millimètres.

Rare; la Manche et l'Océan, zone littorale.

## Venerupis Lajonkairi, Payraudeau.

*V. Laj.*, Payr., 1826. *Moll. Corse*, p. 36, pl. 1, fig. 11-12.— Loc., *Pr.*, p. 380.

Galbe subpentagonal; sommet saillant, presque médian; bord inférieur étroit; test orné de stries rayonnantes très fines, très rapprochées; stries concentriques obsolètes; coloration blanc-fauve rosé, très clair. — L. 12 à 20; H. 9 à 18; E. 8 à 11 millimètres.

Assez rare; la Méditerranée, zone littorale.

## Venerupis substriatus, Montagu.

*Venus substriata*, Mtg., 1809. *Test. Brit.*, *Sup.*, p. 48, pl. 29, fig. 6. — *V. substriata*, Weink., 1867. *Conch. mit.*, I, p. 93. — Loc., *Prodr.*, p. 380.

Galbe subrectangulaire, court; bords supérieur et inférieur parallèles un peu larges; région antérieure aussi haute que la postérieure; test orné de côtes longitudinales assez fortes, recoupées par des stries d'accroissement fines; coloration blanc-rosé. — L. 15 à 17; H. 11 à 14; E. 7 à 9 millimètres.

Très rare; l'Océan et la Méditerranée, zone littorale.

## Genre PETRICOLA, de Lamarck.

Coquille amygdaloïde, faiblement bâillante postérieurement; sommet subantérieur; 2 dents cardinales à chaque valve, dont une bifide.

### Petricola lithophaga, Retzius.

*Venus lithophaga*, Retz., 1786. *Acad. Taur.*, V, p. 11-14, fig. 1-2. — *P. lith.*, Phil., 1836. *Moll. Sic.*, I, p. 21, pl. 3, fig. 6. — Loc., *Prodr.*, p. 381.

Fig. 232.

Coquille suboblogue; région antérieure courte et haute; région postérieure allongée, allant en rétrécissant; bord inférieur allongé; sommet antérieur et saillant; côtes rayonnantes fines, plus accusées dans la région postérieure; coloration blanc-fauve très clair. — L. 20 à 30; H. 15 à 20; E. 13 à 15 millimètres.

Assez commun; toutes les côtes, zone littorale.

### Petricola semilamellata, de Lamarck.

*P. semil.*, Lamck., 1818. *An. s. vert.*, V., p. 503. — Loc., *Pr.*, p. 381.

Galbe subtrigone court, plus court et plus haut que le *P. lithopaga;* cordons concentriques faibles semi-lamelleux; côtes rayonnantes très fines. — L. 20; H. 19; E. 15 millimètres.

Très rare; l'Océan, zone littorale.

### Petricola costellata, de Lamarck.

*P. cost.*, Lamck., 1818. *An. s. vert.*, V, p. 504. — Loc., *Prodr.*, p. 382.

Même galbe que *P. lithophaga*, mais plus bombé; côtes rayonnantes plus fortes, plus saillantes. — L. 20 à 25; H. 15 à 17; E. 14 à 16 mil.

Assez rare; l'Océan, zone littorale.

### Petricola ruperella, de Lamarck.

*P. ruperella*, Lamck., 1818. *An. s. vert.*, V, p. 505. — Loc., *Prodr.*, p. 382.

Galbe ovale-trigone allongé; région antérieure large et haute;

région postérieure bien acuminée; côtes rayonnantes assez fortes; coloration blanc-roux clair. — L. 21 ; H. 15; E. 12 millimètres.

Peu commun ; l'Océan, zone littorale.

**Petricola rocellaria,** de Lamarck.

*P. rocellaria*, Lamck., 1818. *An. s. vert.*, V, p. 504. — Loc., *Pr.*, p. 382.

Galbe ovale-trigone court; région antérieure large et haute; région postérieure un peu courte; quelques stries concentriques assez marquées passant sur les côtes rayonnantes; coloration blanc-roux clair. — L. 19; H. 15; E. 12 millimètres.

Rare; l'Océan, zone littorale.

## MYADÆ

Coquille grande, équivalve, presque équilatérale, bâillante aux deux extrémités; test orné de stries concentriques; charnière sans dents ou avec une seule dent.

### Genre MYA, Linné.

Coquille ovalaire-allongée, plus bâillante en arrière qu'en avant; une seule dent cardinale à valve supérieure en forme de palette; pas de ligament externe.

**Mya truncata,** Linné.

*M. trunc.*, L., 1767. *Syst. nat.*, p. 1112. — Loc., *Prodr.*, p. 382.

Coquille ovalaire-allongée, un peu renflée; région antérieure large et arrondie ; région postérieure tronquée-droite ; sommet post-médian, assez renflé ; test orné de rides concentriques assez irrégulières; coloration roux-pâle, grisâtre. — L. 50 à 60; H. 28 à 32; E. 18 à 20 millimètres.

Fig. 233. — 1/2 grandeur.

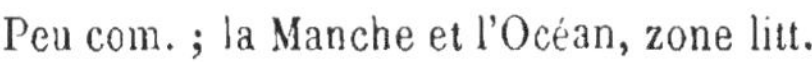

Peu com. ; la Manche et l'Océan, zone litt.

**Mya arenaria,** Linné.

*M. arenaria*, L., 1767. *Syst. nat.*, p. 1112. — Loc., *Prodr.*, p. 382.

Galbe plus allongé; sommet plus médian, moins renflé; région antérieure largement arrondie; région postérieure comme rostrée; même ornementation et coloration. — L. 70 à 94; H. 45 à 58; E. 28 à 32 millimètres.

Assez commun; la Manche et l'Océan, zone littorale.

**Mya elongata**, Locard.

*M. elongata*, Loc., 1886. *Prodr.*, p. 383 et 586.

Voisin du *M. arenaria;* galbe plus régulièrement elliptique, plus allongé, avec les valves plus régulièrement bombées; sommet moins saillant. — L. 70 à 96; H. 40 à 52; E. 26 à 28 millimètres.

Peu commun; la Manche et l'Océan, zone littorale.

## Genre PANOPÆA, Ménard de la Groye.

Coquille ovalaire, un peu courte, bâillante aux deux extrémités; une dent cardinale proéminente; ligament externe.

**Panopæa Norvegica**, Spengler.

*Mya Norvegica*, Spengl., 1792. *Skrift.*, III, I, p. 46, pl. 2, fig. 18. — *P. Norvegica*, Lovén, 1846. *Mol. Scand.*, p. 49. — Loc., *Prodr.*, p. 384.

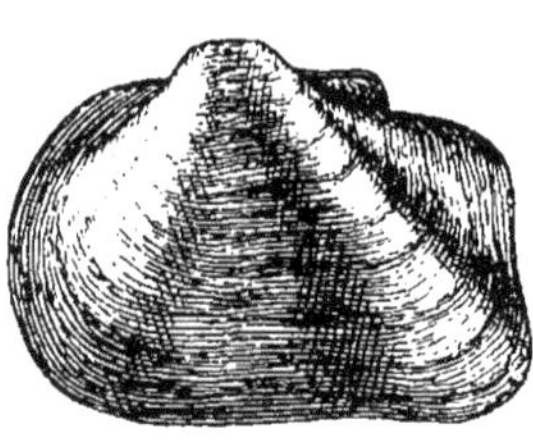
Fig. 234. — 2/3 grandeur.

Coquille subrectangulaire, un peu courte; surface ondulée; région antérieure bien arrondie; région postérieure tronquée; sommet presque médian; bord inférieur un peu sinueux; deux arêtes saillantes, arrondies allant des sommets aux extrémités inférieures de la coquille; coloration fauve-clair; stries concentriques irrégulières. — L. 50 à 60; H. 33 à 38; E. 34 à 36 millimètres.

Très rare; l'Océan, zone littorale.

**Panopæa cyclopana**, de Monterosato.

*P. cyclop.*, Mtr., 1889. *J. conch.*, p. 26. — *P. glycimeria*, Loc., *Pr.*, p. 384.

Coquille plus grande; galbe plus allongé; sommet plus antérieur; région postérieure plus longue et plus étroite; même coloration. — L. 100 à 140; H. 50 à 55; E. 40 à 45 millimètres.

# CORBULIDÆ

Coquille petite, inéquivalve, presque équilatérale; sommet médian et saillant; valves à peine bâillantes; charnière avec une dent en palette; ligament interne.

## Genre Corbula, Bruguière.

Coquille ovale-trigone, presque équilatérale, très inéquivalve; valve inférieure plus grande que la supérieure; une petite dent cardinale sur la valve inférieure; une large dent triangulaire sur la valve supérieure.

### Corbula gibba, Olivi.

*Tellina gibba*, Ol., 1792. *Zool. Adr.*, p. 181. — *C. gibba*, Jeffr., 1865. *Brit. conch.*, III, p. 56, pl. 49, fig. 6. — Loc., *Prodr.*, p. 385 et 587.

Coquille d'un galbe ovale-triangulaire, allongé; sommet gibbeux; région antérieure arrondie; région postérieure plus étroite, subtronquée à l'extérieur; stries concentriques très fines; coloration rose-violacé. — L. 14 à 16; H. 11 à 14; E. 6 à 8 millimètres.

Fig. 235.

Assez commun; toutes les côtes, surtout la Méditer., toutes les zones.

### Corbula rosea, Brown.

*C. rosea*, Br., 1845. *Ill. conch.*, p. 105, pl. 42, fig. 6. — Loc., *Pr.*, p. 386 et 587.

Taille plus petite; galbe plus elliptique; région antérieure plus longue et moins haute; rostre moins tronqué; région postérieure plus haute; coloration plus rosé. — L. 11 à 15; H. 9 à 10; E. 5 1/2 à 7 1/2 millim.

Assez rare; la Manche et l'Océan, zones littorale et herbacée.

### Corbula ovata, Forbes.

*C. ovata*, F., 1838. *Mal. Mon.*, p. 53, pl. 2, fig. 8-9. — Loc., *Pr.*, p. 387 et 587.

Voisin du *C. rosea*; galbe moins haut, mais plus allongé, plus elliptique; régions antérieure et postérieure bien développées; rostre plus large et plus long; charnière plus grêle; coloration jaune-roux, rosé. — L. 13 à 15; H. 8 à 9; E. 5 à 6 millimètres.

Rare; la Manche et l'Océan, zones littorale et herbacée.

**Gibbula curta,** Locard.

*G. curta*, Loc., 1886. *Prodr.*, p. 587 et 588.

Coquille plus circulaire, d'un galbe plus bombé ; région antérieure courte, haute ; région postérieure peu développée ; rostre court et pointu ; sommet très saillant ; coloration roux-clair. — L. 17 à 18 ; H. 15 à 17 ; E. 9 à 10 millimètres.

Assez rare, la Manche et l'Océan ; rare dans la Méditerranée ; zones littorale et herbacée.

## Genre CORBULOMYA, Nyst.

Coquille ovalaire-allongée, close ; région antérieure plus longue que la postérieure ; valve inférieure avec 2 dents cardinales bifides ; valve supérieure avec une seule dent.

**Corbulomya Mediterranea,** O. G. Costa.

*Corbula Mediterranea*, Costa, 1829. *Cat.*, p. 26, pl. 1, fig. 6. — *C. Medit.*, Weink., 1862. *Journ. conch.*, p. 311. — Loc., *Prodr.*, p. 385.

Coquille petite ; galbe subovalaire-allongé, un peu rétréci, arrondi dans la région antérieure, tronqué à la région postérieure ; bord inférieur largement arrondi ; sommet déprimé, peu saillant ; coloration fauve-jaunâtre, avec trois rayons plus sombres. — L. 7 ; H. 4 ; E. 3 millimètres.

Fig. 236.

Rare ; la Méditerranée, zone littorale.

## Genre SPHENIA, Turton.

Coquille inéquilatérale, subrectangulaire, baillante dans la région postérieure ; test rugueux ; une petite dent cardinale sur la valve inférieure ; une dent en palette sur la valve supérieure.

**Sphenia Binghami,** Turton.

*S. Bing.*, Turt., 1822. *Dit. Brit.*, p. 36, pl. 3, fig. 3-5. — Loc., *Pr.*, p. 38.

Coquille subrectangulaire-allongée ; région antérieure très courte, peu arrondie ; région postérieure très allongée, rostrée, tronquée à l'extrémité ; une arête apico-rostrale peu saillante ; test rugueux, orné de stries concentriques ; coloration fauve-clair. — L. 10 à 13 ; H. 6 à 8 ; E. 4 à 6 millimètres.

Fig. 237.

Peu commun, la Manche et l'Océan ; plus rare dans la Méditerranée zone littorale.

## Genre CUSPIDARIA, Nardo.

Coquille transversalement piriforme, inéquilatérale, arrondie en avant, rostrée et baillante en arrière ; ligament externe linéaire ; une seule dent cardinale par valves.

### Cuspidaria cuspidata, OLIVI.

*Tellina cusp.*, Olivi, 1792. *Zool. Adr.*, p. 101, pl. 4, fig. 3. — *C. cuspidata*, Fisch., 1887. *Nom. conch.*, p. 1155. — *Neæra cuspidata*, Loc., *Pr.*, p. 387.

Coquille arrondie antérieurement et terminée postérieurement par un rostre étroit et allongé ; galbe bombé ; sommet saillant ; test mince, orné de stries concentriques atténuées ; coloration blanc-grisâtre. — L. 12 à 14 ; H. 7 à 8 ; E. 5 à 6 millimètres.

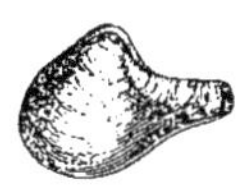
FIG. 238.

Très rare ; région aquitanique et méditerranéenne, zone corallienne.

### Cuspidaria rostrata, SPENGLER.

*Mya rostrata*, Sp., 1793. *Skr.*, III, p. 42, pl. 2, fig. 16. — *Neæra rostrata*, Loc., *Prodr.*, p. 388.

Galbe plus ovalaire, plus allongé transversalement ; rostre plus étroit et plus long ; sommet moins renflé, même coloration. — L. 15 à 20 ; H. 7 à 8 ; E. 6 à 7 millimètres.

Très rare ; côtes de Provence, zone corallienne.

### Cuspidaria costellata, DESHAYES.

*Corbula costellata*, Desh., 1836. *Exp. Morée*, p. 86, pl. 24, fig. 1-3. — *N. costellata*, Loc., *Prodr.*, p. 386.

Taille plus petite ; galbe plus court, plus ramassé ; rostre plus large et moins allongé ; une ou deux arêtes apico-rostrales saillantes ; coloration blanc-grisâtre. — L. 5 à 6 ; H. 3 à 3 1/2 ; E. 2 à 2 1/2 millimètres.

Très rare ; région aquitanique et méditerranéenne, zone corallienne.

### Cuspidaria abbreviata, FORBES.

*Neæra abbreviata.*, F. 1843. *Pr. zool. soc.*, p. 75. — Loc., p. 389.

Taille plus petite que *C. costellata ;* galbe plus arrondi, plus court ; rostre plus obtus ; une seule arête apico-rostrale. — L. 4 à 5 ; H. 3 ; E. 2 millimètres.

## Genre POROMYA, Forbes.

Coquille arrondie, sommet médian; test finement granuleux dans la région postérieure; une dent cardinale subspathuliforme à chaque valve et deux obliques; ligament externe.

### Poromya granulata, Nyst et Westerdorp.

*Corb. granulata*, Nyst. et West., 1839. *Nouv. Coq. Anv.*, p. 6, pl. 3, fig. 3. — *P. gr.*, F. et H., 1853. *Br. Moll.*, I, p. 204, pl, 9, fig. 4-6. — L., *Pr.*, p. 389.

Coquille subarrondie, renflée; sommet saillant; région postérieure subtronquée; une carène apico-rostrale assez accusée; test finement granuleux, surtout dans la région postérieure; coloration fauve très clair. — L. 8 à 10; L. 6 à 8; E. 4 à 5 millimètres.

Fig. 239.

Très rare; côtes de Provence, zone corallienne.

# PANDORIDÆ

Coquille inéquivalve, inéquilatérale, semi-lunaire; taille moyenne; charnière formée de crêtes lamelliformes.

## Genre PANDORA, Bruguière.

Coquille aplatie, ovalaire; région postérieure rostrée; valve inférieure plate; valve supérieure convexe; test un peu brillant.

### Pandora inæquivalvis, Linné.

*Tellina inæquivalvis*, L., 1767. *Syst. nat.*, p. 1118. — *P. inæquiv.*, Brug., 1789. *Enc. meth.*, pl. 250, fig. 1. — Loc., *Pr.*, p. 300 *(pars)*.

Coquille ovalaire-allongée; région antérieure courte et ronde; région postérieure longuement rostrée; bord inférieur bien arrondi; test un peu épais, nacré, brillant, avec quelques stries concentriques; coloration blanc-fauve très clair. — L. 25 à 30; H. 14 à 16; E. 5 à 6 millimètres.

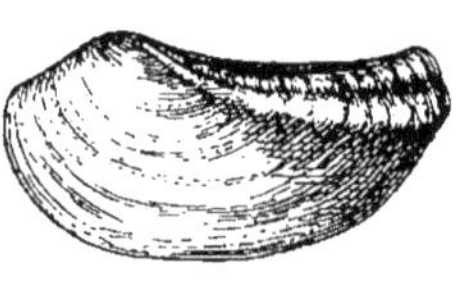

Fig. 240.

Assez commun; toutes les côtes, zone herbacée.

**Pandora rostrata,** de Lamarck.

*P. rostrata*, Lamck., 1818. *An. s. vert.*, V, p. 498. — Loc., *Pr.*, p. 390 (*pars*).

Taille un peu plus petite; galbe beaucoup plus étroitement allongé; rostre très long; bord inférieur moins arqué. — L. 20 à 23; H. 8 à 9; E. 4 millimètres.

Rare; l'Océan et la Méditerranée, zone herbacée.

**Pandora flexuosa,** Sowerby.

*P. flexuosa*, Sow., 1833. *Pand.*, fig. 13-15. — Loc., *Prodr.*, p. 391.

Galbe intermédiaire entre *P. inæquivalvis* et *P. rostrata;* taille assez petite, moins allongé, moins rostré que *P. rostrata;* l'extrémité du rostre plus accusée par une sinuosité du bord inférieur. — L. 19 à 21; H. 9 à 10; E. 3 millimètres.

Rare; régions aquitanique et méditerranéenne, zones herbacée et corallienne.

**Pandora pinnoides,** Montagu.

*Solen pinna*, Mtg., 1803. *Test. Brit.*, I, p. 565, pl. 15, fig. 3. — *P. pinna*, Weink., 1867. *Conch. mit.*, I, p. 32. — Loc., *Prodr.*, p. 391.

Coquille plus haute que *P. inæquivalvis;* galbe plus court et plus arrondi; rostre moins long et plus large; bord inférieur bien arrondi. — L. 23 à 25; H. 16 à 18; E. 5 millimètres.

Assez rare; toutes les côtes, zones herbacée et corallienne.

**Pandora obtusa,** Leach.

*P. obtusa*, Leach, *in* Phil., 1843. *Moll. Sic.*, II, p. 14, pl. 13, fig. 13. — Loc., *Prodr.*, p. 391.

Voisin du *P. pinnoides;* taille plus petite, galbe plus court, plus arrondi; rostre très obtus; bord inférieur rond. — L. 18; H. 12; E. 3 millim.

Rare; la Méditerranée, zones herbacée et corallienne.

## THRACIDÆ

Coquille de taille variable, à peine inéquivalve, inéquilatérale, oblongue, un peu bâillante en arrière; une seule dent cardinale en palette, plus ou moins saillante; un court ligament externe, un osselet libre à la charnière.

## Genre THRACIA, Leach.

Coquille ovalaire allongée, un peu comprimée ; sommet submédian, assez saillant ; dent cardinale peu développée.

A. — Groupe du *Th. pubescens*.

Coquille de grande taille.

### Thracia pubescens, PULTNEY.

*Mya pubescens*, Pultney, 1799. *Cat. Dors.*, p. 27. — *Th. pubescens*, Kien., *Coq. viv.*, p. 5, pl. 2, fig. 2. — Loc., *Prodr.*, p. 295.

FIG. 241. — 1/2 grandeur.

Coquille ovalaire-allongée, comprimée ; sommet médian ; bord inférieur presque droit ; région antérieure, large et arrondie ; région postérieure tronquée ; une arête apico-rostrale émoussée ; stries concentriques irrégulières, assez fortes ; coloration fauve-terne. — L. 50 à 70 ; H. 38 à 45 ; E. 20 à 23 mill.

Peu commun ; toutes les côtes, zones littorale et herbacée.

### Thracia corbuloides, DESHAYES.

*Th. corbul.*, Desh., 1835. *In* Lk., *An. s. vert.*, VI, p. 83. — Loc., *Pr.*, p. 396.

Taille plus petite ; galbe plus court et plus renflé ; valve inférieure très bombée ; surface ondulée ; bord inférieur inégalement arqué ; 2 arêtes apico-basale et apico-rostrale ; sommet très saillant ; coloration gris-fauve terne. — L. 30 à 60 ; H. 23 à 45 ; E. 14 à 30 millimètres.

Assez rare ; la Méditerranée, zones littorale et herbacée.

### Thracia convexa, WOOD.

*Mya convexa*, Wood, 1815. *Gen. conch.*, p. 92, pl. 18, fig. 1. — *Th. convexa*, Couth., 1839. *Bost. Journ.*, II, p. 140. — Loc., *Prodr.*, p. 396.

Voisin du *Th. pubescens ;* galbe plus court, subtriangulaire ; sommet plus saillant et plus arqué ; valves plus renflées ; une seule arête apico-rostrale ; coloration fauve très clair. — L. 45 à 50 ; H. 30 à 40 ; E. 20 à 25 millimètres.

Très rare ; régions aquitanique et méditerranéenne, zone coralliene.

B. — Groupe du *Th. papyracea*.

Coquille de taille moyenne.

## Thracia papyracea, Poli.

*Tellina papyracea*, Poli, 1791. *Test. Sic.*, I, p. 43, pl. 15, fig. 14-18. — *Th. papyr.*, Weink., 1862. *Journ. conch.*, p. 309. — Loc., *Prodr.*, p. 394.

Coquille ovalaire-allongée, déprimée, peu haute; sommet médian et peu saillant; région antérieure étroitement arrondie; région postérieure subtronquée; arête apico-rostrale émoussée, très mince; stries concentriques très atténuées; coloration blanc-roux très clair. — L. 25 à 30; H. 15 à 18; E. 10 à 12 millimètres.

Fig. 242.

Assez commun; toutes les côtes, zones littorale et herbacée.

## Thracia villosiuscula, Macgillivray.

*Anatina villosiuscula*, Macg., 1827. *Ed. Journ.*, p. 370, pl. 11, fig 6. — *Th. villosiuscula*, Loc., *Prodr.*, p. 395.

Galbe plus court, plus régulier, plus élargi; bord inférieur plus droit; région postérieure moins atténuée; arête apico-rostrale plus accusée. — L. 20 à 25 ; H. 12 à 15; E. 8 à 9 millimètres.

Rare; la Manche et l'Océan, zones littorale et herbacée.

## Thracia prætenuis, Pultney.

*Mya prætenuis*, Pult., 1799. *Dors.*, p. 28, pl. 4, fig. 7. — *Th. prætenuis*, Lov., 1846. *Moll. Scand.*, p. 47. — Loc., *Prodr.*, p. 393.

Galbe plus arqué, plus haut, plus déprimé; sommet très peu saillant; région antérieure ronde; région postérieure un peu moins haute; bord inférieur arrondi; arête apico-rostrale peu accusée; coloration blanc-jaunâtre. — L. 20 à 25; H. 14 à 17; E. 7 à 8 millimètres.

Peu commun; la Manche et l'Océan, zone herbacée.

## Thracia distorta, Montagu.

*Mya distorta*, Mtg., 1803. *Test. Brit.*, I, p. 42, pl. 1, fig. 1. — *Th. dist.*, Brown, 1845. *Ill. conch.*, p. 110, pl. 44, fig. 7. — Loc., *Prodr.*, p. 396.

Galbe subcirculaire, à peine elliptique; régions antérieure et postérieure étroites et courtes; bord inférieur rond; sommet assez saillant; coloration fauve, avec sommet violacé. — L. 15 à 18; H. 11 à 13; E. 5 à 6 millimètres.

Rare; toutes nos côtes; zones herbacée et coralliennne.

### Thracia truncata, Turton.

*Anatina truncata*, Turt., 1822. *Dit.*, p. 46, pl. 4, fig. 6. — *Th. trunc.*, Br., 1845. *Ill. conch.*, p. 110, pl. 42, fig. 28. — Loc., *Prodr.*, p. 397.

Voisin du *Th. distorta*; galbe irrégulièrement arrondi, presque aussi haut que large; contour du bord inférieur irrégulier; région postérieure haute et subtronquée; même coloration. — L. 15 à 17; H. 13 à 15; E. 5 à 6 millimètres.

Très rare; l'Océan, zone herbacée.

### Thracia rupicola, de Lamarck.

*Anatina rupicola*, Lamck., 1818. *An. s. vert.*, V, p. 465. *Th. rupicola*, Loc., *Prodr.*, p. 397.

Voisin du *Th. distorta*, plus irrégulier et plus étroitement allongé; test plus épais, plus bossué; coloration plus pâle. — L. 16 à 21; H. 11 à 13; E. 7 à 9 millimètres.

Très rare; l'Océan, zones littorale et herbacée.

## Genre LYONSIA, Turton.

Coquille de taille moyenne, ovalaire-allongée; légèrement comprimée; sommet un peu antérieur; dent cardinale obsolète.

### Lyonsia Norvegica, Chemnitz.

*Mya Norvegica*, Chem., 1788. *Conch. cab.*, X, p. 345, pl. 170, fig. 1647-1648. — *L. Norv.*, Sow., 1835. *Conch.*, fig. 491-492. — Loc., *Prodr.*, p. 392.

Coquille subtrigone-allongée; région antérieure arrondie; région postérieure allongée, tronquée, rétrécie en hauteur; bord inférieur ondulé-arrondi; sommet assez saillant; test orné de côtes rayonnantes très fines, assez espacées et de quelques cordons concentriques obsolètes; coloration gris-fauve, parfois irisé sous l'épiderme. — L. 35 à 38; H. 15 à 16; E. 8 à 9 mill.

Fig. 243. — 2/3 gr.

Rare; toutes nos côtes, zone corallienne.

### Lyonsia Montagui, Brown.

*Myatella Montagui*, Br., 1845. *Ill. conch.*, p. 111, pl. 40, fig. 26-27. — *L. Montagui*, Loc., *Prodr.*, p. 393.

Forme voisine, galbe plus étroitement allongé; bord inférieur arqué non sinueux; région postérieure plus longue et plus étroite; région antérieure moins arrondie. — L. 35 à 38; H. 12 à 14; E. 8 à 9 millim.

Rare; la Manche et l'Océan, zone corallienne.

---

# MACTRIDÆ

Coquille de taille variable, équivalve, subtrigone, à peine bâillante; sommet saillant; sur chaque valve une dent en forme de V renversé et deux lamelles latérales.

## Genre MACTRA, Linné.

Coquille ovale-trigone, subéquilatérale, plus ou moins renflée; test avec stries concentriques; à chaque valve une dent cardinale en V renversé et deux lamelles latérales courtes mais hautes; ligament externe.

A. — Groupe du *M. solida*.

Taille moyenne; test épais, subopaque et striolé.

**Mactra solida, Linné.**

*Mactra solida*, L., 1767. *Syst. nat.*, 1125. — Loc., *Prodr.*, p. 401.

Coquille subovalaire, plus large que haute, symétrique; bord inférieur allongé, régulièrement arrondi; régions antérieure et postérieure subégales; sommet très saillant; test épais, orné, quelques zones concentriques; coloration roux très clair. — L. 30 à 35; H. 25 à 30; E. 17 à 19 millimètres.

Fig. 244. — 2,3 gr.

Assez commun, la Manche et l'Océan; plus rare dans la Méditerranée; zone littorale.

**Mactra gallina, da Costa.**

*Trigonella gallina*, da C., 1778. *Test. Brit.*, p. 199, pl. 14, fig. 6. — *M. gal.*, Loc., 1891. *Soc. Malac.*, VII, p. 30, pl. II, fig. 3.

Taille plus grande ; galbe plus ovalaire-allongé, plus déprimé ; sommet plus aplati et plus large ; région postérieure plus rostrée ; bord inférieur plus allongé. — L. 35 à 40 ; H. 27 à 29 ; E. 15 à 17 millimètres.

Assez commun ; la Manche et l'Océan, zone littorale.

**Mactra gracilis, Locard.**

*N. gracilis*, Loc., 1091. *Soc. Malac.*, VII, p. 4, pl. 1, fig. 1.

Voisin du *M. gallina* ; taille plus petite ; galbe plus étroitement allongé ; bord inférieur moins arqué ; sommet plus saillant ; région antérieure plus haute ; charnière plus délicate, dent cardinale plus forte ; même coloration. — L. 22 à 24 ; H. 15 à 16 ; E. 8 à 8 1/2 millimètres.

Assez rare ; l'Océan, zones littorale et herbacée.

**Mactra triangula, Renieri.**

*M. triangula*, Ren., 1804. *Tav. alf.* — Loc., *Prodr.*, p. 399 et 598.

Taille assez petite ; galbe subtriangulaire, inéquilatéral ; région antérieure courte, arrondie ; région postérieure longue et rostrée ; bord inférieur allongé, presque droit ; sommet assez saillant ; coloration blanc-éburné. — L. 18 à 20 ; H. 13 à 15 ; E. 10 à 10 1/2 millimètres.

Assez rare ; la Méditerranée, zone littorale.

**Mactra subtruncata, da Costa.**

*Trigonella subtruncata*, da C., 1778. *Br. conch.*, p. 198. — *M. subtr.*, Mtg., 1803. *Test. Br.*, p. 93, pl. 27, fig. 1. — Loc., *Prodr.*, p. 299 et 588.

Voisin du *M. triangula* ; taille plus grande ; galbe plus étroitement triangulaire ; région antérieure plus courte, plus haute, plus tronquée ; région postérieure plus longue et plus rostrée ; test plus épais ; sommet plus renflé ; bord inférieur plus arqué ; même coloration. — L. 20 à 25 ; H. 13 à 18 ; E. 11 à 13 millimètres.

Assez commun, la Manche et l'Océan ; rare, la Méditer. ; zone litt.

**Mactra truncata, Montagu.**

*M. truncata*, Mtg., 1808. *Test. Brit.*, *Suppl.*, p. 34. — Loc., *Pr.*, p. 400 et 589.

Voisin de *M. subtruncata* ; taille plus grande ; galbe moins transverse, plus symétrique, également tronqué aux deux extrémités ; bord inférieur moins allongé ; bord supérieur plus anguleux ; valves plus renflées. — L. 23 à 28 ; H. 20 à 25 ; E. 14 à 17 millimètres.

Peu commun ; la Manche et l'Océan, zone littorale.

B'. — Groupe du *M. stultorum*.

Coquille de grande taille; test mince et lisse.

**Mactra stultorum,** LINNÉ.

*M. stultorum*, L., 1767. *Syst. nat.*, p. 1126. — Loc., *Pr.*, p. 420 et 590 *(pars)*.

Coquille subovalaire, plus large que haute, déprimée, subéquilatérale; sommet saillant; région antérieure aussi large, mais plus haute que la postérieure; bord inférieur largement arrondi; crête apico-saillante; test brillant, presque lisse; coloration roux-pâle, avec zones concentriques plus claires. — L. 45 à 55; H. 35 à 45; E. 21 à 28 millimètres.

FIG. 245 — 2/3 grandeur.

Commun, la Manche et l'Océan; plus rare dans la Méditerranée; zone littorale. — Edule.

**Mactra Bourguignati,** LOCARD.

*M. Bourg.*, Loc., 1891. *Soc. Malac.*, VII, p. 47, pl. I, fig. 5; pl. II, fig. 2.

Galbe aussi renflé, plus transverse, plus triangulaire; régions antérieure et postérieure anguleuses, comme rostrées; bord inférieur plus arrondi et plus retroussé; coloration un peu plus teinté. — L. 45 à 48; H. 34 à 36; E. 20 à 32 millimètres.

Peu commun; l'Océan, zone littorale. — Edule.

**Mactra Paulucciæ,** ARADAS ET BENOIT.

*M. Paulucci*, A. et B., 1870. *Conch. Sic.*, p. 30, pl. 1, fig. 2. — Loc., 1891. *Soc. Malac*, VII, p. 50, pl. 1, fig. 8.

Galbe très inéquilatéral; région antérieure très développée, plus haute, plus large et plus arrondie que la postérieure; bord inférieur plus étroitement arqué, et plus retroussé aux extrémités; charnière plus forte. — L. 45 à 50; H. 37 à 39; E. 19 à 21 millimètres.

Rare; côtes de Provence, zone littorale. — Edule.

**Mactra corallina,** LINNÉ.

*M. corallina*, L., 1767. *Syst. nat.*, p. 1125. — *M. lactea*, Loc., *Pr.*, p. 406.

Voisin du *M. stultorum;* galbe plus renflé, moins transverse; sommet plus volumineux; région antérieure plus courte et plus haute; région postérieure moins rostrée; crête apico-rostrale moins accusée; bord inférieur moins largement arrondi. — L. 50 à 58; H. 42 à 47; E. 27 à 30 millimètres.

Très commun; la Méditerranée, zone littorale. — Edule.

**Mactra inflata**, Bronn.

*M. inflata*, Bronn, 1831. *Ital. tert.*, p. 557. — Loc., 1891. *Soc. Malac.*, VII, p. 62, pl. 1, fig. 7.

Voisin du *M. corallina;* galbe plus étroit, moins transverse, plus trigone-isocèle; valves beaucoup plus renflées; sommet plus étroit et plus bombé; région antérieure moins grande; arête apico-rostrale plus accusée. — L. 45 à 50; H. 43 à 45; E. 28 à 33 millimètres.

Peu commun; la Méditerranée, zone littorale. — Edule.

C. — Groupe du *M. glauca*.

Coquille de très grande taille.

**Mactra glauca**, Born.

*M. glauca*, Born, 1780. *Test. mus.*, p. 51, pl. 3, fig. 11 et 12.

Coquille déprimée, largement subovalaire, inéquivalve; région antérieure plus étroite et moins haute que la région postérieure; région postérieure bien arrondie; bord inférieur irrégulièrement arqué à ses extrémités; sommet étroit, saillant; test mince, solide, strié et même feuilleté à la base; coloration d'un roux-clair jaunâtre. — L. 90 à 100; H. 70 à 75; E. 34 à 35 millimètres.

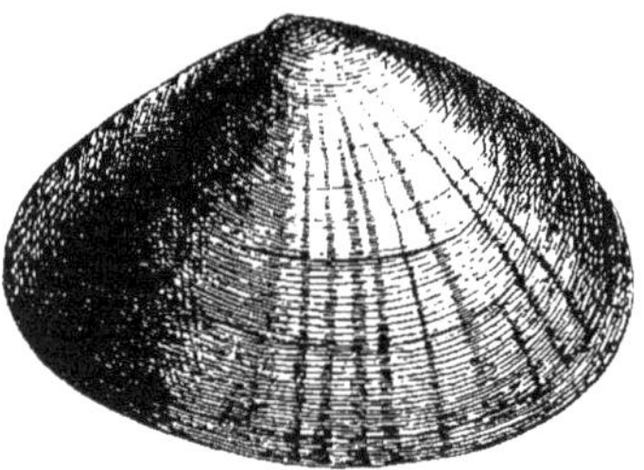

Fig. 246 — 1/2 grandeur.

Assez rare; toutes les côtes surtout dans la Méditerranée, zones littorale et herbacée. — Edule.

**Mactra helvacea**, Chemnitz.

*M. helvacea*, Chem., 1782. *Conch. Cab.*, VI, p. 234, pl. 23, fig. 232 et 233. — Loc., *Prodr.*, p. 404 et 590.

Galbe plus régulier, plus équilatéral; valves plus renflées; région antérieure plus haute; bord inférieur plus régulièrement arqué; crête un peu moins saillante; test plus solide. — L. 103 à 108; H. 80 à 88; E. 42 à 47 millimètres.

Peu commun ; toutes les côtes, surtout la Manche et l'Océan, zones littorale et herbacée. — Edule.

## Genre LUTRARIA, de Lamarck.

Coquille de grande taille, oblongue, épidermée, bâillante ; à chaque valve une dent cardinale en V renversé et 2 lamelles latérales rudimentaires ; ligament interne et central.

### Lutraria oblonga, CHEMNITZ.

*Mya oblonga*, Chem., 1782. *Conch. cab.*, VI, p. 27, pl. 2, fig. 12. — *L. obl.*, Turt., 1822. *Dit. Brit.*, p. 64, pl. 5, fig. 6. — Loc., *Prodr.*, p. 398.

Coquille étroitement allongée, peu renflée ; sommet au premier tiers de la longueur, peu saillant ; région antérieure arrondie ; région postérieure longue, bâillante, retroussée ; bord inférieur arqué ; test épais, orné de stries concentriques ; coloration fauve plus ou moins foncé. — L. 90 à 150 ; H. 45 à 75 ; E. 35 à 40 millimètres.

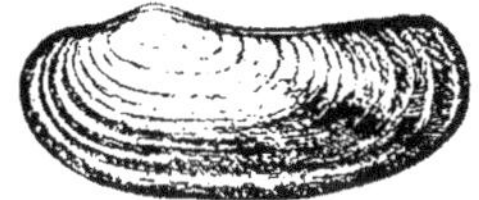

FIG. 247. — 1/3 grandeur.

Assez commun, la Manche et l'Océan ; plus rare dans la Méditerranée ; zone littorale. — Edule.

### Lutraria elliptica, DE LAMARCK.

*L. elliptica*, Lamck., 1818. *An. s. vert.*, V, p. 468. — Loc., *Pr.*, p. 398.

Galbe plus haut, moins allongé transversalement ; région antérieure irrégulièrement arrondie ; région postérieure non retroussée ; bord inférieur plus court et plus droit ; même coloration. — L. 90 à 130 ; H. 55 à 65 ; E. 30 à 35 millimètres.

Assez commun ; toutes les côtes, plus rare dans la Méditerranée ; zone littorale. — Edule.

## Genre MESODESMA, Deshayes.

Coquille petite, ovale-transverse, non bâillante ; test épais ; 1 dent cardinale et 2 latérales à chaque valve ; ligament interne et central.

### Mesodesma cornea, POLI.

*Mactra cornea*, Poli, 1791. *Test. Sic.*, I, p. 73, pl. 19, fig. 8-11. — *M. cornea*, Petit, 1851. *Journ. conch.*, II, p. 295. — Loc., *Prodr.*, p. 404.

Coquille ovalaire-allongée ; galbe peu renflé ; sommet un peu antérieur, petit et arrondi ; région antérieure un peu plus haute, mais plus courte que la postérieure ; bord inférieur peu arqué ; coloration fauve-corné, brillant, parfois maculé de brun, avec 2 rayons plus sombres. — L. 15 à 22 ; H. 11 à 13 ; E. 6 à 7 millimètres.

Fig. 248.

Assez commun ; sur toutes les côtes, zones littorale et herbacée.

### Mesodesma elongata, Locard.

*M. elongata*, Loc., 1890. *Nov. sp.*

Taille un peu plus petite ; galbe plus étroitement allongé ; sommet plus antérieur ; région postérieure plus étroite et plus longue ; bord inférieur plus droit ; même coloration. — L. 15 à 18 ; H. 8 à 10 ; E. 5 à 6 1/2 millimètres.

Peu commun ; toutes nos côtes, surtout la Méditerranée, zones littorale et herbacée.

## Genre ERVILIA, Turton.

Coquille petite, ovale-triangulaire, non bâillante ; test un peu mince ; 3 dents cardinales et 2 lamelles latérales à chaque valve ; ligament interne et central.

### Ervilia castanea, Montagu.

*Donax castanea*, Mtg., 1803. *Test. Brit.*, p. 573. — *E. castanea*, Récl., 1845. *Mag. zool.*, pl. 95. — Loc., *Prodr.*, p. 404.

Coquille petite ; galbe un peu renflé, subtrigone, allongé ; sommet un peu antérieur ; régions antérieure et postérieure arrondies ; bord inférieur subsinueux ; test épais, orné de stries concentriques très fines ; coloration corné-fauve ou rosé, brillant ; quelques zones concentriques et un rayon plus sombre. — L. 10 à 12 ; H. 5 à 6 ; E. 3 1/2 à 4 millimètres.

Fig. 249.

Rare ; la Manche et l'Océan, zone herbacée.

### Ervilia nitens, Montagu.

*Mya nitens*, Mtg., 1808. *Test. Brit.*, *Suppl.*, p. 165. — *E. nitens*, Turt., 1822. *Dit.*, p. 50, pl. 19, fig. 4. — Loc., *Prodr.*, p. 405.

Coquille plus petite ; galbe plus déprimé, plus haut ; région postérieure plus largement arrondie; test très finement strié dans toute sa surface; coloration gris-rosé, avec taches rose-tendre rayonnantes. — L. 7 à 8; H. 5 à 6; E. 2 à 2 1/2 millimètres.

Très rare; la Manche et la région armoricaine, zone herbacée.

## Genre SCROBICULARIA, Schumacher.

Coquille de taille moyenne, ovale, comprimée; test mince, avec stries concentriques; 1 dent cardinale à gauche, 2 à droite; pas de lamelles latérales; un ligament interne et médian, un autre externe.

### Scrobicularia piperata, Gmelin.

*Mactra piperata*, Gmel., 1789. *Syst. nat.*, p. 3261. — *Sc. piperata*, Phil., 1844. *Moll. Sic.*, II, p. 8. — Loc., *Prodr.*, p. 405.

Coquille ovale-arrondie, très aplatie; sommet peu saillant et médian; région antérieure un peu plus arrondie que la postérieure; test mince, orné de stries concentriques irrégulières; coloration blanc-grisâtre terne, ou jaunâtre-pâle. — L. 35 à 40; H. 25 à 32; E. 9 à 11 millimètres.

Fig. 250. — 2/3 gr.

Assez commun; toutes nos côtes, zones littorale et herbacée. — Edule.

### Scrobicularia Cottardi, Payraudeau.

*Lutraria Cottardi*, Payr., 1826. *Moll. Corse*, p. 78, pl. 1, fig. 1. — *Sc. Cot.*, Phil., 1844. *Moll. Sic.*, II, p. 8. — Loc., *Prodr.*, p. 406.

Taille plus petite; galbe plus arrondi; bord inférieur plus étroit et plus arqué; test pellucide, blanc, un peu brillant, avec stries plus atténuées. — L. 18; H. 13; E. 7 millimètres.

Rare; la Méditerranée, zones littorale et herbacée.

## Genre SYNDESMYA, Récluz.

Coquille assez petite, plus ou moins ovalaire-allongée, comprimée; test mince, brillant; 2 dents cardinales inégales et 2 lamelles latérales; ligament interne et médian.

A. — Groupe du *S. alba*.

Coquille ovalaire-arrondie.

## Syndesmya alba, S. Wood.

*Mactra alba*, S. Wood, 1800. *Lin. Trans.*, VI, pl. 18, fig. 9-12. — *S. alba*, Récl., 1843. *Rev. zool.*, p. 362. — Loc., *Prodr.*, p. 407.

Coquille ovalaire-subtrigone; sommet médian, peu saillant; région antérieure assez haute, arrondie; région postérieure subrostrée, avec rostre submédian; bord inférieur largement arrondi; test orné de stries concentriques très fines; coloration blanc de lait brillant. — L. 15 à 20; H. 10 à 12; E. 4 à 5 millimètres.

Fig. 251.

Assez commun; la Manche et l'Océan, zone littorale.

## Syndesmya Apelina, Renieri.

*Tellina Apelina*, Ren., 1804. *Tav. alf.* — *S. Apelina*, Récl., 1843. *Rev. Zool.*, p. 362. — Loc., *Prodr.*, p. 403.

Taille un peu plus petite; galbe plus renflé, sommet plus largement bombé; bord inférieur à peine plus arqué; test plus mince et plus translucide; charnière plus délicate; même coloration. — L. 14 à 17; H. 10 à 16; E. 5 à 7 millimètres.

Peu commun; la Méditerranée, zone littorale.

## Syndesmya occitanica, Récluz.

*S. occitanica*, Récl., 1843. *Rev. Zool.*, p. 365. — Loc., *Prodr.*, p. 408.

Taille plus petite, galbe plus arrondi, moins large et plus haut; région antérieure plus haute, parfois comme tronquée; région postérieure bien moins rostrée; valves moins renflées que le *S. Apelina;* même coloration. — L. 12 à 15; H. 11 à 12; E. 5 à 6 millimètres.

Assez rare; l'Océan et surtout la Méditerranée, zone littorale.

## Syndesmya tenuis, Montagu.

*Mactra tenuis*, Mtg., 1803. *Test. Brit.*, p. 572, pl. 17, fig. 7. — *S. tenuis*, Récl., 1843. *Rev. zool.*, p. 366. — Loc., *Prodr.*, p. 409.

Galbe plus court, plus triangulaire-arrondi; rostre et région antérieure plus inférieurs; bord inférieur court; stries un peu plus accusées; charnière plus robuste; même coloration. — L. 12 à 14; H. 11 à 12; E. 4 à 5 millimètres.

Assez rare; la Manche et l'Océan, zone littorale.

## Syndesmya nucleolata, de Lamarck.

*Amphidesma nucleolata*, Lamck., 1818. *An. s. vert.*, V, p. 493.

Coquille petite, ovalaire-arrondie; sommet assez renflé; région postérieure à peine plus rostrée que l'antérieure; bord inférieur largement arrondi; stries très fines; coloration un peu plus terne. — L. 6 à 7; H. 5 à 5 1/2; E. 3 millimètres.

Rare; la Manche, zone littorale.

B. — Groupe du *S. prismatica*.

Galbe étroitement ovalaire-allongé.

**Syndesmya prismatica,** Montagu.

*Ligula prismatica*, Mtg., 1808. *Test. Brit.*, p. 23, pl. 26, fig. 3. — *S. prismatica*, Récl., 1843. *Rev. zool.*, p. 367. — Loc., *Prodr.*, p. 410.

Coquille de taille moyenne; galbe très étroitement allongé; sommet un peu postérieur et peu renflé; région antérieure longue et assez haute, arrondie; région postérieure plus courte et rostrée; bord inférieur bien allongé, un peu arqué; test mince; coloration blanc-brillant. — L. 15 à 18; H. 7 à 8; E. 4 à 4 1/2 millimètres.

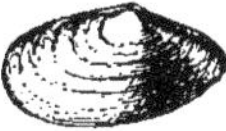

Fig. 252.

Peu commun; la Manche et l'Océan, zones littorale et herbacée.

**Syndesmya nitida,** Muller.

*Mya nitida*, Müll., 1789. *Selsk.*, *Skr.*, IV, II, p. 45. — *S. nitida*, Lovén. 1846. *Moll. Scand.*, p. 44. — Loc., *Prodr.*, p. 408.

Taille un peu plus forte; galbe moins étroitement allongé; sommet plus médian; région postérieure moins rostrée; bord inférieur plus arqué; test plus solide; coloration moins blanche. — L. 16 à 21; H. 9 à 12; E. 4 à 5 millimètres.

Peu commun; la Manche et l'Océan, zone littorale.

**Syndesmya ovata,** Philippi.

*Erycina ovata*, Phil., 1836. *Moll. Sic.*, I, p. 13, pl. 1, fig. 13. — *S. ovata*, Weink., 1866. *Conch. mit.*, I, p. 56. — Loc., *Prodr.*, p. 409 *(pars)*.

Taille plus petite; galbe plus régulièrement ovalaire; régions antérieure et postérieure presque égales; sommet plus renflé; stries très fines; coloration blanc-brillant. — L. 10 à 13; H. 8 à 9; E. 4 à 4 1/2 millimètres.

Très rare; côtes de Provence; zones littorale et herbacée.

**Syndesmya fragilis,** Risso.

*Abra fragilis*, Risso, 1826. *Eur. mer.*, IV, p. 370. — *S. fragilis*, Loc., *Prodr.*, p. 409.

Voisin du *S. prismatica;* taille beaucoup plus petite; région postérieure un peu moins étroitement rostrée; sommet plus médian; test plus mince, translucide; coloration blanc-roux très-clair. — L. 7 à 9; H. 3 1/2 à 4; E. 2 millimètres.

Rare; côtes de Provence, zones littorale et herbacée.

## TELLINIDÆ

Coquille moyenne, subéquivalve, close, comprimée, ovalaire; 2 dents cardinales et 2 lamelles latérales à chaque valve; ligament externe.

### Genre TELLINA, Linné.

Coquille de taille variable, ovale-allongée, suborbiculaire ou transverse, bien comprimée, atténuée et munie en arrière d'un pli oblique rayonnant; test finement strié.

A. — Groupe du *T. pulchella.*

Coquille assez petite, étroitement allongée, avec rayons colorés.

**Tellina pulchella,** DE LAMARCK.

*T. pulchella*, Lamck., 1818. *An. s. vert.*, V, p. 526. — Loc., *Pr.*, p. 417.

Coquille étroite, allongée; sommet à peine postérieur, peu saillant, région antérieure arrondie, longue; région postérieure, rostrée; bord inférieur allongé, subsinueux postérieurement; coloration rose-pâle avec de nombreux rayons rose-vif. — L. 18 à 28; H. 10 à 13; E. 3 1/2 à 4 millimètres.

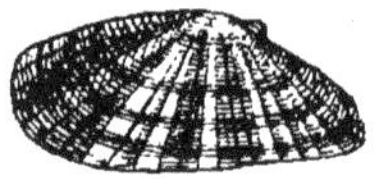

FIG. 153.

Assez commun; la Méditerranée, zone littorale.

**Tellina distorta,** POLI.

*T. distorta*, Poli, 1791. *Test. Sic.*, I, p. 39, pl. 15, fig. 11. — Loc., *Pr.*, p. 417.

Galbe moins allongé; région antérieure pas plus haute, mais plus courte; région postérieure moins rostrée; bord inférieur presque droit, à peine arqué; valves un peu plus bombées; même coloration. — L. 17 à 24; H. 9 à 13; E. 4 à 5 millimètres.

Peu commun; la Méditerranée, zone littorale.

**Tellina donacina**, LINNÉ.

*T. donacina*, L., 1767. *Syst. nat.*, p. 1118. — Loc., *Pr.*, p. 417.

Galbe encore plus élargi ; région antérieure notablement plus haute ; région postérieure plus étroite; sommet plus postérieur; bord inférieur plus oblique; valves plus bombées; même coloration. — L. 16 à 25; H. 9 à 15; E. 6 à 7 millimètres.

Assez commun ; toutes nos côtes, zones littorale et herbacée.

**Tellina pusilla**, PHILIPPI.

*T. pusilla*, Phil., 1836. *Moll. Sic.*, I, p. 29, pl. 2, fig. 9. — Loc., *Pr.*, p. 418.

Coquille petite; galbe assez allongé; région antérieure plus grande et plus arrondie que la postérieure, celle-ci peu rostrée; bord inférieur allongé; coloration rose, avec des taches et des rayons plus sombres. — L. 8 à 10; H. 4 1/2 à 5 1/2; E. 2 millimètres.

Peu commun ; l'Océan et la Méditerranée, zone littorale.

B. — Groupe du *T. fabuliformis*.

Coquille assez petite, ovalaire-rostrée, sans rayons colorés.

**Tellina fabuliformis**, GRONOVIUS.

*Tel. fabula*, Gron., 1781. *Zooph.*, p. 263, pl. 18, fig. 9. — Loc., *Pr.*, p. 419.

Coquille assez petite ; sommet presque médian ; région antérieure largement arrondie, haute; région postérieure rostrée; bord inférieur ondulé; stries concentriques très fines ; coloration blanc-rosé ou jaunacé, avec une tache large et fondue plus foncée vers le sommet. — L. 14 à 23; H. 9 à 14; E. 3 à 5 millimètres.

FIG. 254.

Assez commun ; la Manche et l'Océan, zone littorale.

**Tellina fabuloides**, DE MONTEROSATO.

*Fabulina fabuloides*, Mtr., 1884. *Conch. med.*, p. 21. — *T. fabuloides*, Loc., *Prodr.*, p. 419.

Taille plus petite ; galbe moins rostré ; sommet médian ; bord inférieur plus droit; test plus mince, plus diaphane; coloration plus chaude. — L. 13 à 15; H. 8 à 9; E. 2 1/2 à 3 millimètres.

Peu commun ; la Méditerranée, zone littorale.

**Tellina incarnata**, LINNÉ.

*T. incarnata*, L., 1767. *Syst. nat.*, p. 1118. — Loc., *Prodr.*, p. 419.

Taille plus grande que *T. fabuliformis*; galbe plus étroitement allongé, plus plat, plus régulièrement ovalaire; région antérieure moins haute; bord inférieur moins arqué; coloration incarnat, avec quelques taches plus ou moins sombres, rarement quelques vagues rayons pâles dans la région postérieure. — L. 25 à 38; H. 14 à 20; E. 4 à 6 millimètres.

Assez commun; la Méditerranée, zone littorale.

**Tellida squalida,** Pultney.

*T. squalida*, Pult., 1799. *Dors.*, p. 29. — Loc., *Prodr.*, p. 420.

Voisin du *T. incarnata;* galbe plus court, plus haut; bord inférieur plus arqué; coloration corné-jaune ou rose très pâle. — L. 25 à 35; H. 15 à 21; E. 4 à 6 millimètres.

Peu commun; la Manche et l'Océan, zone littorale.

C. — Groupe du *T. crassa.*

Coquille de taille variable, ovalaire, avec stries concentriques.

**Tellina crassa,** Pennant.

*T. crassa*, Pen., 1776. *Brit. zool.*, IV, p. 87, pl. 48, fig. 28. — Loc., *Pr.*, p. 414.

Coquille assez grande, inéquivalve, aplatie en dessous; galbe subarrondi; sommet peu saillant; région antérieure plus grande et plus haute que la région postérieure, toutes deux arrondies; bord inférieur bien arqué; test épaissi, orné de stries concentriques assez fines; coloration blanc-gris, un peu rosé, avec quelques rayons roses. — L. 30 à 35; H. 23 à 26; E. 11 à 12 millimètres.

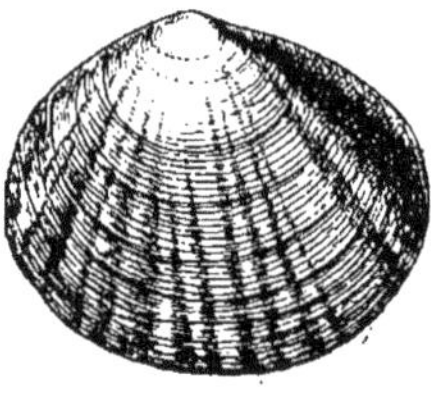

Fig. 255.

Peu commun; la Manche et l'Océan, zone herbacée.

**Tellina compressa,** Brocchi.

*T. compressa*, Br., 1814. *Conch. Sub.*, p. 514, pl. 12, fig. 9. — *T. Oudardii*, Loc., *Prodr.*, p. 420.

Coquille ovalaire un peu allongée, assez renflée; sommet un peu postérieur; région antérieure allongée et un peu étroitement arrondie; région postérieure obtusément rostrée; stries concentriques très fines, cancellées, assez marquées; bord inférieur allongé, à peine sinueux; coloration rose-carnéolé, avec zones concentriques et quelques taches plus sombres. — L. 15 à 20; H. 9 à 11; E. 4 à 6 millimètres.

Très rare; la Méditerranée, zone corallienne.

**Tellina striatula,** de Lamarck.

*T. striatula*, Lamck., 1818. *An. s. vert.*, V, p. 529. — Loc., *Prodr.*, p. 421.

Taille plus petite; galbe plus étroitement allongé, un peu plus rostré; stries concentriques plus régulières, moins cancellée; coloration blanche. — L. 14; H. 8; E. 4 millimètres.

Très rare; l'Océan, zone corallienne.

**Tellina serrata,** Renieri.

*T. serrata*, Ren., 1804. *Tav. Adr.* — Loc., *Prodr.*, p. 422.

Taille plus grande; galbe plus haut, moins allongé; région antérieure bien arrondie; région postérieure avec rostre basal obtus; stries concentriques très nombreuses, assez fortes, surtout dans le bas; test épaissi; coloration fauve-grisâtre. — L. 24 à 30; H. 17 à 19; E. 7 à 8 millimètres.

Rare; l'Océan et la Méditerranée, toutes les zones.

D. — Groupe du *T. planata*.

Coquille grande, plus ou moins déprimée, test lisse.

**Tellina planata,** Linné.

*T. planata*, L., 1767. *Syst. nat.*, p. 1117. — Loc., *Pr.*, p. 421.

Coquille grande, très plane; sommet presque médian, peu saillant; région antérieure arrondie; région postérieure obtusément rostrée; bord inférieur largement arrondi; test un peu mince, brillant avec quelques stries d'accroissement peu marquées; coloration blanc-carnéolé, plus teinté vers le sommet. — L. 45 à 55; H. 28 à 38; E. 9 à 12 millimètres.

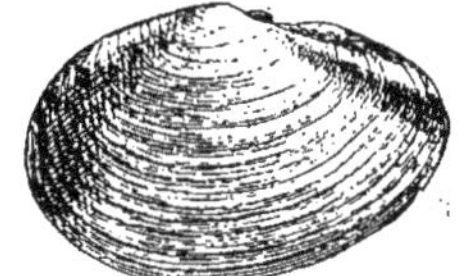

Fig. 256. — 2/3 grandeur.

Peu commun; la Méditerranée, zones littorale et herbacée. — Edule.

**Tellina nitida,** Poli.

*T. nitida*, Poli, 1791. *Test. Sic.*, I, p. 36, pl. 15, fig. 2-4. — Loc., *Pr.*, p. 421.

Taille plus petite; galbe plus allongé, plus trigone; région antérieure plus étroite; région postérieure plus rostrée; bord inférieur plus droit; même coloration. — L. 35 à 50; H. 20 à 27; E. 7 à 9 millimètres.

Peu commun; la Méditerranée, zones littorale et herbacée.

**Tellina Cumana, O. G. Costa.**

*Psammobia Cumana*, Costa, 1829. *Cat. Sic.*, p. 20, pl. 2, fig. 7. — *T. Cum.*, Hanley, *in* Sow., 1846. *Thes.*, p. 298, pl. 58, fig. 73. — Loc., *Prodr.*, p. 421.

Galbe plus court et surtout plus bombé; région antérieure très large, très arrondie; région postérieure très obtusément rostrée; sommet renflé; bord inférieur sinueux; coloration blanc-carnéolé. — L. 30 à 33; H. 20 à 23; E. 10 à 12 millimètres.

Très rare; côtes de Provence, zones herbacée et corallienne.

E. — Groupe du *T. exigua*, Poli.

Coquille assez petite, très déprimée, ovalaire-arrondie; test lisse.

**Tellina exigua, Poli.**

*T. exigua*, P., 1791. *Test. Sic.*, I, p. 35, pl. 15, fig. 15-17. — Loc., *Pr.*, p. 422.

Coquille plane; galbe ovalaire-arrondi, un peu allongé; sommet médian; région antérieure arrondie; région postérieure un peu plus étroite, subrostrée; lamelles latérales obsolètes; coloration passant du blanc au carminé et au jaune, avec ou sans zones concentriques plus teintées. — L. 18 à 24; H. 12 à 15; E. 4 à 5 millimètres.

Fig. 257.

Commun; toutes nos côtes, zone littorale.

**Tellina commutata, de Monterosato.**

*Macoma commutata*, Mtr., *Conch. med.*, p. 23. — *T. com.*, Loc., *Pr.*, p. 422.

Très voisin du *T. exigua*; galbe un peu plus allongé; région postérieure un peu plus rostrée; bord inférieur moins arqué; même coloration. — L. 18 à 24; H. 11 à 14; E. 4 à 5 millimètres.

Assez commun; l'Océan et la Méditerranée, zone littorale.

**Tellina tenuis, da Costa.**

*T. tenuis*, da Costa, 1778. *Brit. conch.*, p. 210. — Loc., *Prodr.*, p. 423.

Voisin du *T. exigua*; galbe plus court, plus triangulaire; bord inférieur plus arqué; rostre plus obtus; même coloration. — L. 18 à 23; H. 14 à 17; E. 4 à 5 millimètres.

Commun; la Manche et l'Océan, zone littorale.

**Tellina Bourguignati,** Locard.

*T. Bourguignati*, Loc., 1886. *Prodr.*, p. 423 et 593.

Taille plus petite; galbe encore plus court, plus triangulaire-isocèle, un peu plus renflé; région postérieure à peine rostrée; bord inférieur très court; même coloration. — L. 15 à 17; H. 12 à 13; E. 4 à 5 millimètres.

Peu commun; la Méditerranée, zone littorale.

F. — Groupe du *T. Balthica*.

Coquille assez petite, subarrondie, bombée.

**Tellina Balthica,** Linné.

*T. Balthica*, L., 1767. *Syst. nat.*, p. 1120. — Loc., *Prodr.*, p. 423.

Coquille subglobuleuse, bombée dans son ensemble; sommet presque médian, peu saillant; région antérieure bien arrondie; région postérieure un peu plus étroite, subrostrée; bord inférieur irrégulièrement arqué; test assez solide; quelques stries d'accroissement très fines; coloration blanc-rosé ou jaunacé-pâle; une ou deux zones concentriques un peu plus accusées; sommet plus teinté. — L. 15 à 27; H. 13 à 20; E. 8 à 13 millimètres.

Fig. 258.

Commun; toutes les côtes, plus rare dans la Méditerranée, zone littorale.

**Tellina Neustriaca,** Locard.

*T. Neustriaca*, Loc., 1886. *Prodr.*, p. 424 et 594.

Taille un peu plus petite; galbe plus déprimé et plus court; bord inférieur encore plus arqué; région antérieure plus haute; région postérieure moins rostrée; même coloration. — L. 15 à 22; H. 15 à 17; E. 7 à 9 millimètres.

Peu commun; la Manche et la région armoricaine; zone littorale.

**Tellina balaustina,** Linné.

*T. balaustina*, L., 1767. *Syst. nat.*, p. 1119. — Loc., *Prodr.*, p. 425.

Coquille plus petite, plus régulièrement arrondie-ovalaire; sommet plus saillant; rostre presque nul; régions antérieure et postérieure subégales; test un peu mince, très finement striolé; coloration jaune-carnéolé, avec rayons roses marqués surtout dans le bas. — L. 24 à 27 ; H. 12 à 14 ; E. 8 à 9 millimètres.

Peu commun ; la Manche et l'Océan, zones littorale et herbacée.

## Genre CAPSA, Bruguière.

Coquille de taille moyenne, cunéiforme-ventrue, équivalve ; test orné de stries concentriques ; 2 dents cardinales égales à la valve inférieure ; 2 dents cardinales irrégulières à la valve supérieure ; pas de lamelles latérales ; ligament externe.

### Capsa fragilis, Linné.

*Tellina fragilis*, L., 1767. *Syst. nat.*, p. 1117. — *C. fragilis*, Mörch, 1858. *Journ. conch.*, p. 134. — Loc., *Prodr.*, p. 410.

Coquille renflée ; sommet un peu antérieur, peu saillant ; région antérieure courte, haute, bien arrondie ; région postérieure plus longue, rostrée ; valves bien bombées ; test mince, orné de stries concentriques fines, un peu irrégulières ; coloration fauve très clair. — L. 25 à 32 ; H. 18 à 22 ; E. 11 à 14 millimètres.

Fig. 259.

Assez commun ; l'Océan et la Méditerranée, zones littorale et herbacée.

## Genre DONAX, Linné.

Coquille de taille moyenne, équivalve, cunéiforme-déprimée ; test brillant ; bord des valves crénelé ; valve inférieure avec 1 dent cardinale bifide et 1 lamelle postérieure ; valve supérieure avec 2 dents cardinales divergentes et pas de lamelles latérales ; ligament externe.

A. — Groupe du *D. politus*.

Galbe allongé ; test lisse ; bord interne non frangé.

### Donax politus, Poli.

*Tellina polita*, Poli, 1791. *Test. Sic.*, I, p. 44, pl. 21, fig. 14-15. — *D. pol.*, F. et H., 1853. *Br. moll.*, I, p. 336, pl. 21, fig. 7. — Loc., *Prodr.*, p. 412.

Galbe étroitement allongé ; sommet postérieur un peu saillant ; région antérieure une fois et demie plus longue que la postérieure, toutes deux étroitement arrondies ; test lisse et brillant ; coloration fauve-jaunâtre, avec quelques zones concentriques plus pâles, quelquefois un large rayon apico-inférieur plus clair. — L. 23 à 30 ; H. 13 à 15 ; L. 7 à 8 millimètres.

Peu commun, la Manche et l'Océan ; rare dans la Méditerranée, zone littorale. — Edule.

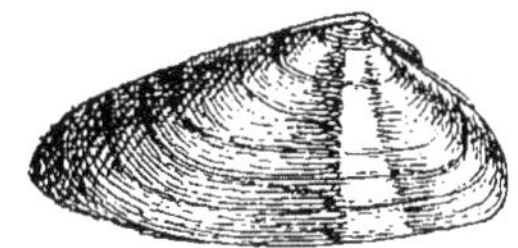

FIG. 260.

B. — Groupe du *D. trunculus*.

Galbe tronqué ; test lisse ; bord interne frangé.

**Donax trunculatus**, LINNÉ.

*Donax trunculus*, L., 1767. *Syst. nat.*, p. 1127. — Loc., *Prodr.*, p. 412 et 591.

Coquille subrectangulaire, arrondie antérieurement, obliquement tronquée postérieurement ; sommet postérieur peu saillant ; bord inférieur subflexueux ; test épais ; valves finement crénelées à l'intérieur, sur les bords ; test lisse et brillant ; coloration jaune-fauve, passant au violacé, avec d'étroits rayons un peu plus sombres. — L. 25 à 40 ; H. 15 à 24 ; E. 8 à 11 millimètres.

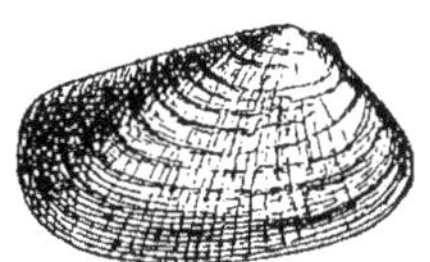

FIG. 261.

Commun ; la Méditerranée, zone littorale. — Edule.

**Donax anatinus**, DE LAMARCK.

*D. anatinum*, Lamck., 1818. *An. s. vert.*, V, p. 552. — Loc., *Pr.*, p. 412 et 591.

Voisin du *P. trunculatus* ; galbe un peu plus allongé, moins haut ; taille plus forte ; région postérieure plus longue, tronquée encore plus obliquement ; même coloration. — L. 25 à 45 ; H. 14 à 25 ; E. 8 à 11 millim.

Très commun ; la Manche et l'Océan, zone littorale. — Edule.

C. — Groupe du *D. semistriatus*.

Coquille plus allongée ; test strié ; bord intérieur frangé.

**Donax semistriatus**, POLI.

*D. semistriata*, Poli, 1791. *Test. Sic.*, II, p. 79, pl. 19, fig. 17. — Loc., *Prodr.*, p. 414 et 592.

Coquille ovalaire, un peu allongée, arrondie antérieurement, très obliquement tronquée en arrière; sommet postérieur peu saillant; bord inférieur très largement arqué, à peine flexueux; test orné de stries rayonnantes très fines, obsolètes vers le sommet, plus accusées à la périphérie; coloration jaune-fauve passant au violacé, quelques rayons étroits plus sombres. — L. 23 à 33; H. 13 à 19; E. 8 à 10 millimètres.

Fig. 262.

Assez commun; la Méditerranée, zone littorale. — Edule.

**Donax vittatus**, DA COSTA.

*Enneus vittatus*, da C., 1789. *Brit. conch.*, p. 202, pl. 14, fig. 3. — D. *vitt*, Jeff., 1863. *Brit. conch.*, II, p. 402, pl. 42, fig. 5. — Loc., *Prodr.*, p. 413.

Galbe un peu plus haut et un peu plus court; valves un peu moins bombées; bord inférieur plus arqué; mêmes stries, même coloration. — L. 23 à 33; H. 14 à 24; E. 7 à 9 millimètres.

Assez commun; la Manche et l'Océan. — Edule.

**Donax venustus**, POLI.

*D. venusta*, Poli, 1791. *Test. Sic.*, II, p. 80, pl. 19, fig. 23, 24.—Loc., *Pr.*, p. 413.

Taille plus petite; galbe plus régulièrement allongé, bord inférieur plus droit; région postérieure plus tronquée; stries rayonnantes très fines, recoupées dans toute la région postérieure par des stries concentriques égales; même coloration. — L. 28 à 30; H. 9 à 10; E. 5 millimètres.

Peu commun; la Méditerranée, zone littorale. — Edule.

## Genre PSAMMOBIA, de Lamarck.

Coquille moyenne, équivalve, subéquilatérale, subdéprimée, ovale-allongée; test lisse ou strié; épiderme corné; 2 dents cardinales à la valve inférieure; 1 dent cardinale à la supérieure; ligament externe.

**Psammobia vespertina**, CHEMNITZ.

*Lux vesp.*, Chemn., 1782. *Conch. cab.*, VI, p. 72, pl. 7, fig. 59 60. — *Ps. vesp.*, Lamck., 1818. *An. s. vert.*, V, p. 513. — Loc., *Prodr.*, p. 414.

Coquille de taille assez grande; galbe ovalaire-allongé, déprimé; sommet à peine antérieur, assez saillant; région antérieure un peu moins haute et un peu plus courte que la région postérieure, toutes deux arrondies; bord inférieur droit; stries concentriques fines; coloration rose très pâle passant au violacé et au bleuté, avec quelques

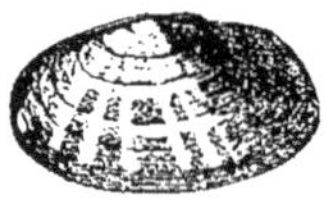
Fig. 263. — 1/2 grand.

rayons plus colorés, épiderme brun-roux. — L. 40 à 60; H. 21 à 32; E. 11 à 16 millimètres.

Assez commun; toutes les côtes, zone littorale. — Edule.

### Psammobia Ferroensis, Chemnitz.

*Tellina Ferroensis*, Chemn., 1782. *Conch. Cab.*, VI, p. 99, pl. 10, fig. 91. — *Ps. Ferroensis*, Lamck., 1818. *An. s. vert.*, V, p. 512. — Loc., *Pr.*, *p.* 415.

Taille plus petite; galbe plus étroitement allongé, et plus déprimé; région postérieure tronquée; une arête apico-rostrale; stries concentriques plus fortes, plus marquées; stries rayonnantes dans la région apico-rostrale; coloration gris-rosé, avec rayons plus foncés; épiderme gris-roux. — L. 22 à 34; H. 10 à 16; E. 4 à 6 millimètres.

Rare; toutes nos côtes, zones littorale et herbacée.

### Psammobia tellinella, de Lamarck.

*Ps. tel.*, Lamck., 1815. *An. s. vert.*, V, p. 515. — Loc., *Prodr.*, p. 416.

Coquille assez petite, étroitement et régulièrement allongée; valves bombées; sommet presque médian; bord inférieur un peu arqué; régions antérieure et postérieure subarrondies; test presque lisse, un peu brillant; coloration carnéolé, avec de rares rayons roses, et des zones concentriques plus pâles. — L. 20 à 25; H. 10 à 13; E. 5 à 8 millimètres.

### Psammobia costulata, Turton.

*Ps. costulata*, Turt., 1822. *Dith.*, p. 87, pl. 6, fig. 8. — Loc., *Prodr.*, p. 416.

Taille plus petite; test mince; sommet médian; région postérieure plus haute que la région antérieure et tronquée, ornée de costulations rayonnantes, assez fortes, un peu espacées et irrégulières, le reste de la coquille avec stries concentriques atténuées; coloration blanc-carnéolé pâle, avec quelques rayons interrompus rosés, et des zones concentriques plus claires. — L. 16 à 20; H. 7 à 11; E. 4 à 5 millimètres.

Rare; l'Océan et la Méditerranée, zone corallienne.

## VENERIDÆ

Coquille de taille variable, équivalve, inéquilatérale; test solide, lisse ou orné; 3 dents cardinales; lamelles latérales variables.

## Genre CYTHEREA, de Lamarck.

Coquille ovale-subtrigone; test lisse et épais, lunule très accusée; 3 dents cardinales à chaque valve; 2 lamelles latérales antérieures et inégales à la valve inférieure, et 1 à la valve supérieure; ligament externe et saillant.

A. — Groupe du *C. Chione*.

Coquille grande; test très lisse.

### Cytherea Chione, Linné.

*Venus Chione*, L., 1767. *Syst. nat.*, p. 1131. — *C. Chione*, Lamck., 1818. *An. s. vert.*, V, p. 566. — Loc., *Prodr.*, p. 428.

Fig. 195. — 1/3 grandeur.

Coquille ovalaire, subtrigone, un peu allongée; valves peu renflées; sommet saillant, arqué, un peu antérieur; lunule très accusée; test épais, lisse, très brillant; coloration fauve-roux, avec d'étroites zones concentriques et quelques rayons plus clairs. — L. 60 à 80; H. 55 à 70; E. 28 à 40 millimètres.

Assez commun; toutes nos côtes, zone herbacée. — Edule.

B. — Groupe du *C. rudis*.

Coquille assez petite; test finement strié.

### Cytherea rudis, Poli.

*Venus rudis*, Poli, 1791. *Test. Sic.*, II, p. 94, pl. 20, fig. 15-16. — *C. rudis*, Requien, 1848. *Moll. Corse*, p. 23. — Loc., *Prodr.*, p. 429.

Fig. 265.

Galbe subtrigone-court; valves bombées; sommet saillant, antérieur, un peu arqué, renflé; lunule courte, rougeâtre; test orné de stries concentriques très fines, un peu irrégulières; coloration fauve-clair, avec des maculatures brunes, concentriques ou rayonnantes, en zigzag, irrégulières. — L. 15 à 22; H. 13 à 19; E. 10 à 14 millimètres.

Assez commun; la Méditerranée, zones littorale et herbacée.

### Cytherea gracilenta, Locard.

*C. gracilenta*, Loc., 1890. *Nov. sp.*

Taille plus petite, galbe plus étroitement allongé, plus transverse; valves moins renflées; sommet moins saillant; bord inférieur plus long et moins arqué ; même ornementation et coloration. — L. 15 à 17 ; H. 12 à 13; E. 8 à 9 millimètres.

Rare; côtes de Provence, zones littorale et herbacée.

**Cytherea rugata, Locard.**

*C. rugata*, Loc., 1890. *Nov. sp.*

Taille plus petite que *C. rudis;* galbe subtrigone, très court, bien renflé; sommet plus saillant; test orné de rides concentriques larges, irrégulières, très rapprochées; même coloration. — L. 12 à 15; H. 11 à 12; E. 7 à 9 millimètres.

Rare; la Méditerranée, zone corallienne.

**Cytherea nitidula, de Lamarck.**

*C. nitidula*, Lamck., 1818. *An. s. vert.*, V, p. 566. — Loc., *Prodr.*, p. 429.

Galbe plus ovalaire, elliptique-transverse; sommet peu saillant; valves peu renflées; test lisse et brillant; coloration fauve-rougeâtre, avec quelques rayons plus teintés et le sommet plus clair. — L. 19; H. 14; E. 8 millimètres.

Très rare; la Méditerranée, zones littorale et herbacée.

## Genre LUCINOPSIS, Forbes et Hanley

Coquille assez petite; galbe arrondi; test ornementé; lunule non distincte; à la valve supérieure 3 dents cardinales divergentes, la médiane bifide; à la valve inférieure, 2 dents cardinales, la postérieure bifide; lamelles antérieures courtes.

**Lucinopsis undata, Pennant.**

*Venus undata*, Pen., 1776. *Br. Zool.*, IV, p. 95, pl. 55, fig. 51. — *L. undata*, F. et H., 1853. *Brit. moll.*, I, p. 435, pl. 28, fig. 1-2. — Loc., *Prodr.*, p. 425

Coquille orbiculaire; sommet assez saillant, presque médian; valves assez renflées, comme bossuées; région postérieure un peu plus haute que l'antérieure; bord inférieur court, ondulé; test orné de stries concentriques atténuées, irrégulières, plus fortes à la périphérie; coloration blanc-grisâtre. — L. 20 à 30; H. 18 à 28; E. 10 à 12 millimètres.

Fig. 266.

Rare; toutes nos côtes, zones herbacée et corall.

## Genre DOSINIA, Gray.

Coquille de taille moyenne, orbiculaire, comprimée ; test orné de stries concentriques fines et régulières; lunule accusée; 3 dents cardinales sur chaque valve ; lamelles latérales rudimentaires.

A. — Groupe du *D. lupinina.*

Stries ornementales très fines.

### Dosinia lupinina, Poli.

*Venus lupinus*, Poli, 1789. *Test. Sic.*, II, pl. 21, fig. 2. — *D. lupinus*, Römer, 1862. *Mon. Dos.*, p. 25, pl. 5, fig. 1. — Loc., *Prodr.*, p. 426.

Coquille orbiculaire-oblique; bord inférieur exactement rond ; région antérieure arrondie ; région postérieure moins haute, un peu subtronquée vers le milieu ; sommet arqué, antérieur; test orné de stries concentriques très fines, rapprochées, presque régulières; coloration blanc-grisâtre, brillant, sommet roux-clair. — L. 17 à 30; 17 à 29 ; E. 8 à 12 millimètres.

Fig. 267.

Assez commun; la Méditerranée, zone herbacée et corallienne. — Edule.

### Dosinia Rissoiana, Locard.

*D. Rissoiana*, Loc., *Prodr.*, p. 427 et 594.

Même taille ; galbe plus étroit; région inférieure moins ronde, plus arquée; valves plus bombées; lunule plus grande et plus longue; test moins strié. — L. 17 à 28; H. 18 à 29; E. 9 à 14 millimètres.

Rare; la Méditerranée et l'Océan, zone herbacée. — Edule.

### Dosinia lincta, Pultney.

*Venus lincta*, Pultn., 1799. *Hutch. Dors.*, p. 34. — *D. lincta*, Römer, 1862. *Mon. Dos.*, p. 139, pl. 7, fig. 3. — Loc., *Prodr.*, p. 427.

Voisin du *D. lupinina;* galbe moins arrondi; région postérieure plus tronquée, ensuite plus inéquilatérale; stries concentriques plus fines, souvent obsolètes vers le sommet; même coloration. — L. 17 à 30; H. 17 à 29; E. 8 à 12 millimètres.

Peu commun ; la Manche et l'Océan, zone herbacée. — Edule.

## Dosinia inflata, Locard.

*D. inflata*, Loc., 1886. *Prodr.*, p. 427 et 594.

Voisin du *D. lupinina;* taille plus petite; galbe très arrondi; valves très bombées; sommet très saillant, renflé; stries plus accusées; lunule plus large et moins haute; même coloration. — L. 16 à 27; H. 15 à 26; E. 9 à 15 millimètres.

Rare; l'Océan, zone herbacée.

B. — Groupe du *D. exoleta*.

Stries ornementales plus grossières.

## Dosinia exoleta, Linné.

*Venus exoleta*, L., 1767. *Syst. nat.*, p. 1134. — *D. exoleta*, Römer, 1863. *Mon Dos.*, p. 31. — Loc., *Prodr.*, p. 427.

Coquille arrondie, comprimée; sommet bien arqué-antérieur; région postérieure plus haute et plus arrondie que l'antérieure; bord inférieur bien arrondi; lunule très apparente; test épais, orné de stries concentriques fortes et rapprochées; coloration blanc-roux, un peu brillant, avec ou sans rayons carminés souvent interrompus. — L. 22 à 40; H. 21 à 39; E. 10 à 18 millimètres.

Fig. 268. — 2/3 grand.

Assez commun; toutes nos côtes, zones littorale et herbacée. — Edule.

## Dosinia complanata, Locard.

*D. complanata*, Loc., 1890. *Nov. sp.*

Taille plus petite; galbe beaucoup plus comprimé; sommet moins renflé; contour subrectangulaire; région antérieure comme tronquée; bord inférieur moins arrondi; stries concentriques un peu plus grossières; même coloration. — L. 20 à 25; H. 19 à 23; E. 8 à 11 millimètres.

Rare; l'Océan, zone herbacée.

# Genre VENUS, Linné.

Coquille de taille variable, épaisse, renflée; test orné de côtes en lamelles concentriques; lunule distincte; bord interne finement crénelé; 3 dents cardinales divergentes à chaque valve, souvent bifides au sommet; sinus pulléal peu profond.

A. — Groupe du *V. verrucosa*.

Galbe renflé; lamelles concentriques étroites et saillantes.

## Venus verrucosa, Linné.

*V. verrucosa*, L., 1767. *Syst. nat.*, p. 1130. — Loc., *Prodr.*, p. 430.

Coquille assez grande, subglobuleuse, subarrondie; sommet un peu antérieur; région antérieure plus étroite et plus arrondie que la postérieure; bord inférieur largement arqué; test très épais, orné de lamelles concentriques étroites devenant comme verruqueuses dans la région postérieure, avec des côtes rayonnantes obtuses, visibles entre les lamelles; coloration roux-fauve. — L. 40 à 50; H. 34 à 44; E. 23 à 36 millimètres.

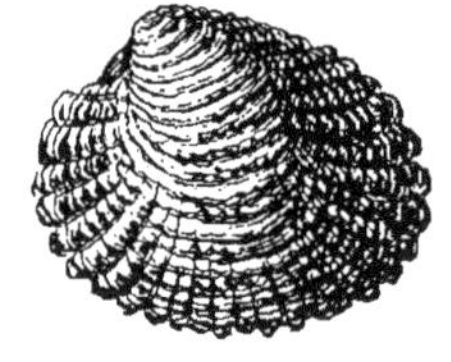

Fig. 269. — 2/3 grandeur.

Commun; toutes les côtes; zones littorale et herbacée. — Edule.

## Venus Casina, Linné.

*Venus Casina*, L., 1767. *Syst. nat.*, p. 1130. — Loc., *Prodr.*, p. 431.

Même taille; galbe plus arrondi; valves plus déprimées; lamelles concentriques simples, non verruqueuses; pas de côtes rayonnantes entre les lamelles; coloration roux-clair, avec maculatures plus rouges. — L. 37 à 50; H. 32 à 45; E. 20 à 25 millimètres.

Rare; toutes les côtes, zones herbacée et corallienne.

## Venus Rusterucii, Payraudeau.

*Venus Rust.*, Payr., 1826. *Moll. Cor.*, p. 52, pl. 1, fig. 26-28. — Loc., *Pr.*, p. 431.

Voisin du *V. Casina;* taille plus petite; galbe moins régulièrement arrondi; valves bien plus comprimées, presque plates; lamelles concentriques plus écartées; même coloration. — L. 20 à 27; H. 16 à 22; E. 9 à 11 millimètres.

Rare; l'Océan et la Méditerranée, zone corallienne.

## Venus nuciformis, Gmelin.

*Venus nux*, Gmel., 1789. *Syst. nat.*, p. 3289. — Loc., *Prodr.*, p. 431.

Voisin du *V. Casina;* galbe moins arrondi, plus haut; valves très bombées; sommet très renflé; lamelles concentriques plus nombreuses, très rapprochées. — L. 37 à 42; H. 32 à 38; E. 29 à 33 millimètres.

Très rare; la Méditerranée, zone corallienne.

## Venus effosa, Bivona.

*Venus effosa*, Biv., *in* Philip., 1836. *Moll. Sic.*, I, p. 43, pl. 3, fig. 20. — Loc,. *Prodr.*, p. 432.

Coquille très globuleuse, presque sphérique, aussi haute que large; sommet très large et très renflé, presque médian; test assez épais, orné de cordons concentriques gros, non lamelleux, arrondis, plus ou moins rapprochés, le tout recouvert de stries concentriques extrêmement fines et rapprochées; lunule très profonde; coloration fauve-rosé, avec ou sans maculatures plus sombres, parfois rayonnantes. — L. et H. 25 à 32; E. 22 à 28 millimètres.

## Venus gallina, Linné.

*V. gallina*, L., 1767. *Syst. nat.*, p. 1130. — Loc., *Prodr.*, p. 432.

Galbe subtriangulaire, déprimé; sommet antérieur, assez saillant; bord inférieur bien arrondi; région antérieure plus ronde et plus haute que la postérieure; test orné entièrement de cordons concentriques assez étroits, aplatis, très rapprochés, irréguliers dans leur allure; lunule courte et large; coloration fauve-roux, très finement pointillé sur les cordons, avec ou sans rayons plus colorés. — L. 23 à 43; H. 20 à 39; E. 12 à 22 millimètres. — Edule.

Commun; la Méditerranée, zone littorale.

## Venus striatula, da Costa.

*Pectunculus*, da C., 1778. *Brit. conch.*, p. 191, pl. 12, fig. 2. — *V. striatula*, Don., 1800. *Brit. Shells*, II, pl. 86. — *V. gallina*, Loc., *Pr.*, p. 432 *(pars)*.

Voisin du *V. gallina;* taille plus petite; région postérieure plus droite dans le haut, plus allongée et plus rostrée dans le bas; sommet plus étroit et plus arqué; cordons concentriques plus fins et plus rapprochés. — L. 17 à 25; H. 15 à 21; E. 9 à 13.

Commun; la Manche et l'Océan, zones littorale et herbacée.

## Venus nuculata, Statreli.

*V. nucleus*, Statreli, *teste* Mtr., *Mss.*

Voisin du *V. gallina;* taille plus petite; galbe moins transverse; sommet plus saillant; valves notablement plus renflées; lunule plus grande; même ornementation et coloration. — L. 13 à 16; H. 11 1/2 à 15; E. 8 1/2 à 10 millimètres.

Rare; régions aquitanique et méditerranéenne, zones herb. et coral.

B. — Groupe du *V. fasciata*.

Galbe déprimé; lamelles concentriques très larges.

**Venus fasciata,** DA COSTA.

*Pectunculus fasciatus*, da C., 1778. *Brit. conch.*, p. 188, pl. 13, fig. 3. — *V. fasciata*, Don., 1803. *Brit. Shells*, V, pl. 170. — Loc., *Prodr.*, p. 433.

Coquille de taille moyenne; galbe subtriangulaire, déprimé; sommet peu renflé, très arqué antérieurement; bord inférieur bien arrondi; région antérieure courte, arrondie; région postérieure subanguleuse vers le bas; test orné de 7 à 9 larges côtes aplaties, assez écartées; lunule grande; coloration passant du fauve au rouge, au jaune et au violet, avec un ou deux rayons plus foncés. — L. 18 à 24; H. 17 à 22; E. 8 à 11 millim.

FIG. 270.

Assez rare; la Manche et l'Océan, zones herbacée et corallienne.

**Venus Brongnarti,** PAYRAUDEAU.

*V. Brongn.* Payr., 1826. *Moll. Corse*, p. 51, pl. 1, fig. 23-25. — Loc., *Pr.*, p. 433.

Voisin du *V. fasciata;* taille un peu plus petite; lamelles concentriques moins nombreuses, plus larges, avec le bord supérieur plus élevé et comme imbriqué; coloration plus pâle, le plus souvent avec 3 rayons colorés. — L. 14 à 21; H. 12 à 19; E. 7 à 10 millimètres.

Assez rare; la Méditerranée, zone corallienne.

C. — Groupe du *V. ovata*.

Test orné seulement de côtes rayonnantes.

**Venus ovata,** PENNANT.

*V. ovata*, Pen., 1776. *Brit. zool.*, IV, p. 97, pl. 56, fig. 56. — Loc., *Pr.*, p. 433.

Coquille assez petite, subovalaire, peu renflée; sommet peu saillant, submédian; région antérieure arrondie; région postérieure aussi haute, subtronquée; pas de lunule; test orné de nombreuses côtes rayonnantes, granuleuses, rapprochées, souvent bifides; coloration roux-clair ou grisâtre, parfois avec quelques maculatures brunes. — L. 10 à 14; H. 9 à 12; E. 5 à 7 millimètres.

FIG. 271.

Assez commun; toutes les côtes, surtout la Manche et l'Océan, zone herbacée.

## Genre TAPES, Megerle von Mühlfeld.

Coquille de taille variable ; test un peu mince ; galbe peu renflé ; 3 dents cardinales grêles sur chaque valve, plus ou moins bifides ; sinus palléal profond.

A. — Groupe du *T. decussatus*.

Coquille assez grande ; test comme treillissé.

### Tapes decussatus, Linné.

*Venus decussata*, L., 1767. *Syst. nat.*, p. 1135. — *T. decus.*, F. et H., 1853. *Br. moll.*, I, p. 379, pl. 25, fig. 1. — Loc., 1886. *Soc. mal.*, III, p. 243, pl. 7, fig. 1.

Coquille subrhomboïdale, un peu courte ; région antérieure étroite, arrondie ; région postérieure plus haute, comme tronquée ; bord inférieur largement arrondi ; sommet assez saillant un peu antérieur ; test couvert de fines côtes rayonnantes très rapprochées, recoupées par des cordons concentriques égaux, marqués surtout dans les régions antérieure et postérieure ; coloration fauve, marbré de roux, de brun, de jaune, parfois avec des rayons interrompus. — L. 33 à 55 ; H. 26 à 40 ; E. 16 à 25 millimètres.

Fig. 272. — 2/3 grandeur.

Très commun ; toutes les côtes, zone littorale. — Edule.

### Tapes extensus, Locard.

*T. extensus*, Loc., 1886. *Soc. malac.*, III, p. 249, pl. 7, fig. 2.

Galbe plus étroitement allongé ; profil bien ovalaire ; région postérieure arrondie, non tronquée ; bord inférieur arqué, non descendant ; costulations plus fines ; sommet plus antérieur ; même coloration. — L. 34 à 57 ; H. 22 à 38 ; E. 15 à 24 millimètres.

Assez commun ; la Méditerranée, zone littorale. — Edule.

### Tapes pullaster, Montagu.

*Venus pullastra*, Mtg., 1803. *Test. Brit.*, p. 125. — *T. pullaster*, F. et H., 1853. *Br. moll.*, I, p. 382, pl. 25, fig. 2. — Loc., 1886. *S. mal.*, III, p. 253, pl. 7, fig. 3.

Voisin du *T. decussatus* ; taille plus petite ; valves plus bombées ; galbe moins anguleux ; sommet plus élargi et plus renflé ; ornementation extrêmement fine; même coloration, souvent plus pâle. — L. 26 à 42; H. 18 à 30; E. 15 à 24 millimètres.

Commun; surtout dans l'Océan, zone littor. — Edule.

### Tapes pullicenus, Locard.

*T. pullicenus*, Loc., 1886. *Soc. malac.*, III, p. 259, pl. 7, fig. 4.

Voisin, comme ornementation, du *T. pullaster*; galbe plus étroitement allongé, moins renflé; région antérieure plus courte; sommet plus antérieur; bord inférieur plus droit; région postérieure plus allongée; même ornementation et coloration. — L. 25 à 52; H. 15 à 32; E. 10 à 21 millimètres.

Assez commun; partout, surtout dans l'Océan, zone littor. — Edule.

### Tapes saxatilis, Fleuriau de Bellevue.

*Venus saxatilis*, Fleur., 1802. *In Journ. phys.*, LIV, p. 345. — *T. saxatilis*, Loc., *Prodr.*, p. 436.

Voisin des deux précédents; galbe très irrégulier, ordinairement plus étroitement allongé et cunéiforme; sommet plus renflé et plus accusé; stries concentriques devenant parfois plus lamelleuses aux extrémités; même coloration. — L. 23 à 45; H. 12 à 25; E. 10 à 20 millimètres.

Assez commun; la Manche et l'Océan, zone littorale. — Edule.

B. — Groupe du *T. texturatus*.

Coquille moyenne; galbe subrhomboïdal; test finement strié.

### Tapes texturatus, de Lamarck.

*Venus textur.*, Lk., 1818. *An. s. vert.*, V, p. 603. — Loc., *Soc. mal.*, III, p. 267.

Coquille subéquilatérale, ovalaire-allongée; région antérieure plus courte et plus étroite que la postérieure, toutes les deux arrondies; sommet saillant, un peu antérieur; bord inférieur largement arqué; test orné de cordons concentriques très fins, très rapprochés, recoupés par des stries rayonnantes obsolètes; coloration roux-clair, avec ou sans treillissage plus foncé, parfois quelques rayons interrompus plus sombres. — L. 32 à 43; H. 21 à 30; E. 16 à 18 millimètres.

Fig. 273.

Commun; sur toutes les côtes, zone littorale. — Edule.

## Tapes Mabillei, Locard.

*T. Mabillei*, Loc., 1886. *Soc. malac.*, III, p. 270, pl. 7, fig. 5.

Galbe plus court, plus ramassé; profil plus rhomboïdal; région postérieure plus courte, plus haute et plus anguleuse; bord inférieur plus court et plus arrondi; sommet plus renflé; test plus costulé; même coloration. — L. 28 à 40; H. 21 à 30; E. 16 à 18 millimètres.

Commun dans la Méditer.; plus rare dans l'Océan, zone littor.— Edule.

## Tapes nitidosus, Locard.

*T. nitidosus*, Loc., 1886. *Soc. malac.*, III, p. 272, pl. 7, fig. 6.

Voisin du *T. texturatus*; galbe moins étroitement ovalaire, plus régulier; région postérieure plus courte, plus haute et subanguleuse; bords supérieur et inférieur plus parallèles; valves plus bombées; test brillant, très finement striolé; même coloration. — L. 30 à 35; H. 22 à 24; E. 10 à 12 millimètres.

Peu commun; toutes nos côtes, zone littorale. — Edule.

## Tapes rostratus, Locard.

*T. rostratus*, Loc., 1886. *Soc. malac.*, III, p. 274, pl. 7. fig. 8.

Galbe rhomboïdal, irrégulier; région antérieure plus courte que la postérieure, toutes les deux étroites, comme rostrées; sommet bien bombé; bord inférieur retroussé à ses extrémités; cordons concentriques plus marqués, plus réguliers que chez les formes précédentes; même coloration. — L. 27 à 35; H. 17 à 24; E. 12 à 15 millimètres.

Assez rare; toutes nos côtes, surtout la Méditer., zone littor. — Edule.

## Tapes Grangeri, Locard.

*T. Grangeri*, Loc., 1886. *Soc. malac.*, III, p. 276, pl. 7, fig. 7.

Voisin du *T. texturatus*; taille plus petite; galbe plus étroitement allongé; valves moins bombées; bord inférieur plus droit; région postérieure plus étroitement arrondie; test presque lisse, brillant; même coloration. — L. 28 à 32; H. 18 à 22; L. 10 à 12 millimètres.

Assez rare; la Méditerranée, zone littorale. — Edule.

## Tapes Rochebrunei, Locard.

*T. Rochebrunei*, Loc., 1886. *Soc. malac.*, III, p. 278, pl. 8, fig. 5.

Galbe subrectangulaire, très allongé; bords supérieur et inférieur bien parallèles; valves renflées vers la région du sommet; région postérieure un peu subanguleuse ; bord inférieur très droit ; sommet à peine antérieur; même coloration. — L. 28 à 37 ; H. 19 à 23 ; E. 12 à 14 millimètres.

Assez rare ; la Méditerranée, zone littorale. — Edule.

**Tapes petalinus, DE LAMARCK.**

*Venus petalina*, Lamck., 1818. *An. s. vert.*, V, p. 603. — *T. petalinus*, Loc., 1886. *Soc. malac.*, III, p. 280, pl. 8, fig. 2.

Voisin du *T. texturatus ;* taille plus petite; galbe moins allongé, plus subrhomboïdal ; région postérieure plus courte, plus haute, plus anguleuse ; bord inférieur plus oblique ; sommet plus étroitement saillant. — L. 22 à 31 ; H. 16 à 21 ; E. 9 à 14 millimètres.

Assez commun ; partout, surtout dans la Méditer., zone littor. — Edule.

**Tapes floridellus, DE LAMARCK.**

*Venus floridella*, Lamck., 1818. *An. s. vert.*, V, p. 603. — *T. floridella*, Reeve, 1864. *Icon conch.*, pl. 10, fig. 2. — Loc., 1886. *Soc. malac.*, III, p. 283.

Galbe subrhomboïdal, très déprimé ; région antérieure courte, étroite, subanguleuse ; région postérieure très haute, tronquée ; sommet un peu antérieur ; bord inférieur très oblique ; valves peu renflées ; test orné de costulations concentriques assez fortes, espacées ; coloration fauve-clair, avec larges rayons violacés. — L. 33 ; H. 22 ; E. 10 millimètres.

Très rare ; la Méditerranée, zone littorale.

C. — Groupe du *T. Bourguignati*.

Coquille assez petite ; galbe étroitement allongé.

**Tapes Bourguignati, LOCARD.**

*T. Bourguignati*, Loc., 1886. *Soc. malac.*, III, p. 285, pl. 8, fig. 9.

Coquille très allongée ; sommet assez antérieur ; région antérieure courte, arrondie ; région postérieure très longue, allant en pointe ; bord inférieur arqué ; valves assez renflées, surtout vers le sommet ; test orné de stries concentriques très fines, un peu brillant ; coloration fauve, avec ou sans réseau quadrillé plus foncé, parfois des rayons plus teintés. — L. 28 à 33 ; H. 15 à 18 ; E. 8 à 13 millimètres.

FIG. 274.

Peu commun ; la Méditerranée, zone littorale. — Edule.

### Tapes bicolor, de Lamarck.

*Venus bicolor*, Lamck., 1818. *An. s. vert.*, V, p. 603. — *T. bicolor*, Loc., 1886. *Soc. malac.*, III, p. 287, pl. 8, fig. 8.

Galbe moins étroitement allongé ; région antérieure plus haute et plus arrondie ; région postérieure moins pointue ; bord inférieur plus largement arrondi ; valves plus bombées dans leur ensemble ; coloration très variable, souvent blanc-roux dans la région antérieure et brun-sombre dans la région postérieure. — L. 24 à 32 ; H. 15 à 21 ; E. 9 à 13 millimètres.

Assez commun ; l'Océan, et surtout la Méditer., zone littor. — Edule.

### Tapes antemodus, Locard.

*T. antemodus*, Loc., 1886. *Soc. malac.*, III, p. 290, pl. 8, fig. 4.

Galbe plus large, plus aplati ; sommet moins saillant ; bords supérieur et postérieur plus parallèles ; région postérieure plus large ; bord inférieur plus droit ; même coloration, parfois bicolore. — L. 23 à 33 ; H. 15 à 23 ; E. 7 à 12 millimètres.

Assez commun ; la Méditerranée, zone littorale.

### Tapes Beudanti, Payraudeau.

*Venus Beudanti*, Payr., 1826. *Moll. Corse*, p. 83, pl. 1, fig. 22. — *T. Beud.*, Loc., 1886. *Soc. malac.*, III, p. 294, pl. 8, fig. 6.

Galbe encore plus court, plus triangulaire ; sommet plus renflé ; région antérieure un peu étroitement arrondie ; région postérieure assez courte mais rostrée ; bord inférieur bien arqué ; test plus strié ; coloration plus rosâtre, souvent maculée de noirâtre ou de violacé, intérieur souvent violacé. — L. 22 à 27 ; H. 14 à 18 ; E. 8 à 12 millimètres.

Assez commun ; partout, surtout dans la Méditer., zone littor. — Edule.

### Tapes lucens, Locard.

*T. lucens*, Loc., 1886. *Soc. malac.*, III, p. 298.

Taille plus petite ; galbe déprimé ; test lisse et très brillant ; région postérieure plus haute sur une plus grande longueur ; coloration roux très clair, parfois corné. — L. 20 à 23 ; H. 12 à 14 ; E. 7 à 8 millimètres.

Rare ; côtes de Provence, zones herbacée et corallienne. — Edule.

D. — Groupe du *T. aureus*.

Coquille assez grande ; galbe subrhomboïdal court ; test costulé.

## Tapes aureus, Gmelin.

*Venus aurea*, Gmel., 1789. *Syst. nat.*, p. 3288. — *T. aurea*, F. et H, 1853. *Brit. moll.*, I, p. 392, pl. 25, fig. 5. — Loc., 1886. *Soc. malac.*, III, p. 301.

Coquille assez grande, renflée; galbe subtriangulaire un peu court; sommet large et bien saillant; région antérieure étroitement arrondie; région postérieure plus allongée, un peu cunéiforme; bord inférieur arqué; test orné de côtes concentriques fines, très rapprochées, assez saillantes; coloration fauve-clair, un peu doré, parfois bicolore, maculé ou quadrillé en brun plus sombre, intérieur jaune. — L. 22 à 37; H. 17 à 26; E. 12 à 19 millimètres.

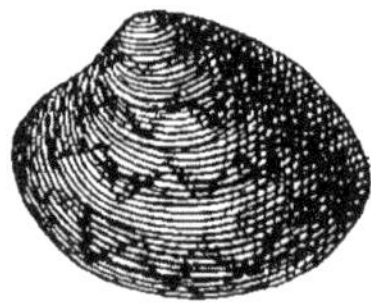

Fig. 275.

Commun, la Manche et l'Océan; rare, la Méditer.; zone littor. — Edule.

## Tapes retortus, Locard.

*T. retortus*, Loc., 1886. *Soc. malac.*, III, p. 304, pl. 7, fig. 10.

Taille souvent plus grande; galbe moins renflé; région antérieure plus étroitement allongée; région postérieure, plus haute et tronquée; bord inférieur plus oblique et plus largement arrondi; même coloration et même ornementation. — L. 22 à 44; H. 15 à 34; E. 9 à 19 millimètres.

Peu commun; la Méditerranée; zone littorale. — Edule.

## Tapes æneus, Turton.

*Venus ænea*, Turt., 1819. *Conch. Dict.*, p. 248, fig. 20. — *T. æneus*, Loc., 1886. *Soc. malac.*, III, p. 306, pl. 8, fig. 3.

Voisin du *T. aureus*; taille plus petite; galbe plus court, plus rectangulaire; bords supérieur et inférieur subparallèles; région antérieure un peu plus arrondie; région postérieure bien plus haute et plus large; bord inférieur bien plus court, plus arqué; même costulation et ornementation, souvent plus sombre, parfois violacée, ou avec des rayons plus teintés. — L. 20 à 28; H. 15 à 22; E. 10 à 14 millimètres.

Assez commun; toutes les côtes, surtout la Médit.; zone littor. — Edule.

## Tapes Servaini, Locard.

*T. Servaini*, Loc., 1886. *Soc. malac.*, III, p. 309, pl. 8, fig. 1.

Voisin du *T. aureus*; galbe plus étroitement allongé; région postérieure plus longue et plus amincie; bord inférieur plus droit; sommet moins élargi et moins renflé; test plus lisse et plus brillant; même coloration. — L. 23 à 25 ; H. 14 à 16; E. 12 à 14 millimètres.

Rare; région armoricaine, zone littorale. — Edule.

E. — Groupe du *T. edulis*.

Coquille de taille variable; galbe subovoïde plus ou moins allongé; test lisse ou costulé.

**Tapes edulis,** CHEMNITZ.

*Venus edulis*, Ch., 1784. *Conch. cab.*, VII, p. 60, pl. 43, fig. 457. — *T. edulis*, Loc., 1886. *Soc. malac.*, III, p. 311, pl. 8, fig. 7.

Coquille assez grande; galbe subovoïde un peu court, peu renflé; sommet assez antérieur; région antérieure un peu étroitement arrondie; région postérieure haute, largement arrondie; bord inférieur assez arqué; test orné de côtes fortes, très rapprochées, assez irrégulières; coloration roux plus ou moins foncé, avec ou sans taches un peu plus sombres, parfois rayonnantes. — L. 33 à 50; H. 26 à 35; E. 15 à 22 millimètres.

FIG. 276.

Assez commun; la Manche et l'Océan, plus rare dans la Méditerranée; zone littorale. — Edule.

**Tapes lepidulus,** LOCARD.

*T. lepidula*, Loc., 1886. *Soc. malac.*, III, p. 317, pl. 8, fig. 11.

Galbe plus allongé ; région antérieure un peu plus étroite ; région postérieure plus longue ; bords supérieur et inférieur plus droits, plus parallèles ; valves moins bombées ; charnière moins forte ; même ornementation et coloration. — L. 26 à 45; H. 16 à 28 ; E. 9 à 17 millim.

Assez commun ; sur toutes les côtes, zone littorale. — Edule.

**Tapes pulchellus,** DE LAMARCK.

*Venus pulchella*, Lamck., 1818. *An. s. vert.*, V, p. 603. — *T. pulc.*, Römer, 1864. *Mal. Blätt.*, XI, p. 70. — Loc., 1886. *Soc. Malac.*, III, p. 319.

Voisin du *T. lepidulus*; taille plus petite; galbe plus régulièrement ovalaire, moins allongé ; région antérieure moins haute; région postérieure plus tronquée; côtes concentriques plus fines ; test plus brillant ; même coloration. — L. 18 à 25; H. 12 à 14 ; E. 8 à 9 millimètres.

Rare ; côtes de Provence, zone herbacée. — Edule.

**Tapes geographicus, Chemnitz.**

*Venus geographica*, Chemn., 1784. *Syst. cab.*, VII, p. 45, pl. 42, fig. 440. — Römer, 1864. *Mal. Blätt.*, XI, p. 76. — Loc., 1886. *Soc. malac.*, III, p. 322.

Coquille assez petite ; galbe plus étroitement allongé, plus cylindroïde ; bords supérieur et inférieur plus droits, parallèles ; valves plus renflées ; région postérieure plus longue ; côtes concentriques plus fines ; coloration variable, souvent avec un large treillissage plus foncé. — L. 18 à 23 ; H. 11 à 18 ; E. 10 à 14 millimètres.

Commun ; la Méditerranée, zone littorale. — Edule.

---

# INTEGROPALLEALES

## CYPRINIDÆ

Coquille grande, équivalve, subovalaire ; valves fermées ; test épais, épidermé ; 2 à 3 dents cardinales sur chaque valve, et 1 ou 2 lamelles latérales postérieures ; ligament externe fort.

### Genre CYPRINA, de Lamarck.

Coquille subarrondie, assez convexe ; épiderme épais ; pas de lunule ; 2 dents cardinales à chaque valve, et une lamelle latérale.

**Cyprina Islandica, Linné.**

*Venus Islandica*, L., 1767. *Syst. nat.*, p. 1131. — *C. Islandica*, Lamck., 1818. *An. s. vert.*, V, p. 537. — Loc., *Prodr.*, p. 442.

Fig. 277. — 1/3 grandeur.

Coquille subcirculaire ; sommet renflé, un peu antérieurement arqué ; région antérieure un peu étroite, bien arrondie ; région postérieure plus haute mais moins longue, plus largement arrondie ; bord inférieur bien arqué ; épiderme brun sombre, un peu feuilleté, peu brillant ; test épais. — L. 70 à 90 ; H. 70 à 80 ; E. 35 à 40 millimètres.

Rare ; la Manche et l'Océan, zones herbacée et corallienne. — Edule.

## Genre ISOCARDIA, de Lamarck.

Coquille cordiforme, renflée ; sommet très saillant et incurvé ; lunule incomplète ; 2 dents cardinales par valve, la postérieure lamelliforme ; une lamelle latérale postérieure.

**Isocardia cor, LINNÉ.**

*Chama cor*, L., 1767. *Syst. nat.*, p. 1137. — *Is. cor*, Lamck., 1819. *An. s. vert.*, VI, I, p. 31. — Loc., *Prodr.*, p. 446.

Coquille très renflée ; sommet très gros, très arqué, contourné en avant ; région antérieure anguleuse dans le haut, ensuite arrondie ; région postérieure bien plus haute, tronquée-arrondie dans le bas ; bord inférieur obliquement arqué ; test un peu mince, orné de fines stries concentriques ; épiderme mince, d'un brun-roux ; sommet dénudé et fauve-clair. — L. 60 à 80 ; H. 65 à 75 ; E. 60 à 70 millimètres.

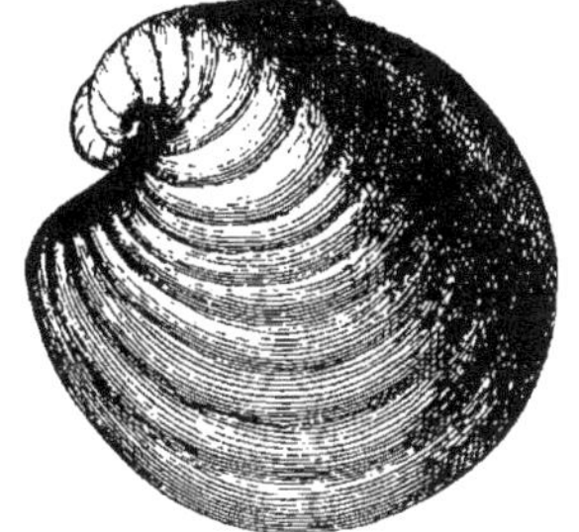

FIG. 278. — 1/2 grandeur.

Rare ; toutes nos côtes, zones herbacée et corallienne. — Edule.

# ASTARTIDÆ

Coquille assez petite, équivalve, déprimée, trigone ou ovalaire ; test épais ; 2 ou 3 dents cardinales à chaque valve ; lamelle latérale obsolète ; ligament externe.

## Genre ASTARTE, J. Sowerby.

Coquille assez petite, subovalaire, courte, bien déprimée ; test orné de fortes rides concentriques ; lunule enfoncée ; 2 dents cardinales à chaque valve, l'antérieure grande.

A. — Groupe de l'*A. fusca*.

Taille un peu grande ; rides très fortes.

## Astarte fusca, Poli.

*Tellina fusca*, Poli, 1791. *Test. Sic.*, I, p. 49, pl. 15, fig. 31-33. — *A. fusca*, Sow., 1842. *Thes. conch.*, II, p. 983, pl. 168, fig. 24. — Loc. *Prodr.*, p. 442.

Coquille subtrigone, courte; sommet peu renflé, presque médian ; région antérieure assez étroitement arrondie, subanguleuse dans le haut; région postérieure moins haute, un peu subtronquée dans le bas; bord inférieur très arqué; test épais, orné d'une quinzaine de grosses rides concentriques également espacées; coloration brun-ferrugineux. — L. 13 à 16; H. 12 à 14; E. 6 à 8 millimètres.

Fig. 279.

Assez rare; la Méditerranée, zone corallienne.

## Astarte sulcata, da Costa.

*Pectunculus sulcatus*, da C., 1778. *Brit. conch.*, p. 192. — *A. sulcata*, Macgil., 1843. *Moll. Aberd.*, p. 250. — Loc., *Prodr.*, p. 443.

Galbe plus allongé; région antérieure et postérieure plus longue, la postérieure plus arrondie; bord inférieur plus arqué; rides concentriques plus nombreuses; même coloration. — L. 17 à 19; H. 14 à 15; E. 7 à 8 millimètres.

Rare; toutes nos côtes, zones herbacée et corallienne.

## Astarte Scotica, Maton et Rackett.

*Venus Scotica*, Mat., Rack., 1807. *Lin. Trans.*, VIII, p. 81, pl. 2, fig 3. — *A. scotica*, Flem., 1844. *Br. anim.*, p. 440. — Loc., *Prodr.*, p. 443.

Voisin de l'*A. sulcata;* taille un peu plus petite; galbe plus court; région postérieure plus tronquée; rides concentriques plus fortes et plus saillantes ; sommet plus étroit et plus proéminent; même coloration. — L. 15 à 18 ; H. 14 à 15; E. 7 à 8 millimètres.

Rare; la Manche et l'Océan, zones herbacée et corallienne.

## Astarte elliptica, Brown.

*Crassina elliptica*, Brown, 1828. *Ill. conch.*, p. 96, pl. 38, fig. 3. — *A. ellip.*, Macgil., 1843. *Moll. Aberd.*, p. 359. — Loc., *Prodr.*, p. 444.

Taille plus grande que *A. fusca;* galbe plus allongé, plus elliptique ; valves plus déprimées; région postérieure plus longue et moins tronquée ; rides plus nombreuses, moins régulières; même coloration. — L. 22 à 38 ; H. 17 à 22; E. 8 à 10 millimètres.

Rare ; la Manche et l'Océan, zone corallienne.

B. — Groupe de l'*A. Banksii*.

Taille plus petite ; rides très fines.

**Astarte Banksii**, Leach.

*Nicania Banksii*, Leach, *Voy. Ross.*, *App.*, p. 176. — *A. Banksii*, Lov., 1846. *Moll. Scand.*, p. 36. — A. *compressa*, Loc., *Prodr.*, p. 444.

Coquille assez petite, subtrigone-arrondie ; sommet presque médian, assez renflé ; région postérieure à peine plus haute que l'antérieure ; test orné de rides concentriques très nombreuses, fines, rapprochées ; valves comprimées ; coloration brun-ferrugineux. — L. 15 à 17 ; H. 13 à 15 ; E. 7 à 8 millimètres.

Fig. 280.

Très rare ; la Manche et la région armoricaine, zones herb. et coral.

**Astarte triangularis**, Montagu.

*Mactra triang.*, Mtg., 1803. *Test. Brit.*, p. 99, pl. 3, fig. 5. — *A. triang.*, F. et H., 1853. *Brit. conch.*, I, p. 467, pl. 30, fig. 4-5. — Loc., *Prodr.*, p. 444.

Coquille très petite ; galbe subtriangulaire court, aussi haut que large ; sommet un peu renflé, presque médian ; test très finement strié concentriquement, presque lisse ; coloration roux-fauve. — L. et H. 2 à 3 ; E. 1 1/2 à 1 3/4 millimètre.

Assez rare ; la Manche et l'Océan, zones herbacée et corallienne.

## Genre CIRCE, Schumacher.

Coquille petite, suborbiculaire, comprimée, épaisse ; test orné de stries concentriques ; sommet aplati ; lunule distincte ; 3 dents cardinales à chaque valve ; lamelles latérales très peu développées.

**Circe minima**, Montagu.

*Venus minima*, Mtg., 1803. *Test. Brit.*, p. 161, pl. 3, fig. 3. — *C. minima*, F. et H., 1853. *Brit. moll.*, I, p. 446, pl. 26, fig. 6. — Loc., *Pr.*, p. 445 *(pars)*.

Coquille subovalaire, un peu allongée ; sommet à peine antérieur, peu renflé ; région postérieure un peu plus haute et plus arrondie que l'autre ; test orné de cordons concentriques assez forts, rapprochés, réguliers ; coloration passant du blanc au roux plus ou moins foncé, sommet avec des maculatures ou des rayons plus sombres. — L. 7 à 11 ; H. 7 à 10 ; E. 3 1/2 à 5 millimètres.

Fig. 281.

Peu commun; la Manche et l'Océan; plus rare dans la Méditerranée; zones littorale et herbacée.

**Circe striata, Locard.**

*C. striata*, Loc., 1890. *Nov. sp.*

Galbe plus court, plus arrondi; valves plus renflées; bord inférieur plus arqué; régions antérieur et postérieur plus subégales; sommet plus saillant; test orné de stries concentriques très nombreuses, très rapprochées; coloration généralement plus sombre. — L. 6 à 12; H. 6 à 11; E. 4 à 6 millimètres.

Peu commun, la Méditer.; plus rare l'Océan; zones littorale et herb.

**Circe undulata, Locard.**

*C. undulata*, Loc., 1891. *Nov. sp.*

Voisin comme galbe du *C. striata*; valves plus renflées; test orné de rides ondulées, paraissant comme chagriné; fond roux-clair avec les rides plus foncées et quelques maculatures plus sombres, en rayons interrompus. — L. 11; H. 10; E. 6 millimètres.

Très rare; côtes de Provence, zone corallienne.

## CARDIIDÆ

Coquille équivalve, inéquilatérale, de taille variable, le plus souvent avec des côtes rayonnantes; 1 ou 2 dents cardinales sur chaque valve; lamelles latérales variables, écartées; bord interne denté ou ondulé.

### Genre CARDIUM, Linné.

Galbe convexe, renflé; sommet bombé, faiblement antérieur; valve inférieure, 1 ou 2 dents cardinales, 2 lamelles antérieures et 1 ou 2 postérieures; valve supérieure, 2 dents cardinales, 1 lamelle latérale antérieure et 1 postérieure, ligament externe assez fort.

A. — Groupe du *C. tuberculatum*.

Coquille grande; test épais; côtes plus ou moins épineuses.

**Cardium tuberculatum, Linné.**

*C. tuberculatum*, L., 1767. *Syst nat.*, p. 1122. — Loc., *Prodr.*, p. 449.

Coquille globuleuse; sommet bien bombé ; région antérieure un peu moins haute et un peu plus arrondie que la postérieure; test orné de 20 à 23 côtes très saillantes, arrondies, avec intervalles presque égaux ; sur les côtes, quelques tubercules arrondis, peu saillants, souvent obsolètes ; sur le tout, des stries concentriques comme chagrinées; coloration passant du blanc au roux, avec ou sans zones concentriques plus sombres. — L. 40 à 45 ; H. 35 à 65; E. 30 à 50 millim.

Fig. 282. — 1/2 grandeur.

Commun ; sur toutes les côtes, zone littorale. — Edule.

## Cardium echinatum, Linné.

*C. echinatum*, L., 1767. *Syst. nat.*, p. 1122. — Loc., *Prodr.*, p. 448.

Taille un peu plus petite ; même galbe ; 20 côtes rayonnantes subbifides, ornées dans leur milieu de saillies épineuses peu hautes; test chagriné ; même coloration, plus rarement blanche. — L. 40 à 50 ; H. 35 à 50; E. 30 à 40 millimètres.

Assez commun ; la Manche et l'Océan, zone littorale. — Edule.

## Cardium bullatum, Locard.

*C. bullatum*, Loc., 1890. *Nov. sp.*

Voisin du *C. echinatum ;* galbe plus gros, plus renflé, moins allongé; valves plus bombées dans leur ensemble; 18 à 20 côtes plus larges et plus aplaties ; test plus épais, plus rugueux ; même coloration. — L. 40 à 50 ; H. 48 à 52 ; E. 40 à 45 millimètres.

Peu commun, la Manche et l'Océan ; rare dans la Méditerranée ; zone littorale. — Edule.

## Cardium mucronatum, Poli.

*C. mucron.*, Poli, 1791. *Test. Sic.*, I, p. 59, pl. 17, fig. 7-8. — Loc., *Pr.*, p. 448.

Voisin du *C. echinatum ;* 18 à 20 côtes ornées d'épines en forme de tubercules, saillantes, rapprochées; galbe un peu moins oblique ; même coloration. — L. 40 à 50 ; H. 35 à 50 ; E. 30 à 40 millimètres.

Assez commun ; la Méditerranée, zone littorale. — Edule.

## Cardium Deshayesi, Payraudeau.

*C. Deshay.*, Payr., 1826. *Moll. Corse*, p. 56, pl. 1, fig. 33-35. — Loc., *Pr.*, p. 449.

Voisin du *C. mucronatum*; taille plus petite; galbe un peu plus sphérique ; 22 à 23 côtes ornées d'épines en forme de tuiles creuses, plus larges et plus rapprochées ; même coloration. — L. 25 à 35 ; H. 23 à 32 ; E. 20 à 28 millimètres.

Rare ; la Méditerranée, zones littorale et herbacée. — Edule.

**Cardium erinaceum, de Lamarck.**

*C. erinaceum*, Lamck., 1819. *An. s. vert.*, VI, I, p. 8. — Loc., *Pr.*, p. 447.

Taille plus grande que *C. maculatum*; galbe plus allongé en hauteur ; valves plus bombées ; 33 à 35 côtes subbifides, méplanes, ornées de nombreuses épines très rapprochées, bien saillantes, aplaties dans la région antérieure, très pointues dans la région postérieure ; test chagriné entre les côtes ; coloration roux-fauve. — L. 45 à 75 ; H. 45 à 80 ; E. 35 à 65 millimètres.

Assez commun ; la Méditerranée, zones littor. et herb. — Edule.

B. — Groupe du *C. paucicostatum*.

Coquille grande ; test aminci ; côtes épineuses.

**Cardium paucicostatum, Sowerby.**

*C. paucicostatum*, Sow., 1859. *Ill. ind.*, pl. I, fig. 20. — Loc., *Prodr.*, p. 449.

Coquille globuleuse, un peu transverse ; région postérieure un peu plus haute et un peu plus développée que l'antérieure ; test orné de 15 à 20 côtes larges, anguleuses dans leur milieu, ornées d'épines peu saillantes, assez rapprochées, aplaties dans la région antérieure, un peu étroites dans la postérieure ; espace intercostal chagriné ; coloration fauve-roux, avec zones concentriques plus teintées. — L. 28 à 40 ; H. 26 à 38 ; H. 19 à 30 millim.

Fig. 283.

Assez commun ; toutes les côtes, zones littorale et herbacée. — Edule.

**Cardium aculeatum, Linné.**

*C. aculeatum*, L., 1767. *Syst. nat.*, p. 1122. — Loc., *Prodr.*, p. 447.

Taillé plus forte ; région antérieure arrondie ; région postérieure subtronquée ; bord inférieur arrondi-descendant ; 20 à 23 côtes aplaties, ornées d'épines longues, saillantes, pointues, surtout dans la région postérieure, un peu mucronées dans l'antérieure ; espace intercostal finement chagriné ; même coloration — L. 35 à 80 ; H. 35 à 83 ; E. 29 à 60 millimètres.

Assez commun ; toutes les côtes, zones littorale et herbacée.

C. — Groupe du *C. edule.*

Coquille moyenne; test épais ; côtes granuleuses.

## Cardium edule, Linné.

*C. edule*, L., 1767. *Syst. nat.*, p. 1124. — Loc., *Prodr.*, p. 450 et 590.

Coquille subtrigone, renflée ; sommet très saillant, un peu antérieur ; région antérieure un peu plus petite et plus arrondie que la postérieure ; 26 côtes subarrondies, rapprochées ; test orné de cordons concentriques continus, rapprochés, réguliers, formant comme des granulations allongées et peu saillantes sur les côtes ; coloration gris-roux, avec ou sans zones concentriques plus foncées. — L. 27 à 37 ; H. 23 à 33 ; E. 18 à 26 millimètres.

Fig. 284.

Très commun, la Manche et l'Océan ; rare, la Médit. ; zone littor. — Edule.

## Cardium obtritum, Locard.

*C. obtritum*, Loc., 1886. *Prodr.*, p. 451 et 598.

Galbe plus élargi, plus rectangulaire ; valves moins renflées ; sommet plus médian, plus large ; région antérieure presque égale à la région postérieure ; bord inférieur plus allongé ; même coloration. — L. 25 à 38 ; H. 20 à 30 ; E. 14 à 22 millimètres.

Assez com., la Manche et l'Océan ; rare dans la Méd. ; zone litt. — Edule.

## Cardium Lamarcki, Reeve.

*C. Lamarckii*, Reeve, 1845. *Icon.*, pl. 18, fig. 93. — Loc., *Pr.*, p. 451 et 598.

Taille plus forte ; galbe plus triangulaire, irrégulier ; région postérieure beaucoup plus développée que l'antérieure ; sommet étroitement renflé ; même coloration. — L. 25 à 55 ; H. 25 à 40 ; E. 19 à 32 millimètres.

Très commun, la Méditer. ; plus rare, l'Océan ; zone littor. — Edule.

D. — Groupe du *C. papillosum.*

Coquille petite ; test costulé et ornementé.

## Cardium papillosum, Poli.

*C. papillosum*, P., 1791. *Test. Sic.*, I, p. 56, pl. 16, fig. 2-4. — Loc., *Pr.*, p. 452.

Coquille suborbiculaire, bien convexe, à peine oblique ; sommet saillant, un peu antérieur ; région postérieure un peu plus grande que l'antérieure, toutes deux arrondies; 24 côtes rayonnantes subégales, arrondies, portant des petits mamelons subanguleux-arrondis, réguliers; espaces-intercostaux profondément et largement striolés; coloration roux-clair, avec zones concentriques plus foncées. — L. 9 à 12; H. 9 à 11; E. 7 à 9 millimètres

Fig. 285.

Assez commun; l'Océan et la Méditerranée, zones littorale et herbacée.

**Cardium exiguum,** Gmelin.

*C. exiguum*, Gmel., 1789. *Syst. nat.*, p. 3255. — Loc., *Prodr.*, p. 452.

Coquille subrhomboïdale; sommet antérieur; région antérieure courte, arrondie; région postérieure plus grande, bien tronquée; arête apico-rostrale oblique et bien accusée; 23 à 26 côtes un peu carénées dans le milieu, avec quelques rares tubercules, plus saillants dans la région antérieure; espaces intercostaux finement striolés; coloration roux-verdâtre ou grisâtre. — L. 10 à 13; H. 9 à 12; E. 7 à 9 millimètres.

Assez commun; sur toutes nos côtes, zone littorale.

**Cardium parvum,** Philippi.

*C. parvum*, Ph., 1844. *Moll. Sic.*, II, p. 39, pl. 14, fig. 17.

Voisin du *C. exiguum;* taille plus petite; galbe un peu plus transverse; région postérieure moins tronquée; arête apico-rostrale moins accusée; côtes plus arrondies et un peu plus tuberculeuses; coloration blanc-roux, avec maculatures brunes ou grises. — L. 6 à 9; H. 5 à 7; E. 4 à 6 millim.

Peu commun; la Méditerranée, zones littorale et herbacée.

**Cardium fasciatum,** Montagu.

*C. fasciatum*, Mtg., 1808. *Test. Brit.*, p. 30, pl. 27, fig. 6. — Loc., *Pr.*, p. 453.

Voisin du *C. exiguum;* région postérieure moins tronquée; arête apico-rostrale nulle; 26 côtes aplaties, presque jointives, ornées de squamules minces, peu hautes, presque aussi larges que les côtes, souvent obsolètes dans le milieu de la coquille; espaces intercostaux nuls; coloration roux-grisâtre, avec ou sans zones concentriques plus sombres. — L. 10 à 12; H. 9 à 11; E. 6 à 8 millimètres.

Peu commun; la Manche et l'Océan; plus rare dans la Méditerranée; zones littorale et herbacée.

**Cardium nodosum,** Turton.

*C. nodosum*, Turt., 1822. *Dit. Brit.*, p. 186, pl. 13, fig. 9. — *C. roseum*, Loc., *Prodr.*, p. 453.

Taille plus forte; galbe plus arrondi, voisin du *C. papillosum;* 25 à 26 côtes rapprochées, un peu élargies, comme aplaties dans le milieu, portant des squamules minces, peu hautes, presque aussi larges que les côtes, régulières; espaces intercostaux étroits, finement striolés. — L. 10 à 20; H. 9 à 18 ; E. 7 à 13 millimètres.

Assez commun; toutes les côtes, zones littorale et herbacée.

**Cardium minimum,** Philippi.

*C. minimum*, Phil., 1836. *Moll. Sic.*, I, p. 51. — Loc., *Pr.*, p. 454 *(pars).*

Voisin du *C. nodosum*; taille plus petite; galbe moins transverse; sommet un peu plus étroit; 26 à 28 côtes un peu plus aplaties, rapprochées, portant des squamules creuses et comme imbriquées, assez espacées, avec concavité en dessous; espaces intercostaux très étroits, finement striolés; coloration blanc-grisâtre. — L. 6 à 8; H. 5 1/2 à 6; E. 3 1/2 à 4 millimètres.

Rare; l'Océan, zones herbacée et corallienne.

F. — Groupe du *C. Norvegicum.*

Coquille grande; côtes nombreuses et lisses.

**Cardium Norvegicum,** Spengler.

*C. Norvegicum*, Sp., 1792. *Sgrif. Selsk.*, VI, p. 42. — Loc., *Prodr.*, p. 455.

Coquille ovalaire-arrondie, un peu plus haute que large; sommet un peu étroit, bien renflé; région postérieure un peu plus développée que l'antérieure; bord inférieur arrondi, un peu irrégulier; test orné de 40 à 42 côtes aplaties, peu saillantes, presque obsolètes, surtout, dans la région postérieure; sommet lisse; espaces intercostaux très étroits; stries concentriques très fines, peu accusées; coloration fauve-jaunâtre, avec zones concentriques plus foncées. — L. 33 à 56; H. 38 à 57; E. 25 à 40 millimètres.

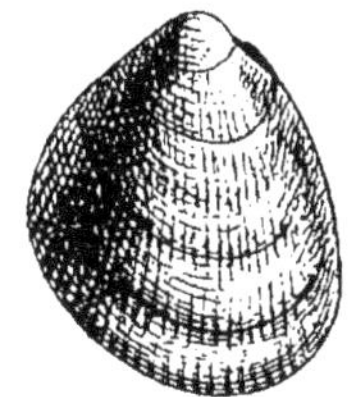

Fig. 286. — 2/3 grandeur.

Assez commun; toutes nos côtes; plus rare dans la Méditerranée; zones littorale et herbacée. — Edule.

**Cardium oblongum,** Chemnitz.

*C. oblongum*, Ch., 1789. *Conch. cab.*, VI, pl. 19, fig. 190. — Loc., *Pr.*, p. 455.

Taille plus forte; galbe plus étroitement allongé dans le sens de la hauteur; valves plus renflées; côtes plus fortes, plus saillantes, plus arrondies, nulles dans la région postérieure; bord inférieur plus étroitement arqué; coloration plus brune. — L. 30 à 50; H. 35 à 70; E. 22 à 42 millimètres.

Assez commun; la Méditerranée, zones littorale et herbacée. — Edule.

## CARDITIDÆ

Coquille de taille moyenne, équivalve, inéquilatérale; test épais; avec des côtes rayonnantes; 1 ou 2 dents cardinales obliques et 1 ou 2 lamelles latérales à chaque valve; ligament externe.

### Genre CARDITA, Bruguière.

Coquille ovalaire ou transverse; côtes saillantes et écailleuses; lunule plus ou moins déprimée; dents cardinales inégales; ligament épais.

A. — Groupe du *C. antiquata*.

Galbe subarrondi; sommet submédian.

**Cardita antiquata, Linné.**

*Chama antiq.*, L., 1767. *Syst. nat.*, p. 1138. — *C. sulcata*, Loc., *Pr.*, p. 456.

Coquille subglobuleuse, assez inéquilatérale; sommet renflé et arqué; région antérieure arrondie; région postérieure un peu plus haute, subtronquée; test orné d'environ 20 côtes grosses, arrondies, très rapprochées; cordons concentriques assez forts, irréguliers, arrondis, un peu espacés, formant par leur réunion sur les côtes des granulations aplaties et espacées; coloration brun-roux maculé de fauve clair et de ferrugineux. — L. 15 à 30; H. 15 à 33; E. 10 à 28 millimètres.

Fig. 287.

Commun; la Méditerranée, zone littorale. — Edule.

**Cardita laxa, Locard.**

*C. laxa*, Loc., 1886. *Prodr.*, p. 457 et 598.

Taille plus petite; galbe plus élargi dans le sens transversal; valves moins renflées; région postérieure plus grande, plus tronquée à son extrémité; bord inférieur plus allongé; même ornementation et coloration. — L. 15 à 23; H. 13 à 20; E. 9 à 14 millimètres.

Assez rare; la Méditerranée, zone littorale. — Edule.

B. — Groupe du *C. aculeata.*

Galbe subrhomboïdal, sommet antérieur.

### Cardita aculeata, Poli.

*Chama aculeata*, P., 1795. *Test. Sic.*, II, p. 122, pl. 23, fig. 22-23. — *C. acul.*, Risso, 1826. *Eur. mer.*, IV, p. 329. — Loc., *Prodr.*, p. 457.

Coquille rhomboïdale, assez renflée, peu allongée; sommet saillant, arqué, antérieur; bords supérieur et inférieur subparallèles, droits; région postérieure plus haute que l'antérieure; 20 côtes rayonnantes hautes, étroitement arrondies; espaces intercostaux égaux aux côtes; test couvert de stries concentriques fortes, un peu squameuses, rapprochées, formant des imbrications sur les côtes; coloration roux-clair. — L. 18 à 22; H. 16 à 18; E. 12 à 14 millimètres.

Fig. 288.

Assez rare; la Méditerranée, zone corallienne. — Edule.

### Cardita trapezia, Linné.

*Chama trapezia*, L., 1767. *Syst. nat.*, p. 1138. — *C. trapezia*, Brug., 1789. *Encycl.*, I, pl. 234, fig. 7. — Loc., *Prodr.*, p. 457.

Taille plus petite; galbe plus anguleux; région postérieure tronquée-droite; valves plus ventrues; 18 côtes saillantes, arrondies, ornées de tubercules arrondis, assez rapprochés; espaces intercostaux égaux aux côtes, avec stries concentriques fines; coloration blanc-grisâtre, avec quelques points bruns sur les côtes. — L. 9 à 11; H. 7 à 9; E. 6 à 7 millimètres.

Peu commun; la Méditerranée, zones littorale et herbacée. — Edule.

### Cardita calyculata, Linné.

*Chama calyculata*, L., 1767. *Syst. nat.*, p. 1138. — *C. calyculata*, Brug., 1789. *Dict.*, n° 7 *(pars)*. — Loc., *Prodr.*, p. 258.

Galbe beaucoup plus transverse-rectangulaire, étroitement allongé; région antérieure tronquée-droite; région postérieure arrondie; bord inféférieur sinueux; 20 côtes rayonnantes hautes, à profil subtriangulaire, presque jointives par la base, avec imbrications squameuses, saillantes; coloration gris-roux. — L. 13 à 23; H. 7 à 14; E. 7 à 15 millimètres.

Peu commun; la Méditerranée, zones littorale et herbacée.

**Cardita formosula, LOCARD.**

*C. formosula*, Loc., 1890. *Nov. sp.*

Voisin du *C. calyculata;* taille plus petite; galbe plus court, moins régulièrement rectangulaire; région postérieure plus haute; valves plus bombées; bord inférieur plus sinueux; côtes ornées de nombreuses granulations rapprochées; coloration blanc-grisâtre. — L. 12 à 14; H. 9 à 11; E. 9 à 13 millimètres.

Rare; la Méditerranée, zones littorale et herbacée.

## Genre CYPRICARDIA, de Lamarck.

Coquille moyenne, oblongue-transverse, inéquilatérale; sommet très antérieur; test très finement striolé; 3 dents cardinales divergentes à chaque valve; 1 à 2 fortes lamelles latérales; ligament externe.

**Cypricardia lithophagella, DE LAMARCK.**

*Cardita lithophagella* Lamck., 1819. *An. s. vert.*, VI, I, p. 26. — *C. lithoph.*, Weink., 1867. *Conch. mitt.*, I, p. 95. — Loc., *Prodr.*, p. 458.

Coquille subrectangulaire, transversalement allongée; sommet très antérieur; région antérieure petite, étroite, arrondie; région postérieure très longue, droite, obtusément tronquée à l'extrémité; bord inférieur un peu sinueux; test mince orné de stries concentriques, fines; coloration roux très clair, avec sommet et zones concentriques plus foncés. — L. 17 à 21; H. 9 à 11; E. 8 à 9 millimètres.

FIG. 289.

Rare; la Méditerranée, zone herbacée.

## Genre CYAMIUM, Philippi.

Coquille très petite, oblongue-transverse, inéquilatérale; sommet antérieur; test finement striolé; 1 ou 2 dents cardinales et 2 lamelles latérales, la postérieure obsolète, à chaque valve; ligament externe.

**Cyamium minutum**, O. FABRICIUS.

*Venus minutus*, Fabr., 1780. *Fauna Groenl.*, p. 412. — *C. minutum*, Lov., 1846. *Moll. Scand.*, p. 47. — Loc., *Prodr.*, p. 456.

Coquille peu convexe, ovalaire-transverse; sommet peu saillant, antérieur; région antérieure petite, arrondie; région postérieure développée, vaguement subtronquée; bord inférieur arqué; test orné de fines stries concentriques; coloration fauve-ferrugineux. — L. 2 à 3; H. 1/2 à 2; E. 1 millimètre.

FIG. 290.

Rare; toutes nos côtes, surtout dans l'Océan; zones herb. et coral.

## CHAMIDÆ

Coquille de taille moyenne, irrégulière, inéquivalve, fixée; sommet incurvé, irrégulier; une dent cardinale épaisse à la valve inférieure, s'enchâssant dans une fossette de la valve supérieure; ligament externe.

### Genre CHAMA, Linné

Coquille épaisse, très solide; test orné de lamelles concentriques et de stries rayonnantes; sommet diversement incurvé.

**Chama gryphoides**, LINNÉ.

*C. gryphoides*, L., 1767. *Syst. nat.*, p. 1139. — Loc., *Prodr.*, p. 458.

Galbe subarrondi-globuleux; sommet infléchi à droite; valve inférieure plus grande et plus bombée que la supérieure; test orné de lamelles concentriques imbriquées, recoupé par des stries rayonnantes interrompues; coloration fauve-clair ou grisâtre. — L. 15 à 25; H. 15 à 27; E. 8 à 14 millimètres.

FIG. 291. — 2/3 gr.

Commun; la Méditerranée, zones littor. et herb.; rare dans l'Océan.

**Chama sinistrosa**, BROCCHI.

*C. sinistrorsa*, Br., 1814. *Conch. Sub.*, p. 519. — Loc., *Prodr.*, p. 459.

Taille plus forte; galbe plus bombé, plus étroit, plus irrégulier; sommet renflé, infléchi à gauche; test orné de lamelles concentriques irrégulièrement imbriquées, lisses. — L. 15 à 30; H. 20 à 40; E. 14 à 30 mil.

Commun; la Méditerranée, toutes les zones.

**Chama circinata**, DE MONTEROSATO.

*C. circinata*, Mtr., 1878. *En. sin.*, p. 11. — Loc., *Prodr.*, p. 459.

Taille intermédiaire; galbe arrondi; sommet arqué à droite; test orné de lamelles squameuses continues, recoupées par des stries rayonnantes; même coloration. — L. et H. 15 à 25; E. 8 à 14 millimètres.

Très rare; la Méditerranée, zone corallienne.

## LUCINIDÆ

Coquille moyenne ou petite; équivalve, subéquilatérale; galbe arrondi, plus ou moins renflé; test diversement orné; charnière variable; ligament marginal.

### Genre LUCINA, de Lamarck.

Coquille moyenne, galbe plus ou moins arrondi; 2 dents cardinales et des lamelles latérales écartées, à chaque valve.

A. — Groupe du *L. borealis*.

Test orné de stries concentriques fortes.

**Lucina borealis**, LINNÉ.

*Venus borealis*, L., 1767. *Syst. nat.*, p. 1134. — *L. borealis*, F. et H., 1855. *Brit. Moll.*, II, p. 46, pl. 35, fig. 5. — Loc., *Prodr.*, p. 461.

Coquille suborbiculaire, subdéprimée; bord supérieur un peu anguleux à ses deux extrémités; bord inférieur bien arrondi; sommet peu saillant, presque médian; test orné de stries concentriques lamelleuses, saillantes, assez régulières, un peu espacées; coloration blanc-grisâtre, avec épiderme brun-roux, terne. — L. 27 à 32; H. 25 à 29; E. 11 à 14 millimètres.

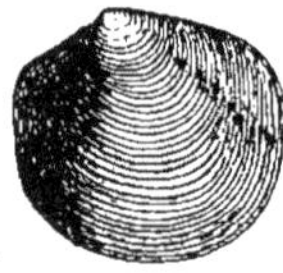

FIG. 292. — 2/3 gr.

Peu commun; sur toutes nos côtes; zones herbacée et corallienne.

**Lucina spinifera**, MONTAGU.

*Venus spinifera*, Mtg., 1803. *Test. Brit.*, p. 577, pl. 17, fig. 1. — *L. spinifera*, Phil., 1844. *Moll. Sic.*, II, p. 25. — Loc., *Prodr.*, p. 462.

Taille plus petite; galbe moins régulièrement arrondi; valves plus déprimées ; stries concentriques lamelleuses portant une rangée d'épines à l'extrémité de la région postérieure; coloration roux-pâle, un peu rosé. — L. 8 à 13 ; 7 à 11 ; E. 3 à 5 millimètres.

Assez rare; l'Océan et la Méditerranée; toutes les zones.

B. — Groupe du *L. leucoma.*

Test lisse ou ridé obliquement.

**Lucina leucoma,** Turton.

*L. leucoma*, Turt., 1822. *Dith.*, p. 113, pl. 7, fig. 8. — Loc., *Prodr.*, p. 463.

Coquille de taille moyenne; galbe suborbiculaire; sommet un peu saillant, presque médian ; valves assez bombées ; région antérieure à peine un peu plus haute et large que la postérieure ; bord inférieur bien arrondi ; test brillant, orné de stries concentriques très fines; coloration blanc-roux très clair. — L. 12 à 30 ; H. 10 à 28; E. 5 à 14 millimètres.

Fig. 293.

Commun ; toutes nos côtes, zone littorale.

**Lucina Desmaresti,** Payraudeau.

*L. Desmarestii*, Payr., 1826. *Moll. Corse*, p. 44, pl. 1, fig. 20.

Forme voisine, mais moins arrondie, plus allongée dans le sens de la hauteur; valves un peu plus bombées; bord inférieur plus étroitement arqué; même coloration. — L. 18 à 26; H. 19 à 26 ; H. 10 à 14 millim.

Assez rare ; la Méditerranée, zone littorale.

**Lucina elata,** Locard.

*L. elata*, Loc., 1890. *Nov. sp.*

Voisin du *L. leucoma ;* taille plus petite ; galbe plus élargi transversalement ; bord supérieur plus droit, subanguleux à ses deux extrémités ; bord inférieur bien arrondi ; coloration blanc-roux. — L. 17 à 19 ; H. 16 à 17; E. 8 à 9.

Rare; la Méditerranée, zone littorale.

**Lucina transversa,** Brown.

*L. transversa*, Br., 1831. *Ital. tert.*, p. 95. — Loc , *Prodr.*, p. 464.

Coquille étroitement allongée dans le sens de la hauteur ; région antérieure anguleuse, plus large que la région postérieure ; bord inférieur étroitement arrondi; sommet incurvé, assez fort; lunule profonde ; coloration blanc-roux clair. — L. 8 ; H. 7 ; E. 4 millimètres.

Très rare; côtes de Provence, zone herbacée.

**Lucina fragilis**, Philippi.

*L. fragilis*, Phil., 1836. *Moll. Sic.*, I, p. 34. — Loc., *Prodr.*, p. 463.

Taille plus petite; galbe globuleux, un peu plus large que haut ; sommet très renflé ; valves bien bombées ; test orné de fines stries concentriques ; coloration blanc d'ivoire ou roux, brillant. — L. 9 à 13 ; H. 8 à 12 ; E. 6 à 9 millimètres.

Assez commun ; la Méditerranée, zone littorale.

**Lucina commutata**, Philippi.

*L. commutata*, Ph., 1836. *Moll. Sic.*, I, p 32, pl. 3, fig. 15. — Loc., *Pr.*, p. 463.

Voisin du *L. fragilis;* galbe plus régulièrement arrondi ; sommet moins saillant ; valves un peu moins bombées ; test orné de rides obliques, flexueuses, peu saillantes ; coloration blanc un peu corné. — L. 8 à 11 ; H. 8 à 10 ; E. 6 à 8 millimètres.

Assez commun ; toutes nos côtes, zone littorale.

C. — Groupe du *L. reticulata*.

Test réticulé ou chagriné.

**Lucina reticulata**, Poli.

*Tellina reticulata*, P., 1791. *Test. Sic.*, I, p. 48, pl. 20, fig. 14. — *L. retic.* Weink., 1867. *Conch. mit.*, I, p. 160. — Loc., *Prodr.*, p. 464.

Coquille assez petite, subarrondie ; région antérieure plus grande et plus développée que la région postérieure ; valves peu renflées ; sommet assez saillant ; test orné de côtes rayonnantes parfois bifides, fines, très rapprochées, recoupé par des stries concentriques très inégales, de manière à former de fines granulations rectangulaires ; coloration blanc-jaunâtre ou roux-clair. — L. 10 à 15 ; H. 9 à 15 ; E. 5 à 9 millimètres.

Fig. 294.

Assez commun ; toutes les côtes, plus rare dans la Méditerranée, zones littorale et herbacée.

**Lucina mirabilis**, Locard.

*L. carnaria*, Loc., 1886. *Prodr.*, p. 465 *(non* Lin.).

Coquille moyenne, inéquilatérale ; région antérieure courte, arrondie ; région postérieure plus développée, plus longue, mais plus étroitement arrondie ; sommet peu renflé, un peu antérieur ; valves plus bombées ; test orné de côtes rayonnantes fines, aplaties, très rapprochées, devenant irrégulières vers les régions antérieure et postérieure, un peu chagrinées ; coloration blanc-rosé ou roux-violacé. — L. 18 à 22 ; H. 16 à 19 ; E. 7 à 9 millimètres.

Rare ; toutes nos côtes, zones herbacée et corallienne.

## Genre DIPLODONTA, Bronn.

Coquille de taille variable, suborbiculaire, subéquilatérale ; test lisse ; 2 dents cardinales à chaque valve, subégales ; pas de lamelles latérales ; ligament externe et allongé.

### Diplodonta rotundata, Montagu.

*Tellina rotundata*, Mtg., 1803. *Test. Brit.*, p. 71, pl. 2, fig. 3. — *D. rotund.*, Phil., 1844. *Moll. Sic.*, II, p. 24. — Loc., *Prodr.*, p. 459.

Coquille subpentagonale, gibbeuse ; région antérieure un peu plus étroite que la postérieure, subanguleuse dans le haut ; bord inférieur étroitement arrondi, retroussé à ses deux extrémités ; sommet médian, saillant ; test orné de stries concentriques obsolètes ; coloration blanc d'ivoire brillant. — L. 10 à 20 ; H. 9 à 18 ; E. 8 à 11 millimètres.

Fig. 295.

Peu commun, la Manche et l'Océan ; plus rare dans la Méditerranée ; zones littorale et herbacée.

### Diplodonta apicalis, Philippi.

*D. apicalis*, Phil., 1836. *Moll. Sic.*, I, p. 31, pl. 4, fig. 6. — Loc., *Pr.*, p. 460.

Taille beaucoup plus petite ; galbe plus déprimé, plus triangulaire ; sommet plus saillant, plus anguleux ; régions antérieure et postérieure moins égales ; bord inférieur plus largement arqué ; coloration blanc-roux clair. — L. et H. 4 à 5 ; E. 2 à 3 millimètres.

Très rare ; la Méditerranée, zones herbacée et corallienne.

## Genre AXINUS, J. Sowerby.

Coquille petite, subglobuleuse, subéquilatérale ; test lisse ; bord cardinal mince, sans dents, interrompu sous le sommet ; ligament en partie interne.

**Axinus flexuosus**, Montagu.

*Tellina flexuosa*, Mtg., 1803. *Test. Brit.*, p. 72. — *A. flexuosus*, Lov., 1846. *Moll. Scand.*, p. 38. — Loc., *Prodr.*, p. 466.

Coquille trigone-arrondie ; région postérieure comprimée, à profil médian anguleux ; région antérieure légèrement flexueuse ; bord inférieur bien arrondi ; sommet assez petit, saillant ; valves très renflées ; test orné de fines stries concentriques presque obsolètes ; coloration blanc-grisâtre, un peu brillant. — L. et H. 7 à 8 ; E. 5 à 6 millimètres.

Fig. 296.

Rare ; la Manche et l'Océan ; zones littorale et herbacée.

**Axinus ferruginosus**, Forbes.

*Kellia ferruginosa*, Forbes, 1843. *Æg. inv.*, p. 192. — *A. ferruginosus*, Jeff., 1863. *Brit. conch.*, II, p. 251, pl. 33, fig. 3. — Loc., *Prodr.*, p. 466.

Taille plus petite ; galbe orbiculaire un peu plus long que haut ; sommet assez renflé, antérieur ; région antérieure bien arrondie ; région postérieure comprimée, subanguleuse ; bord inférieur bien arqué, à peine subsinueux à l'extrémité postérieure ; test mince, blanchâtre, souvent incrusté d'un dépôt ocreux. — L. et H. 3 à 4 ; E. 2 millimètres.

## Genre Woodia, Deshayes.

Coquille petite, arrondie, presque équilatérale ; test orné de stries obliques ; 1 dent médiane cardinale à la valve inférieure ; 2 dents cardinales divergentes à la valve supérieure ; ligament externe, petit.

**Woodia digitaria**, Linné.

*Tellina digitaria*, L., 1767. *Syst. nat.*, p. 1120. — *W. digitalis*, O. Semp., 1862. *In Journ. conch.*, p. 316. — Loc., *Prodr.*, p. 465.

Coquille orbiculaire, un peu ovalaire, légèrement oblique ; région postérieure un peu plus longue que l'antérieure ; sommet peu saillant ; valves peu renflées ; bord inférieur bien arrondi ; test orné de stries obliques-ondulées, courtes, assez espacées, allant de gauche à droite ; coloration fauve-clair, avec le sommet jaune rosé. — L. 4 à 5 ; H. 3 1/2 à 4 1/2 ; E. 3 millimètres.

Fig. 297.

Rare ; régions aquitanique et méditerranéenne, zone corallienne.

## Genre SCACCHIA, Philippi.

Coquille petite, ovalaire-transverse, inéquilatérale ; 2 petites dents cardinales et des lamelles latérales obsolètes, pliciformes à chaque valve ; ligament externe, petit.

### Scacchia elliptica, Scacchi.

*Tellina elliptica*, Scac., 1833. *Oss. zool.*, p. 14. — *Sc. elliptica*, Phil., 1844. *Moll. Sic.*, II, p. 27, pl. 14, fig. 8. — Loc., *Prodr.*, p. 461.

Coquille subovalaire-transverse, vaguement trigone; région postérieure courte, un peu plus développée et plus arrondie que l'antérieure; bord inférieur bien arrondi; sommet peu saillant; valves peu renflées ; test mince, pellucide, blanc. — L. 5 à 8 ; H. 4 à 6 ; E. 3 à 3 1/2 millimètres.

Fig. 298.

Rare ; la Méditerranée, zone herbacée.

### Scacchia ovata, Philippi.

*Sc. ovata*, Phil., 1844. *Moll. Sic.*, II, p. 27, pl. 14, fig. 9. — Loc., *Pr.*, p. 461.

Taille un peu plus petite ; galbe plus irrégulier ; région antérieure plus petite et plus étroite ; région postérieure plus haute ; bord inférieur plus sinueux ; bord supérieur d'abord droit, ensuite bien arqué ; coloration blanc. — L. 5 à 7 ; H. 4 à 6 ; E. 3 à 3 1/2 millimètres.

Rare ; côtes de Provence, zones herbacée et corallienne.

## Genre PSEUDOPYTHINIA, Fischer.

Coquille petite, transverse, inéquilatérale ; valve inférieure, 3 dents cardinales inégales, dont 2 rapprochées ; valve supérieure, 2 dents cardinales rapprochées et 1 postérieure ; pas de lamelles latérales.

### Pseudopythinia Mac-Andrewi, Fischer.

*Kellia Mac-Andrewi*, Fisch., 1867. *Journ. conch.*, p. 194, pl. 9, fig. 1.— *Ps. Mac-Andrewi*, Fisch., 1878 *Soc. Lin. Bord.*, p. 178. — Loc., *Pr.*, p. 461.

Coquille petite, subtrigone-transverse ; sommet peu saillant ; valves peu bombées ; région antérieure un peu plus grande et un peu plus haute que la postérieure; bord inférieur droit ; épiderme formant sur les bords des rayons

Fig. 299.

squameux; coloration roux-clair. — L. 8 à 10; H. 5 à 7; E. 3 à 3 1/2 millimètres.

Rare ; région aquitanique, zones herbacée et corallienne.

## KELLYIDÆ

Coquille petite, équivalve, inéquilatérale, épidermée; sommet tuméfié; 1 ou 2 dents cardinales à chaque valve, l'antérieure oblique ; lamelles latérales non continues ; ligament externe.

### Genre KELLYA, Turton.

Coquille subglobuleuse, subéquilatérale, lisse, mince ; sommet légèrement incurvé; valve inférieure, 1 dent cardinale antérieure, 1 postérieure divergente, 1 lamelle postérieure écartée ; valve supérieure, 2 dents cardinales antérieures rapprochées, 1 cardinale postérieure divergente et 1 lamelle latérale postérieure.

**Kellya suborbicularis,** Montagu.

*Mya suborbicularis*, Mtg., 1803. *Test. Brit.*, p. 39 et 564. — *K. suborbicul.*, F. et H., 1853. *Brit. moll.*, II, p. 87, pl. 18, fig. 9. — Loc., *Prodr.*, p. 467.

Coquille ovalaire-arrondie, renflée; sommet presque médian, très bombé ; région postérieure un peu plus grande, plus haute que l'antérieure et obtusément tronquée; bord inférieur droit, puis arrondi ; test mince, pellucide, brillant ; coloration blanc-roux très clair. — L. 6 à 9 ; H. 5 à 8; E. 3 1/2 à 6 millimètres.

Fig. 300.

Assez rare; toutes les côtes, zones herbacée et corallienne.

**Kellya Cailliaudi,** Récluz.

*K. Cail.*, Récl., 1857. *J. conch.*, p. 346, pl. 12, fig. 4-5. — Loc., *Pr.*, p. 468

Taille un peu plus petite; galbe plus ovalaire; région postérieure arrondie, non tronquée; bord inférieur plus arqué ; coloration blanc-jaunâtre, parfois nacré. — L. 8 à 9; H. 7 à 8; E. 5 à 6 millimètres.

Très rare; l'Océan, zone littorale.

**Kellya Geoffroyi,** Payraudeau.

*Erycina Geoffroyi*, Payr., 1826. *Moll. Corse*, p. 30, pl. 1, fig. 3-5. — *K. Geof.*, Weink., 1867. *Conch. mit.*, I, p. 173. — Loc., *Prodr.*, p. 468.

Taille plus petite; galbe beaucoup plus allongé transversalement; valves moins renflées; sommet moins saillant; bord inférieur droit; coloration blanc-nacré, hyalin. — L. 6 à 8; H. 5 à 6 1/2; E. 2 à 2 1/2 millimètres.

Peu commun; la Méditerranée, zones littorale et herbacée.

**Kellya corbuloides,** Philippi.

*Bornia corbuloides*, Phil., 1836. *Moll. Sic.*, I, p. 14, pl. 1, fig. 15. — *K. corb.*, Weink., 1862. *J. conch.*, p. 310. — *Bornia corbuloides*, Loc., *Pr.*, p. 472.

Voisin du *K. Geoffroyi*; galbe moins transverse, plus triangulaire, plus renflé; régions antérieure et postérieure plus largement arrondies; bord inférieur moins allongé; sommet plus saillant; valves plus bombées. — L. 6 à 8; H. 5 1/2 à 6; H. 2 1/2 à 3 1/2 millimètres.

Rare; la Méditerranée, zones littorale et herbacée.

## Genre KELLYELLA, M. Sars.

Coquille très petite, suborbiculaire, ornée de fines stries concentriques; lunule distincte; valve inférieure, 3 dents, 1 lamelle latérale, antérieure et 2 cardinales peu saillantes; valve supérieure, 1 lamelle latérale, antérieure prolongée et 2 cardinales.

**Kellyella miliaris,** Philippi.

*Venus miliaris*, Phil., 1844. *Moll. Sic.*, II, p. 36, pl. 14, fig. 15. — *K. mil.* G. O. Sars, 1878. *Moll. Norv.*, p. 65, pl. 19, fig. 13. — Loc., *Pr.*, p. 464.

Galbe suborbiculaire, assez renflé; sommet un peu saillant; région postérieure un peu plus longue et un peu plus haute que l'antérieure; bord inférieur arrondi; test très finement orné de stries souvent obsolètes; coloration blanc-hyalin. — L. et H. 2 à 2 1/2; E. 3/4 millimètre.

Fig. 301

Très rare; la Méditerranée, zone corallienne.

## Genre LASÆA, Leach.

Coquille très petite, renflée, inéquilatérale; sommet droit; sur chaque valve, 1 grande dent cardinale antérieure, 1 très petite au milieu, 1 postérieure et 1 lamelle latérale postérieure ; cartilage interne allongé.

**Lasæa rubra**, Montagu.

*Cardium rubrum*, Mtg., 1803. *Test. Brit.*, p. 83. — *L. rubra*, Brown, 1827 *Ill. conch.*, p. 93, pl. 20, fig. 17-18. — Loc., *Prodr.*, p. 469.

Fig. 302.

Coquille ovalaire-arrondie, renflée ; région antérieure plus petite que la postérieure ; sommet bombé, saillant ; bord inférieur bien arrondi ; test souvent encroûté ; coloration fauve-roux, avec le sommet et des zones concentriques rouges. — L. 2 ; H. 1 3/4 ; E. 1 1/2 millimètre.

Peu commun ; toutes les côtes, zones littorale et herbacée.

## Genre MONTAGUIA, Turton.

Coquille petite, peu renflée, ovale-trigone, inéquilatérale ; 2 fortes dents cardinales lamelliformes, décurrentes, placées de chaque côté de l'échancrure cardinale ; cartilage interne, épais.

**Montaguia bidentata**, Montagu.

*Mya bidentata*, Mtg., 1803. *Test. Brit.*, p. 44. — *M. bidentata*, Turt., 1822. *Dit.*, p. 60. — Loc., *Prodr.*, p. 470.

Coquille petite, subrectangulaire, allongée, assez comprimée ; région postérieure plus développée que l'antérieure, subarrondie ; région antérieure subtronquée ; bord inférieur droit ; sommet très excentré, un peu saillant ; test épidermé, orné de stries concentriques très fines ; coloration blanc-roux clair. — L. 4 à 5 ; H. 2 à 3 ; E. 1 1/2 à 2 millimètres.

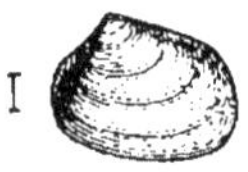

Fig. 303.

Peu commun ; la Manche et l'Océan, zones littorale et herbacée.

**Montaguia ferruginea**, Montagu.

*Mya ferruginosa*, Mtg., 1809. *Test. Brit.*, p. 22, pl. 26, fig. 2. — *M. ferruginosa*, Turt., 1822. *Dit.*, p. 60. — Loc., *Prodr.*, p. 471.

Taille un peu plus forte ; sommet moins excentré ; région postérieure plus étroitement et plus obliquement tronquée ; région antérieure plus allongée et plus arrondie ; bord inférieur plus long ; même coloration, souvent encroûtée et ferrugineuse. — L. 5 à 8 ; H. 3 à 4 ; E. 2 à 3 millim.

Peu commun ; toutes nos côtes, surtout l'Océan ; zones littor. et herb.

**Montaguia substriata,** Montagu.

*Mya substriata,* Mtg., 1809. *Test. Brit.,* p. 25. — *M. substriata,* Turt., 1822. *Dit.,* p. 59, pl. 11, fig. 9-10. — Loc., *Prodr.,* p. 471.

Taille plus petite ; galbe ovalaire-trigone, allongé en hauteur; bord inférieur court; sommet plus saillant; valves plus renflées; test orné de fines stries rayonnantes, assez espacées; coloration roux-jaunâtre, clair, parfois encroûté et ferrugineux. — L. 2 à 3 ; H. 2 1/4 à 3 1/4; E. 1 1/2 millimètre.

Rare; l'Océan et la Méditerranée ; zones herbacée et corallienne.

## Genre LEPTON, Turton.

Coquille petite, subarrondie, aplatie, subéquilatérale ; test ornementé; sommet petit; sur chaque valve 1 petite dent cardinale et 2 lamelles latérales fortes.

**Lepton nitidum,** Turton.

*L. nitidum,* Turt., 1822. *Dit.,* p. 63. — Loc., *Prodr.,* p. 472.

Coquille très petite; galbe subrectangulaire; sommet un peu antérieur, saillant, tuméfié; régions antérieure et postérieure subarrondies ; bord inférieur droit ; test orné de stries concentriques très fines, un peu irrégulières, comme ponctuées ; coloration blanc un peu jaunâtre, avec mince épiderme. — L. 2 1/2; H. 2 ; E. 1 millimètre.

Fig. 304.

Rare; la Manche et l'Océan, zones littorale et herbacée.

**Lepton sulcatum,** Jeffreys.

*L. sulc.,* Jeffr., 1854. *An. nat. hist.,* p. 34, pl. 2, fig. 2. — Loc., *Pr.,* p. 473.

Taille plus petite, galbe plus arrondi; bord inférieur plus arqué; sommet moins saillant, moins tuméfié ; valves plus planes; test orné de fines stries concentriques, rapprochées ; coloration blanc pellucide. — L. et H. 1 1/2 ; E. 3/4 millimètre.

Rare ; toutes nos côtes, zones herbacée et corallienne.

**Lepton Clarkiæ,** Jeffreys.

*L. Clarckiæ,* Jeffr., 1852. *An. nat. hist.,* p. 191. — Loc., *Prodr.,* p. 474.

Taille un peu plus forte; galbe subtriangulaire-oblique; sommet tuméfié, saillant; région antérieure plus haute et plus arrondie que la postérieure ; bord inférieur arqué-oblique ; valves peu renflées ; test orné de stries concentriques fines, assez espacées ; coloration blanc-corné. — L. 2 ; H. 1 3/4 ; E. 3/4 millimètre.

Rare ; l'Océan, zones herbacée et corallienne.

**Lepton squamosum**, Montagu.

*Solen squamosus*, Mtg., 1803. *Test. Brit.*, p. 565. — *L. squamosum.*, Turt., 1822. *Dit.*, p. 62, pl. 6, fig. 1-3. — Loc., *Prodr.*, p. 472.

Taille plus grande ; galbe subrectangulaire, bien déprimé ; sommet peu saillant, submédian ; régions antérieure et postérieure hautes, subtronquées ; bord inférieur droit, subsinueux ; test orné d'un fin réseau pointillé presque régulier ; coloration blanc-corné très clair. — L. 9 à 11 ; H. 7 à 8 ; E. 2 à 2 1/2 millimètres.

Rare ; la Manche et l'Océan, zones herbacée et corallienne.

## GALEOMMIDÆ

Coquille assez petite, en partie interne, équivalve, subéquilatérale ; charnière sans dents ; ligament interne.

### Genre GALEOMMA, Turton.

Coquille oblongue, fortement bâillante dans le bas ; test ornementé, sommet à peine saillant.

**Galeomma Turtoni**, Sowerby.

*G. Turt*, Sow., 1825. *Zool. journ.*, II, p. 361, pl. 13, fig. 1. — Loc., *Pr.*, p. 475.

Coquille étroitement oblongue ; régions antérieure et postérieure subégales, rostrées ; bord inférieur presque droit ; sommet peu saillant ; test orné de côtes rayonnantes fines, arrondies, rapprochées, recoupées par des stries concentriques très fines ; coloration fauve-corné très clair. — L. 7 à 9 ; H. 3 à 4 ; E. 4 à 5 millimètres.

Fig. 305.

Rare ; l'Océan et la Méditerranée, zone littorale.

## SOLENOMYIDÆ

Coquille de taille moyenne, équivalve, très inéquilatérale ; test mince ; charnière sans dents ; ligament interne.

### Genre SOLENOMYA, de Lamarck.

Coquille cylindroïde-allongée, bâillante aux deux extrémités ; épiderme corné, débordant, luisant; sommet antérieur non saillant.

**Solenomya togata,** Poli.

*Tellina togata*, P., 1795. *Test. Sic.*, II, p. 42, pl. 15, fig. 20. — *S. togata*, Weink., 1867. *Conch. mit.*, I, p. 183. — Loc., *Prodr.*, p. 476.

Coquille soleniforme ; sommet très antérieur ; région postérieure très développée, arrondie à l'extrémité, un peu plus haute que l'antérieure; bords supérieur et inférieur droits et parallèles; épiderme épais, brun-noirâtre, brillant, passant au roux vers le sommet, avec quelques rayons noirs. — L. 30 à 40 ; H. 12 à 14 ; E. 8 à 10 millimètres.

Fig. 306. – 2/3 grandeur.

Assez rare ; la Méditerranée, zones littorale et herbacée.

---

# ASIPHONIDÆ

## ARCIDÆ

Coquille de taille variable, équivalve, inéquilatérale, épidermée ; à la charnière nombreuses dents courtes, lamelliformes; ligament externe.

### Genre ARCA, Linné.

Coquille subrhomboïdale, à test costulé ou treillissé; épiderme épais, poilu; charnière droite, allongée; dents courtes, très nombreuses.

A. — Groupe de l'*A. Polii*.

Galbe subarrondi, renflé.

**Arca Polii, Mayer.**

*A. Polii*, Mayer, 1868. *Cat. Zurich*, p. 75. — Loc., *Prodr.*, p. 478.

Coquille de taille moyenne; galbe subrhomboïdal ventru, un peu oblique; région antérieure courte et bien arrondie dans le bas; région postérieure plus longue, tronquée à l'extrémité; toutes les deux anguleuses dans le haut; sommet très saillant, très bombé; 27 côtes rayonnantes arrondies; espaces intercostaux subégaux aux côtes; stries concentriques fines, assez espacées, continues; coloration brun-marron. — L. 17 à 22; H. 9 à 12; E. 12 à 23 millimètres.

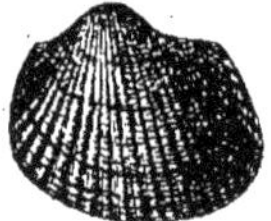

Fig. 307.

Rare; la Méditerranée, zone corallienne.

**Arca corbuloides, de Monterosato.**

*A. corbuloides*, Mtr., 1878. *En. sin.*, p. 7. — Loc., *Prodr.*, p. 479.

Taille plus grande; galbe plus allongé; région antérieure plus arrondie-oblique; région postérieure plus développée et moins tronquée; sommet très saillant; côtes plus nombreuses et plus granuleuses; valves très bombées; même ornementation et coloration. — L. 60 à 70; H. 43 à 46; E. 55 à 60 millimètres.

Très rare; côtes de Provence, zone corallienne.

B. — Groupe de l'*A. Noe*.

Galbe subrhomboïdal-anguleux; taille très grande.

**Arca Noe, Linné.**

*A. Noe*, L., 1767. *Syst. nat.*, p. 1140. — Loc., *Prodr.*, p. 479.

Coquille grande; galbe subrectangulaire-allongé; bord supérieur droit plus long que l'inférieur; bord inférieur subsinueux; région antérieure anguleuse en haut, bien arrondie en bas; région postérieure comprimée, tronquée, sinueuse; arête apico-rostrale assez saillante, arrondie; côtes rayonnantes très nombreuses, fortes, rondes, irrégulières, assez espacées, squameuses; colo-

Fig. 308.

ration fauve-clair avec zones concentriques mouchetées de brun. — L. 35 à 70; H. 17 à 35; E. 18 à 36 millimètres.

Commun ; la Méditerranée, zones littorale et herbacée.

### Arca tetragona, Poli.

*A. tetrag.*, Poli, 1795. *Test. Sic.*, II, p. 137, pl. 25, fig. 12-13. — Loc., *Pr.*, p. 479.

Même galbe, plus anguleux; taille plus petite; arête apico-rostrale aiguë; région postérieure plus obliquement tronquée, non sinueuse; côtes rayonnantes plus fines, plus régulières, plus rapprochées; stries concentriques plus nombreuses, découpant les côtes régulièrement; coloration fauve-clair ou grisâtre. — L. 20 à 24; H. 9 à 11 ; E. 12 à 13 millim.

Assez commun, la Méditerranée; plus rare dans l'Océan; zones herbacée et corallienne.

### Arca cardissa, de Lamarck.

*A. cardissa*, Lamck., 1818. *An. s. vert.*, VI, I, p. 38. — Loc., *Pr.*, p. 480.

Voisin de l'*A. tetragona;* galbe irrégulièrement tronqué sur une ou plusieurs faces; bord inférieur plus irrégulièrement sinueux, souvent bâillant; côtes et cordons effacés sur la surface tronquée ; même coloration. — L. 18 à 25 ; H. 9 à 10 ; E. 10 à 18 millimètres.

Peu commun, l'Océan ; plus rare, la Méditerranée, zones herb. et coral.

C. — Groupe de l'*A. lactea*.

Galbe subrhomboïdal, arrondi; taille assez petite.

### Arca lactea, Linné.

*A. lactea*, L., 1767. *Syst. nat.*, p. 1141. — Loc., *Prodr.*, p. 480.

Coquille subrhomboïdale-ventrue; région antérieure un peu courte, arrondie; région postérieure plus longue, tronquée, oblique ; bord inférieur subsinueux ; sommet très renflé ; arête apico-rostrale saillante, arrondie ; test orné de côtes rayonnantes très fines, très nombreuses, recoupées par de fins cordons concentriques; coloration blanc de lait ou blanc-roux très clair; épiderme brun. — L. 8 à 17 ; H. 9 à 12; E. 7 à 9 millimètres.

Fig. 309.

Commun; toutes nos côtes ; zones littorale et herbacée.

**Arca Quoyi**, PAYRAUDEAU.

*A. Quoyi*, Payr., 1826. *M. Cor.*, p. 62, pl. 1, fig. 40-43. — Loc., *Pr.*, p. 481.

Voisin de l'*A. lactea;* taille plus petite, galbe plus allongé ; valves moins bombées ; région postérieure plus anguleuse ; arête apico-rostrale moins arrondie ; stries plus fines. — L. 8 à 10 ; H. 5 à 6 ; E. 4 à 5 mil.

Assez rare ; la Méditerranée, zones littorales et herbacée.

**Arca Gaymardi**, PAYRAUDEAU.

*A. Gaym.*, Payr., 1826. *Moll. Cor.*, p. 61, pl. 1, fig. 36-39. — Loc., *Pr.*, p. 481.

Voisin de l'*A. lactea;* galbe plus court, moins allongé transversalement ; valves plus renflées ; sommet plus large et plus bombé ; région postérieure plus courte ; ornementation plus accusée. — L. 10 à 12 ; H. 8 à 9 ; E. 8 à 9 millimètres.

Assez rare ; la Méditerranée, zones littorale et herbacée.

**Arca pulchella**, REEVE.

*A. pulchella*, Reeve, 1849. *Icon.*, pl. 17, fig. 132. — Loc., *Prodr.*, p. 481.

Voisin de l'*A. lactea;* galbe plus étroitement allongé ; valves moins bombées ; ornementation beaucoup plus grossière, avec cordons concentriques fortement granuleux ; région postérieure bien tronquée ; sommet bien arqué ; coloration gris-fauve ou roux-clair. — L. 9 à 12 ; H. 6 à 8 ; E. 5 à 7 millimètres.

Très rare ; la Méditerranée, zone corallienne.

**Arca scabra**, POLI.

*A. scabra*, Poli, 1795. *Test. Sic.*, II, p. 145, pl. 25, fig. 22. — Loc., *Pr.*, p. 481.

Galbe plus irrégulier et plus déprimé ; région antérieure courte, arrondie-oblique, anguleuse dans le haut ; région postérieure plus haute, aussi anguleuse, tronquée-oblique ; bord inférieur sinueux ; arête apico-rostrale assez accusée, arrondie ; test orné de cordons concentriques granuleux ; granulations plus fortes dans la région postérieure ; coloration fauve. — L. 8 à 10 ; H. 5 à 6 ; E. 3 à 4 millimètres.

Très rare ; la Méditerranée, zone corallienne.

**Arca obliqua**, PHILIPPI.

*A. obliqua*, Phil., 1846. *Moll. Sic.*, II, p. 43, pl. 15, fig. 2. — Loc., *Pr.*, p. 482.

Coquille très petite, subtrigone-oblique ; région antérieure courte, arrondie ; région postérieure bien plus haute, à peine tronquée ; bord inférieur étroitement arrondi, très oblique; sommet saillant; valves assez renflées; test orné de côtes extrêmement fines et de stries concentriques ; coloration roux-grisâtre. — L. 6; H. 5; E. 3 millimètres.

Très rare; la Méditerranée, zone corallienne.

### Arca pectunculoides, Scacchi.

*A. pectunculoides*, Scac., 1835. *Not.*, p. 25, fig. 12. — Loc., *Prodr*, p. 482.

Voisin de l'*A. obliqua ;* galbe encore plus court, plus oblique ; région postérieure plus haute et plus ronde; sommet plus large, moins saillant ; côtes rayonnantes très fines, recoupées par des cordons concentriques ; même coloration. — L. 4; H. 3; E. 2 millimètres.

Très rare; toutes nos côtes, zone corallienne.

D. — Groupe de l'*A. barbata*.

Galbe elliptique, déprimé ; taille assez grande.

### Arca barbata, Linné.

*A. barbata*, L., 1767. *Syst. nat.*, p. 1140. — Loc., *Prodr.*, p. 482.

Galbe plus ou moins ovalaire-allongé; valves peu bombées ; sommet saillant, très antérieur ; régions antérieure et postérieure subarrondies, la postérieure parfois tronquée ; bord inférieur allongé, subsinueux ; côtes rayonnantes très nombreuses, fines, arrondies, très rapprochées, recoupées par des stries concentriques formant de petites nodosités ; épiderme poilu ; coloration brun-roux. — L. 25 à 35; H. 24 à 38 ; E. 16 à 18 millimètres.

Fig. 310.

Commun ; la Méditerranée, zones littorale et herbacée.

## Genre PECTUNCULUS, de Lamarck.

Coquille grande, suborbiculaire, équilatérale ; test épais, non costulé ; épiderme velouté; charnière arrondie; dents nombreuses, courtes et fortes ; ligament externe.

### Pectunculus glycimeris, Linné.

*Arca glycimeris*, L., 1767. *Syst. nat.*, p. 1143. — *P. glycimeris*, Turt., 1822. *Dit. Brit.*, p. 171, pl. 12, fig. 1. — Loc., *Prodr.*, p. 476.

Coquille à peine un peu plus longue que haute, peu renflée; sommet peu saillant; contour bien arrondi; test très solide, épais, orné de stries d'accroissement concentriques et grossières; stries rayonnantes très fines; coloration brun-clair, souvent maculé en zig-zag de brun-roux; épiderme brun-noirâtre. — L. 40 à 60; H. 42 à 62; E. 22 à 38 millimètres.

Fig. 311. — 1/2 grandeur.

Commun; la Manche et l'Océan; rare dans la Méditerranée; zone herbacée. — Edule.

**Pectunculus bimaculatus**, Poli.

*Arca bimac.*, Poli, 1795. *Test. Sic.*, II, p. 143, pl. 25, fig. 17-18. — *P. bim.*, Risso, 1826. *Eur. mer.*, IV, p. 316. — Loc., *Prodr.*, p. 477.

Galbe un peu plus transverse; contour bien arrondi; valves moins renflées; sommet moins saillant; dents cardinales plus nombreuses; stries plus régulières, plus accusées; coloration roux plus sombre, parfois avec zones concentriques plus brunes, souvent peu distinctes; épiderme brun foncé. — L. 43 à 60; H. 40 à 57; E. 21 à 33 millimètres.

Assez commun; la Méditerranée, zone herbacée. — Edule.

**Pectunculus pilosus**, Linné.

*Arca pilosa*, L., 1787. *Syst. nat.*, p. 1143. — *P. pilosus*, Riss., 1826. *Eur. mer.*, IV, p. 317. — Loc., *Prodr.*, p. 478.

Coquille un peu plus haute que large, renflée; sommet saillant; contour subpolygonal; bord inférieur un peu étroitement arrondi; stries d'accroissement concentriques très fines; stries rayonnantes assez marquées; coloration brun-clair, souvent maculé de brun plus sombre, visible à l'intérieur; épiderme brun-noirâtre. — L. 40 à 60; H. 41 à 64; E. 26 à 43 millimètres.

Assez commun dans la Méditerranée; plus rare dans l'Océan; zones herbacée et corallienne. — Edule.

**Pectunculus Gaditanus**, Gmelin.

*Cardium Gaditanum*, Gmel., 1789. *Syst. nat.*, p. 3255. — *P. Gadit.*, Hidal., 1870. *Moll. mar.*, pl. 73, fig. 2. — *P. violacescens (pars)*, Loc., *Pr.*, p. 478.

Coquille grande, suborbiculaire-transverse; bords supérieur et inférieur un peu droits, subparallèles; régions antérieure et postérieure subtronquées-obliques; sommet étroit, saillant; valves assez bombées; stries rayonnantes bien accusées, comme bifides, espacées; stries concentriques fines et régulières ; coloration roux-violacé ; épiderme brun. — L. 45 à 65 ; H. 42 à 56 ; E. 28 à 32 millimètres.

Assez commun ; la Méditerranée, zone herbacée. — Edule.

**Pectunculus violacescens**, DE LAMARCK.

*P. violaces.*, Lk., 1818. *An. s. vert.*, VI, I, p. 52. — Loc., *Pr.*, p. 478 *(pars)*.

Voisin du *P. Gaditanus* ; taille plus petite ; galbe moins transverse ; valves un peu moins renflées ; contour plus régulièrement arrondi ; coloration plus clair, parfois avec maculatures violacées en zig-zag ; épiderme presque nul. — L. 28 à 40 ; H. 25 à 35 ; E. 16 à 21 millimètres.

Peu commun ; la Méditerranée, zone herbacée. — Edule.

## Genre LIMOPSIS, Sassi.

Coquille assez petite, ovalaire, peu renflée, inéquilatérale ; test épais, couvert, vers la périphérie, d'un épiderme à longs poils ; sommet médian, assez accusé.

**Limopsis aurita**, BROCCHI.

*Arca aurita*, Br., 1814. *Conch. Sub.*, p. 485, pl. 11, fig. 9. — *L. aurita*, Jeffr., 1863. *Brit. conch.*, II, p. 161, pl. 30, fig. 1. — Loc., *Prodr.*, p. 488.

Coquille étroitement ovalaire, oblique ; bord supérieur court, droit ; bord inférieur bien arrondi ; région postérieure un peu plus grande et plus haute que l'antérieure ; test orné de stries concentriques assez fortes, comme granuleuses ; sommet dénudé ; coloration roux-clair, grisâtre. — L. 10 ; H. 11 ; E. 4 millimètres.

FIG. 312

Très rare ; la Méditerranée, zone corallienne.

## Genre NUCULA, de Lamarck.

Coquille assez petite, subtriangulaire, inéquilatérale ; région antérieure très courte ; épiderme mince, brillant ; charnière angulaire ; dents aiguës.

**Nucula sulcata**, BRONN.

*N. sulcata*, Bronn, 1831. *Ital. tert.*, p. 109. — Loc., *Prodr.*, p. 483.

Coquille subtriangulaire, un peu haute ; région antérieure presque droite, très étroite; région postérieure très développée, oblique; bord inférieur bien arqué; valves peu bombées; test orné de stries concentriques irrégulières, assez fortes, et de stries rayonnantes interrompues, plus fines et plus rapprochées; coloration vert-jaunâtre. — L. 9 à 12; H. 8 à 10; E. 4 à 5 1/2 millimètres.

Fig. 313.

Assez rare; toutes nos côtes, zones herbacée et corallienne.

**Nucula nucleata,** LINNÉ.

*Arca nucleus*, L., 1767. *Syst. nat.*, p. 1143. — *N. nucleus*, Lov., 1846. *Moll.*, *Scand.*, p. 188. — Loc., *Prodr.*, p. 483.

Galbe plus transverse; région antérieure encore plus courte, plus arrondie; région postérieure plus longue, plus rostrée; valves un peu plus bombées; sommet plus antérieur; test lisse; coloration jaune-verdâtre, avec zones concentriques plus clair. — L. 8 à 10; H. 7 à 8; E. 4 à 5 millimètres.

Assez commun; toutes nos côtes, zones littorale et herbacée.

**Nucula radiata,** FORBES ET HANLEY.

*N. rad.*, F. et H., 1853. *B. moll.*, II, p. 220, pl. 47, fig. 45. — Loc., *Pr.*, p. 484.

Voisin du *N. nucleata;* galbe moins convexe; taille plus forte; profil encore plus transverse, plus inéquilatéral; coloration vert-jaunâtre, avec quelques flammes rayonnantes plus sombre. — L. 11 à 13; H. 9 à 10; E. 5 à 6 millimètres.

Peu commun; la Manche et l'Océan, zones littorale et herbacée.

**Nucula nitida,** SOWERBY.

*N. nitida*, Sow., 1841-45. *Conch. ill.*, nº 29, fig. 31. — Loc., *Prodr.*, p. 485.

Voisin du *N. nucleata;* test lisse; galbe plus court et plus renflé; sommet plus bombé; bord inférieur plus arrondi; région postérieure plus courte, moins rostrée; coloration jaune-verdâtre clair. — L. 8 à 10; H. 7 à 9; E. 4 à 5 1/2 millimètres.

Assez commun; toutes nos côtes; zones littorale et herbacée.

**Nucula tenuis,** MONTAGU.

*Arca tenuis*, Mtg., 1808. *Test. Brit.*, p. 56, pl. 29, fig. 1. — *N. tenuis*, Turt., 1822. *Dit. Brit.*, p. 177. — Loc., *Prodr.*, p. 485.

Voisin du *N. nucleata;* région postérieure plus haute, plus camarde; bord inférieur plus arqué; sommet plus saillant, plus renflé; région antérieure un peu plus courte ; bord inférieur lisse à l'intérieur ; coloration vert-jaunâtre, brillant. — L. 8 ; H. 6 ; E. 4 millimètres.

Rare ; la Manche et l'Océan, zones herbacée et corallienne.

**Nucula tumidula,** Malm.

*N. tumidula*, Malm, 1860. *Scand. nat.*, VIII, p. 621. — Loc., *Pr.*, p. 485.

Taille petite ; galbe subtriangulaire, court et renflé ; région antérieure très courte ; bord inférieur très arqué ; test orné de stries concentriques fines ; coloration vert-jaunâtre. — L. 7 à 8 ; H. 6 à 7 ; E. 4 à 4 1/2 mil.

Très rare ; l'Océan, zone corallienne.

## Genre LEDA, Schumacher.

Coquille assez petite, transverse, plus ou moins rostrée en arrière, très inéquilatérale ; sommet très arqué en dessous, presque jointif ; épiderme caduc ; bord cardinal anguleux ; dents nombreuses.

**Leda pelliformis,** Linné.

*Arca pella*, L., 1767. *Syst. nat.*, p. 1141. — *L. pella*, Desh., 1848. *Exp. Alg.*, II, pl. 115. — Loc., *Prodr.*, p. 486.

Coquille ovale-transverse, très allongée ; sommet presque médian ; région antérieure, arrondie, un peu étroite ; région postérieure terminée par un rostre pointu ; arête apico-rostrale très accusée ; bord inférieur largement arrondi ; valves bien bombées ; test orné de stries obliques ondulées, espacées ; coloration blanc-grisâtre. — L. 9 à 11 ; H. 5 à 6 ; E. 4 à 4 1/2 millimètres.

Fig. 314.

Rare ; la Méditerranée, zone corallienne.

**Leda fragilis,** Chemnitz.

*Arca fragilis*, Chemn., 1784. *Conch. cab.*, VII, p. 199, pl. 55, fig. 546. — *L. fragilis* et *L. commutata*, Loc., *Prodr.*, p. 486.

Taille plus petite ; galbe plus cunéiforme ; région postérieure plus allongée et plus étroitement rostrée ; test orné de cordons concentriques très fins, presque réguliers, saillants, un peu espacés ; coloration jaune-grisâtre. — L. 7 à 8 ; H. 4 à 4 1/2 ; E. 3 millimètres.

Rare ; l'Océan et la Méditerranée, zone corallienne.

**Leda tenuis, Philippi.**

*Nucula tenuis*, Phil., 1836. *Moll. Sic.*, I, p. 65, pl. 5, fig. 9. — *L. tenuis*, Mtr., 1875. *Nuov. rev.*, p. 11. — *L. pygmæa*, Loc., *Prodr.*, p. 487.

Taille petite ; galbe peu court, plus triangulaire ; rostre moins long, moins aigu ; bord inférieur plus court et plus arqué ; test lisse et brillant ; coloration jaune-verdâtre clair. — L. 4 à 5 ; H. 3 à 3 1/2 ; E. 2 millim.

Rare ; région aquitanique et Méditerranée, zone corallienne.

## MYTILIDÆ

Coquille de taille variable, équivalve, cunéiforme, haute ou transverse sommet étroit, antérieur ; charnière presque nulle ; ligament linéaire ; animal fixé par un byssus.

### Genre MYTILUS, Linné.

Coquille inéquilatérale, très haute, avec un rostre inférieur et arrondi ; épiderme mince et lisse ; sommet terminal ; dents cardinales obsolètes.

A. — Groupe du *M. Galloprovincialis*.

Coquille grande ; galbe subrhomboïdal déprimé.

**Mytilus Galloprovincialis, de Lamarck.**

*M. Galloprovincialis*, Lamck., 1818. *An. s. vert.*, VI, I, p. 126. — Loc., 1889. *Soc. malac.*, VI, p. 93, pl. 5, fig. 2.

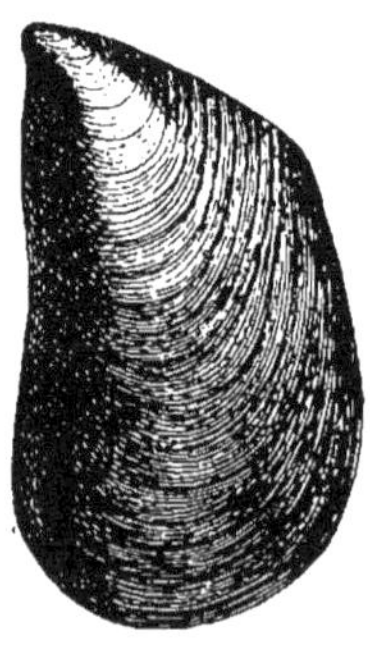

Fig. 315. — 1/2 grandeur.

Coquille subrectangulaire, très haute ; valves assez renflées ; région antérieure droite et parallèle à la région postérieure ; bord inférieur largement arrondi ; angle postéro-dorsal très ouvert, supra-médian ; sommet tout à fait antérieur ; arête et crête apico-rostrale assez accusées ; test assez épais, orné de fines stries concentriques ; épiderme d'un brun violacé très foncé, passant parfois au brun-roux. — L 35 à 42 ; H. 70 à 75 ; E. 28 à 30 millimètres.

Commun ; toutes les côtes, surtout la Méditerranée ; zone littorale. — Edule.

**Mytilus Herculeus, DE MONTEROSATO.**

*M. Herculeus*, Mtr., *in* Loc., 1889. *Soc. malac.*, VI, p. 88, pl. 3, fig. 1.

Taille plus grande; galbe plus élargi et plus arqué dans le haut; bord antérieur curviligne; angle postéro-dorsal moins ouvert; rostre plus excentré; crête postéro-dorsale moins concave dans le haut; même coloration. — L. 60 à 65; H. 100 à 120; E. 40 à 45 millimètres.

Rare ; la Méditerranée, zone littorale. — Edule.

**Mytilus pelecinus, LOCARD.**

*M. pelecinus*, Loc., 1889. *Soc. malac.*, VI, p. 98, pl. 4, fig. 1.

Voisin du *M. Galloprovincialis* ; taille plus forte ; galbe plus déprimé ; bord antérieur plus court ; rostre oblique par rapport au bord antérieur; régions antérieure et postérieure non parallèles; arête apico-rostrale moins haute et moins longue ; même coloration. — L. 50 à 55; H. 90 à 100; E. 28 à 31 millimètres.

Peu commun ; l'Océan et la Méditerranée, zone littorale. — Edule.

**Mytilus trigonus, LOCARD.**

*M. trigonus*, Loc., 1889. *Soc. malac.*, VI, p. 102, pl. 5, fig. 3.

Voisin du *M. Galloprovincialis* ; taille plus petite ; galbe bien trigone ; arête apico-rostrale plus haute et plus saillante ; angle postéro-dorsal infra-médian ; bords antérieur et postérieur non parallèles ; même coloration. — L. 35 à 40 ; H. 60 à 65 ; E. 26 à 28 millimètres.

Assez commun ; toutes nos côtes, zone littorale. — Edule.

**Mytilus glocinus, LOCARD.**

*M. glocinus*, Loc., 1889. *Soc. malac.*, VII, p. 107, pl. 5, fig. 1.

Galbe trigone ; région antérieure très étroite ; rostre étroit, lentement retroussé ; angle postéro-dorsal médian et obtus ; arête apico-rostrale émoussée; valves très peu bombées; coloration plus rousse. — L. 42 ; H. 80 ; E. 23 millimètres.

Rare ; côtes de Provence, zone littorale — Edule.

**Mytilus abbreviatus, DE LAMARCK.**

*M. abbrev.* Lamck., 1818. *An. s. vert.*, VI, I, p. 127. — Loc., 1889. *Soc. malac.*, VI, p. 3, pl. III, fig. 4.

Taille assez petite ; région antérieure élargie dans le haut ; bords antérieur et postérieur subparallèles ; arête apico-rostrale assez forte; angle postéro-dorsal presque médian, peu accusé; rostre bien arrondi; coloration brun-violacé. — L. 19 à 22; H. 34 à 40; E. 18 à 20 millimètres.

Rare; la Manche et l'Océan; zones littorale et herbacée. — Edule.

**Mytilus petasunculinus, Locard.**

*M. petasunculinus*, Loc., 1886. *Prodr.*, p. 497 et 601. — 1889. *Soc. malac.*, VI, p. 115, pl. 5, fig. 4.

Taille assez petite; galbe assez arqué; région antérieure étroite et très incurvée; angle postéro-dorsal médian; rostre oblique et largement arrondi; arête apico-rostrale peu saillante, curviligne; même coloration. — L. 21 à 24; H. 30 à 38; E. 12 à 14 millimètres.

Rare; toutes nos côtes, zone littorale.

B. — Groupe du *M. edulis*.

Taille grande; galbe subcylindroïde, renflé.

**Mytilus edulis, Linné.**

*M. edulis*, L., 1767. *Syst. nat.*, p. 1157. — Loc., 1889. *Soc. malac.*, VI, p. 123, pl. 3, fig. 2; pl. 4, fig. 4.

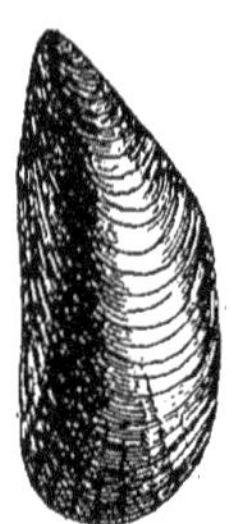

Fig. 316. — 1/2 gr.

Coquille subcylindroïde, étroite; valves bien renflées; sommet très antérieur; région antérieure assez étroite; région postérieure subparallèle; angle postéro-dorsal très effacé, presque médian; arête apico-rostrale peu accusée; rostre droit, étroitement arrondi; test orné de fines stries concentriques atténuées; coloration noir-violacé ou brun-roux, parfois avec rayons colorés. — L. 25 à 30; H. 50 à 70; E. 10 à 24 millimètres.

Très commun; surtout dans la Manche et l'Océan, zone littorale. — Edule.

**Mytilus pictus, Born.**

*M. pictus*, Born., 1780. *Test. mus.*, p. 127, pl. 7, fig. 6-7. — Loc., *Soc. malac.*, VI, p. 118.

Galbe moins étroitement cylindroïde, moins renflé; sommet un peu moins antérieur; rostre plus aplati et plus large; arête apico-rostrale moins obtuse; angle postéro-dorsal plus haut; coloration jaune-roux passant au brun-ferrugineux avec tons verts dans la région supérieure, et gris-rosé vers les sommets, parfois rayé de roux ou de vert. — L. 35 à 40 ; H. 70 à 80 ; E. 23 à 28 millimètres.

Rare ; côtes de Provence, zones littorale et herbacée. — Edule.

**Mytilus retusus, de Lamarck.**

*M. retusus*, Lamck., 1818. *An. s. vert.*, VI, I, p. 127. — Loc., 1889. *Soc. malac.*, VI, p. 129, pl. 4, fig. 2-3.

Voisin du *M. edulis ;* galbe moins étroitement allongé, moins cylindroïde ; région antérieure plus étroite ; angle postéro-dorsal plus inférieur et plus accusé ; arête apico-rostrale plus saillante et plus arquée ; rostre plus large. — L. 25 à 35 ; H. 54 à 70 ; E. 23 à 33 millimètres. — Assez commun ; la Manche et l'Océan, zones littor. et herb. — Edule.

**Mytilus spathulinus, Locard.**

*M. spathulinus*, Loc., 1889. *Soc. malac.*, VI, p. 134, pl. 3, fig. 3.

Galbe moins étroit que *M. edulis*, moins cylindroïde ; sommet plus droit ; région antérieure moins développée ; région postérieure plus large ; angle postéro-dorsal plus inférieur ; rostre plus large ; arête apico-rostrale plus droite et plus antérieure ; même coloration. — L. 35 à 38 ; H. 75 à 80 ; E. 30 à 32 millimètres.

Assez commun ; la Manche et l'Océan, zone littorale. — Edule.

**Mytilus incurvatus, Pennant.**

*M. incurvatus*, Pen., 1767. *Brit. zool.*, IV, p. 95, pl. 64, fig. 74. — Loc., 1889. *Soc. malac.*, VI, p. 138, pl. 4, fig. 5.

Taille plus petite que celle du *M. edulis ;* galbe plus large et plus arqué ; valves moins bombées ; arête apico rostrale large et assez saillante ; angle postéro-dorsal plus accusé et plus inférieur ; rostre plus irrégulièrement arrondi ; même coloration. — L. 18 à 22 ; H. 30 à 40 ; E. 17 à 19 millimètres.

Peu commun ; la Manche et l'Océan, zone littorale. — Edule.

C. — Groupe du *M. lineatus*.

Taille petite ; galbe variable.

**Mytilus lineatus, Gmelin.**

*M. lineatus*, Gmel., 1789. *Syst. nat.*, p. 3359. — Loc., 1889. *Soc. malac.*, VI, p. 142, pl. 5, fig. 6.

Coquille subtriangulaire, étroitement haute ; région antérieure étroite ;

région postérieure anguleuse et plus large ; angle postéro-dorsal infra-médian ; rostre un peu étroitement arrondi, avec l'axe oblique ; arête apico-rostrale haute et étroite ; test chagriné, orné de stries transversales et longitudinales ; coloration brun-roux, violacé. — L. 7 à 8 1/2 ; H. 12 à 15 ; E. 5 à 6 millimètres.

Fig. 317.

Assez commun ; la Méditerranée, zone littorale.

**Mytilus minimus**, Poli.

*M. minimus*, Poli, 1795. *Test. Sic.*, II, p. 209, pl. 32, fig. 1. — Loc., 1889. *Soc. malac.*, VI, p. 148, pl. 5, fig. 8.

Galbe plus rectangulaire ; région postérieure à peine anguleuse ; bord antérieur plus droit ; angle postéro-dorsal infra-médian, presque nul ; arête apico-rostrale peu arquée ; test lisse ; coloration roux-violacé foncé. — L. 6 1/2 à 7 1/2 ; H. 12 à 15 ; E. 6 à 7 millimètres.

Assez commun ; la Méditerranée, zone littorale.

**Mytilus cylindraceus**, Requien.

*M. cylindraceus*, Req., 1848. *Coq. Corse*, p. 30. — Loc., 1889. *Soc. malac.*, VI, p. 152, pl. 5, fig. 7.

Voisin du *M. minimus* ; galbe plus étroit et plus haut ; bord antérieur plus arqué ; région postérieure plus étroite et un peu plus anguleuse dans le milieu ; arête apico-rostrale plus saillante et plus arquée ; test lisse ; même coloration. — L. 4 1/2 à 5 1/4 ; H. 12 à 14 ; E. 5 à 5 1/2 mil.

Peu commun ; la Méditerranée, zone littorale.

**Mytilus solidus**, H. Martin.

*M. solidus*, H. Martin, *in* Mtr., 1872. *Cat.*, p. 18. — Loc., 1889. *Soc. malac.*, VI, p. 155, pl. 5, fig. 9.

Galbe du *M. lineatus*, un peu plus petit et plus élargi ; test lisse ; région antérieure un peu plus étroite et moins saillante ; angle postéro-dorsal médian et bien marqué ; même coloration ou un peu plus violacé. — L. 6 1/2 à 7 ; H. 10 à 12 ; E. 5 à 5 3/4 millimètres.

Assez rare ; sur toutes nos côtes ; zone littorale.

**Mytilus Marioni**, Locard.

*M. Marioni*, Loc., 1889. *Soc. malac.*, VI, p. 159, pl. 5, fig. 5.

Galbe subrectangulaire, déprimé, étroitement haut ; bord antérieur à peine arqué ; bord postérieur parallèle ; angle postéro-dorsal très haut ;

rostre large et aminci; sommet saillant et submédian; coloration roux-violacé un peu clair. — L. 7 à 8; H. 16 à 18; E. 5 à 6 millimètres.

Commun; la Méditerranée, zone littorale.

## Genre MODIOLA, de Lamarck.

Coquille assez grande, inéquilatérale, cunéiforme, très longue et peu haute; épiderme souvent épais et barbu; sommet très antérieur; rostre basal et arrondi; dents cardinales obsolètes.

A. — Groupe du *M. barbata.*

Région antérieure très étroite; sommet presque antérieur; épiderme peu caduc.

**Modiola barbata**, Linné.

*Mytilus barbatus*, L., 1767. *Syst. nat.*, p. 1156. — *M. barbata*, Lamck., 1818. *An. s. vert.*, VI, I, p. 114. — Loc., 1888. *Soc. malac.*, V, p. 88, pl. 1, fig. 1.

Coquille subtriangulaire assez haute; région antérieure beaucoup plus étroite que la postérieure; bord inférieur un peu sinueux; angle postéro-dorsal médian; arête apico-rostrale large et saillante dans le haut, ensuite atténuée; test orné de stries concentriques saillantes, un peu lamelleuses; épiderme avec longues barbules; coloration roux-foncé. — L. 24 à 26; H. 42 à 48; E. 16 à 18 millimètres.

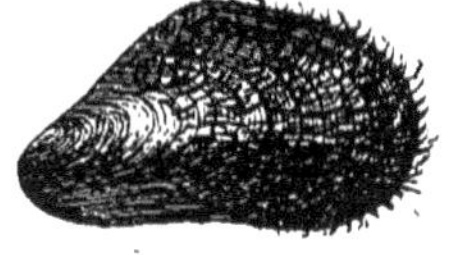

Fig. 318. — 3/4 gr.

Commun; toutes nos côtes, zone littorale. — Edule.

**Modiola vulgaris**, Fleming.

*M. vulgaris*, Flem., 1818. *Brit. an.*, p. 412. — Loc., 1888. *Soc. mal.*, V, p. 81.

Taille plus forte; galbe plus arqué; sommet moins antérieur, plus large, plus courbé; arête apico-rostrale plus centrale, moins saillante; test plus fortement ridé; barbules épidermiques plus longues. — L. 30 à 60; H. 60 à 150; E. 20 à 70 millimètres.

Assez rare; la Manche et la région armoricaine, zone littorale.

**Modiola mytiloides**, Locard.

*M. mytiloides*, Loc., 1883. *Soc. malac.*, V, p. 92, pl. 1, fig. 2.

Voisin du *M. barbata;* galbe plus étroitement rhomboïdal; bords supérieur et inférieur parallèles; angle postéro-dorsal plus haut et plus ouvert; arête apico-rostrale plus étroite et plus saillante; test plus finement strié; même coloration. — L. 22 à 24; H. 45 à 50; E. 16 à 18 millimètres.

Assez commun; surtout la Manche et l'Océan, zone littor. — Edule.

**Modiola pterota, Locard.**

*M. pterota*, Loc., 1888. *Soc. malac.*, V, p. 95, pl. 1, fig. 3.

Galbe plus court, bien triangulaire, à profil presque isocèle; arête apico-rostrale plus étroite, plus saillante et plus arquée; angle postéro-dorsal médian et plus étroit; même coloration. — L. 24 à 26; H. 35 à 40; E. 16 à 18 millimètres.

Peu commun; la Manche et l'Océan, zone littorale. — Edule.

**Modiola phaseolina, Philippi.**

*M. phaseolina*, Phil., 1844. *Moll. Sic.*, II, p. 51, pl. 15, fig. 14. — Loc., 1888. *Soc. malac.*, V, p. 97.

Taille bien plus petite; galbe plus court, plus trapu, plus haut; valves plus bombées; sommet moins antérieur; arête apico-rostrale saillante mais émoussée; angle postéro-dorsal supra médian; rostre largement arrondi; même coloration, souvent plus claire. — L. 12 à 14; H. 20 à 24; E. 10 à 12 millimètres.

Rare; toutes les côtes, zones des laminaires et coralligène. — Edule.

B. — Groupe du *M. Adriatica*.

Région antérieure un peu plus développée; sommet moins antérieur; épiderme plus caduc.

**Modiola Adriatica, de Lamarck.**

*M. Adriatica*, Lamck., 1818. *An. s. vert.*, VI, I, p. 112. — Loc., 1888. *Soc. malac.*, V, p. 99, pl. 1, fig. 4.

Coquille amygdaloïde, allongée en longueur, à bords subparallèles; région antérieure courte; sommet saillant; arête apico-rostrale obtuse, un peu arquée, assez haute; angle postéro-dorsal très émoussé; rostre un peu étroitement arrondi, un peu arqué; test orné de stries concentriques, assez fines, non lamelleuses; coloration jaune-roux foncé, avec ou sans flammules verdâtres. — L. 15 à 16; H. 28 à 30; E. 10 à 12 millimètres.

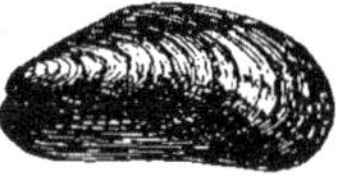

Fig. 319.

Assez commun, la Méditerranée; plus rare, l'Océan; zone littorale.

**Modiola ovalis,** Sowerby.

*M. ovalis*, Sow., 1859. *Ill. ind.*, pl. 7, fig. 7. — Loc., 1888. *Soc. malac.*, V, p. 103, pl. 1, fig. 5.

Galbe réniforme, plus arqué que le *M. Adriatica;* sommet plus fort; arête apico-rostrale plus haute, plus accusée, plus saillante; angle postéro-dorsal médian et mieux marqué; bord inférieur sinueux; même coloration. — L. 23 à 25; H. 40 à 45; E. 17 à 19 millimètres.

Assez rare; la Manche et l'Océan, zone littorale.

**Modiola Lamarckiana,** Locard.

*M. Lamarckiana*, Loc., 1888. *Soc. malac.*, V, p. 106, pl. 1, fig. 6.

Voisin du *M. Adriatica;* galbe moins régulier; valves plus renflées; arête apico-rostrale plus saillante; bord inférieur plus sinueux; sommet plus élargi, plus couché; même coloration. — L. 22 à 24; H. 43 à 45; E. 19 à 21 millimètres.

Assez commun; toutes nos côtes, zone littorale. — Edule.

**Modiola radiata,** Thorpe.

*M. radiata*, Thorpe, 1848. *Brit. mar. conch.*, p. 249, fig. 104. — Loc., 1888. *Soc. malac.*, V, p. 109, pl. 1, fig. 7.

Voisin du *M. Adriata;* galbe moins régulièrement amygdaloïde; arête apico-rostrale plus saillante dans le haut, plus inclinée dans le bas; région inférieure plus haute; sommet plus large et plus couché; angle postéro-dorsal un peu plus accusé; test toujours orné de rayons colorés; coloration souvent plus clair. — L. 14 à 17; H. 25 à 30; E. 11 à 13 millim.

Peu commun; toutes nos côtes, zone littorale. — Edule.

**Modiola strangulata,** Locard.

*M. strangulata*, Loc., 1886. *Prodr.*, p. 493 et 690. — 1888. *Soc. malac.*, V, p. 113, pl. 1, fig. 8.

Galbe très étroit, comme étranglé; sommet saillant; bord inférieur sinueux; région supérieure très étroite; angle postéro-dorsal presque nul, postérieur; arête apico-rostrale large et bien saillante surtout sur la région antérieure; coloration du *M. Adriatica.* — L. 16 à 18; H. 34 à 36; E. 13 à 15 millimètres.

Rare; toutes nos côtes, zones littorale et herbacée. - Edule.

**Modiola brachytera,** Locard.

*M. brachytera*, Loc., 1888. *Soc. malac.*, V, p. 116, pl. 1, fig. 9.

Galbe court et trés renflé ; arête apico-rostrale très haute; très largement épanouie jusqu'au rostre, région supérieure peu développée, mais bien anguleuse; angle postéro-dorsal médian; sommet très saillant; rostre un peu étroit, bien arrondi; même coloration. — L. 21 à 23; H. 36 à 38; E. 17 à 19 millimètres.

Rare ; sur toutes nos côtes, zones littorale et herbacée. — Edule.

## Genre MODIOLARIA, Beck.

Coquille assez petite, subrhomboïdale-transverse, renflée, inéquilatérale ; sommet incurvé, très antérieur; test en partie lisse et costulé; bord cardinal obtusément crénelé.

A. — Groupe du *M. sulcata*.

Région antérieure lisse ; région postérieure costulée.

### Modiolaria sulcata, Risso.

*Modiolus sulcatus*, Ris., 1826. *Eur. mer.*, IV, p. 324. — Loc., *Prodr.*, p. 493. — *Modiolaria sulcata*, B.,D.,D., 1890. *M. Rouss.*, II, p. 170, pl. 29, fig. 29 à 32.

Coquille petite, étroite, allongée, assez renflée; bord inférieur sinueux; sommet saillant, fortement incliné sur la région antérieure; région postérieure très développée; angle postéro-dorsal médian, très ouvert; arête apico-rostrale bien accusée, ondulée ; test lisse sur le premier tiers de la région antérieure, ensuite orné de côtes rayonnantes, fines, rapprochées, un peu réticulées; épiderme barbuleux, adhérent vers le rostre ; coloration fauve-brun. — L. 13 à 18; H. 6 à 8; E. 6 à 8 millimètres.

Fig. 320.

Rare; l'Océan et la Méditerranée, zones littorale et herbacée.

### Modiolaria gibberula, Cailliaud.

*Modiola gibberula*, Caill., 1868. *Cat. Loire-Inf.*, p. 109, pl. 3, fig. 9 à 12. — Loc., *Prodr.*, p. 494.

Galbe un peu plus étroit; bord inférieur plus sinueux; rostre plus étroit, moins arrondi; région postérieure plus droite; sommet plus saillant; ligne apico-rostrale plus étroite et plus droite; même ornementation; coloration plus pâle. — L. 12; H. 7; E. 7 millimètres.

Rare; région armoricaine, zone herbacée.

B. — Groupe du *M. marmorata*.

Régions antérieure et postérieure costulées; région médiane lisse.

### Modiolaria marmorata, Forbes.

*Mytilus marmoratus*, F., 1838. *Malac. Mon.*, p. 44. — *M. marmor.*, Jeffr., 1863. *Br. conch.*, II, p. 122, pl. 28, fig. 1. — Loc., 1886. *Prodr.*, p. 494.

Coquille subcylindroïde-courte, gibbeuse, un peu oblique; sommet antérieur; région antérieure courte, arrondie, moins haute et bien moins développée que la postérieure; celle-ci tronquée obliquement à l'extrémité, avec un rostre basal obtus; arête apico-rostrale élargie; test orné antérieurement de 15 à 20 côtes rayonnantes, plates, assez rapprochées, et postérieurement de 25 à 35 côtes; coloration fauve-verdâtre ou jaunâtre. — L. 11 à 15; H. 8 à 9; E. 7 à 8 millimètres.

Fig. 321.

Peu commun; toutes les côtes, zones littorale et herbacée.

### Modiolaria discors, Linné.

*Mytilus discors*, L., 1767. *Syst. nat.*, p. 1159. — *M. discors*, Jeffr., 1863. *Brit. conch.*, II, p. 126, pl. 28, fig. 3. — Loc., *Prodr.*, p. 445.

Taille plus forte; galbe plus déprimé, un peu plus élargi postérieurement; rostre plus rond; sommet moins renflé; arête apico-rostrale plus étroite; côtes rayonnantes antérieures beaucoup moins nombreuses; même coloration. — L. 12 à 16; H. 8 à 10; E. 7 à 8 millimètres.

Assez rare; la Manche et l'Océan, zones littorale et herbacée.

### Modiolaria costulata, Risso.

*Modiolus costulatus*, Risso, 1826. *Eur. mérid.*, IV, p. 324, fig. 165. — *M. costulata*, Jeffr., 1863. *Brit. conch.*, II, p. 125, pl. 28, fig. 2.— Loc., *Pr.*, p. 495.

Taille plus petite; galbe plus étroitement allongé; valves bombées; arête apico-rostrale très élargie; 8 à 10 côtes antérieures et 20 à 30 postérieures; même coloration. — L. 7 à 10; H. 4 à 6; E. 4 à 5 millimètres.

Peu commun; toutes nos côtes, toutes les zones.

## Genre CRENELLA, Brown.

Coquille petite; galbe rhomboïdal; test épidermé, orné de costulations rayonnantes et de stries concentriques; sommet très antérieur; bord cardinal crénelé; une dent crénelée.

**Crenella rhombea, Berkeley.**

*Modiola rhombea*, Berck., 1827. *Zool. journ.*, p. 229, pl. 18, fig. 1. — *Cr. rhomb.*, F. et H., 1853. *Br. moll.*, II, p. 208, pl. 45, fig. 3. — Loc., *Pr.*, p. 490.

Coquille subrhomboïdale, gibbeuse; région antérieure très courte, arrondie; région postérieure plus haute, terminée par un rostre arrondi assez étroit; sommet très renflé; test mince, pellucide, orné de 60 à 70 côtes rayonnantes arrondies, rapprochées, recoupées par 12 à 15 stries concentriques; coloration blanc-jaunâtre. — L. 3; H. 2; E. 2 millimètres.

Fig. 322.

Rare; l'Océan et la Méditerranée, zones herbacée et corallienne.

**Crenella arenaria, H. Martin.**

*Cr. arenaria*, Mart., *in* Mtr., 1875. *Nuov. rev.*, p. 10. — Loc., *Pr.*, p. 490.

Taille très petite; galbe plus court, plus régulièrement ovalaire; région antérieure encore plus courte; bord inférieur plus arrondi, sommet plus petit, moins renflé; côtes longitudinales extrêmement fines; coloration jaune très clair. — L. 2 1/2; H. 1; E. 1 1/4 millimètre.

Rare; côtes de Provence, zones herbacée et corallienne.

## Genre DACRYDIUM, Torell.

Coquille petite, trapèzoïdale, allongée; sommet antérieur; épiderme lisse; 2 dents finement crénelées; ligament interne.

**Dacrydium vitreum, Holböll.**

*Modiola vitrea*, Holb., *in* Möller, 1842. *Moll. Groenl.*, p. 19. — *D. vitr.*, Tor., 1859. *Spitz. Moll.*, p. 138, pl. 1, fig. 2. — Loc., *Prodr.*, p. 490.

Coquille trapèzoïdale, assez haute; région antérieure très petite, subanguleuse en haut; région postérieure plus grande, avec l'angle postéro-dorsal assez haut, terminée dans le bas par un rostre large et arrondi; bord inférieur presque droit; sommet antérieur, renflé; arête apico-rostrale assez obtuse; test brillant; coloration jaune-pâle. — L. 3 à 4; H. 4 à 5; E. 2 à 2 1/2 millimètres.

Fig. 323

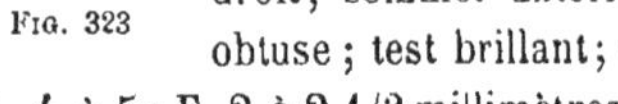

Très rare; l'Océan, zone corallienne.

**Dacrydium hyalinum, de Monterosato.**

*D. hyalinum*, Mtr., 1875. *Nuov. rev.*, p. 10. — Loc., *Prodr.*, p. 490.

Taille plus petite ; galbe plus court, plus trapu ; rostre plus largement arrondi ; sommet plus étroitement renflé ; arête apico-rostrale plus obtuse ; test mince, hyalin. — L. 2 ; H. 1 ; E. 1 millimètre.

Très rare ; côtes de Provence, zone corallienne.

## Genre LITHODOMUS, Cuvier.

Coquille assez grande, subcylindroïde, très étroitement allongée, renflée, transverse ; sommet très antérieur ; épiderme lisse et brillant ; bord cardinal linéaire, non denté.

### Lithodomus lithophagus, Linné.

*Mytilus lithophagus*, L., *Syst. nat.*, p. 1156. — *L. lithophagus*, Payr., 1826. *Moll. Corse*, p. 68. — Loc., *Prodr.*, p. 500.

Coquille dactyliforme, très allongée transversalement ; sommet petit, incurvé, très antérieur ; région antérieure ronde, renflée ; région postérieure terminée par un rostre un peu étroit ; angle postéro-dorsal presque nul ; test finement chagriné dans la région antérieure, orné de stries concentriques sur le reste ; coloration brun-fauve. — L. 40 à 60 ; H. 13 à 20 ; E. 11 à 15 millimètres.

Fig. 324. — 2/3 grandeur.

Assez commun ; la Méditerranée, zones littorale et herbacée. — Edule.

### Lithodomus aristatus, Dillwyn.

*Mytilus aristatus*, Dill., 1817. *Descr.*, p. 303. — *L. aristatus*, Weink., 1867. *Conch. mitt.*, I, p. 222. — Loc., *Prodr.*, p. 500.

Taille plus petite ; région postérieure plus atténuée, terminée par deux appendices calcaires, rostriformes, adventifs et croisés ; coloration grisâtre. — L. 22 à 26 ; H. 8 à 10 ; E. 7 à 8 millimètres.

Très rare ; régions aquitanique et méditerranéenne, zone herbacée.

# AVICULIDÆ

Coquille grande, subéquivalve, inéquilatérale, ailée ou triangulaire ; valve supérieure plus haute que l'inférieure ; sinus latéral laissant passer un byssus ; charnière dentée ou non.

## Genre AVICULA, de Lamarck.

Coquille obliquement ovalaire, ailée ; test lamelleux ; bord supérieur droit et allongé ; bord inférieur obliquement rostré ; 1 ou 2 dents cardinales petites, lamelle latérale transverse.

### Avicula Tarentina, DE LAMARCK.

*A. Tarentina*, Lamck., 1818. *An. s. vert.*, VI, I, p. 148. — Loc., *Pr.*, p. 501.

Coquille ailiforme ; bord supérieur très allongé, surtout postérieurement ; bord inférieur arrondi et bien plus étroit ; sommet un peu antérieur, peu saillant ; région antérieure bien arquée ; région postérieure portant vers le haut une large encoche ; bord inférieur irrégulièrement arqué ; rostre postérieur-arrondi ; test mince, orné de lamelles concentriques, saillantes et frangées à la périphérie ; coloration fauve-jaunâtre sale, avec rayons violacés interrompus. — L. 65 à 95 ; H. 50 à 70 ; E. 18 à 22 millimètres.

FIG. 325. — 1/3 grandeur.

Assez commun ; toutes les côtes et toutes les zones. — Edule.

## Genre PINNA, Linné.

Coquille très grande, trigone, très haute ; sommet terminal ; bord inférieur tronqué et bâillant ; charnière sans dents ; ligament linéaire.

### Pinna pectinata, LINNÉ.

*L. pect.*, L., 1767. *Syst. nat.*, p. 1160. — Loc., *Prodr.*, p. 501.

Coquille triangulaire, haute, pointue au sommet, tronquée à la base ; bord antérieur ou byssigène oblique, un peu ondulé ; bord postérieur ou ligamentaire presque droit ; test un peu mince, fragile, subtranslucide, luisant, orné de 8 à 12 côtes rayonnantes très espacées, étroites, peu saillantes, subimbriquées ou noduleuses, réparties surtout dans la région postérieure ; stries concentriques peu marquées, visibles surtout dans la région antérieure ; ligne apico-basale submédiane, accusée surtout dans le haut ; coloration

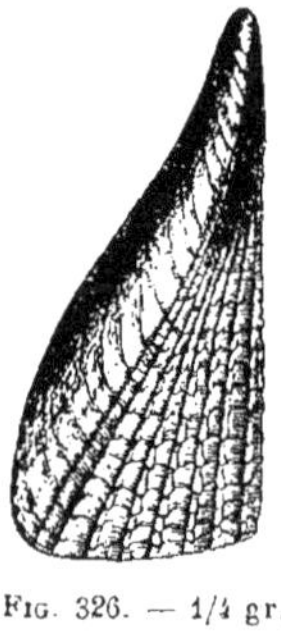

FIG. 326. — 1/4 gr.

corné-gris, plus sombre vers le sommet. — L. 55 à 120; H. 120 à 230; E. 20 à 50 millimètres.

Peu commun; la Manche et l'Océan, zone herbacée. — Edule.

**Pinna truncata**, Philippi.

*P. trunc.*, Phil., 1844. *Moll. Sic.*, II, p. 54, pl. 16, fig. 1. — Loc., *Pr.*, p. 501.

Galbe plus court, plus large à la base; test orné de 4 à 8 côtes rayonnantes très espacées, réparties dans la région postérieure; stries concentriques plus atténuées; coloration corné un peu plus roux. — L. 60 à 135; H. 120 à 230; E. 20 à 50 millimètres.

Peu commun; toutes nos côtes, zone herbacée. — Edule.

**Pinna mucronata**, Poli.

*P. mucronata*, P., 1795. *Test. Sic.*, II, p. 227, pl. 33, fig. 4. — Loc., *Pr.*, p. 502.

Voisin du *P. pectinata*; taille plus petite; galbe un peu plus allongé; 4 à 8 côtes rayonnantes, avec ou sans épines squameuses; coloration plus foncée. — L. 50 à 90; H. 100 à 180; E. 18 à 45 millimètres.

Rare; côtes de Provence, zone herbacée. — Edule.

**Pinna nobilis**, Linné.

*P. nobilis*, L., 1767. *Syst. nat.*, p. 1160. — Loc., *Prodr.*, p. 502.

Galbe plus étroitement allongé, arrondi à la base; test orné de 18 à 22 côtes rayonnantes, squameuses, alternativement fortes et faibles, et de lamelles concentriques nombreuses, formant sur les côtes des squamules tuberculeuses plus ou moins longues, obsolètes vers le sommet; coloration brun-corné, avec squamules plus claires. — L. 70 à 200; H. 160 à 600; E. 25 à 160 millimètres.

Peu commun; la Méditerranée, zones herb. et coral. — Edule.

## PECTINIDÆ

Coquille de taille variable, subéquivalve, subéquilatérale, adhérente ou non, portant dans le haut des appendices latéraux ou oreilles; test costulé; avec ou sans byssus; charnière sans dents; ligament interne.

## Genre PECTEN, Müller.

Coquille suborbiculaire, reposant sur la valve inférieure; sommet médian, peu saillant, accompagné latéralement d'oreilles plus ou moins grandes; ornementation rayonnante, très variable.

A. — Groupe du *P. maximus*.

Coquille grande; valve inférieure bombée; valve supérieure plane; oreilles égales; 15 à 16 grosses côtes.

### Pecten maximus, Linné.

*Ostrea maxima*, L., 1767. *Syst. nat.*, p. 1144. — *P. maximus*, Pen., 1777. *Brit. zool.*, IV, p. 84, pl. 59, fig. 61. — Loc., 1888. *Contr.*, XI, p. 15.

Coquille subarrondie; régions antérieure et postérieure également hautes, larges et arrondies; oreilles égales et grandes; valve inférieure bien bombée; valve supérieure plate ou concave, toutes deux ornées de 15 à 16 côtes arrondies, composées de côtes plus petites; coloration blanc-gris pour la valve inférieure, fauve-rouge pour la supérieure, avec taches ou maculatures plus foncées. — L. 120 à 150 H. 105 à 130; E. 15 à 35 mil.

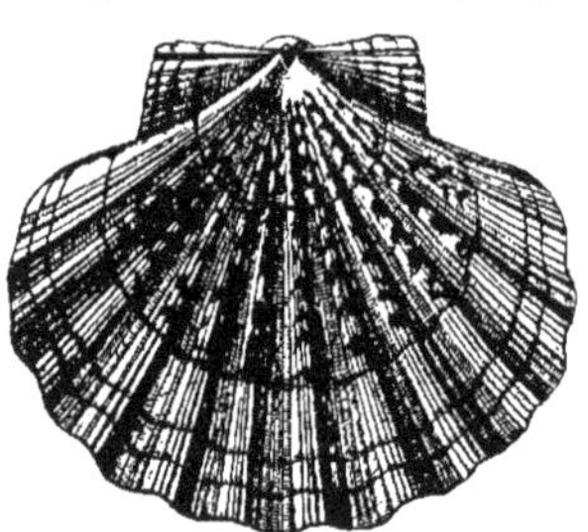

Fig. 327. — 1/3 grandeur.

Commun, la Manche et l'Océan; rare dans la Méditerranée; zones herbacée et corallienne. — Edule.

### Pecten Jacobæus, Linné.

*Ostrea Jacobæa*, L., 1767. *Syst. nat.*, p. 1144. — *P. Jacobæus*, Pen., 1777. *Brit. zool.*, IV. p. 85, pl. 60, fig. 1. — Loc., 1888. *Contr.*, XI, p. 20.

Taille un peu plus petite, galbe plus transverse; côtes de la valve inférieure plates, anguleuses sur les bords, formées de 4 côtes plus petites; côtes de la valve supérieure simples et bien rondes; même coloration. — L. 98 à 130; H. 90 à 120; E. 20 à 30 millimètres.

Commun; la Méditerranée, zones herbacée et corallienne. — Edule.

B. — Groupe du *P. varius*.

Taille moyenne; valves subégales, aplaties; oreilles très inégales, côtes plus ou moins nombreuses et toujours étroites.

## Pecten varius, LINNÉ.

*Ostrea varia*, L., 1767. *Syst. nat.*, p. 1146. — *P. varius*, Chemn., 1784. *Conch. cab.*, VII, p. 331, pl. 66, fig. 633-634. — Loc., 1888. *Contr.*, XI, p. 30.

Coquille très peu renflée, plus haute que large, bien arrondie en bas; oreille antérieure plus grande que la postérieure, munie à la valve inférieure d'une fente byssigène; test orné de 28 à 36 côtes rayonnantes arrondies, rapprochées, lisses ou ornées de saillies squameuses plus ou moins longues; coloration très variable, passant du noir au fauve, jaune, roux, violacé, rouge et blanc, monochrome, tacheté ou zoné. — L. 35 à 45; H. 48 à 55 ; E. 14 à 16 millim.

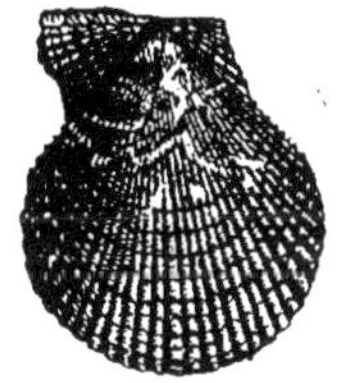

FIG. 328. — 2/3 gr.

Très commun; toutes les côtes, toutes les zones. — Edule.

## Pecten multistriatus, POLI.

*Ostrea multistriata*, Poli, 1789. *Test. Sic.*, II, p. 164, pl. 28, fig. 14. — *P. mult.*, Ris., 1826. *Eur. mer.*, IV, p. 301. — Loc., 1888. *Cont.*, XI, p. 31.

Taille plus petite ; galbe un peu moins élargi ; lignes apico-antérieure et postérieure plus tombantes; valves plus planes ; côtes rayonnantes beaucoup plus nombreuses, toujours inégales, non imbriquées; coloration plus vive et plus claire. — L. 12 à 13; H. 22 à 30 ; E. 9 à 12 millimètres.

Commun, la Méditerranée; plus rare, la région aquitanique ; zones herbacée et corallienne.

## Pecten distortus, DA COSTA.

*P. distortus*, da C., 1778. *Brit. conch.*, p. 148, pl. 10, fig. 3 et 6. — Loc., 1888. *Contr.*, XI, p. 42.

Voisin du *P. multistriatus;* valve inférieure presque toujours adhérente et dès lors très irrégulière ; valve supérieure souvent ondulée ; oreilles subégales ; même ornementation; coloration plus pâle, parfois gris-terne. — L. 22 à 38; H. 35 à 45; E. 8 à 15 millimètres.

Commun ; la Manche et l'Océan, zones littorale et herbacée.

## Pecten Bruei, PAYRAUDEAU.

*P. Bruei*, Payraudeau, 1826. *Moll. Corse*, p. 78, pl. 2, fig. 10-14. — Loc., 1888. *Contr.*, XI, p. 46.

Taille petite ; galbe arrondi ; régions antérieure et postérieure hautes et bien rondes; valve inférieure un peu plus bombée que la supérieure, ornées toutes deux d'environ 20 côtes, souvent bifides à la valve inférieure, et alternant avec d'autres bien plus petites à la valve supérieure ; test finement chagriné ; coloration passant du roux clair au jaune-orangé. — L. 18 à 20 ; H. 18 à 21 ; E. 15 à 16 millimètres.

Très rare ; côtes de Provence, zone corallienne.

### Pecten felipes, Linné.

*Ostrea pes-felis*, L., 1767. *Syst. nat.*, p. 1146. — *P. pes-felis*, Chemn., 1782. *Conch. cab.*, VII, fig. 612, 613. — Loc., 1888. *Contr.*, XI, p. 26.

Taille moyenne ; galbe subtrigone, plus haut que large ; valves peu bombées, ornées d'environ 8 côtes rayonnantes, arrondies, régulièrement espacées ; test finement chagriné, entièrement orné de nombreuses petites côtes subégales, rapprochées ; coloration passant du jaune-orangé au rose et au violacé, monochrome, tacheté ou zoné. — L. 35 à 48 ; H. 40 à 58 ; E. 12 à 15 millimètres.

Rare ; côtes de Provence, zone corallienne.

C. — Groupe du *P. opercularis*.

Taille moyenne ; galbe arrondi, peu renflé ; oreilles subégales ; 10 à 20 côtes étroites et rondes.

### Pecten opercularis, Linné.

*Ostrea opercularis*, L., 1767. *Syst. nat.*, p. 1147. — *P. opercul.*, Chemn., 1784. *Conch. cab.*, VII, p. 341, fig. 646. — Loc., 1888. *Contr.*, XI, p. 47.

Fig. 329. — 1/2 grandeur.

Coquille grande ; galbe subcirculaire un peu transverse, très peu renflé ; valve supérieure plus bombée que l'inférieure ; 20 à 24 côtes arrondies ; test entièrement orné de costulations fines, très rapprochées, imbriquées, et de stries concentriques un peu ondulées se confondant avec les imbrications ; coloration passant du rouge au rose, jaune, orangé ou blanc, monochrome, marbré, zoné, ou avec une très fine raie rouge sur chaque côte. — L. 42 à 74 ; H. 40 à 70 ; E. 14 à 15 millimètres.

Très commun ; toutes les côtes, zone herbacée. — Edule.

### Pecten commutatus, de Monterosato.

*P. commutatus*, Mtr., 1875. *Poche note*, p. 6. — Loc., 1888. *Contr.*, XI, p. 57.

Taille plus petite ; galbe plus court et surtout plus bombé ; oreilles petites ; 18 à 22 côtes plus étroites et plus arrondies ; coloration passant du rosé au fauve, avec ou sans taches brunes. — L. 24 à 27 ; H. 24 à 26 ; E. 12 à 16 millimètres.

Rare ; la Méditerranée, zone herbacée.

**Pecten distans, DE LAMARCK.**

*P. distans*, Lk., 1819. *An. s. vert.*, VI, I, p. 169. — Loc., 1888. *Contr.*, XI, p. 61.

Galbe arrondi, un peu plus large que haut ; oreilles grandes, presque égales ; valve supérieure un peu moins bombée que l'inférieure ; 10 à 11 côtes rondes, régulières, équidistantes ; test orné de costulations longitudinales fines, assez espacées, saillantes, et de stries concentriques très fines, très rapprochées ; coloration gris-jaunâtre, marbré ou maculé de blanc et de brun. — L. 40 à 62 ; H. 40 à 60 ; E. 15 à 20 millimètres.

Peu commun ; la Méditerranée, zone herbacée. — Edule.

**Pecten griseus, DE LAMARCK.**

*P. griseus*, Lk., 1819. *An. s. vert.*, VI, I, p. 169. — Loc., 1888. *Contr.*, XI, p. 63.

Voisin du *P. distans* ; taille plus petite ; valves plus bombées, surtout dans le haut ; 10 à 12 côtes plus saillantes, moins régulièrement espacées ; costulations longitudinales plus fortes, plus nombreuses, comme granuleuses ; même coloration, valve inférieure plus pâle. — L. 30 à 36 ; H. 30 à 35 ; E. 12 à 16 millimètres.

Assez commun ; la Méditerranée, zone herbacée.

**Pecten sulcatus, BORN.**

*Ostrea sulcata*, Born, 1780. *Test. Mus.*, p. 103, pl. 6, fig. 3. — *P. sulcatus*, Lamck., 1819. *An. s. vert.*, VI, I, p. 168. — Loc., 1888. *Contr.*, XI, p. 69.

Voisin du *P. distans* ; taille plus petite ; côtes rayonnantes plus découpées, plus anguleuses, inégales, parfois bifides, irrégulièrement espacées ; test plus rugueux ; costulations plus saillantes ; stries concentriques plus fortes ; même coloration. — L. 20 à 36 ; H. 20 à 35 ; E. 6 à 14 millimètres.

Assez rare ; la Méditerranée, zone herbacée.

**Pecten unicolor, DE LAMARCK.**

*P. unic.*, Lk., 1818. *An. s. vert.*, VI, I, p. 169. — Loc., 1888. *Contr.*, XI, p. 72.

Voisin du *P. distans* ; galbe moins bombé ; côtes moins saillantes, moins arrondies ; costulations et stries plus atténuées ; coloration monochrome, rose, jaune, orangé, parfois avec maculatures blanches. — L. 39 à 57; H. 40 à 55; E. 14 à 16 millimètres.

Très rare; côtes de Provence, zone herbacée.

D. — Groupe du *P. glaber*.

Taille moyenne; galbe arrondi-comprimé; oreilles latérales grandes; 5 à 7 côtes très larges et plates.

### Pecten glaber, Chemnitz.

*P. glaber*, Chemnitz, 1789. *Conch. cab.*, VII, fig. 642-643. — Loc., 1888. *Contr.*, XI, p. 76.

Coquille arrondie-transverse; valves peu renflées, presque égales; oreilles subégales; régions antérieure et postérieure un peu étroitement arrondies en haut; valve supérieure, 5 côtes plates, larges, une petite côte obsolète dans les espaces intercostaux; valve inférieure, 5 grosses côtes plates et bifides; test orné de costulations rayonnantes peu accusées, très nombreuses, irrégulières, et de stries concentriques, très fines; valve inférieure grise; valve supérieure roux clair, passant au rose, jaune, rouge, violacé, avec larges marbrures blanches ou brunes. — L. 32 à 47; H. 32 à 45; E. 9 à 11 millimètres.

Fig. 330. — 2/3 grandeur.

Rare; côtes de Provence, zone herbacée.

### Pecten proteus, Solander.

*Ostrea protea*, Sol., *in* Dillw., 1817. *Descr. cab.*, I, p. 265. — *P. proteus*, Sow., 1847. *Thes.*, p. 53, pl. 13, fig. 53-54. — Loc., 1888. *Contr.*, XI, p. 83.

Galbe moins transverse, plus allongé en hauteur; oreilles plus inégales; test plus mince, côtes de la valve supérieure plus étroites, plus saillantes, plus arrondies, sans côtes intermédiaires; valve inférieure plus ondulée; costulations rayonnantes plus régulières et plus rapprochées. — L. 32 à 44; H. 35 à 45; E. 13 à 15 millimètres.

Rare; côtes de Provence, zone herbacée.

### Pecten anisopleurus, Locard.

*P. anisopleurus*, Loc., 1888. *Contr.*, XI, p. 86.

Galbe allongé du *P. proteus*; valves moins renflées; sur la valve supérieure 11 à 12 côtes dont 5 plus fortes, alternant avec 2 autres moins saillantes ; sur la valve inférieure 12 à 14 côtes subégales ; même coloration. — L. 32 à 43; H. 32 à 45; E. 9 à 13 millimètres.

Rare; la Méditerranée, zone herbacée.

**Pecten septemradiatus,** Müller.

*P. septemradiatus*, Müll., 1776. *Prodr.*, p. 248. — Loc., 1888. *Contr.*, XI, p. 90.

Galbe suborbiculaire, un peu plus haut que large, très peu renflé; valve supérieure avec 7 à 9 côtes dont 3 à 5 plus fortes, très larges, peu hautes, subanguleuses au milieu ; test mince, translucide, orné de costulations rayonnantes très petites, accusées surtout à la périphérie; oreilles petites; coloration, valve inférieure roux-gris ; valve supérieure rouge brique avec pointillé plus clair. — L. 18 à 30; H. 30 à 40 ; E. 8 à 12 mil.

Rare ; la Manche et l'Océan, zones herbacée et corallienne.

**Pecten amphicyrtus,** Locard.

*P. amphicyrtus*, Loc., 1888. *Contr.*, XI, p. 96.

Galbe du *P. glaber;* taille plus petite ; valves bombées ; test plus épais; sur la valve supérieure 5 à 7 côtes saillantes, arrondies, avec espaces intercostaux une fois et demie plus large, et une petite côte intermédiaire; sur la valve inférieure 4 à 6 grosses côtes bifides aplaties; test orné de costulations longitudinales assez fortes ; coloration roux-pâle avec marbrures plus foncées. — L. 33 à 39; H. 35 à 42; E. 22 à 24 millimètres.

Assez rare; l'Océan, zones herbacée et corallienne.

E. — Groupe du *P. clavatus*.

Taille assez petite ; galbe plus ou moins comprimé ; 5 à 7 grosses côtes étroites; oreilles latérales petites et subégales.

**Pecten clavatus,** Poli.

*Ostrea clavata*, P., 1785. *Test. Sic.*, II, p. 160, pl. 28, fig. 17. — *P. clav.*, Ris., 1826. *Eur. mer.*, IV, p. 297. — Loc., 1888. *Contr.*, XI, p. 97.

Fig. 231.

Coquille subovalaire, plus haute que large ; oreilles très petites; valve supérieure plus plate que l'inférieure avec 5 grosses côtes étroites, arrondies, très saillantes ; valve inférieure avec six côtes semblables ; test mince, orné de cordons rayonnants et de stries concentriques très fines ; coloration, valve inférieure blanc grisâtre ; valve supérieure rouge brique avec pointillé blanc. — L. 22 à 35 ; H. 25 à 38 ; E. 10 à 12 millimètres.

Rare ; la Méditerranée, zones herbacée et corallienne.

**Pecten flexuosus**, Poli.

*Ostrea flexuosa*, P., 1785. *Test. Sic.*, II, p. 161, pl. 28, fig. 11. — *P. flexuosus*, Lamck., 1819. *An. s. vert.*, VI, I, p. 173. — Loc., 1888. *Contr.*, XI, p. 105.

Galbe plus transverse-arrondi, plus déprimé, plus équivalve ; oreilles plus grandes ; même nombre de côtes, mais moins fortes, moins saillantes ; valve supérieure passant du rouge au rose, brun, jaune, blanc, monochrome ou maculé ; valve inférieure plus pâle. — L. 23 à 30 ; H. 20 à 28 ; E. 6 à 8 millimètres.

Peu commun ; la Méditerranée, zones herbacée et corallienne.

**Pecten flagellatus**, de Lamarck.

*P. flagel.*, Lamck., 1818. *An. s. vert.*, VI, I, p. 167. — Loc., 1888. *Ctr.*, p. 109.

Même galbe que le *P. flexuosus* ; croissance plus régulière ; valve supérieure portant un double régime de 5 à 6 côtes chacun et d'inégale grosseur ; valve inférieure avec 5 grosses côtes bifides ; oreilles plus grandes ; même coloration. — L. 28 à 37 ; H. 23 à 33 ; E. 8 à 10 mil.

Assez rare ; la Méditerranée, zones herbacée et corallienne.

F. — Groupe du *P. tigrinus*.

Coquille assez petite ; galbe peu renflé ; très nombreuses et très fines côtes ; oreilles inégales.

**Pecten tigrinus**, Muller.

*P. tigrinus*, Müll., 1776. *Prodr.*, p. 248. — Loc., 1888. *Contr.*, XI, p. 11[?].

Coquille subarrondie, subéquivalve, équilatérale ; oreilles très inégales ; valve inférieure un peu plus plate que la supérieure ; test solide, subopaque, peu brillant, orné de côtes rayonnantes fines, très nombreuses, très rapprochées, dont 5 à 7 parfois un peu saillantes sur la valve supérieure, plus larges et moins hautes à la valve inférieure ; coloration rouge brique passant au roux et au violacé, vaguement tigriné, plus pâle à la valve inférieure. — L. 17 à 23 ; H. 18 à 25 ; E. 7 à 8 millimètres.

Fig. 332.

Rare ; l'Océan, zones herbacée et corallienne.

**Pecten lævis, Pennant.**

*P. lævis*, Pen., 1767. *Brit. zool.*, IV, p. 87. — Loc., 1888. *Prodr.*, p. 118.

Taille un peu plus grande, galbe plus bombé; test lisse ou simplement strié à la périphérie; même coloration. — L. 34 à 37; H. 25 à 28; E. 7 à 8 1/2 millimètres.

Assez rare; la Manche et l'Océan, zones herbacée et corallienne.

**Pecten striatus, Müller.**

*P. striatus*, Müll., 1776. *Prodr.*, p. 248. — Loc., 1888. *Contr.*, XI, p. 121.

Galbe plus étroitement allongé en hauteur; test mince, fragile, diaphane; valves peu bombées surtout à la périphérie; côtes rayonnantes très fines, très nombreuses; test orné de stries obliques très fines, courtes, rapprochées, inégales; coloration passant du roux pâle au rouge. — L. 14 à 16; H. 16 à 18; E. 3 1/2 à 4 millimètres.

Rare; la Méditerranée et l'Océan, zone corallienne.

G. — Groupe du *P. hyalinus*.

Coquille petite, déprimée; test hyalin; côtes obsolètes; oreilles subégales.

**Pecten hyalinus, Poli.**

*Ostrea hyalina*, Poli, 1795. *Test. Sic.*, II, p. 159, pl. 27, fig. 6. — *P. hyalin.*, Phil., 1836. *Moll. Sic.*, I, p. 80. — Loc., 1888. *Contr.*, XI, p. 125.

Coquille arrondie-transverse, assez comprimée, un peu inéquilatérale, presque équivalve; sur chaque valve 14 à 15 côtes larges, méplanes parfois confuses; test mince, brillant, très finement orné de petits costulations rayonnantes, et de stries concentriques obsolètes; coloration égale sur les deux valves, passant du gris-clair moucheté de brun et de blanc, au jaune d'ambre ou au brun foncé. — L. 20 à 26; H. 18 à 23; E. 6 à 8 millimètres.

Fig. 333.

Assez commun; la Méditerranée, zones herbacée et corallienne.

**Pecten similis, Laskey.**

*P. similis*, Laskey, 1811. *Vern. Soc.*, II, p. 387, pl. 8, fig. 8. — Loc., 1888. *Contr.*, XI, p. 128.

Taille assez petite; galbe arrondi, comprimé, subéquilatéral, presque équivalve; oreilles petites; test mince, papyracé, transparent, orné de stries concentriques extrêmement fines; coloration roux très clair avec maculatures brunes et blanches. — L. 7 à 10 ; H. 6 à 7; E 2 à 2 1/2 mil.

Assez rare ; régions aquitanique et méditerranéenne, zone corallienne.

**Pecten incomparabilis,** Risso.

*P. incomparabilis*, Risso, 1826. *Eur. mer.*, IV, p. 302, fig. 154. — Loc., 1888. *Contr.*, XI, p. 115.

Galbe du *P. similis;* oreilles plus grandes; test mince, fragile, brillant, finement chagriné; coloration passant du blanc jaunâtre au rose et à l'orangé, parfois maculé de blanc et de tons plus foncés; valve supérieure plus teintée que l'inférieure. — L. 11 à 14; H. 12 à 14; E. 2 1/2 à 3 millimètres.

Rare; la Méditerranée, zones herbacée et corallienne.

**Pecten vitreus,** Chemnitz.

*Pallium vitreum*, Chemn., 1782. *Conch. cab.*, VII, p. 335, pl. 67, fig. 637. — *P. vit.*, Gmel., 1789. *Syst. nat.*, p. 3328. — Loc., 1888. *Contr.*, XI, p. 139.

Galbe du *P. incomparabilis*, plus arrondi; oreilles plus petites; test papyracé, blanc-hyalin, orné de stries rayonnantes extrêmement fines, irrégulières, interrompues, avec de petites imbrications mamelonnées, caduques, espacées. — L. 9 à 10; H. 9 à 10 1/2; E. 3 millimètres.

Très rare; régions aquitanique et méditerranéenne, zone corallienne.

## Genre LIMA, Bruguière.

Coquille de taille variable, ovalaire-haute, équivalve, inéquilatérale, libre ou fixée par un byssus; oreilles subégales ; test ornementé; area cardinal triangulaire, sans dents ; ligament interne.

**Lima squamosa,** de Lamarck.

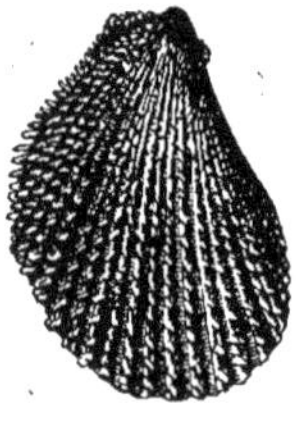

Fig. 334.

*L. squamosa*, Lamck., 1819. *An. s. vert.*, VI, I, p. 156. — Loc., *Prodr.*, p. 403.

Coquille assez grande; galbe subtrigone-haut, peu renflé, bien arrondi en bas; région antérieure courte, close; région postérieure, longue, tronquée, bâillante; oreilles tombantes, les antérieures plus grandes; sommet petit, peu saillant; test épais; 24 à 30 côtes rayonnantes, arrondies, régulièrement ornées de squamules épineuses ; coloration blanc-grisâtre, terne. — L. 20 à 50 ; H. 30 à 65; E. 11 à 25 millimètres.

Assez commun ; la Méditerranée, toutes les zones. — Edule.

**Lima inflata,** Chemnitz.

*Pecten inflatus*, Chemn., 1781. *Conch. cab.*, VII, p. 316, pl. 68, fig. 649. — *L. inflata*, Lamck., 1818. *An. s. vert.*, VI, I, p. 156. — Loc., *Prodr.*, p. 503.

Taille plus petite ; galbe plus ovalaire, plus oblique, bien plus renflé ; régions antérieure et postérieure bâillantes ; test mince ; sommet plus renflé, environ 35 côtes inégales, peu saillantes, subsquameuses dans la région postérieure ; oreilles subégales ; coloration blanc-roux terne. — L. 18 à 28 ; H. 22 à 40 ; E. 13 à 24 millimètres.

Assez commun ; la Méditerranée, zones littorale et herbacée. — Edule.

**Lima hians,** Gmelin.

*Ostrea hians*, Gmel., 1789. *Syst. nat.*, p. 3332. — *L. hians*, Lov., 1846. *Moll. Scand.*, p. 185. — Loc., *Prodr.*, p. 504.

Voisin du *L. inflata ;* taille plus petite ; galbe plus droit, plus haut ; valves plus bâillantes, bien moins renflées ; régions antérieure et postérieure subégales ; côtes rayonnantes plus nombreuses, plus rapprochées, moins saillantes ; même coloration. — L. 9 à 15 ; H. 15 à 24 ; E. 4 à 8 mil.

Peu commun ; toutes nos côtes, zone herbacée.

**Lima Loscombii,** G.-B. Sowerby.

*L. Loscombii*, Sow., 1820-24. *Lima*, fig. 4. — Loc., *Prodr.*, p. 504.

Voisin du *L. inflata ;* taille plus petite ; valves à peine bâillantes ; galbe moins large et un peu moins oblique, moins arrondi ; sommet plus renflé ; côtes rayonnantes bien plus nombreuses, plus fines et plus régulières ; même coloration. — L. 10 à 12 ; H. 14 à 20 ; E. 19 à 22 millimètres.

Rare ; l'Océan et la Méditerranée, zones herbacée et corallienne.

**Lima subauriculata,** Montagu.

*Pecten subauriculatus*, Mtg., 1808. *Test. Brit.*, p. 63, pl. 29, fig. 2. — *L. subauric.*, Turt., 1822. *Dit.*, p. 218. — Loc., *Prodr.*, p. 505.

Coquille petite, équilatérale ; galbe elliptique, étroitement haut, droit ; sommet saillant ; valves très renflées ; 24 à 30 côtes rayonnantes minces, peu saillantes, espacées ; coloration gris-roux, très clair. — L. 2 à 3 ; H. 4 à 6 ; E. 3 à 4 millimètres.

Très rare ; toutes nos côtes, zone corallienne.

# SPONDYLIDÆ

Coquille inéquivalve; valve inférieure adhérente et plus grande; pas de byssus; sur chaque valves 2 dents cardinales; ligament interne.

## Genre SPONDYLUS, Linné.

Coquille ostréiforme; test épais, orné de côtes rayonnantes et de lamelles concentriques, sommet très obtus, droit.

### Spondylus gæderopus, Linné.

*Sp. gæderopus*, L., 1767. *Syst. nat.*, p. 1136. — Loc., *Prodr.*, p. 517.

Coquille grande, subarrondie; valve supérieure plane, mince, ornée de 14 à 18 côtes rayonnantes, peu saillantes, portant des épines squameuses longues, avec nombreuses petites côtes intermédiaires épineuses; valve inférieure très bombée, ornée de lamelles concentriques irrégulières, couvertes par des expansions squameuses de forme variée; valve inférieure blanc-grisâtre; valve supérieure passant du rose-violacé au jaune-roux. — L. et H. 30 à 70; E. 20 à 35 millimètres.

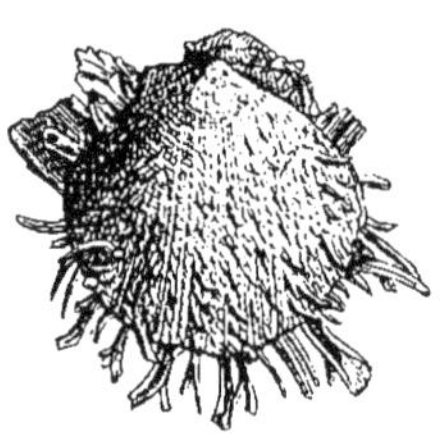

Fig 335. — 1/2 grandeur.

Assez commun; la Méditerranée, zones herbacée et corallienne. — Edule.

### Spondylus Gussoni, O.-G. Costa.

*Sp. Gussoni*, Costa, 1829. *Cat.*, p. 42. — Loc., 1886. *Prodr.*, p. 117.

Taille plus petite; galbe plus étroit; test orné de nombreuses côtes rayonnantes très fines, saillantes, rudes, à peine épineuses, et de stries concentriques un peu lamelleuses, peu saillantes; bord marginal crénelé; coloration roux très clair. — L. 8 à 10; H. 10 à 12; E. 5 à 8 millimètres.

Rare; côtes de Provence, zone corallienne.

# OSTREIDÆ

Coquille grande, inéquivalve, inéquilatérale; valve inférieure fixe; test épais; charnière sans dents; ligament interne.

## Genre OSTREA, Linné.

Coquille irrégulière, de forme variable; valve supérieure plane; valve inférieure plus ou moins bombée; sommet plus ou moins saillant, à peine contourné; test lamelleux.

A. — Groupe de l'*O. edulis*.

Valve inférieure peu bombée; galbe subarrondi.

### Ostrea edulis, Linné.

*O. edulis*, L., 1767. *Syst. nat.*, p. 1148. — Loc., *Prodr.*, p. 517.

Coquille subarrondie, presque équilatérale; sommet court, un peu pointu; valve inférieure assez bombée, fixée près du sommet, ornée de côtes rayonnantes irrégulières en nombre variable, recoupées par des lamelles concentriques plus ou moins rapprochées; valve supérieure plane, garnie de lamelles irrégulièrement frangées; coloration, valve inférieure grisâtre, maculé de violacé; valve supérieure gris-roux avec vagues zones concentriques violacé. — L. et H. 50 à 80; E. 15 à 25 millimètres.

Fig. 336. — 1/2 gr.

Très commun; toutes nos côtes, zones littorale et herbacée. — Edule.

### Ostrea lamellosa, Brocchi.

*O. lamellosa*, Br., 1814. *C. Sub.*, II, p. 564. — *O. hippopus*, Loc., *Pr.*, p. 518.

Taille plus grande; galbe arrondi; valves très épaisses; sommet plus élargi; test orné de lamelles plus grossières. — L. et H. 100 à 120; E. 30 à 40 millimètres.

Assez commun; toutes les côtes, zone herbacée. — Edule.

**Ostrea Cyrnusi, Payraudeau.**

*O. Cyrnusii*, Payr., 1826. *Moll. Corse*, p. 79, pl. 3, fig. 1-2. — *O. lamellosa (pars)*, Loc., *Prodr.*, p. 519.

Voisin de l'*O. lamellosa;* galbe plus étroit, plus haut; valves moins épaissies; sommet étroitement allongé, effilé à son extrémité. — L. 75 à 95; H. 95 à 110; E. 30 à 35 millimètres.

Peu commun ; l'Océan et la Méditerranée, zone herbacée. — Edule.

**Ostrea cristata, Born.**

*O. cristata*, Born, 1780. *Mus. Vind.*, p. 112, pl. 7, fig. 3. — Loc., *Pr.*, p. 519.

Taille assez petite; test mince; lamelles concentriques grandes, développées et relevées; valves très inégales; coloration gris-pâle. — L. et H. 50 à 60 ; E. 15 à 20 millimètres.

Assez rare; l'Océan et la Méditerranée, zones littor. et herb. — Edule.

**Ostrea Adriatica, de Lamarck.**

*O. Adriatica*, Lamck., 1818. *An. s. vert.*, VI, I, p. 204. — Loc., *Pr.*, p. 519.

Coquille ovalaire, un peu oblique; région antérieure un peu étroitement allongée; région postérieure arrondie; test orné de nombreuses côtes rayonnantes très rapprochées et de lamelles concentriques régulières, bien développées; coloration gris-verdâtre, avec zones vaguement violacées. — L. 50 à 75 ; H. 50 à 60; E. 30 à 35 millimètres.

Rare; côtes de Provence, zone littorale. — Edule.

**Ostrea Stentina, Payraudeau.**

*O. Stentina*, Payr., 1826. *Moll. Corse*, p. 81, pl. 3, fig. 3. — Loc., *Pr.*, p. 519.

Taille assez petite; galbe trapézoïdal-déprimé ; sommet peu développé ; valve inférieure ornée de côtes rayonnantes et de lamelles concentriques; valve supérieure souvent errodée, ornée sur les bords de plis rayonnants obsolètes et de lamelles concentriques onduleuses et irrégulières ; coloration blanc-grisâtre ou verdâtre. — L. 25 à 30; H. 45 à 50; E. 15 à 20 millimètres.

Commun; la Méditerranée, zone littorale. — Edule.

B. — Groupe de l'*O. angulata*.

Valve inférieure très bombée; galbe variable.

**Ostrea angulata,** DE LAMARCK.

*Gryphæa ang.*, Lamck., 1818. *An. s. vert.*, VI, I, p. 198. — Loc., *Pr.*, p. 520.

Galbe très irrégulier, étroitement allongé en hauteur; sommet étroit, un peu arqué antérieurement; bord inférieur plus ou moins arrondi ; valve supérieure plane, plus petite que l'inférieure ; valve inférieure très bombée ; toutes deux ornées de plis longitudinaux plus accusés sur la valve inférieure et de lamelles concentriques espacées, assez saillantes ; coloration roux-clair, avec zones ou rayons violacés. — L. 45 à 80 ; H. 70 à 100 ; E. 25 à 40 millimètres.

FIG. 337. — 1/3 gr.

Très commun ; l'Océan, zones littorale et herbacée. — Edule.

**Ostrea cochlearis,** POLI.

*O. cochlear.*, Poli, 1795. *Test. Sic.*, II, p. 179, pl. 28, fig. 28. — Loc., *Pr.*, p. 520.

Galbe plus arrondi ; test plus mince ; valve inférieure un peu moins bombée ; test orné de côtes longitudinales obsolètes et de lamelles concentriques bien accusées ; coloration blanc-rosé. — L. et H. 45 à 50 ; E. 25 à 35 millimètres.

Peu commun ; régions aquitanique et méditerranéenne, zones littorale et herbacée. — Edule.

## Genre ANOMIA, Linné.

Coquille orbiculaire, inéquivalve, fixée par un byssus calcifié traversant une valve inférieure plus plane que la supérieure ; test mince, subpapyracé ; pas de dents cardinales.

A. — Groupe de l'*A. ephippia*.

Test non orné de fines costulations rayonnantes.

**Anomia ephippia,** LINNÉ.

*A. ephippium*, L., 1767. *Syst. nat.*, p. 1150. — Loc., *Prodr.*, p. 520.

Coquille subarrondie, souvent rétrécie vers le haut ; valve inférieure aplatie, munie vers le sommet d'une échancrure ovalaire par laquelle passe le byssus ; valve supérieure entière et un peu plus grande, bombée, montrant un sommet un peu infléchi, peu saillant, supérieur; test mince, présentant sur les deux valves le profil des corps sur lequel il est fixé, orné de stries concentriques ondulées, irrégulières ; coloration passant du blanc au rose, jaune ou violacé. — L. et H. 40 à 70 ; E. 15 à 40 millimètres.

Fig. 338. — 1/2 grandeur.

Très commun ; toutes nos côtes, toutes les zones. — Edule.

## Anomia electrica, Linné.

*A. electrica*, L., 1767. *Syst. nat.*, p. 1151. — Loc., *Prodr.*, p. 520.

Taille plus petite ; galbe plus arrondi, parfois très irrégulier ; test complètement lisse; coloration jaune-ambré, rose-violacé ou blanc. — L. et H. 30 à 40 ; E. 8 à 10 millimètres.

Assez commun ; toutes nos côtes, toutes les zones. — Edule.

## Anomia boletiformis, Locard.

*A. boletiformis*, Loc., 1891. *Nov. sp.*

Galbe ovale-transverse, peu bombé ; test épais, solide, ondulé, formé de nombreuses lamelles superposées et peu saillantes, comme feuilleté; coloration externe grisâtre, interne nacrée. — L. 40 à 45; H. 35 à 45; E. 18 à 20 millimètres.

Assez rare ; toutes nos côtes, zones herbacée et corallienne. — Edule.

B. — Groupe de l'*A. patelliformis*.

Test orné de fines costulations rayonnantes.

## Anomia patelliformis, Linné.

*A. patelliformis*, L., 1767. *Syst. nat.*, p. 1151. — Loc., *Prodr.*, p. 522.

Coquille subarrondie, parfois rétrécie vers le haut ; valve inférieure aplatie, mince, presque lisse, avec une échancrure arrondie dans le haut ; valve supérieure bombée, un peu plus grande, ornée de nombreuses côtes rayonnantes fines, un peu flexueuses, plus ou moins imbriquées ; sommet assez saillant, légèrement incurvé et excentré ; coloration blanc-jaunâtre, passant au verdâtre vers le sommet, obscurément rayonné de fauve. — L. et H. 40 à 70; E. 15 à 40 millimètres.

Fig. 339. — 1/2 grandeur.

Assez rare ; toutes nos côtes, zones herbacée et corallienne.

**Anomia glauca**, de Monterosato.

*A. glauca*, Mtr., 1884. *Nom. conch.*, p. 3. — *A. patel. (pars)*, Loc., *Pr.*, p. 523.

Galbe arrondi, très déprimé; valve supérieure ornée de stries rayonnantes très fines, très rapprochées, subégales ; valve inférieure très mince, fragile ; coloration gris-jaunâtre, passant au verdâtre vers le sommet. — L. et H. 25 à 30 ; E. 8 à 10 millimètres.

Très rare ; côtes de Provence, zones herbacée et corallienne.

**Anomia aculeata**, Müller.

*A. aculeata*, Müll., 1776. *Prodr.*, p. 249. — Loc., *Prodr.*, p. 523.

Taille plus petite ; même galbe ; les 2 valves ornées de stries rayonnantes assez fortes, rapprochées et squameuses ; coloration blanc-grisâtre. — L. et H. 10 à 15 ; E. 3 à 4 millimètres.

Rare ; la Manche et l'Océan, zones herbacée et corallienne.

---

# BRACHIOPODA

## TEREBRATULIDÆ

Coquille moyenne, ovalaire, un peu haute, inéquivalve, la valve supérieure plus grande que l'inférieure, terminée par un sommet tronqué et muni d'un foramen arrondi donnant passage au pédoncule servant à fixer l'animal ; test lisse ou plissé; squelette interne plus ou moins complexe.

### Genre TEREBRATULA, Llhwyd.

Coquille ovoïde-haute; test lisse; bord inférieur très obtusément biplissé; foramen assez grand ; squelette interne très court.

**Terebratula vitrea**, Gmelin.

*Anomia vitrea*, Gmel., 1789. *Syst. nat.*, p. 3347. — *T. vitrea*, Lamck., 1819. *An. s. vert.*, VI, I, p. 245. — Loc., *Prodr.*, p. 524.

Fig. 340.

Coquille ovalaire, haute, tronquée en bas; valve supérieure bien bombée, terminée par un crochet un peu court, muni d'un foramen arrondi et grand; valve inférieure plus petite, moins bombée; plis de la base très obtus; test lisse, mince; coloration corné-pâle. — L. 25 à 30; H. 32 à 35; E. 20 à 23 millimètres.

Très rare; la Méditerranée, zone corallienne.

## Genre TEREBRATULINA, d'Orbigny.

Coquille subovoïde-haute; test orné de fines côtes rayonnantes; foramen très grand; bord inférieur, biplissé; squelette interne court.

### Terebratula caput-serpentis, Linné.

*Anomia caput-serpentis*, L., 1767. *Syst. nat.*, p. 1153. — *T. caput-serpentis*, Lamck., 1819. *An. s. vert.*, VI, I, p. 247. — Loc., *Prodr.*, p. 525.

Coquille ovalaire, assez haute, assez déprimée, bien tronquée dans le bas; valve supérieure plus grande et plus bombée que l'inférieure, terminée par un crochet très court, avec un foramen très grand; test mince, orné de nombreuses costulations rayonnantes, parfois bifides, comme granuleuses, très rapprochées; coloration corné-pâle. — L. 8 à 15; H. 10 à 20; E. 4 à 7 millimètres.

Fig. 341.

Rare; l'Océan et la Méditerranée, zone corallienne.

## Genre MAGELLANIA, Bayle.

Coquille ovalaire-subarrondie, assez renflée, test lisse; foramen très grand; squelette interne très développé.

### Magellania cranioides, Müller.

*Terebratula cranium*, Müll., 1776. *Prodr.*, p. 249. — *Waldheimia cranium*, Loc., *Prodr.*, p. 525.

Coquille ovalaire, un peu courte, assez renflée, un peu plus haute que large, tronquée dans le bas; valve supérieure bien bombée, terminée dans le haut par un crochet assez développé, tronqué par un large foramen; valve inférieure plus petite, un peu moins bombée; test lisse, mince, d'un corné-roux plus ou moins clair. — L. 15 à 22; H. 18 à 27; E. 9 à 15 millimètres.

Fig. 342.

Très rare, région aquitanique, zone corallienne.

## Genre MUHLFELDIA, Bayle.

Coquille ovale-transverse, subtronquée dans le haut; foramen très large; test orné de fines costulations rayonnantes; squelette interne allongé.

**Muhlfeldia truncata,** Linné.

*Anomia trunc.*, L., 1767. *Syst. nat.*, p. 1152.—*Megerleia trunc.*, L., *Pr.*, p. 526.

Coquille ovale-transverse, peu renflée, presque droite en haut, largement arrondie en bas ; valve supérieure plus bombée que l'inférieure, terminée par un crochet très large, peu haut, muni d'un vaste foramen arrondi ; valve inférieure tronquée droite en haut ; région inférieure biplissée ; test un peu épais, orné de fines costulations rayonnantes irrégulières, très rapprochées, interrompues par des stries concentriques assez espacées ; coloration fauve-roux. — L. 12 à 18 ; H. 10 à 14 ; E. 5 à 7 millimètres.

Fig. 343.

Rare ; l'Océan et la Méditerranée, zone coralienne.

## Genre PLATIDIA, Costa.

Coquille petite, suborbiculaire-déprimée ; bord supérieur droit ; foramen entamant les deux valves, squelette interne subtriangulaire.

**Platidia anomioides,** Scacchi et Philippi.

*Orthis anomioides*, Sc. et Ph., 1844. *Moll. Sic.*, II, p. 69, pl. 18, fig. 9. — *Pl. anomioides*, Jeffr., 1858. *Proc. zool. soc.*, p. 411. — Loc., *Prodr.*, p. 527.

Coquille ovalaire, tronquée dans le haut, fortement déprimée ; valve supérieure un peu plus grande que l'inférieure, subrectangulaire ; bord inférieur bien arrondi ; bord supérieur droit ; test mince, un peu ondulé, orné de fines granulations très rapprochées ; coloration roux très clair. — L. 3 à 5 ; H. 2 à 4 ; E. 1 à 1 1/4 millimètre.

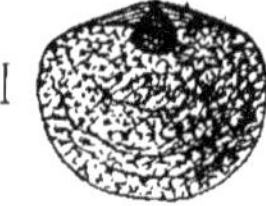
Fig. 344.

Très rare ; la Méditerranée et la région aquitanique, zone corallienne.

**Platidia Davidsoni,** E. Deslonchamps.

*Morrisia Davidsoni*, Desl., 1855. *An. nat. hist.*, pl. 10, fig. 20. — *Pl. David.*, Fischer, 1872. *Journ. conch.*, p. 160, pl. 4, fig. 3-9. — Loc., *Prodr.*, p. 517.

Taille plus grande ; galbe plus transverse, à profil moins régulier ; surface bossuée ; foramen plus grand ; test orné de stries concentriques et de très fines granulations punctiformes un peu obsolètes ; coloration roux-clair. — L. 8 à 10 ; H. 5 à 6 ; E. 3 à 4 millimètres.

Très rare ; région aquitanique, zone corallienne.

# MEGATHYRIDÆ

Coquille petite, transverse, inéquivalve, inéquilatérale; valve supérieure largement tronquée au sommet par une encoche arrondie ou foramen, donnant passage au pédoncule servant à fixer l'animal; à l'intérieur une ou plusieurs cloisons marginales (septum).

## Genre MEGATHYRIS, d'Orbigny.

Coquille subtriangulaire-transverse, épaissie dans le bas; test lisse ou orné; foramen triangulaire, grand; à l'intérieur, 3 septums marginaux inférieurs.

### Megathyris decollata, Chemnitz.

*Anomia decollata*, Chemn., 1784. *Conch. cab.*, VIII, p. 96, pl. 78, fig. 705 — *M. decollata*, Mtr., 1884. *Nom. conch.*, p. 1. — Loc., *Prodr.*, p. 528.

Coquille triangulaire dans le haut, largement arrondie dans le bas, plus longue que haute; valve supérieure plus grande que l'inférieure, renflée vers le sommet, terminée par un crochet développé, haut, très largement tronqué par un foramen triangulaire; valve inférieure droite en haut; test orné de côtes rayonnantes assez larges, espacées, recoupées par des stries concentriques très fines, très rapprochées. — L. 5 à 6; H. 4 à 5; E. 3 millimètres.

Fig. 345.

Très rare; l'Océan et la Méditerranée, zone corallienne.

### Megathyris cistellula, S. Wood.

*Terebratula cistelluta*, S. Wood, 1840. *An. nat. hist.*, VI, p. 253. — *M. cist.*, F. et H., 1853. *Brit. moll.*, II, p. 361, pl. 57, fig. 9. — Loc., *Prodr.*, p. 528.

Taille plus petite; galbe plus rhomboïdal; bord inférieur bilobé; sommet de la valve supérieure moins développé; foramen plus étroitement triangulaire ; test orné de stries rayonnantes très fines, très nombreuses ; coloration fauve-roux. — L. 1 ; H. 3/4 ; E. 1/2 millimètre.

Rare ; la Manche et l'Océan, zone corallienne.

**Megathyris capsula,** Jeffreys.

*Terebratula capsula*, Jeffr., 1858. *An. nat. hist.*; II, p. 125, pl. 5, fig. 4. — *M. capsula*, Loc., *Prodr.*, p. 528.

Galbe moins transverse, plus ovalaire, plus comprimé, presque équivalve, un peu convexe dans le haut; bords inférieur et latéraux arrondis; bord supérieur plus étroit que l'inférieur; test orné de stries rayonnantes extrêmement fines; coloration roux-fauve. — L. et H. 1/2; E. 1/3 millimètre.

Très rare; la Manche et l'Océan, zone corallienne.

## Genre CISTELLA, Gray.

Galbe des *Megathyris;* à l'intérieur, un seul septum médian.

**Cistella cuneata,** Risso.

*Terebratula cuneata*, Ris., 1826. *Eur. mer.*, IV, p. 388, fig. 179. — *C. cuneata*, Mtr., 1876. *En. sin.*, p. 3. — Loc., *Prodr.*, p. 539.

1

Fig. 346.

Coquille très petite ; galbe ovale-transverse, comprimé, bord supérieur droit à la valve inférieure ; valve supérieure un peu plus grande que l'inférieure ; foramen grand, subrectangulaire; test orné de larges côtes déprimées, rayonnantes ; coloration fond blanc, avec les espaces intercostaux rouges. — L. 1 1/2 ; H. 1 ; E. 3/4 millimètre.

Rare; côtes de Provence, zone corallienne.

**Cistella cordata,** Risso.

*Terebratula cordata*, Ris., 1826. *Eur. mer.*, IV, p. 389. — *C. cordata*, Mtr., 1884. *Nom. conch.*, p. 2. — Loc., *Prodr.*, p. 538.

Taille un peu plus grande ; bord supérieur moins droit ; galbe moins transverse ; bord inférieur bilobé; test mince, translucide, orné de très petits tubercules ponctués, blanchâtres. — L. 1 1/2 à 2 1/2 ; H. 1 à 2 ; E. 1 1/2 millimètre.

Rare ; côtes de Provence, zone corallienne.

### Genre THECIDEA, Defrance.

Coquille petite, subarrondie, très inéquivalve, équilatérale, renflée; pas de foramen ; sommet développé, un peu arqué et adhérent.

**Thecidea Mediterranea,** Risso.

*T. mediterr.*, Ris., 1826. *Eur. mer.*, IV, p. 394, fig. 183.— Loc., *Prodr.*, p. 529.

Coquille de forme variable suivant sa fixation, le plus souvent subarrondie ; valve supérieure beaucoup plus grande que l'inférieure, terminée par un crochet très développé ; test orné de granulations saillantes, arrondies, fines et rapprochées, parfois en séries rayonnantes; coloration blanc-terreux, ou roux terne. — L. et H. 3 à 5 ; E. 2 à 3 millimètres.

Fig. 347.

Rare; région aquitanique et Méditerranée, zone corallienne.

## CRANIIDÆ

Coquille de taille moyenne, inéquivalve, subéquilatérale, d'un galbe subrectangulaire plus ou moins déprimé; valve inférieure fixée ; valve supérieure libre, conique-aplatie.

### Genre CRANIA, Retzius.

Coquille subquadrangulaire ; sommet subcentral, peu saillant, non perforé; pas de squelette interne.

**Crania anomala,** Müller.

*Patella anomala*; Müll., 1767. *Prodr.*, p. 237. — *Cr. anomala*, Lov., 1846. *Moll. Scand.*, p. 183. — Loc., *Prodr.*, p. 520.

Coquille subarrondie; valve inférieure aplatie, adhérente sur presque toute sa surface; valve supérieure subconique, peu haute ; test solide, assez épais, orné de stries concentriques granuleuses; sommet un peu excentré, obtus ; coloration gris-terreux ou roux-terne parfois avec de vagues rayons plus sombres. — L. et H. 10 à 15; E. 3 à 5 millimètres.

Fig. 348.

Très rare; région aquitanique, zone corallienne.

**Crania turbinata, Poli.**

*Anomia turbinata*, P., 1793. *Test. Sic.*, II, p. 189, pl. 30, fig. 15. — *Cr. turbinata*, Weink., 1867. *Conch. mitt.*, I, p. 291. — Loc., *Prodr.*, p. 530.

Taille plus petite ; valve inférieure moins arrondie, subquadrangulaire, tronquée en haut; valve supérieure subtrapézoïdale, un peu convexe; sommet plus excentré, plus antérieur; test orné de stries concentriques et rayonnantes; même coloration. — L. et H. 8 à 10 ; E. 3 millimètres.

Très rare; la Méditerranée, zone corallienne.

FIN

# TABLE ALPHABÉTIQUE

DES NOMS DE FAMILLES, GENRES ET ESPÈCES

FIN DE LA TABLE ALPHABÉTIQUE

## ERRATA MAJORA

| | | | | |
|---|---|---|---|---|
| Page 57, ligne 15, | au lieu de | *ornata*, | lisez | *ornatum*. |
| — 60, — 18, | — | *cœrulans*, | — | *cærulans*. |
| — 135, — 20, | — | *Eulimella*, | — | *Eulima*. |
| — 135, — 26, | — | *Eulimella*, | — | *Eulima*. |
| — 198, — 14, | — | CYCLOSTERMA, | — | CYCLOSTREMA. |
| — 225, — 21, | — | *Gardinia*, | — | *Gadinia*. |
| — 258, — 1, | — | *Gibbula*, | — | *Corbula*. |
| — 281, — 10, | — | *trunculus*, | — | *trunculatus*. |

Lyon. — Imp. PITRAT AINÉ, **A. Rey** successeur, 4, rue Gentil. — 3054.

# OUVRAGES DU MÊME AUTEUR

EN VENTE A LA LIBRAIRIE J.-B. BAILLIÈRE ET FILS

---

**Malacologie lyonnaise ou description des Mollusques terrestres et aquatiques des environs de Lyon**, d'après la collection A.-P. Terver, 1 vol. gr. in-8. Lyon, 1877. 6 fr.

**Description de la faune des terrains tertiaires moyens de la Corse (Description des Echinides** par G. Cotteau), 1 vol. gr. in-8 avec 17 planches sur chine. Lyon, 1877. 25 fr.

**Note sur les migrations malacologiques aux environs de Lyon**, 1 br. gr. in-8. Lyon, 1878. . . . . . . . . . . . . . . . . . . . . . . . . 1 fr. 50.

**Description de la faune de la Mollasse marine et d'eau douce du Lyonnais et du Dauphiné**, 1 vol. gr. in-4 avec planches. Lyon, 1878. . . . . . . . . . . 40 fr.

**Description de la faune malacologique des terrains quaternaires des environs de Lyon**, 1 vol. gr. in-8 avec planche. Lyon, 1879. . . . . . . . . . . . . . 12 fr.

**Nouvelles recherches sur les argiles lacustres des terrains quaternaires des environs de Lyon**, 1 br. gr. in-8. Lyon, 1880. . . . . . . . . . . . . 2 fr. 50

**Études sur les variations malacologiques d'après la faune vivante et fossile de la partie centrale du bassin du Rhône**, 2 vol. gr. in-8 avec planches. Lyon, 1880-81. 35 fr.

**Catalogue des Mollusques vivants, terrestres et fluviatiles du département de l'Ain**, 1 vol gr. in-8. Lyon, 1881. . . . . . . . . . . . . . . . . 10 fr

**Description de la faune malacologique des terrains préhistoriques de la vallée de la Saône**, 1 br. in-8, Mâcon. 1882. . . . . . . . . . . . . . . . . . 2 fr.

**Prodrome de malacologie française, catalogue général des Mollusques vivants de France, Mollusques terrestres, des eaux douces et des eaux saumâtres**, 1 vol. gr. in-8. Lyon, 1883. . . . . . . . . . . . . . . . . . . . . . . . 20 fr.

**Malacologie des lacs de Tibériade, d'Antioche et d'Homs en Syrie**, 1 vol. gr. in-8 avec 5 planches. Lyon, 1883. . . . . . . . . . . . . . . . . . . . 25 fr.

**Description d'une nouvelle espèce de Mollusques appartenant au genre Paulia**, 1 br. gr. in-8. Lyon, 1883. . . . . . . . . . . . . . . . . . . . . . 0 fr. 50

**Recherches paléontologiques sur les dépôts tertiaires à Milne-Edwardsia et à Vivipara du pliocène inférieur du département de l'Ain**, 1 vol. in-8 avec planches. Mâcon, 1883. . . . . . . . . . . . . . . . . . . . . . . . . . 5 fr.

**Considérations sur l'albinisme et le mélanisme chez les Mollusques de la faune française**, 1 br. gr. in-8. Lyon, 1883. . . . . . . . . . . . . . . . . 3 fr.

**De la valeur des caractères spécifiques en malacologie**, 1 br. gr. in-8. Lyon, 1883 3 fr.

**Histoire des Mollusques dans l'antiquité**. 1 vol. gr. in-8 avec planches. Lyon 1884. 12 fr.

**Prodrome de malacologie française, catalogue général des Mollusques vivants de France, Mollusques marins**, 1 vol. in-8, Lyon, 1886. . . . . . . . . . 25 fr.

**Etude critique des Tapes des côtes de France**, 1 vol. in-8 avec planches. Paris, 1887. . . . . . . . . . . . . . . . . . . . . . . . . . . . . . . 4 fr.

**Revision des espèces françaises appartenant au genre Modiola**, 1 br. in-8, avec planche. Paris, 1888. . . . . . . . . . . . . . . . . . . . . . . . 3 fr.

**Recherches historiques sur la coquille des Pèlerins**, 1 br. gr. in-8. Lyon, 1888. 3 fr. 50

**Description des Mollusques fossiles des terrains tertiaires inférieurs de la Tunisie**, 1 br in-8, avec atlas in-fol. Paris, 1889. . . . . . . . . . . . . 10 fr.

**Revision des espèces françaises appartenant au genre Mytilus**, 1 br. in-8 avec planches. Paris, 1890. . . . . . . . . . . . . . . . . . . . . . . . 3 fr 50

**Les coquilles marines vivantes de la faune française décrites par G. Michaud**, études critiques d'après les types de ses collections, 1 br. gr. in-8. Lyon, 1890. . . 3 fr.

**Les Huitres et les Mollusques comestibles**, 1 vol. in-16, avec 97 figures intercalées dans le texte. Paris, 1890. . . . . . . . . . . . . . . . . . . . 3 fr. 50

**Description des espèces françaises appartenant au genre Mactra**, 1 br. in 8, avec 2 planches. Paris, 1891. . . . . . . . . . . . . . . . . . . . . . 3 fr. 50

**Sur les espèces françaises du genre Euthria**, 1 br. in-8. Paris, 1891. . . . 2 fr.

**Contributions à la faune malacologique française**, 3 vol. gr. in-8, avec tableaux et planches. Paris, 1880-91. . . . . . . . . . . . . . . . . . . . 72 fr.

Lyon. — Imprimerie Pitrat aîné, **A. Rey** successeur, 4, rue Gentil. — 3064

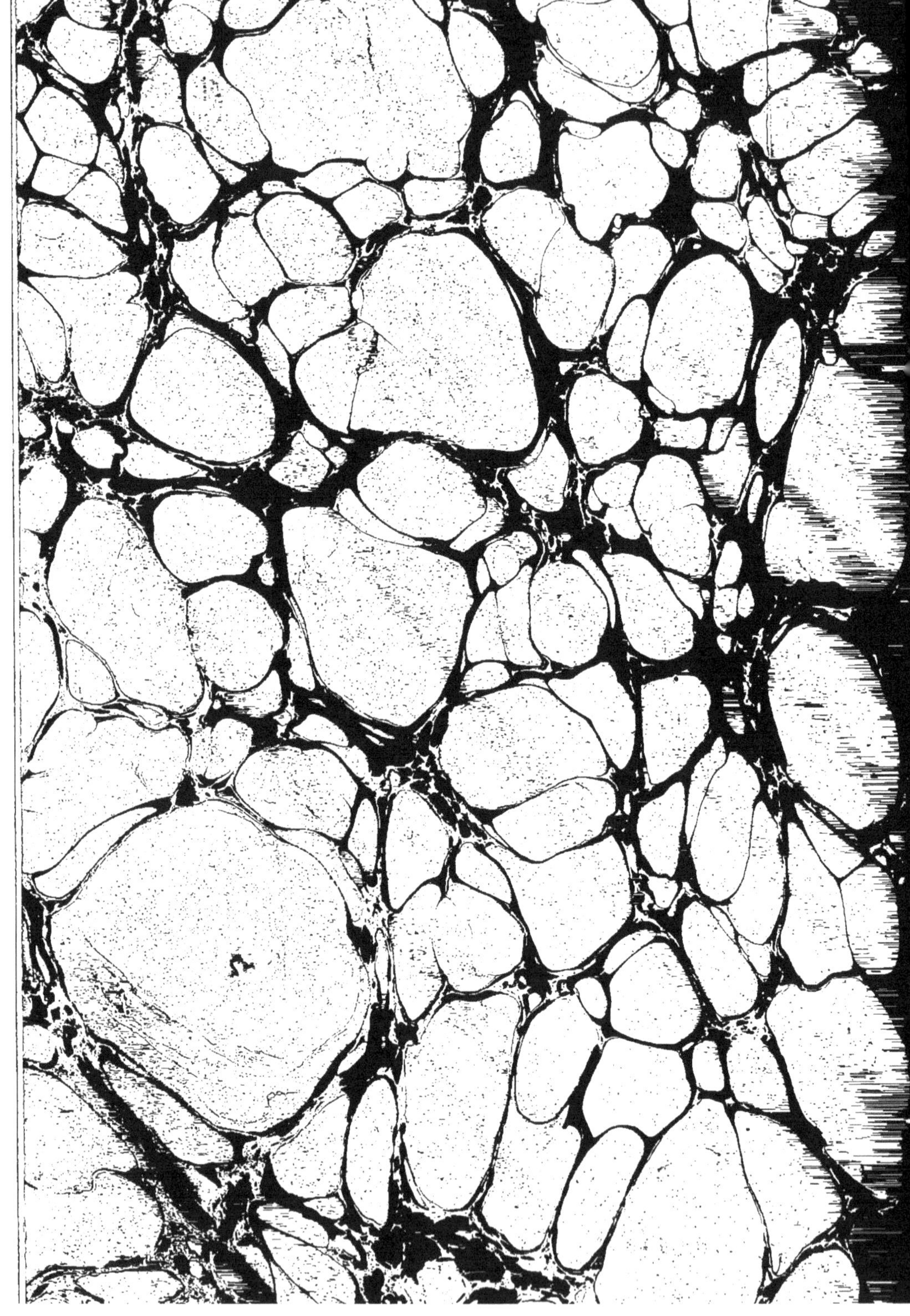

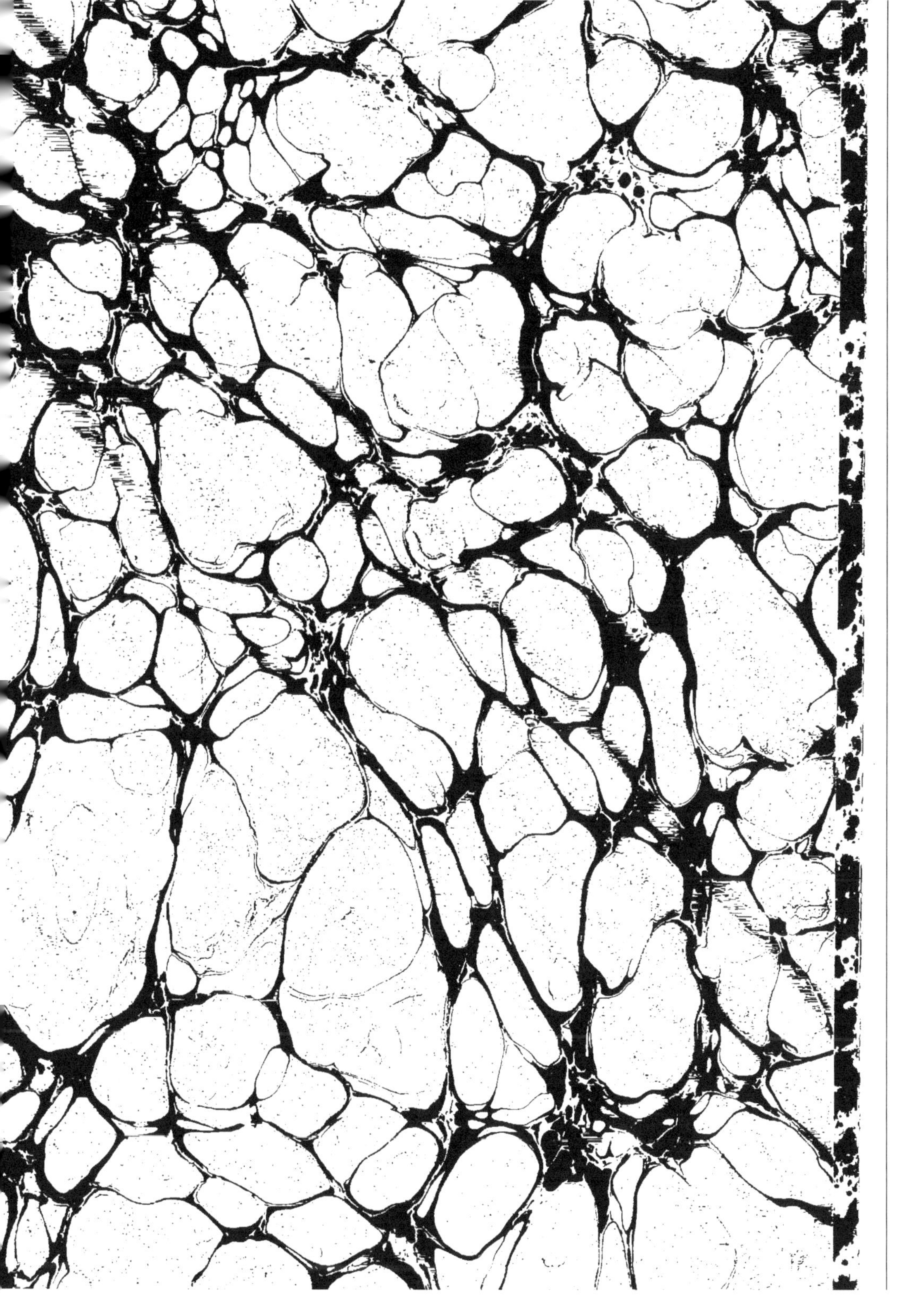

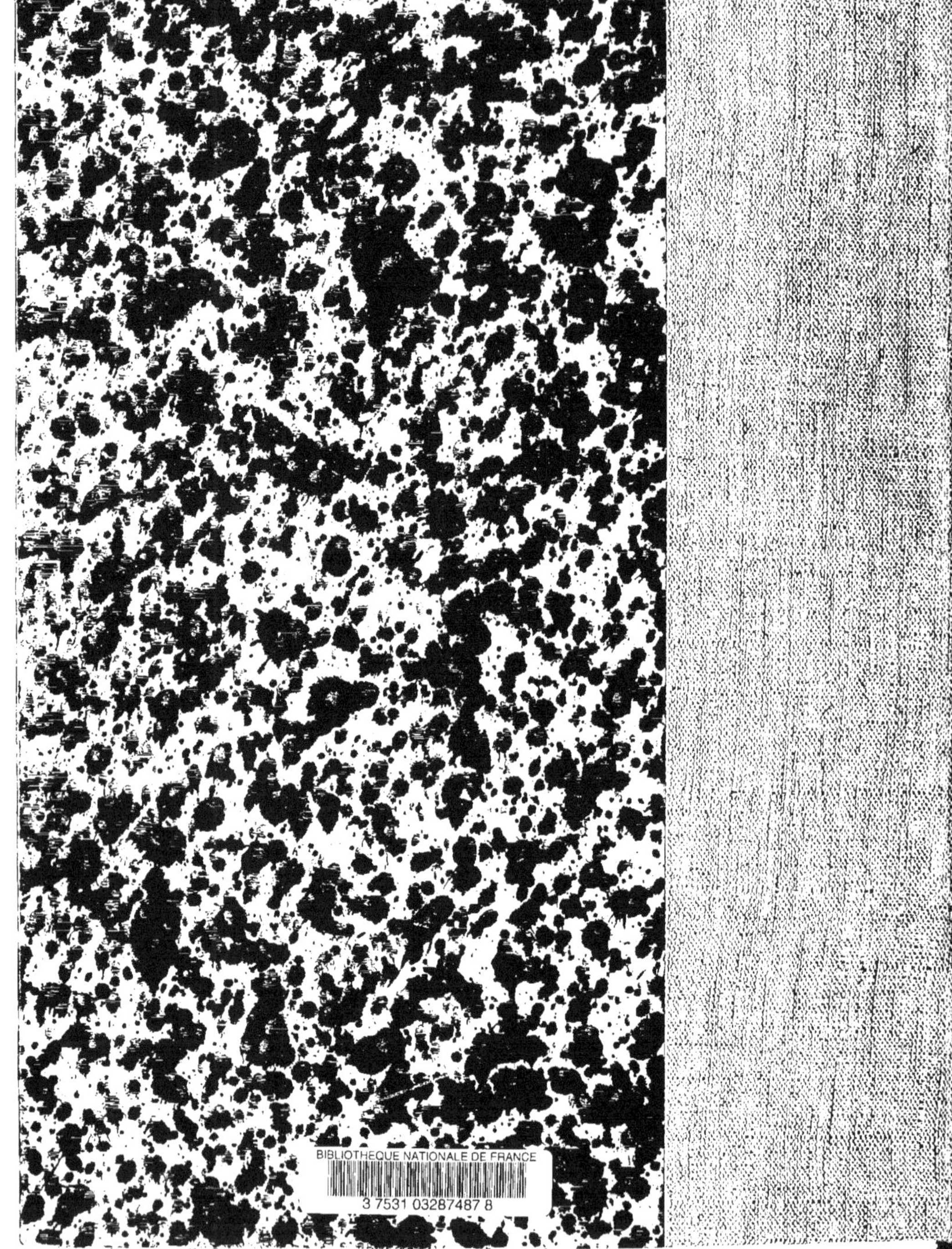

www.ingramcontent.com/pod-product-compliance
Ingram Content Group UK Ltd.
Pitfield, Milton Keynes, MK11 3LW, UK
UKHW021843190726
13855UKWH00001B/120

9 782013 362153